帝国主義支配を平和だという倒錯

新自由主義の破綻と国家の危機

鎌倉孝夫 著

社会評論社

帝国主義支配を平和だという倒錯——新自由主義の破綻と国家の危機　＊目次＊

序　文……7

第Ⅰ部　新自由主義と多国籍金融資本……11

第1章　新自由主義の導入・展開がもたらすもの……13
第一節　「惨事便乗型資本主義（Disaster Capitalism）」が日本にも　13
第二節　巨大民営郵政事業による地域・生活破壊　26
■補論　金融犯罪続発の下での金融格差・寡占化　35
第三節　デフレ・スパイラル　48

第2章　新自由主義と原子力発電大事故……60
第一節　原子力発電の政治経済学的分析視点　60
第二節　原子力の平和利用という虚構　71
第三節　アメリカの核戦略下の原子力平和利用　82
第四節　脱原発の政治経済的根拠　95
第五節　国家による独占体救済——東京電力「総合特別事業計画」を通して　108

第3章　金融・財政危機から国家の危機へ——多国籍金融資本支配のもたらすもの……121
第一節　金融危機から財政危機へ　121
第二節　「アベノミクス」一年目の検証　146
第三節　「アベノミクス」——「この道」がもたらすもの　157
■補論　「水」が投機の対象に——民衆から「水」が奪われる　167

第Ⅱ部　戦争国家に向かう安倍政権……179

はじめに　181
第1章　多国籍金融大資本の支配と特徴……183
第一節　安倍政権の二年間で生じた事態　183
第二節　「アベノミクス」批判　188
第三節　今日の〝主役〟――多国籍金融資本　199
第2章　金融資本と国家―国家をなくせない新自由主義―……211
第一節　一九三〇年代と今日の危機の異相　212
第二節　財政・国家を食いものにする金融資本　221
第三節　国家をなくせない金融資本――どのような国家になるか　260
第3章　日本帝国主義体制の危機……281
第一節　集団的自衛権行使は合憲という暴論　281
第二節　インフラシステム輸出戦略――現代的帝国主義の対外進出の特徴　293
第三節　日本的軍産複合体の形成――それがもたらすものは戦争・破壊　306
終　章　敗戦七〇年――人民の主体性確立へ……331
第一節　壊憲の到達点――敗戦後七〇年の現実　331
第二節　敗戦後七〇年・総括の視点――主体性確立こそ　337
●参考文献　345
●索引　351

序文

「わが国は、先の大戦の深い反省とともに、ひたすらに自由で民主的な国を作り上げ、世界の平和と繁栄に貢献してまいりました。その誇りを胸に、私たちは、これまで以上に世界の平和と安定に貢献する国とならなければなりません」（安倍首相、施政方針演説　一五年二月）。過去の大戦がアジア諸国に苦しみを与えた事実については「痛切」に「反省」する――しかし戦後は日本は民主主義と平和の道を歩んできた。だからもう「反省」することは必要ない。この「道」をさらに積極的に歩んで行こう。「これまで以上に世界の平和と繁栄に貢献する国とならなければなりません」（同上）と。

「戦後世界の平和と安全は、アメリカのリーダーシップなくして、ありえませんでした。日本は、米国、そして志を共にする民主主義諸国とともに、最後には冷戦に勝利しました。この道が、日本を成長させ、繁栄させました。そして今も、この道しかありません」（米議会演説　一五年四月二九日）。〝戦後レジームの転換〟を安倍氏は叫んでいた。この演説を聞くと、すでに転換済みのようである。安倍氏は一体何を転換させようと考えていたのか。

そこで「この道」の中身をみよう。安倍首相はいう。アメリカ政府がいま進めている「リバランス」戦略―これを「徹頭徹尾支持するということを、ここに明言します。…太平洋からインド洋にかけての広い海を、自由で、法の支配が貫徹する平和の道にしなければなりません。そのためにこそ、日米同盟を強くしなくてはなりません。私たちには、その責任があります。／日本はいま、安保法制の充実に取り組んでいます。…この法整備によって、自衛隊と米軍の協力関係は強化され、日米同盟は、より一層堅固になります。それは地域の平和のため、確かな抑止力をもたらすでしょう。／戦後、初めての大改革です。この夏までに成就させます。…いま申し上げた法整備を前提として、日米がそのもてる力をよく合わせられるようにする仕組みができました。…それこそが、日米防衛協力の新しいガイドラインにほかなりません。昨日、オバマ大統領と私は、その意義について、互いに認め合いました。…私たちは、真に歴史的な文書に合意したのです」と。明らかにパックスアメリカーナを平和の道というのである。

安保法制―「国際平和支援法」（新法）と「平和安全法制整備法案」（一〇本の関連法改定）―を「この夏までに」成立させると約束し、法が制定されてもいないのに、法を「前提」に、しかも現行日米安保条約を逸脱して世界中どこへでも自衛隊を出動させ、さらに集団的自衛権行使さえ盛り込んだ「ガイドライン」を合意すること（これ自体が法・条約違反行為ではないか）―これを〝誇り〟をもって宣言したのである。

日米安保・軍事同盟の強化―米軍事戦略に従い、米軍が出動する地球上のどんな地域にでも日本自衛隊を出動・派兵させる、日本が攻撃されていないのに、米軍を攻撃する敵を、日本に対する敵だと勝手に断定して攻撃する―このような米軍事戦略・米軍の行動への〝積極的〟協力―これが〝積極的平和主義〟の中身である。これがどうして「平和」を保証することになるのか。明らかに積極的に戦争を仕掛けるための法整備ではないか。

このような積極的戦争行動は、明らかに憲法違反であり、現行憲法がある限り認められない―これがこれまでの政府の見解であった。だからこの戦争行動を合法化するには憲法を変える必要がある。ところが安保法制懇の報告書（本書第Ⅱ部第3章参照）で、これを合憲と解釈され、それに基づいて安倍政権は憲法を変えるまでもなく、これが可能だと勝手に解釈して戦争法案成立を図ろうというのである。憲法―その人民主権、基本的人権そして平和原理―これを安倍氏は戦後レジームととらえ、それを転換させ、アメリカ帝国主義と同質の、〝一流〟の帝国主義になりたいと考えていた。ところがこれは憲法の成文を変えなくても可能なのだ―その解釈ですでに戦後レジームは転換しうるのだ、これが安倍首相の考えであるといえよう。

しかもこの戦争国家化による自衛隊の戦争出動を、アメリカ政府とともに国際的平和確立のためだとし、「我が国が日本国憲法の下で平和国家として歩んできたことを踏まえつつ、いかなる事態においても国民の命と平和な暮らしを守りぬくため」（安保法制整備に関する与党協議合意文書）に安保法制が必要という。戦後アメリカ政府が日本国憲法の平和原理を形骸化させ、そしていま一八〇度転換させようとしていることさえ、全く無視して「平和国家として歩んできた」と欺瞞する。

「帝国主義支配を平和だ」というのは全くの「倒錯」である。戦後アメリカ帝国主義がその覇権支配の維持のため、帝国主義的侵略戦争を繰り返してきたこと、それが何をもたらしてきたかを明確にとらえなければならない。

一九五〇～五三年の朝鮮戦争―それは、日本帝国主義敗退の下で朝鮮人民の自主的政治的独立の動き（人民委員会形成を基盤にした統一議会形成）に対し、「南」に居座り軍政支配を敷いたアメリカ帝国主義による民族統一・自立を妨害するための侵略戦争であった。ベトナム戦争―五〇年代からアメリカ帝国主義はベトナム南部に介入し統一を妨害し、北部・ベトナム民主共和国を崩壊させようとする侵略策動を行い、トンキン湾事件（六四年）をデッチ上げ大々的に侵略戦争を引き起こした。これは南ベトナム政府の要請による集団的自衛権行使の典型であった。―朝鮮戦争もベトナム戦争も、ソビエトの世界的侵攻の脅威に対し「自由と民主主義」を守るという全く虚偽の口実による侵略戦争であった。日本における米軍基地は米侵略戦争のための基地として使われたである。

ソビエト・「社会主義」の崩壊によってアメリカ帝国主義の支配に対する抵抗が弱まったことをいいことに、一九九〇年代以降、アメリカ帝国主義はその本質を発揮する。それが、ブッシュ政権によるアフガニスタン、イラクへの軍事侵攻と政権倒壊であり、さらにオバマ政権によるリビア・カダフィ政権に対するＮＡＴＯ軍の軍事介入、カダフィ虐殺であった。口実はテロリスト支援、大量破壊兵器開発・増強、そして独裁による民衆弾圧を解除し、自由と民主主義を植えつける、ということであった。しかしその直接の狙いは、米金融資本による市場支配、石油等資源収奪であった。それがもたらしたのは、破壊、殺りく、そして泥沼のカオスと帝国主義侵略に対抗するＩＳなどのテロリストの増殖、世界的テロ行為の波及である。しかもこの破壊・カオスを利潤獲得の手段とする軍事産業企業＝死の商人の肥大化である。

どうしてこれを平和だといえるのか。意図的に敵をつくり、その脅威への対抗―抑止力が必要だとして軍事力を強化する―それは戦争の危機、その規模拡大をもたらすだけであって、絶対に平和は達成しえない。安倍政権がまさに「この道」に突き進もうとしているのは、その帝国主義としての本質を示すものである。戦争・破壊・財政・国家破綻、そしてその下で人民大衆の生命は損なわれ、生活は破壊される。「この道」を平和だという欺瞞を徹底的に暴き、批判し、阻止しなければならない。本書がそのことに少しでも役立てばと思い、刊行する。

本書第Ⅰ部では、新自由主義の展開がもたらす矛盾を具体的に明らかにした。中心は、東京電力福島第一原子力発電所の大事故とそれがもたらす生活、生命の破壊である。原発は核兵器と切り離せない。その〝平和〟利用は本来ありえない。事故を完全になくすことは不可能であり、事故が発生すれば生命は失われる。―それを私的利潤追求目的の企業が担当する。そこには国家財政の、結局民衆の負担、そして犠牲が伴う。と同時に原発と核兵器が不可分離であることは、そこに政治が、直接にはアメリカの軍事戦略が関わることになる。日米安保、そして帝国主義的支配と関わるという点でも、原発の分析を第一部の中心においた。

安倍政権は、デフレ克服を図るということで異次元金融緩和策を導入した。一大インフレ政策である。その下で投機・バブル―その崩壊の危険性が拡大する。その過程を追究した。

第Ⅱ部は、この本の表題に直接関わる分析である。新自由主義の主役・金融資本は、競争力強化、利潤拡大を目的に、国家財政を利用し、その自由活動のために規制緩和―とくに「労働」の規制緩和を国家に求めながら、国家に税金を払わない。彼らの利潤拡大のために国家を食い物にし、財政・国家破綻をもたらす。しかし決して国家をなくせない。なぜか。

新自由主義と国家―この関係を明らかにしなければならない。どのような国家が成立するのか。ファシズム国家か。しかしファシズム国家の民族的基盤は、多国籍金融資本の自由活動によって解体されている。安倍政権がめざす国家は、憲法をはじめ法律を無視した違法・不法の暴力的強制国家でしかありえない――その下で、原発を含めたインフラシステム輸出(資本輸出の現代的形態)とともに、国内産業の基軸として軍産複合体が推進される。明らかに戦争国家化、破壊・破滅への道である。

最後に、この道をいかに阻止するか――社会の実体の担い手である労働者・勤労者が主体としての意識を確立し、主体としての実力を現実に発揮するしか道はない。本書全体を通して、いま社会の主体転換が現実の課題となっていることを明らかにしようとした。

二〇一五年七月一五日　記

第Ⅰ部

新自由主義と多国籍金融資本

第1章　新自由主義の導入・展開がもたらすもの

第一節「惨事便乗型資本主義（Disaster Capitalism）」が日本にも

一　『ショック・ドクトリン』のショック

「エリツィンによってソ連が解体されると、かつてマーシャル・プランの誕生を促したソ連の軍事的脅威も消え去った。その脅威が消滅したことで資本主義はもっとも獰猛な形でロシアのみならず世界中で暴れまわる自由を突如として手に入れた。ソ連の崩壊によって、今や自由市場が世界を独占したのだ」（ナオミ・クライン『ショック・ドクトリン』二〇〇七年、日本訳二〇一一年、岩波書店、下三六七ページ）。

ソ連の崩壊、それは世界的規模で新自由主義思想・政策の推進・浸透を許す重大な原因となった。それは、新自由主義の推進・浸透に対する抵抗力が失われたことによる。しかし、その点では、ソ連の崩壊というだけではなく、各国における、あるいは国際的規模での労働者・民衆の社会主義意識の弱体化、さらには解体化が、新自由主義の侵透を許すものとなっていることを指摘しなければならない。

と同時に、ナオミ・クラインが明らかにしているように、労働者・民衆の社会主義意識・志向を解体化させるには、新自由主義思想・政策をもち込み実行しようとする米CIA＝米政府、それを動かす米多国籍企業と各国政府による労働者・民衆に対する暴力―血の弾圧・ショック療法が不可欠であった。しかも血の弾圧を加え、ショック・「衝撃と恐怖」を与える対象は、必ずしも社会主義意識・志向をもつ労働者・民衆ばかりではなく、新自由主義の浸透にとって邪魔になるとみなした多くの労働者・民衆であった。互いに協力し、支え合いながら共同体・コミュニティを維持しようとしている民衆を、ショックを与えて「茫然自失」させた上で、「自由の敵」

「社会の壊疽」として暴力的に排除したのである。

ナオミ・クラインの『ショック・ドクトリン』は、これを現実の歴史的事実の資料・調査を通して、〝これでもか〟というほど明らかにしている。一九七三年の、アジェンデ政権をクーデタで崩壊させたピノチェト将軍によるショック療法、それに続くボリビア、アルゼンチン等のショック療法を通した新自由主義の導入、さらにサッチャー政権、ポーランド・ワレサの「連帯」や中国天安門事件と鄧小平による「改革」、アパルトヘイト後の南アフリカの白人たちの脅しと巻き返し、ロシア・エリツィンの破壊と資本主義化、一九九七〜九八年のアジア金融危機とIMF管理の下での多国籍企業の侵入・支配、九・一一後のブッシュ政権によるイラク侵攻・支配と略奪、さらにスマトラ沖大地震と大津波（二〇〇四年一二月）の被害を受けたスリランカの外国資本による改造計画推進、ハリケーン・カトリーナによる大惨事に便乗した大資本の土地略奪・支配、そして最後にセキュリティ国家化したイスラエルの現状……。「自由と民主主義」の名の下に進められてきた「復興」「改革」「グローバリゼーション」によって多国籍大資本がほしいままに略奪を加える新自由主義が浸透・支配し、その下で圧倒的多数の労働者が暴力的に抑圧され生活を奪われたこと、ショックに便乗し、さらにショックをつくり上げながら利己的利益獲得を図る「惨事便乗型資本主義」の姿を暴き出すのである。

これらをふまえて、さらに追究すべき問題については次項で提起するが、その前に私自身が衝撃的だと受けとめたことを記しておく。

それは、ミルトン・フリードマンをはじめとする新自由主義思想のイデオロギーと実践に関してである。フリードマンやその思想で固まっているシカゴ学派の考えは、現実から全く遊離した観念的で、誤ったものでしかないのであるが、その思想を彼らは実践し実証しようとした――実際には彼らは大資本によって利用されたのであったが――。ポーランド・ワレサの「連帯」、中国・鄧小平、さらにロシア・エリツィンの「改革」に、フリードマンはじめ、シカゴ学派が介入し「指南」していたのであった。どうやって彼らはその思想を実践・実証するか――それには〝実験室〟が必要だ。人間社会の中に自分たちの思想を実証する〝実験室〟をつくる必要がある。

しかしそれはどうやってつくるのか。それぞれの民族、コミュニティの中で生存し生活してきた人間には、それぞれの歴史をふまえた思想（宗教を含めた）や文化があるし、慣習・制度がある。そのような現実の人間社会のままでは、彼らの思想の〝純粋〟な実験はできない。だから彼らは、何よりも〝白紙〟――歴史や文化等々の制約のないまっさらな人間・人間関係の上でしかその思想の実験はできない、と考えた。

「世界をゼロから創造する神のごとき力をわがものにしたいというこの欲望」――「ショックドクトリンの信奉者たちは」社会が破壊されるまでの大惨事――洪水、戦争、テロリストの攻撃など――が発生したときにのみ、真っ白で巨大なキャンパスが手に入ると信じている。人々が精神的なよりどころも物理的な居場所も失って無防備な状態〔茫然自失状態〕にあるそのときこそ、彼らにとっては世界改変の作業に着手するチャンスなのである（ナオミ・クライン前掲書、二八ページ）。つまり彼らの思想を実証する実験室が大惨事によってつくられる、ととらえたのであった。これ自体恐るべきことである。

このような大惨事における人々の「茫然自失状態」を、フリードマンらはその思想の実験室ととらえたのであったが、しかしそのような状態にあっても人間・人間社会は〝まっさらな白紙〟状態などになるはずがない。だから彼らの実験室においては必然的に暴力が不可欠であった。――実は彼らの思想は、人間・人間社会を、物として操作しうる工学的関係としてとらえる。「経済学の法則は工学の法則と同じである」（世界銀行チーフエコノミスト・ローレンス・サマーズ、ナオミ・クライン前掲書三〇七ページ）。

フリードマンら新自由主義思想家は、アダム・スミスの信奉者といわれる。スミスの交換原理を絶対視し、交換原理が人間関係を完全支配するものととらえるのである。彼らにとっては市場における物の交換関係こそ人間関係そのものであり、市場の自由こそ人間そのものの自由である―だから社会関係が完全に市場関係に解消されたときこそ「人類のイデオロギー上の進歩の終点」―歴史の到達点だ（フランシス・フクヤマ）というのである。この思想が実現すれば、市場の自由を利用して自由な（何の抵抗も受けない）利潤追求を行う大資本・金融独占資本の完全支配が実現する。

現実には人間・人間関係は、物・物的交換関係に絶対に解消されない。後者は、流通における形態的関係なのであり、人間＝労働者とその人間的行為＝労働なくしては存立しえないのである。この完全な誤りの上につくられた思想を現実に実現しようというのだから、その実現は暴力なくしてありえないし、その下で人間・人間関係は解体化される（しかし人間が人間である限り必ず反抗・抵抗が生じる）。日本でも、小泉政権の下で新自由主義が実行・推進され、人間関係がガタガタにされたのであった。民主党はこれを転換させようと訴えて政権を獲得したが、新自由主義思想に固まった松下政経塾を中心とする民主党・野田政権は、再び新自由主義の実行、まさにショック・ドクトリンの実行に回帰した。

二　新自由主義に関し追究すべき問題

ナオミ・クラインの『ショック・ドクトリン』をふまえながら、新自由主義の導入・展開に関してさらに追究すべき問題を提示しておこう。第一に、すでに指摘した新自由主義と暴力に関して、第二に、新自由主義を主導し、利用する資本の性格に関して、そして第三に、新自由主義と国家との関連に関して、である。

(一)　新自由主義と暴力

資本主義が一社会として成立するには、社会存立・発展の根拠である労働生産過程を資本が支配しなければならない。その根本条件は、土地・生産手段の労働者・農民からの収奪を通した無産労働者の形成による労働力の商品化であった。この過程を資本の本源的蓄積という。重要なのは、この過程には必ず暴力＝国家暴力が伴ったということである。人間労働者の生存基盤である労働生産過程の条件である労働者と土地・生産手段との直接の関わりから、土地・生産手段を切り離すこと、まさに労働者の生存条件の破壊――それは暴力なくしては実現されなかった。

今日でも、資本が、労働者・民衆の生存条件の解体の上にその支配―市場経済化による利潤獲得―を実現しようとするときには、必ず暴力が介在する。資本の本源的蓄積の再現である。イラクへの軍事侵攻とその下での生存基盤・コミュニティの解体化、これなくしては、米欧資本のイラク進出・支配は実現しえない。資本がニューフロンティアを開拓・支配しようとすれば、今日でも暴力が伴うのである。それは資本がその本質（流通形態としての本質）において変わらないことに基づいている。

現代資本主義では、資本主義的商品経済が支配している国において、労働者・民衆に対する国家的改良政策（いわゆるケインズ主義）が導入され、国家財政を通して、民衆の社会的生活条件である教育・福祉（医療）、さらには交通・通信等が民衆にとって一定程度保障される（いわゆる福祉政策）反面、大資本に対しては一定の規制（課税強化、価格・行動規制）が行われてきた。一九三〇年代大不況の下での民衆の失業・生活難から来る体制批判意識と抗議行動、そしてソビエト社会主義の（少なくとも思想的）インパクトが、これら改良・福祉政策導入の背景にあった。戦後においては、ソビエトはじめ社会主義体制の拡大の下で、旧植民地諸国においても民族解放・経済的自立の動きが強まり、それぞれの国の資源国有化―外国資本支配の規制あるいは排除が進んだ。

現代資本主義のこのような傾向は、貨幣と資本力によってほしいままに資源を略奪し人民を搾取して利己的利潤獲得を追求しようとする大資本、多国籍金融独占資本にとって、またハイエク、フリードマンら新自由主義思想唱導者にとって、いわば冬の時代となった。途上国に対するソビエトの影響力が弱まり、さらに社会主義体制の動揺が現れる中で、彼らは巻き返しをはじめた。ナオミ・クラインが新自由主義の「三位一体」としている、資本に対する規制の徹廃、公的事業の民営化、そして公的な社会支出（教育・福祉等）の削減という三点セットによって、大資本はその自由な活動に対する束縛・制約を一気に取り払おうとしたのであった。途上国においても、国有化を解体させて資源を奪い返そうとした。

福祉、教育をはじめ社会的生活条件が一定程度定着し、生活の基盤となっている中で、その生活基盤を解体すること、大資本に対する課税、資源の国有化を含めて、これら福祉的支出を確保してきた国家財政を全面的に解体すること――それだけに思想介入とともに軍事暴力の介入、各国国家の独裁権力形成と暴力行使が不可欠だったのである。戦争という政治暴力とともに、台風・地震・津波という自然暴力による生活・生産基盤の解体と民衆の抵抗力喪失こそ、これら大資本の自由な支配の条件を与えるチャンスなのである。

しかし、このような自由を獲得し資本力にまかせて利潤追求・拡大に大資本が狂奔すれば、必ずこれに対して労働者・民衆の対抗力・抵抗運動も強まる。これに対し、資本・財界側は、労働者・民衆の抵抗力を弱体化し抵抗の方向をずらす虚偽思想を宣伝しながら、自ら国家権力を奪ってさらに暴力を強めることによってしか民衆を統合・支配しえない――この点はさらに追求しよう。

（二）今日の資本の性格に関して

スミスはたしかに市場における自由競争によって経済法則の自律的形成を説いたが、その現実的基盤にあったのは、生成・確立しつつある産業資本の自由競争であった。現代資本主義における支配的資本は、資本の最高の発展形態である株式・証券＝擬制資本によって運動を展開する金融独占資本――産業独占体と銀行・証券大資本、そしてその結合体――である。この金融独占資本の運動は資本間の格差構造の上に成り立つとともに、格差構造を拡大する。その自由な展開は、中小零細企業、小農業の収奪、資本家的機能を分担し、あるいは独占体の支配強化の意図の下に買収・懐柔された労働者の一部（労組幹部、御用学者、マスコミ）を除く圧倒的多数の労働者の搾取・収奪・失業を必ずもたらす。

このような支配的資本の形態・性格の決定的違いとその運動による社会的影響の違いを全く無視して、自由競争による法則形成を観念的にとらえるのが新自由主義思想なのである。

しかも規制緩和・撤廃による金融独占資本の自由な展開の下で生じるのは、その産業的根拠から遊離した証券＝擬制資本自体の発展・膨張である。株式・証券所有だけで莫大な利得（配当）を獲得するだけではなく、自己資金の何十倍もの資金借入れによって各種証券を売買して利得を確得するヘッジファンド等投資ファンドが拡大する。その下で、発行・売買される証券には、その保有者に支払う収入の根拠が欠如し、あるいは投機自体によって作られたものでしかないものまで組み込まれた。全くの〝虚〟の価値の膨張、暴発といってよい。しかもその下で産業的根拠も利潤至上主義に改変される。

ナオミ・クラインは、軍・警察等々（暴力装置）の民営化との関連で、一九九〇年代以降資本家的大企業の組織形態が「空洞企業」と呼ばれる状態になったことを指摘している（前掲書、四一三ページ）。一つは「ナイキ方式」―「自社工場は持たず、商品の生産は請負業者やその下請業者の複雑なネットワークに委託し、持てる資源はデザインとマーケティングに投入するという経営モデル」（本社機能はパテント料を稼ぐだけということになろう）、もう一つは「マイクロソフト方式」―「企業の〈中核能力〉を担う従業員株主による中央管理部門だけを維持し、郵便仕分け室の管理からプログラミングに至るその他の仕事をすべて派遣社員に任せるスタイル」である。こうして「会社には実体がほとんど残らないことになる」。要するに産業大企業の本社機能は、労働者を雇用し生産を行うことから遊離し、パテント料取得、株主による管理――要するに自ら何らの機能をしないで利潤を稼ぐ、利潤至上主義になる。

資本家的企業・多国籍企業の中心が、証券所有・売買中心の金融資本となり、産業独占体も株式所有による支配・管理中心に転化することによって、その自由な展開は国内的、国際的に、産業的基盤をもった資本・多国籍企業とは異なる影響をもたらすものとなる。

第一は、生産活動―労働者を雇用し生産手段に投資する資本に対し、金融資本はこれらに伴う移動の制約から解放されている。それは投機性を強める。儲けが得られる限りは投資を増やすが、その見込みがなくなれば一気に貸付・投資を引き揚げる。まさに〝後は野となれ山となれ〟である。一九九〇年代末のアジアの金融危機は、このような金融資本の投機によってもたらされた。この投機的金融資本の動きは、低金利（ゼロ金利）、金融量的緩和によるマネー過剰の下で一層肥大化している。惨事便乗型資本主義の主役がこのような投機的金融資本であることによって、その投機による実体経済攪乱の影響は著しいものとなる。

第二に、「実体」―生産的根拠から遊離したこれら金融資本は、実はそれ自体としては価値増殖根拠（利潤形成根拠）を持っていない。つまり資本としては自立しえないのであるが、それが自己展開・膨張することからどういう問題が生じるか、である。

資本運動の自立、それは投資したコスト以上の産出（生産物・サービス）効果をその運動の中で実現すること（それが価値・剰余価値生産の根拠である）によって可能となる。この点はあらためて検討したいが、人間社会の維持・向上（直接には社会の本来のコストである労働を行う労働者の生活維持・向上）に関わる生産＝産業はこれを可能にする。だから産業に関しても、人間生活の維持・向上と無関係な、ただの浪費でしかない軍需生産や、電力・エネルギー（それ自体は生活維持にとって必要である）の産出効果を失った原子力発電（しかも電力生産と全く無関係なコストを巨額に費やしている）などは、産業として自立しえない。本来の商業や金融（それ自体は何ら産出効果をもたない）は、価値形成・増殖根拠をもつ産業資本と関わる（その生産効果を高める）限りで利潤形成の根拠をもつのであるが、これから遊離し独立すれば、何ら価値形成根拠をもたず、資本運動として自立しえない。株式・証券保有による、さらに売買による利得獲得自体は、資本運動として自立しえないのである。

それ自体自立しえない資本を自立化させ維持発展させようとすれば、必ずその運動は外的要因によって支えられなければならない。その要因は、直接には国家の財政・税制さらに金融政策よる支え、そして国民の税金や料金負担による支え、である。

国家財政によって株・証券価格を政策的に高め、それらの売買を行う者には利得が得られることになっても、そのことによって社会的には何らの有用効果も利潤形成の増大もない――だから税収を増やす根拠がない。ということは、これらの政策によって財政はさらに危機を深めることになる。

さらに、いまやこれらの性格をもった、本来自立的根拠をもたない擬制的金融資本が膨張・肥大化するとともに、彼らは国家財政をその私的利益拡大のために徹底して利用するものとなった。これはさらに具体的に明らかにしよう。

(三) 新自由主義と国家

新自由主義の展開は決して国家の政策を排除しない。それどころか、規制撤廃によって利潤追求の自由を獲得した金融独占資本はいまや国家財政・金融を彼らの自由実現に利用し奉仕させるに至っている。新自由主義の下で資本・金融独占資本は国家からの自由だけではなく、国家を自由に利用・操作する傾向を強めている。

第一に、大資本はグローバル競争戦への対処が必要だとして、法人税引下げとともに、コスト切下げ—賃金切下げ、そのための労働の規制緩和による使い捨て労働力の活用を法的、政策的に国家に求める。大金融機関の投機的利得獲得自体がもたらした金融危機そして経済危機に対しては、税金の注入、不良債権の国（中央銀行）の負担（買い取り）で処理し、経営を維持する。公的資金が、金融独占資本の私的経営の利益獲得のために使われる。そのこと自体によって国家債務が増大すると、労働者・大衆への増税（消費税引上げ）、さらに教育・福祉等必要な社会的支出の削減によって財政危機対策を行う。

第二に、現代資本主義の下で行われてきた公的交通・通信、福祉・医療、教育支出が削減されるとともに、民営化によって私的資本に委ねられる。資本は、福祉・医療、教育等の事業を利潤獲得の手段とする。

ナオミ・クラインは、戦争や地震・台風等で破壊された建物、橋、道路等の復興を、国家の資金によって、ゼネコン等々の大資本に発注しその利潤を保障すること——まさに惨事便乗——さらに国家固有の領域であった警察・セキュリティの領域から、軍事的領域さえ民営化され、私的資本に委ねられることを指摘している。まさに国家固有の事業・機能さえも、金融独占資本の利潤獲得のために利用し尽くされることになる。

これが新自由主義国家の行きつく姿といってよい。国家の役割は、労働者・民衆—国民から税金を取り立て、集めた税金を、私的資本に流して、彼らの利潤を保障する機関になってしまう。しかも労働者・民衆の反抗を抑える警察機能、他国との国際的利害を争う軍事・戦争機能の領域にまで、利潤獲得を目的とする民間資本が乗り込む。——その限り、国家の公的機能・性格は解体したといえよう。果たして資本主義は国家をなくしてしまうのか。

しかし資本主義は、国家を、その暴力をなくすことはできない。これが第三点である。

私的資本—金融独占体は、国家を利潤獲得のため利用し尽くそうとするのであるが、彼らの利潤を保障する国家の資金は、国民から徴収する税金によるしかない。私的資本が国家から奪う機能・事業は安全保障とか軍事という価値形成根拠のないものとなるので、国民からの税金取り立てを増やさなければならないが、税金を取り立てる理由・根拠である国民生活の保障（これこそ国家の本来の〝公的〟性格・機能である）は失われている。だから税金徴収の理由として、テロや危険な外国の侵攻の脅威などの虚偽の宣伝をそれだけ強めなければならないが、その虚偽性、欺瞞は隠しようがない。失業・貧困の上に増税を課せられる労働者・民衆の反抗は強まり、社会的秩序の維持は困難になる。だから暴力が不可避となる。

しかし他方、セキュリティや軍事機能・仕事を私的資本が担当するとしても、その目的は私的利潤獲得にある。彼らは、社会的秩序の維持とか国民生活の安全保障を確保しようなどという配慮など全くない。ナオミ・クラインは、イラク占領下の連合軍暫定当局が、自分勝手な裁量でイラク開発資金を私物化しながら、それ自体がもたらす社会的秩序の混乱によって利潤獲得の見込みがなくなったとき、何ひとつ社会的秩序の維持を果たせないまま放棄し引き揚げたことを記しているが、私的資本は労働者・民衆の反発・秩序の混乱を自らつくり出しながら、利潤が得られなくなれば、混乱を放置したまま、国家から奪った仕事・機能を投げ棄てる。

こうして社会的秩序の混乱に対して、国民統合を行うのは結局国家、しかも統合上の理由・根拠（公的性格）を失ったことによって、暴力に頼るしかない国家によるしかない。労働者・民衆の行動、信条の自由を有無をいわさず暴力的に弾圧し、そして四六時中監視を続け、反抗の態度を示す者に対しては職を奪い、拷問にかけるという暴力による統治——それは現在橋下大阪市長の言動に表出されているといってよいが——、それが資本主義国家の最後の姿といえよう。この点はさらに追究する。

三　日本にも惨事便乗型資本主義が侵入

（一）ひとよりカネ・コンクリートなのか

大地震・大津波、そして原発大事故による震災の中で、〝カネか命か〟が決定的に問われている。〝コンクリートからひとへ〟のスローガンで政権を獲得した民主党は、この大震災の復興ということで〝人よりカネ・コンクリート〟へと逆転してしまった。その中で、この惨事を金儲けのチャンスとばかりに、国内外の大資本が群がっている。

民主党政府は、二〇一一年度補正予算、一二年度予算で総額一八兆円の復興費を投じた。過去最大の経済対策（リーマン・ショック後の麻生政権下）でも予算規模一五兆円であったが、これを上回る。岩手・宮城・福島の被災三県の総予算の七年分に相当する。しかしこの大規模な復興予算は、被災した各地域の農漁民・住民の声に基づき各地域（市町村）の意向に即して積み上げたものではなく、被害規模が阪神・淡路大震災の三倍程度と推計して算定したものにすぎない（注）。しかも復興財源には、国債とともに大衆増税（所得税増税）が織り込まれている（法人税は五％引下げを一時延ばすというだけである）。

早くも被災地を隅々まで結ぶ高規格国道「復興道路」に今

後一〇年間で一兆四〇〇〇億円の事業費投入が決まった（『日本経済新聞』一二年一月二二日）。がれき処理関連の予算は一一、一二年度合計一兆円強が計上された。その他住宅建設、港湾復旧、堤防新設等で建設資材（セメント）、ゼネコン等への需要が拡大している。セメント最大手の太平洋セメントは一一年四～一二月期営業利益を二〇〇億円（前期比二倍）実現した。鹿島建設、清水建設、大林組等大手ゼネコンもがれき処理の受注で売上げを増大させている(同、一月二一日)。

福島県の放射性物質の除染事業にも大手ゼネコンが本格的に乗り出している（表Ⅰ―1）。福島県の除染モデル事業は、県内業者ではなく大成建設など大手が受注した。福島の地元業者はこれに対し「除染事業組合」を立ち上げたが、大手の資本力、技術力に対抗しえず、大多数は大手の下請けにされている。

■表Ⅰ-1　大手・準大手ゼネコンが手がける主な汚染事業

対象地域	受注者	契約金額
国のモデル事業		
川俣町、浪江町、飯舘村、南相馬市の計62㌶	大成建設中心の連合	32億円
田村市、葛尾村、富岡町の計33㌶	鹿島中心の連合	17億円
広野町、大熊町、楢葉町、川内村の計114㌶	大林組中心の連合	31.9億円
福島県のモデル事業		
福島市の10㌶	大成建設	1.5億円
福島市の事業		
福島市の住宅など248軒	大林組	2.2億円
福島市の住宅など267軒	三井住友建設中心の連合	2億円

出所：『朝日新聞』2012年1月31日

農業、漁業にも、大津波による農地、漁港設備の破壊の下で、大資本が進出しつつある。津波でまっさらな状態になった仙台空港周辺では、農水省の実証実験とそれを推進する村井宮城県知事の肝いりで、大規模・低コスト農業―農業の六次産業化が進展している。農水省の説明会に参加したのは、農業機器メーカーに加え、パナソニック、日立、ＮＥＣ、シャープなどの電機大手、セブンイレブン、高島屋など商業大手であった。「数十ヘクタールの敷地面積に国内最大級の温室を造り、リーフレタスやトマトを作る。塩害に見舞われた土の代わりに、養分を含んだ液体で作物を育てる。温室を暖めるのは太陽光発電。作った野菜を総菜に仕立てる〈野菜工場〉を併設し、コンビニなど大手流通に販路をつなぐ。栽培を担うのは農業法人の舞台ファームなど被災農家で、一二年中に生産を始める」（『日本経済新聞』一二年三月一〇日）。このプロジェクトにはカゴメ、日本ＩＢＭなどの企業とともに仙台市（奥山市長）も参加し、参入企業に対する税制優遇などを柱とする「農と食のフロンティア推進特区」とする（同三月二日認定、同上）。

明らかにＴＰＰへの対処をめざした大資本による大農経営、農業の工業化推進である。その下で従来の農民の一部は賃金労働者として雇用されるであろうが、大部の農民は土地を安値で奪われ農業から追放されることになろう。

岩手・宮城・福島の被災三県で、三一九の漁港が津波で壊れ、二万八〇〇〇隻の船が使えなくなった。宮城県の村井知事は、この機を利用し水産業復興特区を進めている。一四二の漁港を六〇の漁港に集約し（八二港を切捨て）、これまで地元漁協に優先的に与えられてきた沿岸漁業権も、特区を設定して、民間企業に与えよう（地元漁師を雇うという条件が付けられてはいるが）というのである。大企業には規制緩和、税制優遇等によって利潤を保障し、競争力を強めてＴＰＰに対応しよう、というのであるが、ここでも零細な漁民は二度目の〝大津波〟に襲われ、生産基盤を奪われる。

この他目立った動きとしては、気仙沼市における大手商社（住友商事、三井物産）による大規模水産加工団地の建設、南相馬市における大成、東芝などゼネコン、電機大手によるメガソーラ施設建設等々がある。――このように現実に惨事便乗型資本主義が進展している。

なお「トモダチ作戦」（これに関しては第Ｉ部第２章第三節参照）で災害復旧活動に軍隊を出動させたアメリカは、経済面でも復興需要にありついて利益獲得を図ろうとしている（次項）。福島原発の原子炉メーカー・ＧＥ社は、表Ｉ―２にみるような支援活動を宮城県に対して行っている。ＧＥ社はすでに災害以前から環境ビジネス中心に宮城県と「サスティナブルシティ」プロジェクトを進めてきていたのである（平野健「ＣＳＩＳと震災復興構想」『現代思想』二〇一二年三月号）。福島県に対しては「福島第一原発を二四時間監視」することだけである。

■表Ｉ-2
3・11以後の日本GE社の支援活動

- 1000万ドル相当の現金、機器、サービスの寄付。
- 日本赤十字社に１億円（125万ドル）、宮城県に１億円（125万ドル）寄付。
- ヘルスケア関連製品を寄付。
- 工業用内視鏡を寄付。
- 福島第一原発を24時間監視体制。
- 発電セットを寄付。

出所：平野健「CSISと震災復興構想」『現代思想』2012年３月号

（注）復興構想会議（五百旗頭真議長）の答申が、被災者の生活再建に結びつかず、神戸空港や新長田再開発ビルなどハードな建設に集中した「創造的復興」を何ら反省することなく、しかも国外資本の参加を含めてさらに大規模に推進しようとするものとなっていることの批判を、岡田知弘氏が行っている（「『創造的復興』論の批判的検討」『現代思想』二〇一二年三月号）。

（二）国内外金融資本の意図の下に

① 日本財界による復興需要吸収と地域支配

米倉弘昌日本経団連会長（当時）は「復興を経済成長につなげるため大胆な規制改革が欠かせない。政府主導であらゆる分野の規制を見直す大なたを振るってもらいたい」「電力料金の値上げは企業努力で辛抱できるが、絶対量が不足する事態は何とか避けてほしい。そのためには安全性を確認し、住民に納得してもらったうえでの原発の再稼働が必要だ」「企業には農業の生産性や品質の向上につながるノウハウが詰まっている。企業と農業の連携が進めば、国際競争力のある農業を構築できる。私が会長を務める住友化学でも、ほとんどの県に一つは農業生産法人をつくる勢いで農業にかかわっていく」「税と社会保障の一体改革など首相自身が表明していることを着実に実行してほしい」（『日本経済新聞』二〇一一年一月一日）といっている。野田首相（当時）は、この経団連会長の意向に即した政策を忠実に実行しつつある。

大震災による災害復興に関し、日本財界はいち早く提言を発表した。経済同友会は「東日本大震災からの復興に向けて〈第二次緊急アピール〉」（二〇一一年四月六日）を発表した。そこでは、たんなる「復旧」ではなく「新しい日本を創生するというビジョンの下に、新しい東北を創生していく必要がある」とし、「東北の復興」は「道州制の先行モデル」をめざして、「規制緩和、特区制度、投資減税、各種企業誘致政策などあらゆる手段を講じ」、民の力〔私的資本の力〕を最大限活かさなければならない、としている。農業に関しては「農地の大規模化、他地域の耕作放棄地を活用した集団移転、法人経営の推進、漁港の拠点化など大胆な構造改革を進めることによって、東北の強みを活かしながら、『強い産業』としての再生をめざす」必要がある、としている。

日本経団連も「復興・創生マスタープラン」を発表した（同五月二七日）。この中で重要なのは、「被災地域の活力なくして、日本経済の再活性化はあり得ない」としながら、同時に「日本経済の再活性化」がなければ復興もできないとし、「日本経済の再生のためには、今回の震災からの復興を踏まえた新成長戦略の加速が求められる」と、災害復興を新成長戦略推進のテコとして利用しようとしていることである。だから「震災前からの懸案である社会保障と税・財政の一体改革の推進やTPPへの参加をはじめ諸外国・地域との経済連携が不可欠であり、震災により後退させることなく推進する必要がある」という。日本経団連も震災復興庁の設置を要求し、「震災復興庁及び関連の全ての権限を広域自治体に移管し、道州制導入につなげていくものとする」と提起している。

災害「復興」をテコとした大資本による地域、農林漁業、インフラ整備から代替エネルギー供給の支配、それに適応させた地域再編成―道州制―、大資本の競争力強化と利潤拡大にこそ、財界の意図がある。

② CSIS提言にみるアメリカ資本の意図

CSIS（Center for Strategic & International Studies 戦略国際問題研究所、マイケル・グリーン、リチャード・アーミテージ、ジョセフ・ナイなど日本問題に関わってきた著名人たちのシンクタンク。この研究所所長ジョン・ハムレ氏の日本の原発に関する発言について（第Ⅰ部第2章第四節参照）は、今回の大災害直後から復興構想に関するタスクフォースを日本経団連との相談の上で立ち上げ、六つのワーキンググループを作って復興計画を検討、作成してきた。日本経団連の復興に関する提言、政府・復興対策本部の「基本方針」は、CSISと日本政府・財界共同で作成されたものであった（この点および以下のCSIS提言に関しては、平野健前掲論文参照）。

CSISは、二〇一一年一一月三日、日本経団連との連携の下で“Partnership for Recovery and a Stronger Future”を発表した。このレポートは、「防災と復興」「経済復興」「エネルギー戦略」「健康と復興」「同盟の教訓」「市民社会の連携強化」の六章から成るが、東北、さらに日本全体における大企業のプレゼンスの維持・拡大を可能とする項目として、①安定的エネルギー供給（原発存続――これについてはさらに検討する）、②税制改革（法人税引下げ、消費税増税）、③規制改革（とくに労働規制緩和）、④貿易自由化（TPP交渉参加）が取り上げられている。また東北地方でこれらの改革を迅速に行うためのフレームワークは「経済特区」構想であり、東北での実効的開発戦略は、日本経済全体の成長モデルとして役立つだろうと述べている。

CSISレポートは、ハリケーン・カトリーナの経験を引き合いに出して、意思決定のローカライズ（地元化）が大切だとしたり、地元住民とのパートナーシップ、NPO団体との連携、GE社と宮城県との連携を紹介、重視している。これは、復興需要を取り込む上での日本企業との競合の中で、アメリカ企業の参入条件を確保しようとする提起であり、TPP参加と密接に関連するものといえよう。

平野氏はCSISレポートの提言に関し、「日米両国の軍・官庁・財界などは、両国のNGO・大学・専門家集団・ボランティア活動家などと結びつきを強め、災害救助・人道的活動などの領域で日米間の協力共同体制を築くよう努めるべきだ、そのことを通して市民社会レベルで日米同盟の強固な紐帯を作り、もって日米同盟の超党派的・国民的コンセンサス形成の基盤とすべきである」という意図があると総括し、それは原発推進を通して強固に形成された「原子力村」を、災害支援・人道活動・医療活動への領域に拡張しようという狙いを込めたものと指摘している。重要な指摘である。

ショック・ドクトリンによって大資本中心の利潤獲得をめざす「復興」が、何をもたらしてきたか。私たちはこれを明確に現実をふまえて認識することができる。この認識をふまえ、いま日本で推進されつつある大資本中心の復興に対しこれを批判、拒否し、人間中心の、いのちと人権を維持する観点に立って、労働者・農林漁民、住民の連帯による生活・生産基盤の復興を図ることが、決定的課題となっている。

（『進歩と改革』二〇一一年五月号）

第二節　巨大民営郵政事業による地域・生活破壊

一　「公社」化の下で進められたこと

（一）公共性放棄

国の直営事業・郵政三事業を公社化することは、行革会議で確認され中央省庁等改革基本法（一九九八年）によって決まっていた。「基本法」は「（立法による公社化など）前各号に掲げる措置により民営化等の見直しは行わないものとする」（第三三条一項六号）と明記された。小泉純一郎氏らを中心とする郵政民営化策動は、これによって絶たれたものと、自民党・政府・郵政官僚は判断した。ところが自民党総裁に選ばれた小泉氏は、この基本法は「公社化するための基本法」であって、民営化を含めた「公社後のあり方を検討することを自体は、基本法に反するものではない」という詭弁、というより首相にあるまじき法の無視（安倍晋三氏になると憲法を無視している）によって民営化に突き進み、参議院の否決を衆議院解散—総選挙という策を弄して民営化を強行した（「基本方針」〇四年九月一〇日閣議決定、民営化法案〇五年四月二七日閣議決定、同一〇月一四日成立、民営化の骨格については、拙著『株価至上主義経済』御茶の水書房、二〇〇五年、第3章6参照)。日本郵政公社が〇三年四月発足していたが、公社は〇七年一〇月に民営に転換することになった。わずか四年半のいのちとなった。「最初で最後の日本郵政公社総裁」を務めたのが生田正治氏(商船三井出身)であった。

生田氏は総裁就任に際して、小泉首相(当時)から(未だ法案さえ決まっていないのに)「四年で公社は民営化するので、その間にいい事業体にしてほしい」と直接依頼された、という(町田徹、『日本郵政』日本経済新聞社二〇〇五年、一七ページ)。生田氏は、総裁就任前は郵便貯金廃止論者だったといわれているが、総裁就任後は「健全な会社をつくる」として民営化後も十分生き残れる会社にすべく、採算重視そして事業拡張にのり出す。ところが本人の意図に反して解任されてしまった。「前内閣から『最初で最後の総裁としてがんばってくれ』と言われたので、使命感として『依頼があれば一〇月の民営化までなら続投する』と言った。政権が代わり、政治の意思が変わった。ただ『私が身を引いた』という事実とは異なる情報を流してほしくなかった」(『日本経済新聞』〇七年三月二八日)。

生田氏がとくに力を入れたのが前述の特定郵便局―「全特」の改革であった。「進みつつあった組織改革が一部現状に近くなりましたが…経営力をしっかり直接活かせる仕組みにすること…市場レベルや常識に照らして、生産性と効率的な機能を整備すること。／…これからおやりになるのでしょうが、こうした郵便局会社の体制整備がなされないと、残念ながら金融関係、銀行と生命保険会社が市場で自己防衛のため郵便局会社から次第に離れていくかもしれません。自社の市場競争力防衛です。…市場は冷厳です。そうした厳しい事態を未然に防ぎ、逆に三事業会社に長期に信頼されて頼りにされる郵便局会社創りをしたいと考えていました。私自身それを全うし得ず去ることを誠に申し訳なく思いますが、郵便局会社は郵政グループ全体の基礎的インフラ、即ち、基盤です」「…職員、特にシッカリとした時代認識を持ち、渾身の力で事業営業に努力し、正に地域と共生している多くの特定郵便局長が納得して生き生き働ける環境創りのためにも、私が成し得なかった改善に向けて大いに努力されることを期待しています」(『財界』〇七年四月二四日号、インタビュー)。〇六年一年で南は石垣島、北は稚内から東北地方まで、全国各地約五〇カ所で職員と対話集会をもって意見交換をしてきた――「これから民営化されると市場の競争にさらされる訳ですから補助金もない、国家の保護もなくなる。その中で、公的な使命、地域への貢献、共生していくという使命を絶対に果たさなくてはなりません。ところが、事業として成り立たなくなると公的使命も果たせなくなります。だから、事業として成り立つように、事業の内部の合理化はなんとか理解してください。サービスは落としませんと訴えました。…そういう内部的な生産性改善をやらせていただけないと、もっと大きく、パブリックな使命が果たせなくなって、郵便局ネットワークの崩壊に通じるから、なんとか理解して下さいと」(同上)。なんとか理解、了解してもらえるところまで来たのに…。

しかし市場競争に耐えるため、ということで効率性―採算性・企業性を追求してきたことによって何がもたらされたのか。それは「パブリックな使命」の放棄であり、公共性の崩壊であった。

(二) 資本の論理の徹底

民営化しても生き残れる郵政事業を、ということで推進してきた生田・郵政「改革」は、一言でいえば、郵政事業に資本の論理を徹底させることであった。弱肉強食の市場競争をあおり、その下で採算に合う儲けの出る事業にしよう――そのためコストを徹底的に削減する、雇用削減、賃金引下げ、労働強化・時間延長を行う、儲けが出ない分野は切り捨てるという資本家的合理化の強行である。そして競争で負け、事業が成り立たなくなれば労働者の首もとぶし、地域・住民へのサービスもできなくなるとして労働者・労働組合を合理化に協力させ、労働条件・生活を奪った大資本の手口と同じ欺瞞が使われてきた。

生田前総裁は、公社四年間の成果として「…就任当初、郵政会社は赤字続きで五八〇〇億円もの債務超過に陥っていた。民間でいえば、破綻状態。それを費用削減や意識改革を通じ、二〇〇億円前後の単年度黒字まで回復させた」(『日本経済新聞』〇七年三月二八日)、「四年間の利益剰余金が六兆円を超え、七〇〇〇億円以上の国庫納付金が見込めるまでになった」(『毎日新聞』同三月二七日)、「独立採算の公社が、民間会社になったつもりで経営した。特に労働組合の協力がなければ、職員を二八万人から二五万人に減らすことはできなかった」(同上) と誇らしげに述べた。

生田郵政公社は何をやってきたのか。

第一に、民業圧迫になるとして新規業務は認めるべきでないという全国銀行協会、全国地方銀行協会、生命保険会社等の意向をほとんど無視して、新規業務に積極的にのり出した。物販では、ゆうパックを全国約二万二〇〇〇店のコンビニ、西武・東武・三越などのデパートと提携して展開している(図I―1)。ヤマト運輸は、ゆうパックの新料金体系は不公正取引だとして東京地裁に提訴している。物流をめぐる市場競争は国際物流を含めてさらに激化することになろう。

さらに郵便貯金では全国銀行協会との間で全都市銀行とA

■図Ⅰ-1

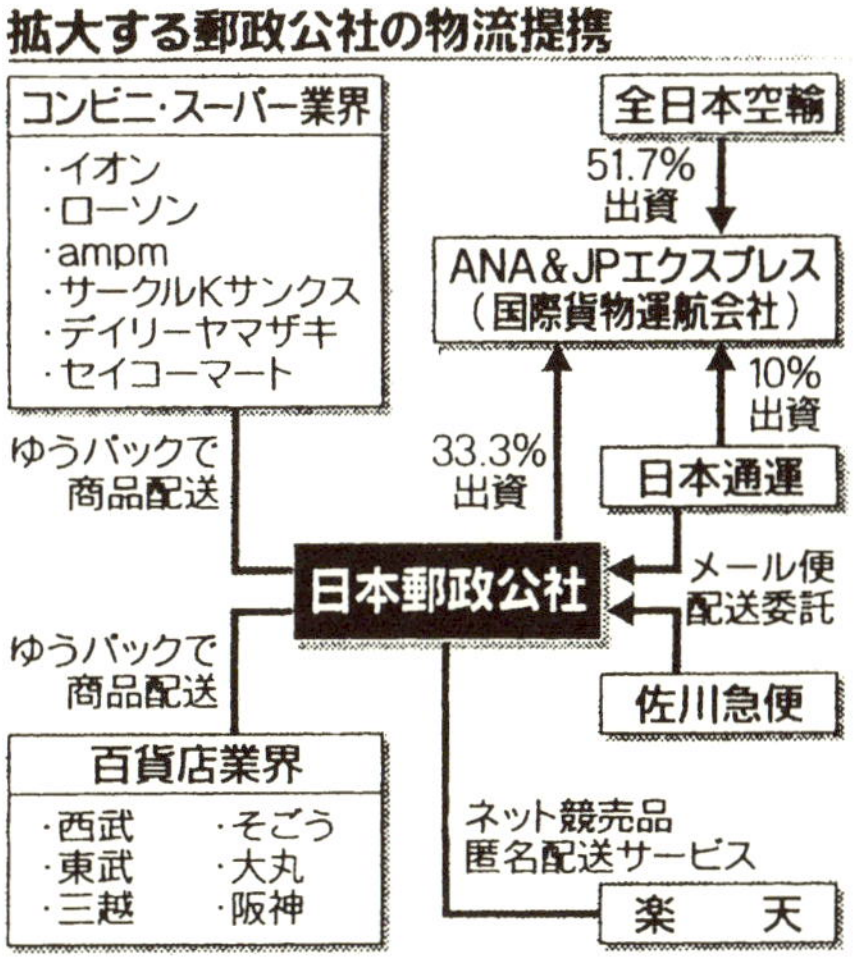

出所：『毎日新聞』2006年10月５日

TM（現金自動預払機）提携を結ぶことになった。これは大手銀行による地方進出のテコとなるとともに、郵貯においても証券化中心の事業が進むことになる（次項）。しかし反面、利用件数が少ないという理由で、郵便局のATMの撤去が進められている。郵便局外二五六四カ所に設置されたATMの三割が撤去対象にされている。保険分野でも、新保険商品（「ながいきくん」）が始まった。この分野も今後、米保険業の進出も加わって大競争戦が展開されよう。

第二に、コスト削減、合理化の推進である。その柱となっているのが、JPS（ジャパン・ポスト・システム）というトヨタの労働者管理・生産方式の導入である。「ムリ・ムダ・ムラ」をなくす――「これは昔の帝国海軍の艦隊勤務のときのキーワードで、トヨタさんがいまトヨタ式の生産性向上運動で使っておられるキーワードでありますが、その理念で集配区分の作業体制を一新していく」（生田氏、前掲『財界』）。これは〇三年、埼玉・越谷郵便局で最初に試行され、〇六年九月で全国千二百余の普通郵便局のうち約一千局に採り入れられている。「この方式は、そもそも仕事の量を明確にすることで、ムダのない人員配置をするのが狙い。各職場には『原単位』という手法が採り入れられた。例えば、局に届いた郵便物を送る地域ごとに分ける際は、一五分間でできる郵便物ごとにいったんケースに分けてから区分作業に入る。均等に区分けすることで作業量が一目でわかる。…また、局内で最短距離を動けるよう床に進路を示すテープを塗った。配達する郵便物を区分けしたりする際、立ったり座ったりすると余分な時間がかかるので、いすを撤去して立ったまま作業させることにした」「配達区域についても、配達部数やバイクの走行距離などから厳密に振り分けられた」――そして「指導役のトヨタ社員が、ストップウオッチで郵便物の仕分けの速さを、〇・一秒単位で計ったり、局員の歩数を数えたりし、作業の全工程を見直した」（『朝日新聞』〇六年一〇月二九日）。

一人ひとりが何分で区分できるかを競わせ、労働者を監視し標準作業の名の下、当局が決めた型通りの作業・時間を強要する。「作業能率の低い者を対象として指導→評価→確認を繰り返し、『出来るまで教える』…。暴言やパワーハラスメントが職場の中で飛び交う中、一方では訓練道場と称して、郵政版『日勤教育』を職場の中に作り上げようとしている」（『伝送便』二〇〇六年一二月、「広島中央局の実態」から）。

まさに労働者の機械化、ロボット化であり、奴隷的な管理・支配ではないか。「公社は今春（〇六年）、JPSの導入前に比べて、越谷局で三三％、全体でも一八％ほど生産性が向上し、一四六七人の余剰人員を生んだとして『トヨタ効果』を強調していた」（『朝日新聞』前掲）。しかしトヨタ指導役社員の視察報告によれば、「全体の八一％がデタラメ君」「やっていないのにやっているという、うその報告、ごまかし、だとしている」（同上）。

郵便の職場に、定型部品を組み立てる自動車生産の作業と同じような作業・労働管理を導入すること自体〝ムリ〟なことであるし、労働者を機械同様に定型化して作業を強制し、しかも互いに競わせることによって、労働強化が激化し、時間通り作業が終わらないと超過勤務となり、腰やひざを痛めたり、メンタル疾患となったり、休職・退職者は増え、過労死も激増している。ゆうメイトといわれる非常勤労働者に対しても同じ作業方式で管理することによって、やめる者が増え、低賃金・労働強化の下でアルバイトさえ集まらなくなっている。まさに生産・事業の本来の主体である労働者の崩壊、労働自体の崩壊というべきであり、事業自体がその根底から揺らいでいるのである。

その上、ゆうメイトの労働者に対する管理強化、選別支配が進んでいる。現在、郵政公社内で非常勤で働かされているゆうメイトは約一六万人いる。正規職員が減らされ、ゆうメイトの活用が図られているが、ゆうメイトは、常勤職員と変わりなくハードな労働を課せられ、JPSの対象とされながら、時給八〇〇円程度、年収二〇〇万円以下の者が多い。民営化を前に、ゆうメイトに対して「良質な」者を確保する一方、「安易に良質とは言い難いゆうメイトの再雇用を行わないよう」という当局からの指示が出され、競争と差別・選別、格差化が進んでいる。その中で、ゆうメイトの退職、応募者の減少が生じ、仕分け作業、配達作業等に支障が生じている（「伝送便」〇六年一一月）。

第三に、郵便事業にユニバーサルサービスを義務づけ、「国民の貴重な財産であり、国民共有の生活インフラ、セーフティネットである郵便局ネットワークが維持されるとともに、郵便局において郵便の他、貯金、保険のサービスが確実に提供されるよう、関係法令の適切かつ確実な運用を図り、現行水準が維持され、万が一にも国民の利益に支障が生じないよう、万全を期すること」という参議院の付帯決議がある。しかしそれを破壊する集配拠点の再編が強行された。集配再編成計画によれば、全国で集配業務を行っている四六九八局の郵便局を、郵便物の区分けと配達を行う「統括センター」を一〇八八局、配達だけの「配達センター」を二五五九局、窓口業務だけの「無集配局」を一〇五一局に分離し、集配エリアを大幅に見直す、それによって年間約一〇〇億円削減する、という。この計画に対し関係自治体から強い反対があったにもかかわらず、統括センターは約九〇〇局に集約された。これに伴い、とくに過疎地では配達業務、貯金・簡保の取り扱いが廃止される局が増え、高齢者への在宅サービスをはじめサービスが切り捨てられる一方、雇用圧縮、そして受け持ち区域の拡大による労働時間延長、労働強化、そして集配遅延などが生じている。さらに過疎地を中心に郵便サービスを提供する簡易局の閉鎖が拡大し、〇七年二月には三二三局が一時閉鎖（〇七年二月末）され、二〇〇の簡易局が委託契約を解除される状況で、銀行など金融機関のない地域にとって生活インフラとして欠かせない郵便局ネットワークが断ち切られる危険が生じている。

これが民営郵政の姿を示すものであり、「民」とは国民＝民衆のことではなく、資本家的企業のことであり、その採算性の確立は、国民＝民衆と働く労働者を犠牲にした資本による利潤原理・利潤至上主義の確立にほかならない。しかし利潤至上主義の徹底は、人間「労働」の破壊によってその存立根拠を危機に陥れているのである。

二　巨大民間金融コングロマリットへ
――西川・郵政のめざすもの・もたらすもの

（一）民営郵政事業の骨格

西川善文・日本郵政社長の下で〇七年一〇月、民営日本郵政会社・グループがスタートした。その骨格は、当初は政府が株式を一〇〇％保有する持ち株会社日本郵政の下に、郵便事業会社、郵便局会社（窓口会社）、ゆうちょ銀行、かんぽ生命の四社が統合され、それら四社の株式は持ち株会社日本郵政が全額保有する。二〇一七年四月以降は政府保有比率を持ち株会社の株式の三分の一超に低め、ゆうちょ銀行、かんぽ生命の株式は全株売却され、持ち株会社から独立する（ただしその株式を政府が買い戻し議決権行使が可能にされている）、郵便事業会社、郵便局会社の株式は、なお持ち株会社が一〇〇％保有し、政府の支配を維持する。この傘下企業の下で、従来の事業の継承とともに新規事業が展開される（図Ⅰ―2　次頁）。

■図Ⅰ-2
日本郵政のグループ会社と事業計画

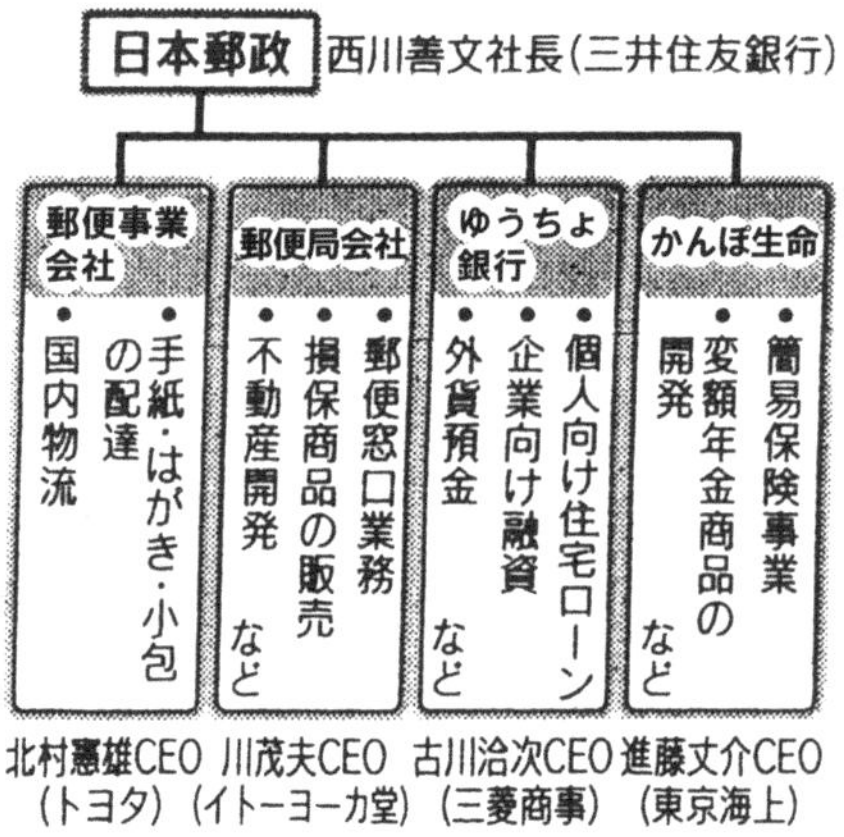

(注)カッコ内は出身母体企業

出所：『日本経済新聞』2007年4月3日

西川総裁は、民営郵政事業が推進する経営内容に関し次のように言っている(〇七年四月二日記者会見、『日本経済新聞』〇七年四月三日)。まず第一に経費削減。「株式上場を意識してガバナンスを強化する。収益力確保という観点から筋肉質な企業を構築していかなければならない」。一層の合理化推進であるが、その柱として、業務委託先、外注先の関連会社三六社の整理・見直しによるコスト削減を行う（松原聡東洋大教授を委員長とする検討委員会で検討する）。

第二に、特定局については、生田改革案が骨抜きにされ、特定局の地域グループによる局長の決定権限が温存されているが、世襲制廃止案の改革は進める。とくに「地域密着で金融事業に強い彼らの力を最大限発揮していく必要がある」と、金融（資金吸収）を中心としてその活用を図ろうとしている。特定局長の権限温存、全特組織の活用といういわば〝保守回帰〟は、直接には自民党の党利党略によるものであり、効率性追求の観点からはマイナスである。しかし、例えば対米軍事同盟による米軍再編成やＰＡＣ配備などの膨大な政治的負担（全くの無駄な負担）が、さらに民衆への増税負担と福祉など生活関連支出の削減をもたらすのと同様、政治的配慮からのコスト削減の制約は、それだけ労働者への抑圧と地域住民への（郵便局の統廃合はじめ）犠牲と負担を強めるものとなることは明らかである。

そして第三に、資金運用である。「郵貯、かんぽは膨大な資金を運用しているが、リスクヘッジ手段がない。これをまず実現したい。新規業務は徐々に拡大する」。ゆうちょ銀行は総資産二二六兆円、金融機関としては世界最大、かんぽ生保も一一四兆円、保険業界国内最大規模である。財政投融資機構が解体されたため、この巨額の資産・資金の運用によって利益を確保しなければならない。現在約二〇〇兆円の郵便貯金は、その六五％が国債（その他地方債、社債、外国債に約一〇％）に運用されているが、運用の多様化が図られなければならない。個人住宅ローンなど貸出だけではなく、証券投資の拡大、先物・オプションなどへのリスキーな運用も行わなければならない。「一〇月の民営化時に利用できるように運用部隊を組成する」(『日本経済新聞』同上)と西川氏は言っている。大都市のＪＲ駅前郵便局の用地の再開発、あるいは証券化による売却も行う方針だとしている(『毎日新聞』〇七年四月七日)。こうして民営郵政事業は、ゆうちょ、かんぽだけでなく、郵便事業をも含めて大きく金融業に、それもまさに〝擬制〟(ギャンブル)的な証券、不動産取引中心に、転換させられることになろう。

（二）巨大金融コングロマリットによるギャンブル化

日本郵政は、民営化で〇七年一〇月発足する持ち株会社の株式を、早ければ二〇一〇年度に上場するという方針を示した(『日本経済新聞』〇七年三月二七日)。ゆうちょ銀行とかんぽ生命の株式上場と時期を合わせる。東京証券取引所上場の条件の一つに企業設立後三年経過がある。三年目の上場には、東証による特別措置が必要である。日本郵政としては、金融二事業だけでなく、郵便事業という採算性の厳しい事業をかかえる持ち株会社の株式売却を早期に実現する方針の下に、持ち株会社（そして郵便事業）においても収益重視の姿勢を浸透させようという狙いがある、といえよう。株式をいかに高い価格で売却しうるか――そのためには傘下事業会社の収益、利潤を可能な限り高める、反面不採算部門は早期にスクラップする、という方向である。収益確保・拡大の中心におかれるのは、金融――貸付、とくに証券投資である。現在までに明らかにされた収益増強策をみておこう。

①個人金融部門の重視

住宅ローン、クレジットカード、投資信託、変額年金へ新規参入する。住宅ローンは、住宅金融支援機構（旧住宅金融公庫）との提携で進出しようとしている。これには民間金融機関側から「民業圧迫」との反発があるが、西川総裁は「融資先が重ならないので、その心配はない」としているが、郵便局窓口と支店網が競合する地方金融機関にとっては基盤をゆさぶりかねない。クレジットカードは、これまで郵政公社が民間三七社と提携し、共用カードを発行してきたが、独自カードをゆうちょ銀行が発行する（ビザ、マスター、ＪＣＢ）。発行事務はＪＣＢ、三井住友に委託する方向であるが、独自カード発行でカード関係の金利収入・手数料を獲得しようというわけである。

投資信託の販売はすでに〇五年一〇月から郵便局の窓口（当初は五七五局）で開始され、〇六年一〇月には一一五五局に広がり、販売目標を〇六年度五四〇〇億円に設定している。販売促進のため局員を競争させたり、成績を上げた局を表彰したりしているが、投信販売に必要な証券外務員資格を持っている者は多くないし、投信は元本保証がないことさえ認識していない職員も多い中で〝意識改革〟に手間取っている状況もある。しかし民間金融機関が投信販売で巨額の手数料収入を上げている中で、日本郵政は積極的にこの分野を拡大することになろう。

変額年金は、契約者が払う保険料を株式・公社債投信などに運用し、運用成績次第で将来受け取る年金額が変わるという投資商品で、現在国内保有契約高は約一三兆円規模である。今後団塊世代の退職金の流入で増えることが見込まれる。この販売には、政府の郵政民営化委員会の認可が必要であるが、日本郵政としては当初はゆうちょ銀行の直営店、郵便局会社の数百店で販売し、保険会社から販売手数料を得ることを見込んでいる。

郵政の事業は、証券取引に重点化されるとともに、投機（ギャンブル）的性格を強める。

②土地・不動産開発

日本郵政は、土地・不動産開発、土地証券化と販売事業に乗り出す。東京、大阪、名古屋のＪＲ駅前にある中央郵便局の用地を、二〇一一年を目指して再開発する方針を示した。札幌でも三井不動産と日本郵政の提携で、公社の駐車場を利用して商業ビル建設計画が進んでいる（『朝日新聞』〇七年二月二八日）。用地自体については証券化して売却することも考慮されている。――これはいうまでもなく大都市中心の営業を進めることによって、地方との格差を拡大させることになろう。

③資金運用管理の効率化

日本郵政公社は、ゆうちょ、かんぽで集めた資金の運用を管理する業務の効率化を図るべく、まずかんぽを中心に、国内株、外国株、外国債券の管理業務を、日本トラスティ・サービス信託（住友信託、三井トラストＨＤ、りそな銀行の共同出資による資産管理専門銀行）に一括委託した（『日本経済新聞』〇七年三月二六日夕刊）。この一括委託で数億円の経費削減効果を見込んでいる。今後、ゆうちょの資産管理業務でも一括委託が進められる見通しであるが、郵政と民間金融機関との連携が進展する。

金融重視の日本郵政の事業戦略は、金融中心の専門窓口・専門職員を配置し一元的運営を行う独自の窓口を全国の都市部大規模郵便局で（当初二三三局の直営店設置）実施する方針である。これによって地方金融機関（地銀、信金、信組）の営業基盤は浸食され奪われることになろう。

巨大金融コングロマリットとしての郵政事業の金融・証券化は銀行・金融機関における弱肉強食の競争を、しかも全世界的規模での、投機的、擬制的証券売買領域中心の競争を激化させるとともに、競争力を強めるためコスト削減・合理化がさらに強まり、弱小の、民衆の生活に直結した地域金融の破壊をもたらすであろう。証券ギャンブルに民衆が巻き込まれることによって格差の拡大、多くの労働者の生活破壊が進む。不採算部門（しかもそれは地域住民の生活インフラとして機能しているのであるが）をかかえる郵便事業はそれだけコスト削減、合理化—労働破壊が進むとともに、地域住民の生活インフラは破壊される。

郵政民営化による事業への資本の論理の徹底は、労働者を破壊し、地域・生活を破壊することは明らかである。私たちは少なくとも、採算性を高めて事業が成り立たなければ公共サービスも継続できないというのは全くの欺瞞であることを見抜かなければならない。そして、資本の論理の徹底に対抗して、人間としての「労働」と「生活」の破壊をくいとめ、人間的「労働」と「生活」の再生という人権確立の観点に立って、抵抗を強め、規制しなければならない。

（『進歩と改革』二〇〇七年六月号　一部削除）

■補論　金融犯罪続発の下での金融格差・寡占化

一　続発する金融犯罪

（一）　サラ金大手・アイフルの法違反

強引な貸付金取り立てなど貸金業規制法違反行為が発覚し、金融庁から行政処分が出された（〇六年四月一四日）。消費者金融大手アイフルは、簡易申込機を含む一九〇〇店すべてで貸付け、回収、新規勧誘などの業務を五月八日から三〜二五日間停止することになった。二五日間の業務停止となったのは、法令違反を行った五稜郭店（北海道）、新居浜店（愛媛県）、西日本管理センター（滋賀県）の三店舗、二〇日間の業務停止は、諫早店（長崎県）、コンタクトセンター福岡（福岡県）の二店舗、あとすべての店舗は三日間の業務停止である。消費者金融（いわゆるサラ金）大手では武富士が〇三年、〇四年の二回にわたり金融庁から業務停止命令を受けたが、処分対象は法令違反を行った店舗だけであった。全店舗の業務停止処分ははじめてのことである。

アイフルの強引な貸付けの仕方、そして脅迫的な取り立てに対しては、すでに以前から国民生活センター等に苦情が寄せられていた。〇五年度中に国民生活センターに寄せられた苦情件数は三二〇〇件、これは前年度より一割強増大している。〇五年には、「アイフル被害対策全国会議」が被害者・弁護士によって結成され、全国で四〇〇人を超える被害者が、契約無効、利息返還などを求めて集団訴訟を行っている。金融庁も、〇五年六月、アイフルに対し、立ち入り検査を行なった。

　これらによると、例えば、認知症の顧客と貸付け契約を結んだ後、その補助人から契約解除の申し入れがあったのに、店長がこれを無視して元利金を取り立てた（五稜郭店）、債務者の母親に督促状を送ったり何度も電話して返済をせまる（西日本管理センター）、顧客から委任を受けていないのに委任状を作成し（委任状偽造）、戸籍謄本を不正に得たり、借り手の勤務先に繰り返し電話したりする（諫早店）などの違法行為が明らかにされている（『朝日新聞』〇六年四月五日、『赤旗』同日等）。貸金業規制法によれば「私生活、業務の平穏を害する言動で人を困惑させる取り立て」は禁じられている。

　アイフルは、一九六七年京都で創業（松原産業）したが、二〇〇〇年三月には東京証券市場上場を果たし、〇一年には信販会社ライフを買収するなど拡張路線を走り、〇五年三月期の連結決算で業界トップに立った（表Ｉ―３）。しかしこの事業拡張は、従業員に対して各支店ごとに貸付けや回収率に関して厳しいノルマを課し、目標成果に応じた賃金制を採用（達成率が低いと最大六割減の賃金となる）するなど、競争を煽り立て利潤至上主義を徹底したことによって行われた。もちろんこのようなやり方は多かれ少なかれ（あるいは巧妙な形で）どの消費者金融各社でも行われていることといってよいが、アイフルの場合はその中で法令を超えるところまで突き進んだ。アイフルの福田吉孝社長自身「成果主義を求め過ぎた」と認めている（『毎日新聞』〇六年四月一五日）。なお米経済誌『フォーブス』の世界長者番付（〇五年）で、

■表Ｉ-3　消費者金融大手４社の05年９月中間連結決算

	貸出金銭高	営業損益	当期損益
アイフル	21701　(6.4)	2728　(6.4)	442　(35.1)
アコム	16979　(4.8)	2221　(2.6)	463　(3.9)
プロミス	15938　(4.7)	1904　(2.1)	313(▼21.8)
武富士	15770(▼1.8)	1769(▼2.8)	273 (▼8.5)

単位・億円。かっこ内は前年同期比増減率％。▼はマイナス。
貸出金銭高はローン事業で、アイフルは傘下のカード会社ライフを含む
出所：『朝日新聞』05年11月2日

福田社長および福田家は八〇位（日本人では二位）に入っている（『赤旗』〇六年四月一五日）。

法令違反をしてまで事業拡張したアイフルだけでなく、サラ金大手も（盗聴事件の発覚で業績を損なった武富士のほかは）貸付金額、営業利益を伸ばしている（表Ⅰ―3参照）。それだけでなく、いまや銀行大手もサラ金との提携をはじめとして、個人・消費者金融分野（リテール分野）に事業を拡張している。この背景にある金融格差を明らかにするとともに、リテール分野への事業拡張によって、民衆、中小企業の状況はどうなるのか、を明らかにする必要がある。

と同時に、金融庁は、アイフルの法令違反を契機に、貸金業懇談会を設けて、個人・消費者金融分野の規制強化を検討し、導入することを明らかにしている。金融庁によるサラ金規制、介入は何を意味するのか、そしてそれは何をもたらすか。

（二）　三井住友銀行、おまえもか

金融庁は、〇六年四月二七日、三井住友銀行に対し、融資先の中小企業に「金利スワップ」と呼ばれる金融派生商品（デリバティブ）の購入を押し付け、独占禁止法の禁じる「優越的地位の乱用」をしていたとして、同行に対し、①法人営業部の金利系デリバティブ商品の販売（提案・勧誘を含む）を〇六年五月五日から半年間禁止する、②企業取引の拠点として全国各地に設けている法人営業部（現在一九四）の新設を五月五日から一年間禁止する、③法令を順守する経営姿勢の明確化、法人営業時の適切な説明の徹底、顧客本位に立った業務計画の策定、中小企業向け営業の内部チェック体制の見直し、顧客からの苦情への対応体制の確立、持株会社を通じた管理体制の確立、問題発生時の役職員を含め、経営陣の責任明確化（ちなみに現在日本郵政の社長となっている西川善文氏が、当時同行の頭取であった）などの業務改善命令を出した。この命令に基づく業務改善計画を三井住友銀行は六月二日までに提出し、さらに三カ月ごとに改善状況を報告しなければならない。

三井住友銀行に対しては、〇五年一二月に企業に対する融資の条件として「金利スワップ」という金融商品を押しつけたことが独占禁止法で禁止されている「優越的な地位」の乱用だとして、公正取引委員会から是正勧告、さらに是正命令が出されていた。これをふまえ金融庁は銀行法に基づく報告命令を出した。

三井住友銀行は、第三者的立場の弁護士を入れた特別調査委員会を発足させて、〇六年三月下旬までの三カ月にわたって、〇一年四月以降四年間の金利スワップ契約を結んだ融資を調べた。その結果、契約件数一万八一六二件中、法令違反一七件、違反の疑いの濃いもの五一件、説明不足のもの一八一件、計二四九件に問題があったことが明らかになった。

金利スワップ商品とは、変動金利と固定金利を交換できる金融派生商品で、変動金利で融資を受けた企業が、金利スワップを購入して固定金利払いにすると、市場金利が上昇し設定した固定金利を超えた場合には、金利負担増を避けられる（リスク・ヘッジという）。しかし、現在では超低金利で変動金利は固定金利より低く、しかも当面逆転する見通しもない。変動金利が固定金利より低ければ、融資を受けた企業側が、その差額の金利を負担し銀行に支払わなければならない。しかもこの金利スワップ契約期間に発生する収益は、契約時の収益として一括計上される（「アップフロントビジネス」といわれ、利益を先行して計上できる）。

主に中小企業が、資金を緊急に必要として、新規融資か融資の継続（更新）を銀行に申し込むさい、金利スワップを購入しないと継続できない、あるいは融資が不利な取り扱いとなるとか、途中解約は最後までの決済金の支払いがなければ応じられない、払えなければ会社清算手続きを取るとか、担保物件を処分するとかの脅しを加えて、この金利スワップ商品の購入が強制された。中小企業経営者はいわば泣く泣く買わざるをえない。現在の変動金利が三％なのに、六％の固定金利で例えば想定元本五億円五年契約の金利スワップを買うと、三％分の金利を五年間払い続けることになる。銀行は通常の融資に対する利子とともに、金利スワップによる三％分の金利を獲得する。これは借り手にとっては通常の融資に関わる金利の上にこの分を余計に支払わなければならない。実例だとこれによって三〇〇〇万円の金利負担が生じた、という（『赤旗』〇五年一二月二十日）。まさに中小企業の資金難につけ込み、銀行の〝優越的〟（独占的）地位を乱用した抱き合わせ販売による不当な金利収奪といってよい。

三井住友銀行の収益状況をみると、二〇〇〇年は三五九二億円の経常利益を上げていたのに、〇一〜〇二年は巨額の計上収益赤字を出している。〇二年には金融庁が「金融再生プログラム」によって強引に不良債権処理を強行しはじめた。三井住友銀行も、〇二、〇三年三月期一兆円を超す業務利益を上げながら、大規模な不良債権処理によって五〇〇〇億円を超す赤字となった。松下興産、フジタ、熊谷組などゼネコン関連企業の不良債権の処理がのしかかっていた。こういう状況の下で「西川前頭取は手薄だった中小企業向け取引を強化し、利幅の薄い融資に代えて金融派生商品の販売などで収益力をより高め、その経営手腕は金融界で高い評価を受けた。だが〇一、〇二年に金融派生商品の苦情は、同行が不良債権処理にまい進するのと比例するように増える。〈前年度実績をもとに機械的に設定された収益目標〉（特別調査委）が顧客より優先されたと指摘されている」（『毎日新聞』〇六年四月二八日）。

アメリカ政府の圧力の下に強引に進められた政府・金融庁の不良債権処理の下で、遮二無二利潤拡大を追求する利潤至上主義経営が、中小企業の弱みにつけ込んだ法令違反行為をもたらしたのである。金融庁は、三井住友銀行の逸脱行為を処分することによって、利用者に配慮する〝正義〟の味方を装っているが、銀行を利潤至上主義に走らせたのは金融庁自身である。

金融関係企業の法令違反行為、そして金融庁の処分は多発している。明治安田生命保険の不適切な保険金不払いに対する無期限の一部業務停止命令、ＪＰモルガン信託や新生信託の不動産信託業務に関わる不動産の過大評価による不当な高値での証券販売に対する業務停止処分、さらにはライブドア・ホリエモンの証券取引法違反による逮捕・起訴、そしてカネボウの粉飾決算に加担したことによる中央青山監査法人への一部業務停止処分（五月一〇日）等々。政府・金融庁が推進しつつある金融コングロマリット（Conglomerate）化の中で、さらに金融に関わる不祥事は（表面に現れないものを含めて）増大しかねない。

二　金融犯罪の特徴

消費者金融アイフルと、三井住友銀行の法違反は、いずれも弱い立場の資金の借り手を脅して不当な収奪を行う点で共通しているが、その手法と利潤追求の手段にはそれぞれ特徴がある。前者はきわめて古典的高利貸的手法の現代的再現であるのに対し、後者は金融の証券化、株価至上主義の台頭と金融コングロマリット化というきわめて今日的基盤の上での金融犯罪である。しかし実は巨大銀行、金融機関が、いまや消費者金融を系列下に統合して現代的高利貸を演じつつある。

（一）消費者金融の場合

①高利貸資本

貨幣（資金）を一定期間貸付けて、利子をとり、資金を返済させる金貸資本（利子生み資本）は、資本主義経済の確立以前から、商人資本と並んで高利貸資本として存在していた。貸付けの相手は、まず土地所有者・貴族であり、彼らは浪費目的で資金を借りた。それとともに、「自分自身の労働条件をもっている小生産者」（手工業者や農民）が相手であった（『資本論』第三巻第五篇第三六章「資本主義以前」、国民文庫⑦四八八ページ以下)。後者の場合「高利は生産様式を変化させないで寄生虫としてそれに吸いつき、それを困窮させる。高利は生産様式を搾取し、それを衰退させ、そして再生産にますますみじめな条件のもとで行なわれることを強制する」(同上⑦四九三ページ)。小生産に対する高利貸の生産手段の収奪、無産者化こそ、資本主義成立の条件を形成したのであった(いわゆる本源的蓄積)。

資本主義が確立し、銀行を中心とした信用制度が成立すると、銀行による資金貸付けの相手は、基本的には産業資本―それ自身価値増殖根拠をもち、資金の返済とともに利子支払根拠をもっている―となる。「財産もない男が産業家や商人として信用を受ける場合でさえも、それは、彼が資本家として機能し借りた資本で不払労働を取得するであろうということが信頼されて行なわれる」(同上、四九九ページ)。産業資本が貸付けの相手であり、しかも貸される資金の源泉もその遊休資金を基本とすることになると、利子は産業資本の獲得する利潤の一部によって支払われることになるので、通常の利子率は利潤率によって規定され、一般には前者は後者より低い。

しかし資本主義が確立しても、「利子生み資本は、資本主義的生産様式の意味では借入れがなされないような、またなされることができないような、諸個人や諸階級に対しては、またはそのような事情の下では、高利貸資本の形態を保持する」―『資本論』はこの具体例として「質屋などで個人的な必要のために借りる場合、享楽的富のために浪費の目的で借りる場合、または、生産者が資本家でない生産者、小農民や手工業者など」を相手にしている場合、を指摘している(同上、四九九ページ)。この場合、貸付け相手は、消費・浪費者である場合には、現に所有し、蓄蔵している資金か、将来稼ぎうる所得(それ自身不確定)であり、利子支払いも、元金返済も確実でない(リスクが大きい)。小農民、手工業者が借り手である場合にも、借りた資金によって、支払わなければならない利子以上の利潤形成することは確実ではないし、経営の存続自体も不安定である。こうした元利支払いが不確実、不安定で、リスクが大きいことから、そして逆に資金の需要が大きい(経営存続上の必要、資金返済の切迫などにせまられて)ことから、銀行の下で成立する一般的利子率をはるかに上回る高利子率となる。借り手側の弱みにつけ込んで高利を獲得する高利貸資本の活動の場は、資本主義確立後も現にある。

と同時に重要なのは、銀行の下で形成される貸付資本とこの高利貸資本とは「資本そのものの性質または性格」に変わりはない(『資本論』同上)ということである。富者には低金利で優遇、貧者には高金利で奪い尽くす、それが資本の本

■表I-4　大手サラ金5社の調達金利と消費者向け貸出金利

	調達金利	貸出金利	経常利益	おもな借入先
アイフル	1.61%	26.9%	1353億円	住友信託、みずほ信託、中央三井信託
アコム	1.64%	24.3%	1433億円	三菱信託、UFJ信託、明治安田生命
プロミス	1.75%	24.2%	1308億円	住友信託、日本生命、新生銀行
武富士	1.85%	25.2%	1193億円	みずほ信託、アメリカンファミリー
三洋信販	1.88%	24.8%	394億円	福岡銀行、三井住友 西日本シティ銀行

資料：「有価証券報告書」(05年3月期) より

質なのである。

②サラ金ボロ儲け

表I—3（三六頁）でみるように、消費者金融（サラ金）大手は巨額の収益をあげている。この収益源は、調達金利と貸出金利の大きな差（利ざや）にある。サラ金大手は証券市場に株式を上場し、自ら資金を調達しうるようになったが、大部分（九割以上）は表I—4でみるように、銀行大手からの融資によって調達している。調達金利は一・六％から一・九％という超低利であるのに対し、貸出金利は二四・二％から二六・九％という超高金利で、利ざやは二二〜二五％である。利息制限法の上限金利は一五〜二〇％であるが、出資法では二九・二％まで可能となっている。サラ金大手は（とくにアイフルは）利息制限法の上限金利をはるかに超える金利で貸出し、巨額の利益（アイフルは〇五年三月期一三五三億円の経常利益）を上げている。大手五社の儲けは、合計五六八〇億円と巨額であり、まさにボロ儲けといってよい。

消費者に対し、無担保で貸すところから、上述のようにたしかにリスクが大きい。しかし、厳しい返済催促、あるいはアイフルにみられるような強引な取り立てにもよって、貸倒れ率は大体五％以内と低くなっている。

銀行（民間金融機関）による個人消費者向け融資は、バブルが盛行していた一九八〇年代後半急激に増大し、八九年に一〇兆円を超え、九〇年には一一・三兆円にまで増えたが、バブル崩壊とともに（個人住宅ローンは増えているがそれを除くと）激減し、二〇〇〇年〜〇三年には四兆円に減少した。しかし九〇年代の激しいリストラと格差拡大の中で生活資金に欠乏した多くの民衆の形成を背景に、消費者金融業者（サラ金）、信販・クレジットカード会社による個人消費者信用（無担保消費者ローン）供与が増大し、二〇〇〇年以降それぞれ一〇兆円台の水準となっている。〇五年三月末で財務省と都道府県に登録された全国の貸金業(全体で約一万八〇〇〇社)

のうち、消費者金融会社（サラ金）の数は四四六二社で、会社の数はこの三年連続減少しているが、貸付残高が五〇〇億円を超える大手は二七社で、この一〇年間で約三倍に増えた。ここでも格差拡大、寡占化が進んでいる。消費者向け貸付金残高は一九兆八五〇〇億円、無担保消費者ローン残高は一一兆六七〇〇億円となっている（〇五年三月）。

借り手―サラ金利用者は約二〇〇〇万人、そのうち多重債務者（複数のサラ金から資金を借り、債務累積に陥っている者）は約二〇〇万人、個人破産者は年間約二〇万人に達している。

国民生活センターに寄せられたサラ金に関わる相談、あるいは苦情も、二〇〇〇年以降急増している。〇三年度には約二一万件に達し、その後も一〇万件前後で推移している。とくに認知症の高齢者、精神・知的障害者に関わるトラブル相談は、九九年の一三一件から、〇五年度五六七件に激増している。家族から担保提供を頼まれたり、悪質販売業者に借金させられる例が目立っている。「相談は氷山の一角。多重債務に苦しむ人の数が高水準で推移する中で、立場の弱い人を巻き込む傾向が出ている」（国民生活センター、木間昭子調査室長）、「現場には厳しい営業目標が設定され、無理して契約する例が後を絶たない」（大手の元営業担当役員）との指摘もある（『朝日新聞』〇六年四月一五日）。

③サラ金規制強化

貸金業に関わる金利でみると一〇九・五％（一九八三年一一月以前）から漸次下げられ、二〇〇〇年六月以降は二九・二％である。しかし、利息制限法では上限金利は二〇％（元本一〇万円以内）である。この二〇％と二九・二％の金利の間が「グレーゾーン金利」といわれ、「みなし弁済規定」（債務者が自分の意思で金利を支払った場合）以外は、金利請求は不可であり、債務者は支払わなくともよいことになっている（図Ⅰ―３）。〇六年一月には、最高裁の判決でこの点が確認されるとともに、「みなし弁済

■図Ⅰ-3　消費者金融とグレーゾーン金利

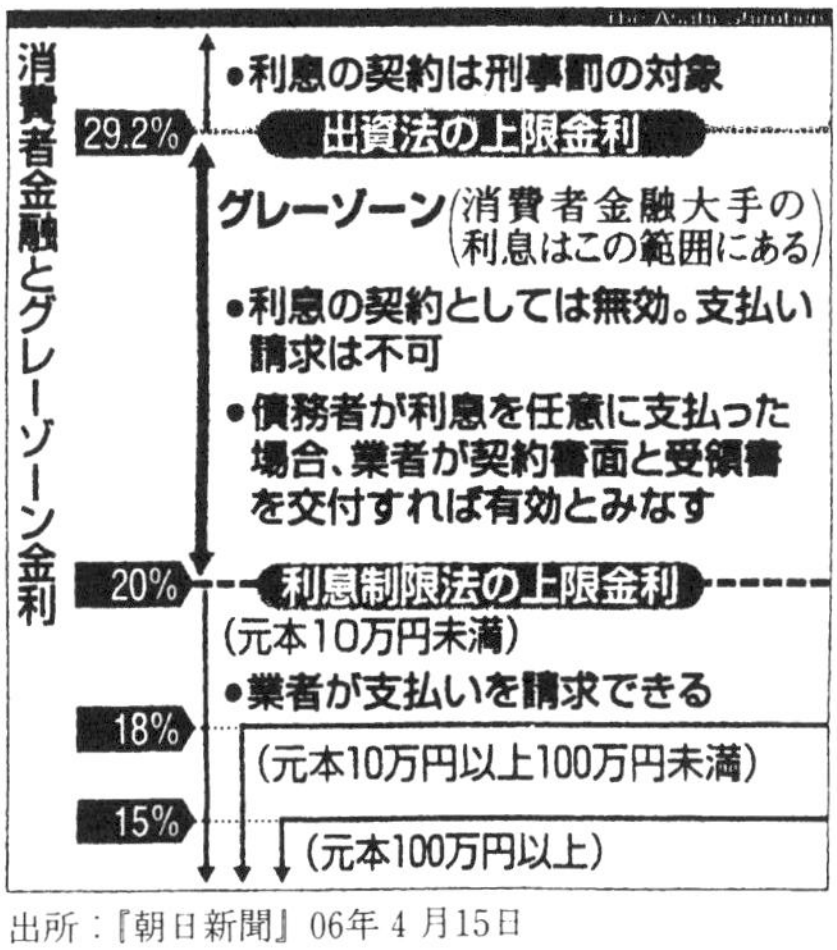

出所：『朝日新聞』06年４月15日

規定」を厳格に規定し（利率、返済方法など必要事項をすべて記載した契約書を借り手に渡すことなど）、業者が過剰に受け取った部分は返済するよう命じた。その上にアイフルの不法な取り立て等も加わり、二九・二％の出資法上限金利の引き下げ、グレーゾーン解消の動きが強まり、金融庁も「貸金業制度等に関する懇談会」（座長・吉野直行慶大教授）を設け対応策の検討にのり出した。この背景には上述のような多重債務者そして個人破産者の激増による社会的問題の発生がある。

「懇談会」は〇六年四月二一日「中間提言」をまとめた。これによるとグレーゾーン金利は廃止の方向で一致、上限金利は「利息制限法の上限水準に向け引き下げるのが望ましい」とした。このほか、「提言」は多重債務問題の解決に向けて、「貸金業規制法に違反して借り手の返済能力を超える貸し付けを行った業者は行政処分すべき」こと、貸金業務取扱主任者に資格制度にして参入規制を強化することなど、貸金業への規制強化を打ち出した。相次ぐ不法と多重債務者をはじめとする貸金業者への苦情の増大、グレーゾーン金利返済請求の増大など世論の動きに対し、政府・金融庁は利用者・借り手保護の姿勢を打ち出さざるをえなくなった、ということである。

これに対し、貸金業者側、そしてアメリカの業界からのまき返しも強まっている。貸金業界は「金利を下げればヤミ金が跋扈する」、「金利が二〇％に下がると一〇〇〇万人が借りられなくなる」（GEコンシューマー土屋泰昭監査役）などと反発している。米政府の「年次改革要望書」（〇六年版）は、消費者金融や商工ローンの金利規制緩和―グレーゾーン撤廃、「債権の法的有効性」の確定、要するに金利の引上げを含む自由化と金利獲得の有効性―を強く要求している。これらの勢力の圧力とその利益を推進する政治勢力の動向に注意を払わなければならない。

と同時にこの貸金業に対する規制措置が、消費者金融をどのような方向に向かわせるか―明らかなのは、この分野における大手銀行・金融機関の支配拡大と、寡占化である。

（二）大手銀行の場合
——金融証券化・コングロマリット化の中で

三井住友銀行の法令違反行為（融資を受ける側にとって不要な金融商品の押しつけ）は、資金貸付―利子獲得という従来の間接金融型から、証券売買―資金調達・売買益獲得という直接金融型への転換、それをふまえた金融コングロマリット化という金融〝改革〟の中で生じた。それはきわめて今日的特徴をもつものといえよう。拙著『株価至上主義経済』（御茶の水書房、二〇〇五年）で明らかにしたように、不良債権の強引な処理を図る金融再生プログラムの推進は実体経済の不振・縮小を背景として、企業価値査定におけるDCF（割引現在価値）方式の導入に基づく不良債権の厳格な認定、それによる貸付型金融の政策的縮小——銀行の貸出残高は、九七年末の四九三兆円から〇五年五月には三九六兆円に減少している、とくに中小企業への融資は激減している（後述）——、そして超低金利（とくに預金金利）による個人預金利子収入の減少（日本銀行試算では一九九一年の利子収入が続いたとすれば、〇四年までに低金利によって国民が失った利子収入は三〇四兆円に達するという）の下での個人資金の投資信託、株式投資への誘導等によって、貸付型金融の直接金融への転換が進んだ。これをふまえ、さらにその推進を図るため、一方では郵政民営化、政府系金融機関（農林漁業金融公庫、中小企業金融公庫、商工組合中央金庫等）の統合、民営化を進めつつ、他方金融コングロマリット化（銀行、証券、保険等の一体的経営）が図られている（「金融改革プログラム」、前掲拙著一四一～一五四ページ参照）。

一九九八年の金融持ち株会社解禁、九九年の株式交換によるM&A促進制度、〇一年の銀行による保険商品の窓口販売、〇二年の株式会社分割制度、〇四年の銀行による証券仲介業の解禁等によって金融証券化、コングロマリット化が進められたが、その下ですでに大手銀行、金融グループは、表I—5でみるように各種の金融分野を傘下に組織して、コングロ

■表Ⅰ-5　大手金融グループの組織構成

	三菱UFJ	住友三井	みずほ
銀行	三菱東京UFJ	三井住友銀	みずほコーポレイト銀、みずほ銀
信託	三菱UFJ信託銀		みずほ信託銀、資産管理サービス信託銀
証券	三菱UFJ証券、カブドットコム証券	大和証券SMBC	みずほ証券、新光証券、みずほインベスターズ証券
消費者金融	アコム、モビット、ディーシーカード	三井住友カード、プロミス、アットローン	ユーシーカード
資産運用	三菱UFJ投信、三菱アセット・ブレインズ	大和住銀投信投資顧問	第1勧業アセットマネジメント、みずほプライベートウェルス
リース	ダイヤモンドリース、UFJセントラルリース	三井住友銀リース	
ベンチャーキャピタル	三菱UFJキャピタル		みずほキャピタル

（注）資本提携、業務提携によるグループ化含む。（鳥畑与一、『経済』06年6月号より）

マリット化している。銀行は、信託、証券、資産運用、リース、ベンチャー・キャピタルのほか、サラ金、カードなど消費者金融を統合している。

日本の大手金融機関の金融コングロマリット化の特徴については、その現実の展開をふまえて十分分析しなければならないが、ここでは次の二点を指摘しておこう。

第一に、企業への資金貸付けによる銀行の利潤獲得が、大企業については借入れ依存度の減少、というより利潤拡大・過剰資金形成によって、中小零細企業については経営不振、経営危機の下での貸付リスク回避、貸し渋り・貸しはがし等によって、大きく制約される中で、銀行はもっぱら収益源の多様化の観点からコングロマリット化を推進している、という点である。〇五年四月～一二月期の実績をみると、三菱ＵＦＪＦＧの連結純利益は一兆二千四億円と巨額であるが、本業（貸付け）の儲け（資金利益を中心とする実質業務利益）は前年同期比六・六％減（九四三二億円）であるのに対し、手数料収入（投信、年金など投資商品販売、デリバティブ販売に伴う）など「役務取引等利益」は一五％増大している。三メガバンク全体でも資金利益は二兆五〇〇〇億円で、前期比一〇〇〇億円減に対し、役務利益は七五〇〇億円から九〇〇〇億円に増大している（『日本経済新聞』〇六年二月一六日）。大手金融機関による利潤獲得拡大が、コングロマリット化の動力となっていることから、利用者への利益は二の次、というよりむしろ損なわれている。

三井住友銀行の「金利スワップ」だき合わせ販売もその下で生じた典型的事例であるが、不振企業への融資に対し、株式・証券を発行させ、それを銀行が引き受けて投資家に販売し、銀行は資金回収を図るが、株式を買った投資家は株価下落で大損失を招く、というような利益相反はこれから激発しかねない。

第二に、三菱銀行とＵＦＪの統合が、株式時価総額の引上げを通した、株式交換による外国資本の買収防衛策であった（前掲拙著、一〇三～一一三ページ参照）ことに示されているように、金融コングロマリット化による金融各分野の企業統合も、それを通したグループ全体の株価総額引上げを目的としている。各企業・グループの株価をいかに引上げるかに全力が注がれる。それによって利潤につながらないコスト、投資の削減、そのためのリストラがさらに進められることになろう。株価至上主義とその下での利潤至上主義の進展である。その労働者そして利用者（借り手）への影響は明らかであろう。

三　大手金融グループによる寡占化

(一)サラ金大手のピンチ

アイフルに対する行政処分、最高裁判決、そしてサラ金業に対する規制強化の動きの中でサラ金大手は軒並み利益を減少させている(表Ⅰ―6)。営業収益(貸付け額)は〇六年三月期には武富士以外はなお若干増大し、アイフルも前期比六%増であるが、純利益は大きく減少している。

最高裁判決の下でグレーゾーンの金利を違法として、返還請求が相次ぎ、返還に備えた引当金が増えたことが大きい(四社合計で〇六年三月期の返還金五九六億円、返還に備えた引当金九一一億円)。上限金利が利息制限法(年一五~二〇%)の水準まで下がった場合、大手四社で合計二五〇〇億円の減収になるとの試算もある(『日本経済新聞』〇六年五月一七日)。

サラ金大手は、この事態に対して対応策に走り出している。一つは優良顧客向けの貸付金利引下げ(二〇~二六・五%→一五~一八%への引下げ)であり、もう一つは地方銀行などの個人ローンの保証業務の拡大である。サラ金大手は地域金融機関との提携ローンを拡大しているが、アコムでみると、〇七年三月末の保証残高を前年同期比八七%増、約

■表Ⅰ-6　大手消費者金融4社の連結業績

上段は06年3月期実績、下段は07年3月期見通し、単位億円、カッコ内は前期比増減率、%、▲は減少、営業貸付金残高は単独ベースで無担保ローンのみ

	営業収益	純利益	利息返還額	返還に備えた引当金	営業貸付金残高
アイフル	5,495 (6)	658 (▲13)	131	210	11,330 (4)
	5,379 (▲2)	525 (▲20)			10,802 (▲5)
アコム	4,454 (3)	655 (▲20)	135	237	15,422 (▲0)
	4,383 (▲2)	666 (2)			15,460 (0)
プロミス	3,812 (3)	420 (▲44)	144	239	12,919 (▲2)
	3,867 (1)	516 (23)			12,945 (0)
武富士	3,512 (▲2)	469 (▲32)	186	225	15,400 (▲2)
	3,506 (▲0)	686 (48)			15,550 (1)

出所:『日本経済新聞』06年5月17日

三〇〇〇億円にする計画である。収益源の多様化とともに、地銀の顧客への積極的浸透・取り込みが意図されている。

他方、アイフルの法令違反、行政処分によってアイフルと提携していた全国八二の金融機関（都銀二、地銀・第二地銀四五、信金九）中八一機関が提携ローンの新規販売、広告・宣伝等を自粛あるいは取りやめている。あくどい高利貸イメージを避けようという動き、といってよい。この下で、サラ金業自体の寡占化とともに、それを系列下におく大手金融機関の支配の拡大、寡占化が進む。

（二）大手金融機関のサラ金統合

すでに大手金融グループは、サラ金大手と資本提携（出資・株式保有）あるいは業務提携を進め、公然と個人金融＝高利貸領域に進出している（図Ⅰ―４）。三菱ＵＦＪはアコムを系列下におき、三井住友はプロミスを系列下において、消費者金融に乗り出している。三菱―アコムの場合は、三菱の個人・小企業向けローンの債務保証をアコムに委託し、アコムはブランド強化、資金調達面で三菱を活用し、相互に顧客提携先情報等でネットワークの有効活用により、効率化を図っている。三井住友・プロミスの場合、個人の借用力（年収等）に応じて二〇％以上の金利での貸付けをプロミスが、一五～二〇％の金利での貸付けをアットローン（プロミスと三井住友の子会社）が、一二～一五％のローンを三井住友が行うというように、顧客の階層化による分担化を行っている。みずほＦＧは直接消費者金融会社との提携は行っていないが、クレジットカード、カードローン等を通して消費者信用分野に

■図Ⅰ-4　消費者金融大手４社とメガバンクなどの資本関係

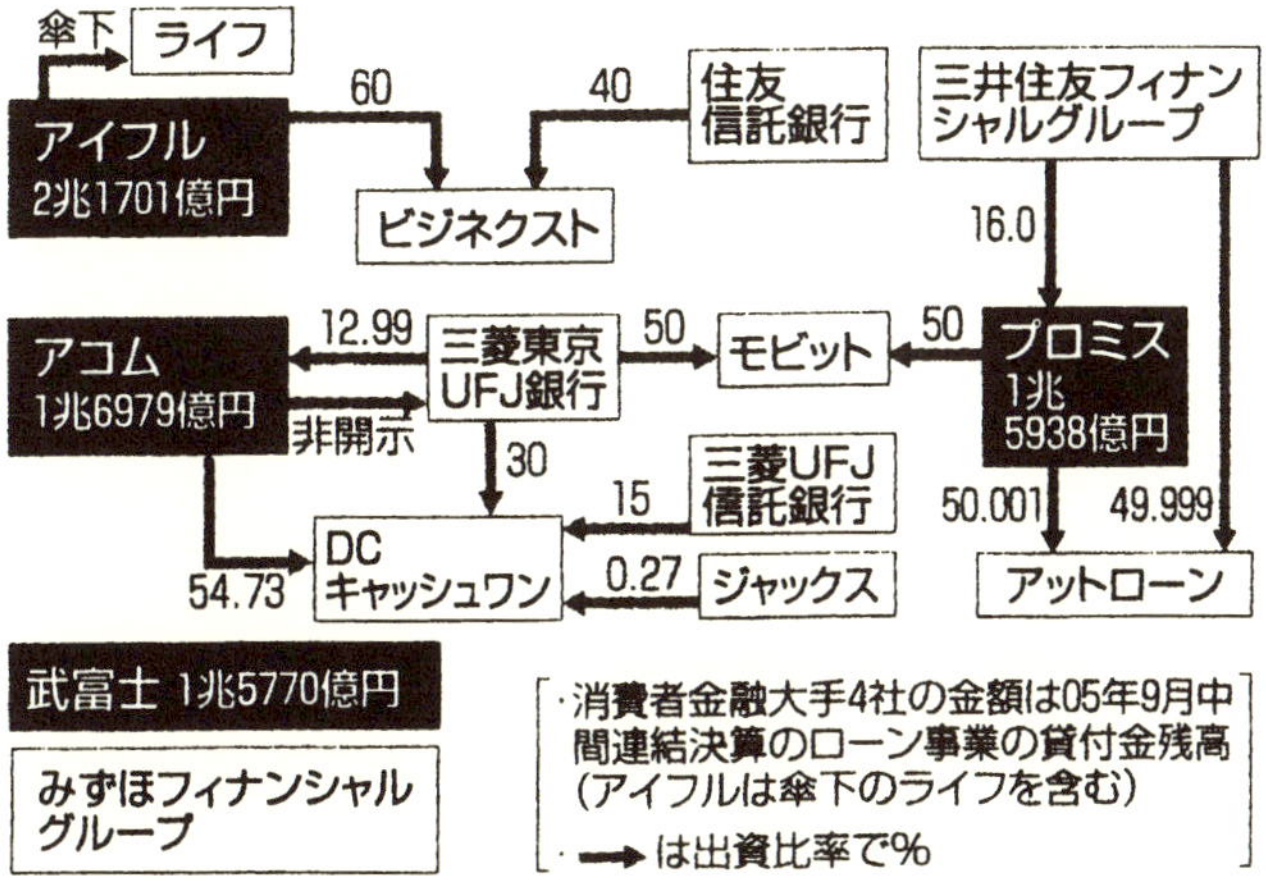

出所：『朝日新聞』06年４月15日

乗り出し、ここでも顧客の年収等の階層に対応して、ローン金利を格差づけしている。

直接提携関係をなお形成していない武富士、アイフル等については、外資による系列化の動き等を含め、大手金融機関への依存を強めることになるであろう。

大企業の自己金融化と資金借入依存の減少の下で、銀行、金融機関の下に厖大な資金過剰が生じている。この過剰資金が、株式、そして土地・不動産の証券化を通した投機的投資に回るとともに、窮迫した中小企業、そして個人・消費者に、サラ金会社等を通し、高利で運用される。ここでも、貧しい者には高利で、比較的富める者には低利で資金が融資され、さらに格差構造が拡大する。

アイフル、そして三井住友銀行に関わる金融犯罪を通して、今日の日本における格差の背景、そして原因の一端を明らかにしうる。

（『進歩と改革』二〇〇六年七月号）

第三節　デフレ・スパイラル

一　「デフレ」とは

政府による「デフレ」の認識は曖昧である。〇九年一一月の「月例経済報告」で鳩山民主党政府（当時）は日本経済は「総合してみると、緩やかなデフレ状況にある」とした。菅経済財政担当相・副総理（当時）は、「デフレ」と認定した理由として、①消費者物価指数（CPI）が（〇九年）四月から六カ月連続前月比マイナスとなっている、②名目国内総生産（GDP）の成長率が（〇九年）七〜九月期までの二・四半期連続で実質GDP成長率を下回った、③需要から潜在的な供給力を差し引いた「需給ギャップ」のマイナスが拡大し、年四〇兆円規模の需要不足に陥っている、という三点を挙げた。「デフレ」を、物価が下降することと同時に不況という意味でとらえている。

IMF（国際通貨基金）の定義では「二年程度物価（その主な指標がCPI）下落が続く状態」とされている。問題は物価の下落の原因がどこにあるかである。本来「デフレーションDeflation」とは、通貨（本来の貨幣である金との交換性のない不換銀行券）の膨張（これをInflationという）と逆に、通貨の収縮（現実には通貨膨張に起因するインフレによる物価上昇の収束を図るための）を意味する。通貨膨張が通貨の価値を低下させて、物価（諸商品の価格の総合）を上昇させるのに対し、デフレは通貨収縮によって通貨価値が高まるので物価は下落する。インフレ、デフレは、そのものとしては通貨に関連する現象である。

商品価格（商品の価値を貨幣で表示したもの）の変動は、貨幣（通貨）価値の変動だけではなく、商品価値自体の変動（その生産における生産力の変動が基本原因である）、さらに貨幣による需要と商品供給の関係（需要・供給関係）によっても生じる。商品価格変動の主な要因を示しておくと、①貨幣価値が変わらなくても（あるいはインフレによってその価値が下落しても）、商品価値自体が生産性上昇によって低下すれば、価格は下がる（貨幣価値下落以上に商品価値が下がれば、価格は下がる）。それが消費関連の諸商品に生じれば、消費者物価は下がる。この物価下落は、生産性上昇に伴うものであって、一般には経済の成長、発展を示すものである。しかし、②商品の販売価格の引下げが、生産性上昇による価値低下ではなく、コストの切下げ、とくに賃金コストの引下げ（雇用削減、賃金切下げ）による場合がある。これは、とくに不況期の企業間のサバイバル競争戦の下で生じる。そして生産性の上昇によるコスト低下ではなく、賃金切下げ・雇用削減によってこの価格引下げが生じるとき、賃金・雇用減少に伴う消費需要の減少がさらに販売価格を低下させ、それがさらに賃金・雇用を減少させる……といういわゆる「デフレ・スパイラル」（これは不況の悪循環的深刻化である）をひき起こす。今日生じている物価下落はこの事態である（後述）。③需要供給のギャップによる商品価格の変動がある。商品価値（あるいはコスト）が変わらなくとも、供給量が需要量を上回れば、価格は下がる（逆の場合は逆）。この場合需要は、通貨の発行・流通量ではなく、実需――消費需要・投資需要、輸出需要（政府の需要＝財政需要は、政府自体の事業によるものを除けば基本は税金収入による需要＝支出である。国債発行による財政支出は後に検討する）である。これが減少し供給量（供給価額）を下回れば、価格は下がる。これが個々の部門だけではなく社会的に生じるのが不況現象である。

だから商品価格の下落（持続的下落）といっても、「デフレ」＝通貨要因だけではなく、複数の諸要因の関係によって左右されるのであり、その変動の諸要因を明確にとらえるとともに、それが経済や生活にとって問題であるとするならば、それぞれの要因の性格を分析した上で、対策が講じられなければならない。

政府は、今日の事態を「デフレ」と認定したが、前述の説明ではその内容は物価下落自体をとらえているのか、需給ギャップをとらえているのか、曖昧である。ただ物価下落現象を「デフレ」ととらえ、その対策を講じるとすると、例えばもっと日本銀行が国債を引き受けて通貨を増発すべきだというような主張が生じる（後述するように『アベノミクス』の主張者はこのようなとらえ方である）。現在の事態はまさに通貨の増発を続けながら生じているのにそれを無視してしまう。問題はまさにこのような通貨増発（インフレ政策）の下でなぜ物価が下がるのか、という点にある。

白川方明日銀総裁（〇九年当時）は、理論家といわれるだけに単純に「デフレ」＝物価下落というとらえ方をしていなかった。白川総裁は、「持続的に物価が下落するのは、需要の弱さの結果として生ずる現象であり、そうした状況を改善するためには、根本的な原因に働きかける、つまり設備投資や個人消費といった最終需要が自律的に拡大する環境を整えることが不可欠であり、家計の将来の安心感や企業の成長期待を確保することが最も大事な課題」だとし、「需要自体が不足しているときには、流動性を供給するだけでは物価は上昇しない」と述べた（〇九年一一月二〇日、金融政策決定会合後の記者会見で）。結構まっとうな考えだ、といえよう。

しかし政府の「デフレ懸念払しょく」への強い協力要請に従って、白川総裁は、持続的物価下落を「デフレ」とする政府の認識と同じであることを強調し、〇九年一二月の金融政策決定会合では「物価がゼロ％以下のマイナス値は許容していない」とし、政策金利一％を据え置き、「強力な金利緩和を浸透させる」と強調した。金融量的緩和によるマネー供給の増大（国債、社債、CPを担保に、期間三カ月の資金を〇・一％の金利で金融機関に提供する等）を決めた。超低金利・金融量的緩和策はすでにこの時点で採られていた（その始まりは〇一年三月、後述）。しかしこのような認識、そして金融量的緩和＝マネー供給増大によって「デフレ」（物価下落）あるいは「デフレ・スパイラル」（不況の悪循環的拡大）が「払しょく」しえないことも実証されていたのである。

二　日本経済の歪んだ現状

安倍政権登場前の日本経済の状況をとらえておこう。一九九〇〜二〇〇〇年は〝失われた一〇年〟などといわれたが、二〇〇〇〜二〇一〇年はこれを上回る惨状を呈していたのである。

①一人当たりGDP（ドル換算・〇八年暦年）は、主要国中第一九位（一九九三年第二位）、アメリカ、イギリス、ドイツ、フランスに抜かれた（図Ⅰ―5、一位ルクセンブルグ）。

■図Ⅰ-5

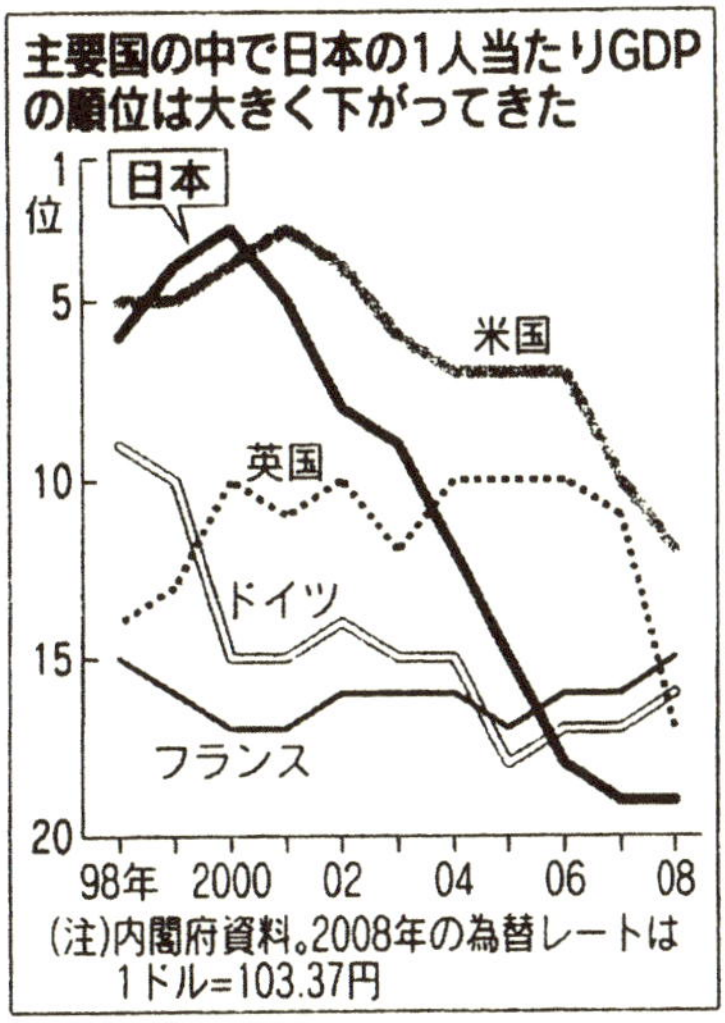

出所：『日本経済新聞』09.12.26

〇八年世界全体のGDPに占める日本の比重は八・一%(〇六年から一割を切った)。アメリカ(二三・七%)に次ぎ二位を維持しているが、この時点で三位中国(七・一%)がせまっている。(二〇一〇年に中国に抜かれた。)

②日本のGDPは名目でみると一九九〇~二〇一〇年にかけてほとんど成長していなかった。〇九年七~九月期の名目GDPは四七一兆円であり、これは一九九三年の水準と同じ水準である。この間実質経済成長率は約一四%増加している。いかに物価下落が続いたかが明確に現れている。

③そこで物価の状況(食料・エネルギーを除くCPI)をみると、九七年は消費税引上げによって、〇八年は石油価格上昇に起因して、物価は上昇しているが、それを除くと日本の物価は下落し続けている(ゼロ以下)。米国、ユーロ圏は振幅が激しいが、〇七~〇八年バブル崩壊後の金融・経済危機の下でも一~二%の上昇となっている。日本の物価下落の持続は異常である。

④一九九〇~二〇一〇年の間、財政・金融政策による不況対策・景気上昇策はくり返し採られてきた。九七~九八年の金融危機後は、国債大量発行による財政支出を拡大する一方、金融面でも九九年四月からのゼロ金利、〇一年三月~〇六年三月まで続いた金融量的緩和策が採られた。つまり、通貨発行からいえば、明らかにインフレ政策(通貨膨張政策)が続けられたのである。このように物価を引上げようとする政策が採られたのに、物価は下落を続け、経済も成長しない。景気回復の効果が現れず(しかも法人税は引下げ続けているので)、税収は減少するから、いよいよ国債発行に依存することになる。

G7の中で日本の国債発行比率(対GDP比)は最悪である。日本の地方分を含む国の債務残高は八六二兆円、GDPの二倍近くになる(表Ⅰ―7　次頁)。金融・経済危機対策で各国とも、国債発行に頼った財政支出拡大策を採っているが、日本の財政状況は突出して悪い。

鳩山政権の二〇一〇年度予算案によると、新規国債発行額

■表Ⅰ-7　各国債権残高の対GDP比率（%）

	2007年	2010年
日本	167.1	197.2
イタリア	112.5	127.0
フランス	69.9	92.5
アメリカ	61.8	92.4
カナダ	65.0	85.7
イギリス	46.9	83.1
ドイツ	65.3	82.0

資料：OECDエコノミック・アウトルック（09年12月）より。

四四兆三〇三〇億円（財投債、借換債を含めると一六二兆四一三九億円）である。この国債発行額の伸び率は、アメリカ、ユーロ圏を上回っている。これ以上国債発行に依存したらどうなるか。

⑤しかしこの間、輸出産業大企業を中心とした大企業は、利益を獲得・拡大してきている。〇二年一月から〇七年一一月まで景気は戦後最長の上昇局面といわれたが、これを主導したのは、これら大企業の利潤拡大であった。〇八年三月末時点で大企業（資本金一〇億円以上）の内部留保（資本剰余金、利益剰余金、引当金）は二三〇兆円、製造業だけで一二〇兆円（〇三年時点九五兆円）に達している（財務省、法人企業統計）。

反面、労働者の賃金は増大しなかったばかりでなく下落を続けた。事業所規模五人以上の労働者の現金給与総額は、〇八〜〇九年と大幅に下落している。雇用者報酬（給与、社会保険料、退職金等を含む）は一九九七年の二八〇兆円から〇九年の二五三兆円に減少している（内閣府）。さらに雇用は減少し、失業率は五％台（〇九年七月五・七％、同一一月五・二％）に達し、失業者は三六〇万人となっている。企業はそれでもなお過剰雇用をかかえている（「経済財政白書」〇九年度版によると最大六〇七万人、製造業だけで三六九万人）といっている。雇用情勢はさらに悪化する見通しである。

大企業の利潤拡大は、明らかに賃金引下げと雇用削減によるコスト切下げによるものであった。

⑥ところが〇八年九月のリーマン・ショックによる金融・経済危機激化の下で、日本の大企業の利益は急減した。法人企業営業利益は〇八年一〇〜一二月対前年比五七・〇％減、〇九年一〜三月八〇・八％減となった（財務省「法人企業統計」）。この落ち込みの主な原因は、金融・経済危機によるアメリカ経済の不況深刻化による対米輸出の大激減であった。

この間輸出依存度を高め、輸出拡大によってかろうじて一定の景気を維持してきた日本経済は、世界的恐慌・不況によって〇八年一〇月以降輸出が急激に減少し、経済は落ち込んだのである。

なぜ日本経済はこのような歪んだ悲惨な状況に陥ってしまったのか。

三　日本経済がかかえる三大難点

以上示してきた事実をふまえ、この現実をもたらした原因――日本経済のかかえる難点をとらえよう。主要な難点は、①輸出依存、②ドル、アメリカ依存、③金融・財政依存、である。これらの問題点が相互に関連し相乗作用しながら、悪循環（「デフレ・スパイラル」）をひき起こしている。そしてその根本には、新自由主義政策の推進がある。

（一）輸出依存

一九七四～七五年のスタグフレーションを契機とする減量合理化＝コストの徹底的切下げによる輸出競争力強化への疾走――それがいま現実に日本経済を、なかでも労働者民衆の生活を破綻させる大きな原因であることが明確になっている。資本家的企業とくに輸出産業大企業の競争力強化に全面協力してきた労働組合・連合は、それが労働者の生活を守りえなかったばかりでなく破滅させてしまったことを反省し、労働組合としての原点に立ちもどらなければならない。

資本家的大企業の競争力強化への労働組合の協力をふまえた国家あげての推進は、一九七〇年代後半から今日までほとんど一貫して行われてきた。一九八〇年代まではそれが一定の成功をおさめた（スタグフレーションを日本がいち早く克服しえた）かにみえたが、八〇年代後半のバブル（これ自体大企業の輸出競争力強化・輸出拡大で獲得した利潤による資金過剰の形成と、内需拡大をめざす低金利・規制緩和策によって生じたものであった）と、その崩壊による大不況の下で、輸出競争力強化・輸出依存が強まりながら、悪循環を拡大させてきたのである。

この悪循環――輸出産業大企業の競争力強化・輸出拡大――雇用・賃金抑制・さらに引下げ――内需伸び悩み・縮小＝輸出依存度の高まり――円高・輸出競争力低下――さらに一層の輸出競争力強化……。その下でくり返される円高は、輸出産業企業の低賃金の活用による競争力強化をめざす海外移転、国内産業空洞化、一層の内需縮小をもたらした。

九〇年代後半から二一世紀に入り、輸出競争力強化、輸出拡大策は、新自由主義政策によってさらに強まった。何よりも重要な政策は、派遣労働など非正規労働者の活用――資本家的企業の必要に即応した労働力の解雇・調整の実現によるコストの削減、そして財政面からの競争力強化策——資本間の弱肉強食の競争の徹底をめざす規制撤廃、福祉・教育等人間生活の分野の民営化・利潤原理の導入による財政支出削減、反面、大法人企業への減税による競争力強化策である。その下で賃金・雇用の削減—内需縮小—実体経済の縮小、生活の解体化が生じたのである。

〇七年、サブプライム問題を契機に発生し深刻化した金融・経済危機は、前述のように日本の輸出を激減させ、輸出依存の経済の脆弱さを露呈した。サブプライム—株式・証券価格のバブル的膨張がもたらした、いわば架空の消費需要の拡大、そして対米（対中国）輸出拡大に引っ張られて輸出産業の生産・生産力拡大が生じていたことによって、輸出の激減は日本経済に、そして労働者民衆の生活にそれだけ大きな打撃を与えるものとなった。そこで生じているのが現在の不況下におけるサバイバル競争戦である。

現在の競争戦は、まさにグローバルな競争戦、しかも市場経済化を進めてきた中国、インド等新興国・途上国の世界市場競争戦への参入の中で展開されている。しかも全世界的規模の金融・経済危機の下での雇用・賃金削減—実需縮小下で生じている。日本の場合はとくにいま述べてきた輸出競争力強化—輸出依存度の高まりの中で、しかも輸出が激減し、内需が著しく縮小している中で、サバイバル競争戦が展開されている。

これまでの資本主義の歴史の中でも、恐慌後の不況下では、生産縮小—需要縮小による商品価格暴落の下で、何とか利潤の回復、獲得を図るべくサバイバル競争戦が展開された。その競争戦の下でいち早くコスト削減——とくに新技術導入による雇用縮小・コスト引下げを実現した企業が勝者となり、価値形成・利潤形成根拠をもつ生産領域への投資拡大・雇用拡大を通して景気回復を実現した。今日生じている事態は、低賃金を武器とした途上国・新興国との大競争戦の中で、新技術開発というよりストレートに賃金・雇用削減によるコスト削減であり、新技術開発が政策的に推進されてもその下で生じている激しい市場争奪戦への対処ということで雇用はほとんど回復しない。しかも新技術は、価値形成根拠をもたない金融投機等に活用されてバブルを再燃させるだけになっている。

こうして資本の生き残り—利潤回復はさらに徹底して雇用・賃金削減を図ること—労働者を犠牲にする以外になくなっている。逆に雇用削減・賃金切下げが、さらに需要を減少させ、生産・供給過剰—価格低下をもたらし、その下でさらにコスト切下げによる利潤回復を図ろうと一層雇用・賃金を切り下げる……という不況のスパイラル的展開をもたらしているのである。大資本の利潤原理の維持・回復は、労働者の雇用・賃金切下げ―生活破壊による以外になくなっている。その転換を図る以外に生活は維持されないのである。

（二）ドル・アメリカ依存

日米安保体制・日米同盟は、アジア・太平洋地域安定・繁栄の基盤である、として米軍事力トランスフォーメイションによる基地再編成、核抑止力を含めた米軍事戦略への依存、そして米軍事戦略に従った自衛隊の海外派兵を展開する――しかしこの対米軍事力・軍事戦略依存が何をもたらして来たのか、そして現に何をもたらしているのかをいま総括しなければならない。日本における米軍事基地は、日本の安全保障に役立つものではなく、米軍のアジア出撃―侵略のためのものであった。ソ連脅威論崩壊後は、中国さらに朝鮮脅威論が大宣伝され、この脅威への対処に抑止力が必要だとされているが、それは全くの虚構である。テロへの対処が必要とされているが、日本が米軍基地をおき米軍隊のテロ対処という名の侵略行動に加担すること自体がテロの脅威を招く原因となるのである。

対米軍事依存は日本の安全保障のためではないにも拘らず、これに巨額の財政負担を続けてきた。それが財政危機の原因の一つである。しかしその軍事依存・協力の背景にあるのは、米軍需産業、そして日本軍需産業である。軍需産業こそ人間生活にとって全く必要ではない、むしろそれを破壊する産業であり〝無駄〟の最たるものである。まさにひと握りの資本家的企業の利益のため、国民の税金が使われている。

アメリカ依存は、経済の面でも著しい。ＥＵ諸国は、ユーロ市場を形成しドル依存から一定程度独立した市場圏をもつが、日本は全面的にドル圏・ドル依存である。日本を軸として東アジア経済圏形成は何度か試みられたがその都度アメリカ政府によって阻止された。九〇年代以降、金融部面中心にアメリカ多国籍企業が世界市場に進出する中で、日本経済はドル依存を深めた。

国内産業保護の姿勢をもつ米民主党政権（一九九〇年代のクリントン政権）は、対日貿易不均衡に対し、日本に対して輸入拡大・自由化をせまり、ドル体制維持への協力を要求した。米製兵器・航空機さらに農産物の輸入拡大、公共事業の支出拡大・米企業への開放を要求した。日本航空は、会社更生法の適用で公的機関管理による再建に追い込まれたが、日本航空破綻の大きな原因は、アメリカ政府・航空機産業の圧力による大型航空機購入、さらに日米構造協議による六三〇兆円の公共投資の約束の下での不採算確実な空港建設拡大と路線拡張にあることは明らかである。アメリカ農産物輸入の増大は、実体経済の基盤である日本農業を解体化させた。

引き続く貿易、経常赤字によるドル価値低下―ドル体制動揺に対し、アメリカ政府は日本にドル価値維持の対応を要求した。九九年の米財務長官ルービンによるゼロ金利政策要求、そして日本のゼロ金利解除（二〇〇〇年八月）に対するサマーズ財務長官の懸念表明と金融量的緩和の要求は、ドル体制維持を目的とするものであった（この点は拙著『経済危機・その根源』新読書社、二〇〇一年、一一四ページ以下参照）。

国債発行に依存した財政支出拡大、そしてゼロ金利・金融量的緩和策は、円マネー供給増大―ドル買い・対米投融資増大によるドル価値維持策であったが、いかに円マネー供給を拡大しても、日本国内の実体経済縮小の下で、マネーは日本国内産業企業への貸付け―実体経済に回らず、過剰化し、これが株式・証券投資・投機に利用されることになったのである。

(三) 財政・金融政策依存

新自由主義政策推進の下でも、大資本に対する財政(税制)・金融面からの優遇措置(介入)は維持・継続されている。財政・税制政策としては、公共事業支出拡大とともに、法人税引下げ、租税特別措置による減免税、技術開発促進が継続して行われてきた。大学等への研究費支出も直接企業に利用され、利潤拡大に利する実用的研究が優先された。さらに間接金融(貸付型）から直接金融（証券投資型）への転換を図る金融政策が推進された。預金金利が実質ゼロの中で株式・証券投資への資金シフトを図るため、配当課税、株式・証券譲渡益課税の軽減措置がとられた。

新自由主義政策とは、このような資本の利潤拡大を図る優遇政策の下で、弱肉強食の競争の推進を図るため規制緩和・撤廃を進めるという大資本(産業・金融を含めて)の支配拡大、利潤拡大を図る政策であった。そして労働者民衆に対しても、弱肉強食の競争の中で自己責任で生きることを強制し、労働法制の改悪による労働保護規制の撤廃、生活領域に関わる事業（教育・福祉・医療等）の民営化・自己負担化を推進した。

これは、前述のように大企業、とくに輸出産業大企業の競争力強化・利潤拡大をもたらす一方、賃金切下げ・雇用削減そして生活破綻をもたらした。大企業の利潤拡大、その反面労働者の賃金下落・失業増大はこうして生じた。

しかしこの下での実需・実体経済の縮小の下で、財政支出を増やし、さらにゼロ金利・金融量的緩和で、円マネー供給を増やしても、マネーは実体経済に回らないで過剰化する。この過剰マネーが、対米投融資はじめ対外貸付け・投資に回るとともに、前述の金融政策で、株式・金融投資・投機に回ることになる。ドルの過剰の上での円マネーの過剰、それがサブプライムに象徴される株式・証券バブルをもたらした。実体経済――価値形成根拠から遊離した株式・証券等擬制資本領域への資金の流入・拡大、それによるバブルの膨張。これが経済成長の要因、そして消費需要拡大の要因となるかのような、本来の経済の根拠からいえば全く逆立ちした現象を呈したが、それがその根拠のなさを露呈して崩壊し、金融・経済危機に陥った。

この金融・経済危機の下で、危機に陥った国は、前述のように一方でバブルの元凶である大金融機関・産業企業を、国家の財政資金（税金）を投入して維持し、リストラを強行して利潤原理による経営の回復を図るとともに、国債発行に依存した財政支出拡大、ゼロ金利・金融量的緩和策を採用して景気回復を図っている。大金融企業はじめ大企業の利潤は急速に回復しはじめているが、雇用対策を講じても実需縮小下の世界的市場競争戦対処ということで雇用・賃金は改善されず、一層悪化している。こうして再びマネーは過剰化し、株式証券投機が再燃する。過剰マネーはさらに金・原油等の投機に回る。

こうしてバブル膨張、崩壊、そして労働者民衆の生活破綻、実体経済縮小・解体をくり返す。

四　悪循環からの脱却は

現在生じている物価の持続的下落は、不況下の資本間のサバイバル競争による不況のスパイラル的深刻化（これを通俗的に「デフレ・スパイラル」といっている）を意味する。だからこれからの脱却は、この大競争戦の主役となっている大資本の支配（利潤原理に立った）をそのままにした上での国際競争力を強めるリストラ推進（これは①の輸出依存を高めることにしかならない）、さらに金融・財政政策によるマネー供給拡大（これは③に述べたように再びバブルをもたらすことになる）では果たしえない。財政支出拡大、ゼロ金利・金融量的緩和策が、ドル依存に基づくものなのだから、その脱却を図るにはドル依存・アメリカ依存からの転換を図らなければならない。

新自由主義の展開による労働者の賃金引下げ、生活圧迫に対し、労働者・民衆は、自民党政権を批判し、民主党を期待し、民主党政権を成立させた。民主党政権は、〇九〜一〇年鳩山政権、一〇から一一年管政権、一一〜一二年野田政権と政権を担当した。鳩山政権は、〝友愛〟〝コンクリートから人間へ〟を唱え、新自由主義からの一定の転換を試みた。

鳩山政権の一〇年度予算をみると、公共事業関係費の大幅削減（対前年度比一八・三％減）、反面、地方交付税の増額（五・五％増）、文教・科学振興費の増額（五・二％増）、子ども手当支給、高校授業料無償化、中小企業対策費増大、農業への個別所得補償、診療報酬の若干の引上げ等、たしかに生活・福祉＝人間重視への財政支出を増やした。

しかし国家・地方公務員の人件費削減、ガソリン税暫定税率維持、労使折半の保険料率引上げ（一・一％→一・五五％）、扶養家族控除廃止等によって所得税増徴、大衆負担を増加させた。

辺野古新基地建設に反対し、県外移転を求めたが、アメリカ政府の厚い壁にはばまれ、逆に米軍再編成経費、「思いやり予算」を増やし、ヘリ空母型護衛艦、ＰＡＣ３配備増大等で、防衛関係費を増やした（四兆七九〇三億円、〇・三％増）。

大企業はリストラを強行して急速に利潤を回復させ、内部留保を増大させたが、内部留保課税は提起しえず、法人税、租税特別措置見直しには手をつけられなかった。バブルをひき起こした一原因である株式・不動産譲渡益課税、配当課税の優遇措置も見直されなかった。日本経団連はじめ財界は、この不況下の大競争戦を乗り切るには、法人税引下げ、研究開発減税等が必要だとして、政府に圧力を強めたのである。

鳩山政権は「成長戦略の基本方針（輝きある日本へ）」を発表した（〇九年一二月三〇日）。二〇二〇年度までのＧＤＰを名目平均三％、実質二％成長させ、失業率を一三年までに三％台に引下げるとした。「成長戦略」の重点を供給サイドから需要サイドをより重視する政策に転換するとし、「経済のために人間が動かされるのではなく、人間のための経済でなければならない」（鳩山首相）と言ったのであるが、成長戦略実現の重点は、環境（エコ住宅、スマートグリッドなど新エネルギー開発・普及）、医療・介護・健康（技術開発はじめ企業優遇）、観光、アジア地域の需要とり込み（ＡＰＥＣ中心の自由貿易圏ＦＴＡＡＰ構築）等で、需要を創出し雇用確保をめざす、とした。

しかしこの重点分野は、鳩山政権の前の自民党・麻生政権下のものとほとんど変わらない。しかもこの成長戦略は、財政金融政策に補完されるが、民営化企業の利潤原理の転換、公営事業の再建は何も示されていない。大企業利潤原理を前提した上でその実現をめざそうとしたのである。それは結局、ここで指摘した大企業競争力強化とそれに伴う問題を再現させたのである。財政支出を通した分配方向の一定の見直しが図られても、それは事後的対策であって大資本の利潤原理の維持を前提する限り「人間のための経済」は実現されないのである。

しかしこの「成長戦略」に対し、財界そしてその意を受けたマスコミは批判を強めた。「……成長を引っ張るのは企業部門の研究開発であり、設備投資だ。／本来なら企業や市場を味方につけ、民間の資金が成長分野に投じられる動機付けが必要だ。政府や公的機関の介入や規制を少なくして、民間の判断を邪魔しないことも欠かせない。／ところが企業活動を伸ばす発想は、今回の戦略から十分に伝わってこない。民主党政権は家計や中小事業者に優しく、大企業に冷たい政策を優先している印象が強い」（『日本経済新聞』〇九年一二月三一日）などとして。

この主張が求めるのは、小泉政権以来進めてきた新自由主義的〝改革〟路線そのものである。この政策が経済も生活も破滅させたというのに、依然これを徹底せよという。しかしこの主張に現れているのは、大資本の利潤原理に基づく成長路線と人間の生活の維持はもはや両立しないという現実である。民主党政権が「人間のための経済」の実現をめざす姿勢を堅持し、その実現をめざすのであれば、こうした大資本・財界の主張に対抗し、利潤原理の規制に向かわなければならなかったのであるが、果たせなかった。そして菅、野田政権の政策は、アメリカ政府と財界の圧力によって、結局新自由主義政策に回帰するものとなったのである。野田政権は辺野古への基地移転を容認し、ＴＰＰ参加を表明したのである（後述）。なお一二年一二月の衆議院議員選挙で安倍晋三氏は、ＴＰＰ反対を唱えていたことを忘れてはならない。

（『進歩と改革』二〇一〇年三月　一部削除、補筆）

第2章　新自由主義と原子力発電大事故

第一節　原子力発電の政治経済学的分析視点

一　歴史的「原発震災」に直面して　——課題は何か

いま日本は、歴史的に確実に記録されるであろう大事件、原子力発電所の大事故による「原発震災」（石橋克彦神戸大学名誉教授）に直面している。

一九八六年四月二六日に起きたチェルノブイリ原子力発電所大事故。出力一〇〇万キロワットの原子炉の炉心溶融・大爆発によって重大な被害を招いた。国際事故評価尺度（INES）の最悪とされるレベル7であった。東京電力の福島第一原子力発電所の事故もレベル7とされている。チェルノブイリ事故では大気中に放出された放射性物質は五二〇万テラベクレル（テラは万の一兆倍＝京）といわれているが、福島第一原発の事故では三七万～六三万テラベクレル（東京電力、二〇一一年四月一二日時点）とされている。しかしチェルノブイリでは大気中への放射性物質の放出であり、一〇日ほどで一応収束したが、福島第一の場合は大気中への放出だけでなく海への放出が加わっている。海への放射性物質放出量は四七〇〇テラベクレル（東電、同四月二一日）とされているが、これだけでも保安規定で定められている年間放出許容量の約二万倍である。冷却水で核分裂・爆発を制御し続けなければならないが、原子炉格納容器の亀裂による汚染水の流出によって、さらに海への放出量は増大している。

福島第一で炉心に溶融（メルトダウン）を起こした第一・二・三号機の出力は、チェルノブイリの二倍、二〇〇万キロワットである。使用済み核燃料プールの事故で建屋が吹きとんだ四号機を加えると、放射性物質総量は一億テラベクレルとされている。現在ほとんど首の皮一枚を残しているような危機の中で暴発防止策が講じられているが、引き続く強い余震による亀裂・破損の危険性があり、これからどのような事態が生じるか予断を許さない。福島第一の事故は、確実にチェルノブイリ事故の規模を上回っている。

「原子炉の内部がどのような状況かわからないのが問題だ。とにかく敵を把握しなければならない。今のまま冷やしていても焼け石に水。塩水を入れたため、時間をかければ腐食が進み状況は悪化する。このままでは早くても一年、下手したら五年かかるかも知れない」（日本原子力技術協会・石川迪夫顧問）、「原子炉を冷やすためには大がかりな工事が必要だが、相当の被爆環境の中でやらなければならず、人の確保が問題になる。工程表（六〜九カ月で収束させるという東電案）の実現は一年以上かかるだろう」（京都大学原子炉実験所・小出裕章助教。『週刊ダイヤモンド』二〇一一年五月二一日）。

すでに福島第一原発近接地域、放射性物質流入で汚染された地域では、人は住めない状況になっている。農・畜・海産物は出荷停止・出荷不能となっている。福島第一原発内では多くの、被曝者、死者さえ生じている。これからどれだけ被害が生じるか。キチッと記録しておかなければならない。

この大事故を、国難ととらえ、救国のため全員一致協力して対処しようという潮流がつくられている。その下でそれぞれの立場からの要求、行動を自粛すべきであり、国民全体の負担（税金）も必要だという雰囲気がつくられつつある。あたかも、侵略戦争に国民が統合され、動員された（そして殺された）ように、この危機を戦争状態とし、これに対処する国民総動員態勢が進みつつあるといってよい。私たちの先輩は、侵略戦争反対・阻止の声・行動を上げなかったわけではなかったが、弾圧され、排除され、侵略への総動員の流れを阻止しえなかった。いまこの歴史的ともいえる大事故、大事件の中で、今日の体制の危機回避、体制強化を意図する総動員の流れに、いかに対処すべきか。経済を分析してきた研究者として二度とこのような事故、事件を起こさないためにどうすべきなのかという課題に基本的な点で応えられなければならない、と思う。

一九八六年のチェルノブイリ事故を契機に、日本国内の世論も原発反対の傾向が強まった。反原発を唱える学者、研究者の声も高まった。今は亡き原子力資料情報室の高木仁三郎氏は断固として反原発を唱え続け、大衆に訴えた。埼玉大教授（故）市川定夫氏も環境問題から原発によって自然に存在しない核分裂物質を人為的に作り出したことの危険性を明らかにした（『新環境学』Ⅰ・Ⅱ・Ⅲ、藤原書店）。

しかしこの声は、九〇年代そして二一世紀に入ると一段と無視され、あるいはマスコミから、学会からも異端として排除されて、世論形成、さらに政治的な力にはなりえなかった。新自由主義の潮流が背景にあったといえよう。

「日本の原子力も、ひたすら邁進する自動機械のようになって、誰にも止められない。原子力専門家は『原子力村』と化し、素人は口を挟むなといわんばかりになっていきます」(宇野重規・東大教授『朝日新聞』二〇一一年五月二一日)、二〇〇五年以降になると「電力会社と経産省が半ばグルになり、『安心・安全』と洗脳した。まともな議論ができない暗黒の時代です」(飯田哲也・環境エネルギー政策研究所所長。同上)。

異端として疎外され、あるいは無視されながらも、原子力発電の危険性、さらに原子力(核分裂物質)と人類の共存は不可能という理論の下にひるむことなく大衆に訴え続け、脱原発の実現をめざしてきた研究者・学者、ジャーナリストの考えを再認識・再確認し、この「原発震災」を契機に脱原発実現に向けた運動を強めようという潮流が大きくなっている。この大事故を原発の廃止に向けたチャンスにしなければならない、と思う。私自身もこの運動に積極的に参加する上で、経済学研究者の立場から、問題を提起しておきたい。

第一に、戦後の日本において、原子力発電が、原子力の平和利用ということでどのような背景と意図の下に開始されたか、という問題である。ここには大戦後、パックス・アメリカーナ構築の意図によるアメリカ政府の行動、原子爆弾投下を受けて戦争に敗れた中で、これを平和的研究・利用に限定しなければ、と真剣に志向した研究者・物理学者の考えと行動、そして経済復興を図る日本政府と財界の意図がからんでいる。その中でいかに、原子力発電が開始、推進されていったか、を明らかにしておきたい。この体制の中での学者・研究者の提案・行動に関しては、私自身、一研究者として自らの問題として、検討しなければならないと思っている。

第二に、戦後日本経済の成長、あるいは景気動向との関連で、原子力発電―その設備投資、さらにそれを推進した財政・税制政策が、どのような理屈で、役割を果たし影響をもたらしたか。そしてその際どのようなイデオロギーがふりまかれたか、を明らかにしよう。それは同時に、雇用・賃金の面で、さらには電源三法(一九七四年)による原発立地地域自治体への補助金支出策によって、労働者(労働組合)、さらに農漁民の生活・生産活動にも大きな影響を与えてきた。それに対し、労働者(労働組合)、民衆は、金に支配されてきた現実をどうとらえ、どう反省、克服しうるかが問われる。

第三に、一九九〇年代とくに二一世紀に入ってから、原子力発電は事故続き、そして事故隠しの連続であり、政府・財界にとって悲願もいうべき高速増殖炉建設・稼動は絶望的となっている。なぜこのような状況になっているのかを明確に分析しなければならない。しかしこのような状況に陥りながら、自民党政権(そして民主党政権でも)は原発・高速増殖炉推進という「原子力立国計画」（二〇〇六年）を立て実行しようとしてきた。しかし新自由主義─民営化推進と財政危機の深刻化の中で、日本の原発は、電力供給効果より、事故対策、廃棄物・廃炉等の事後対策による負の効果が増大している。にもかかわらず、なぜ政府は原発を推進しようとするのか。そこにはどういう背景、そして意図があるのか。

この大事故の中で、さすがに民主党・菅首相（当時）は浜岡原発の停止を求め、中部電力もこれを認めた。それは地震発生の確率が高いという理由からであるが、その他の原発は停止させない、維持すると明言している。民主党政権の二〇一〇年「エネルギー基本計画」には、原発一四基新増設、原子力の発電比率を二〇三〇年までに(〇九年の二九%から)五〇%に引き上げ、その稼働率を（〇九年の六五・七%から）九〇%に引き上げる、そのため定期検査間隔を現行一三カ月から二四カ月に延ばす、新増設が進まない場合既存原発の出力をアップする等としている。

エネルギー供給効果も、環境改善効果も、景気対策効果もない上に、巨額な財政支出を必要とし財政危機を深刻化させながら、巨大事故を発生させている原子力発電は、経済的面からいっても廃止させなければならないことを、明らかにしたい。

第四に、原発廃止を求め、実現する実践運動の課題に関して、である。若干問題意識を示しておこう。何より原発─原子力の平和利用自体ありえない、原子力は人類と共存しうるものではない、という理論的確認を広め共有しなければならない。「未完成」の技術だから問題だというとらえ方があるが、人類との共存という意味では「完成」はないのである。そして経済的にも原発推進は、効果がないばかりか、財政危機を深め、労働者・大衆に対する負担を課するものとしかならないという認識を（分析をふまえて）獲得しなければならない。戦争の武器として作られた核兵器と不可分離である原子力は、平和利用とされる中でも結局、核兵器と不可分離であることが明らかになりつつある。

こうした認識を広め、高め、反原発運動を強めていけば、原発廃止を実現することは可能である。現にドイツをはじめ各国で原発停止・廃止の動きが生じ、広まりつつある。

しかしドイツにおける原発停止についても、十分な安全確保にはコストがかかりすぎる──企業（資本）にとっては採算が合わないからというのがその主な根拠なのである。だから原発をなくしたらエネルギー需要を充たせない、何とかして維持するには政府の助成拡大が必要だという要求が強まると、他の代替エネルギー供給にシフトしながらそれに対して政府助成を求め、企業の利潤獲得の場にしよう、そして労働者民衆に対しては節約を求める、ということになる。それで済むことなのか。

原発停止・廃止を求め、実現するには、日本においては多くの困難な課題を克服しなければならないと思う。①原発設置、増設に依存しきってきた地域自治体、民衆自体が脱原発の意識をもつことになりうるか、②資源少国日本には原発は不可欠、あるいはクリーン、ゼロエミッション原発という宣伝を批判し脱却しうるかどうか、③原発推進の国策の中に浸りきってきた官僚・研究者、そして労働者（とくに労組幹部）の意識、行動を変換させうるかどうか。資本家的大企業の側は、原発によって儲けが得られなくなれば、他の儲け先にシフトする。それによって民衆が、社会がどのような状況になろうと構わないのが資本である。原発が軸にあるこの構造の中に浸ってきた学者・研究者、マスコミそして民衆が、この構造を脱却しようという意識をもち、行動しうるかが問われるのである。

この大事故の中で「原子力村」の構成部分からも自己批判の動き、村から脱出の動きがでてきている。しかし原発維持・推進派は必ず巻き返しを狙っていることをとらえなければならない。財界そして背後にあるアメリカ政府は、反対意見、その主張者を懐柔しうるとすれば懐柔し、できないとすれば暴力的に弾圧し、切り捨て、現在の彼らの権力的支配構造にメスを入れるまでに脱原発運動が高まることを、抑え込もうとする。そして原発維持・推進の最後の理由は、原発・核兵器を持った危険な敵に対する対抗手段としての原発―核戦力の保持の必要、ということになろう。すでに、原子力開発・推進の根拠は、商業ベースの電力供給から、核兵器保有という核〝抑止力〟――実は核兵器による敵に対する先制攻撃態勢確立ということにおかれつつある。日本においても、この大事故の対処と脱原発の運動への対応の中で、アメリカ政府・軍部との軍事同盟関係強化から、（アメリカ政府が認めれば）核兵器開発・保有への動き、その方向に向けた国民総動員態勢確立への動きがはっきり台頭しつつある。

脱原発運動が人間社会の生活の安定・安全を求めるものである限り、私たちを支配し動かしている今日の体制自体の構造、そしてこの構造の支配者（経済的、政治的権力者）が、この危機の中で体制への批判意識と行動を抑え込み、体制補強に――労働者、民衆への負担・収奪を強めつつ――乗り出していることを、とらえなければならない。

労働者、民衆（研究者を含めて）は、この体制の構造の中に組み込まれ、動かされている。しかしいまやこの体制の構造を維持する中では、生活の安定・安全はありえなくなっていることを認識し、その転換を図っていかなければならなくなっている。この大震災の中で自主的、自発的に生起している労働者・民衆の共同・連帯行動、それを基盤にしながら、労働者・民衆自体が、この体制を変えて自ら社会の現実の主体として行動しなければならない——この危機をそういう意識と行動に向かう契機にしなければ、と思う。

本節では、これらの課題を考える前提というべき認識上の問題を提起しておきたい。

二　原発現場の労働者の実情

大地震、大津波で破壊され、核燃料のメルトダウンを起こし、大爆発を起こしかねない福島第一原発の現場で、必死の作業を行っている労働者。その実態が、ジャーナリスト鎌田慧氏、樋口健二氏などによって明らかにされ、新聞(例えば『毎日新聞』二〇一一年四月二一日)、週刊誌(『週刊ダイヤモンド』、二〇一一年五月二一日)にも掲載されている。闇の部分が多くあり、実態を正確にとらえること自体難しいが、明らかにされた現実によってもその恐るべき事態の一端をとらえることはできる。

東京電力福島第一原発の暴発防止をめぐって、そこで働く作業員の被曝線量の限度を、政府は一〇〇ミリシーベルトから二五〇ミリシーベルトに引き上げた。原子炉等規制法に基づく告示、労働安全衛生法の電離放射線障害防止規則は、五年間で一〇〇ミリシーベルト、一年間で五〇ミリシーベルトに抑えるよう定められている(通常規則)。しかし緊急時には別途一〇〇ミリシーベルトを上限とする条文がある。国は特例措置として福島第一の復旧に限るということで二五〇ミリシーベルトに引き上げた。これ自体ひどい話といわなければならない。

「だが原発の敷地内には一時間当たり九〇〇ミリシーベルトの放射線を出すがれきもあった。原子炉のある建屋内、一号機では毎時一一二〇ミリシーベルト、三号機でも毎時五七ミリシーベルトという高い値が検出されている。こうした高い放射線が工事を阻止。現在、一号機に新たに熱交換器を設置しようとしている。これが成功すれば、原子炉内で熱された水を冷やして戻せるため冷却は大きく進む。しかし工事は当然、作業員が行わなければならず、高い被曝が予想される。現場は、一日平均で延べ一〇〇〇～一二〇〇人の作業員が働いているが、累積で一〇〇ミリシーベルトを超えた人はすでに三〇人に達した」(『週刊ダイヤモンド』前掲)。

作業員の被曝線量引き上げに関しても、現場ではあいまいに運用されている。しかも作業員の放射線管理手帳に線量が記載されないケースがあることが分かった(『毎日新聞』前掲)。厚生労働省では「一〇〇ミリシーベルトを超えると五年間は放射線業務に就けない」としているのに対し、文科省所管財団法人・放射線影響協会の放射線従事者中央登録センターは、「二五〇ミリシーベルト浴びた労働者に通常規則を当てはめてしまうと、相当年数、就業の機会を奪うことになる。全く別扱いで管理する。〈労災申請時などに困らないよう、手帳に記載することを検討している〉と、手帳への記載方法さえ決まっていないことを明らかにした」。

福島第一原発では、東電の社員一一〇〇人に対し、下請け労働者は九〇〇〇人超とされている。現場で被曝をしながら作業する者はほとんど全員下請けの労働者、それも三次、四次どころか、七次、八次下請け会社の労働者だといわれている。日本共産党・田村智子議員は現場で作業する労働者が内部被曝量を測定せずに働かされている実態を示し、作業員の命と健康を守るために国が責任を果たすよう求めた（二〇一一年五月二〇日、参議院予算委員会、『赤旗』二〇一一年五月二一日）。東京電力の武藤栄副社長は、作業員七四〇〇人（同、五月一六日現在）中、測定したのは一四〇〇人、被曝量が判明したのは四〇人しかいないという実態を明らかにした（同上）。

四年三カ月の累積七〇ミリシーベルトで多発性骨髄腫を発症したとして東電に労災認定と損害賠償を求めた訴訟（勝訴）で原告代理人を務めた鈴木篤弁護士の話――「二五〇ミリシーベルトの上限自体が高すぎる。それを別枠にするなどむちゃくちゃだ。被ばく線量を証明できても裁判所はなかなか発症との因果関係を認めない。きちんと線量管理がされなければ、作業員が損害賠償を請求しようとしても基礎的事実さえ証明されなくなる」（『毎日新聞』前掲）。

「今回食った分の放射線量は手帳に載らないから。安心していいから」と、一次下請け会社の社員からいわれたという福島第一原発の作業をした二次下請けの男性（三〇）に関して――この男性は、所属するポンプ点検会社の社長から「上の会社から三日だけ人を出すよう頼まれた。（現場の状況が）ひどかったら途中で帰って来ていいから、とりあえず三日間だけ行ってくれないか」といわれ、福島第一原発へ。作業内容不明なまま駆り出されたが、現場に着くと、使用済み核燃料共用プールの電源復旧のためにケーブルをつなぐ専門外の作業を指示された。「初めてなので手間取って時間もかかったし、余計な線量を食った」。当時（三月下旬）は線量計が足りず、六人のグループに一台だけだった。作業は放水の合間だったので午前二時までかかったり、朝六時から始めたことも。待機場所の免震重要棟は「すし詰め状態で大人一人が寝っころがるのがやっと。仮眠も取れないのがきつかった。まともにやったら二日で限界」。結局、三日間で計一二時間働き、線量計の数値は国が特例として引き上げた上限（二五〇ミリシーベルト）の五分の一、約五〇ミリシーベルトだった。日当は通常なら一日一万五〇〇〇円程度だが、今回は事前に決まっていない。「同じような仕事の募集が日当一七万円だったらしい」が…。この男性の放射線管理手帳は、この作業時とは別の、震災前に登録していた元請け会社が管理しており、手元にはない。「ずっと自分の手元に返ってきていないから（今回の線量が）載っているかどうかは分からない」。確認しようにもこの元請けは震災後事務所が機能していないので「自分の手帳を戻すのは困難」という（『毎日新聞』同上）。

『週刊ダイヤモンド』は「原発労働者確保の構造」を図示している。原発内施設工事も請け負う建築会社で、採用を担当している社員の話――「リーマンショック後は、自動車工場をクビになった失業者をよく採用しましたが、しばらくして転職していく人が多かった。そこで原発作業員を専門に扱っている企業の協力を受けている」（同上）。「原発専門派遣会社」の介在である。路上生活者、多重債務者などを、暴力団員―人夫出し飯場（建設労働者寄宿舎）を経由して、原発系人材派遣会社に紹介し、電力会社・協力企業子会社、地元ゼネコン、保守点検系会社で働かせる。「中小合わせて一〇〇を超える企業が複雑に絡み合って紹介、業務委託、派遣というかたちで作業員を送り込むから、どうしても孫請け、曾孫請けという複雑な構造になる。これは建設業界とまったく同じで、暴力団や裏社会の人間への依存度が高くなる」（建築会社社員）、「今はホームレスを直接原発に送り込んだりしない。まずは飯場（寄宿舎）に突っ込み、いろいろな現場に行かせた後、原発をやっている清掃会社や建築会社に送る。そうすると、何の技術もない作業員でも元請けから日当三万円ぐらいは出るので、下請けが三割抜き、オレたちがさらに抜く。本人の手元に残るのは六〇〇〇円ぐらい」（都内某広域暴力団幹部）、「でもよく働くよ、最近の多重債務者は。ほかに貸してくれるところがないからだろう」（同）。いまは世界の注目が福島に集まっているので「動きにくい」と暴力団幹部はいっているが、「彼らが福島で暗躍するのは時間の問題のようだ」と『週刊ダイヤモンド』は結んでいる。

確実に被曝しガンに侵される危険な労働に送り出される失業者、多重債務者、路上生活者――その人たちを原発現場に斡旋してピンハネで稼ぐ暴力団を含む仲介者・業者、このような構造の下で、原発現場のもっとも危険な労働が支えられている。この人たちの労働がなければ、原発の稼動もその安全も、暴発の防止もできない。この構造は、従来からの日本社会のタテ型支配関係を基盤に、とくに新自由主義の展開によるグローバル競争戦への対処の中で拡大し構造化した、といってよい。

しかしこの実態に対し私たちはどうとらえているだろうか。この生死をかけた労働によって原発の暴走が抑えられ、私たちの生活は支えられている。しかしこの労働者の人権無視と奴隷的な扱いという現実――この歪んだ構造を何とか是正しなければならない。どうしたら是正しうるのか、それが決定的に問われている。

しかし電力労組はじめ労働組合運動は、この課題を自らの課題として受けとめているだろうか。東電労組自体、一九七〇年代「秩序ある委託化」ということで被曝量の多い作業を請負化すること(下請けに委ねること)を求めていた。それは、自らの安全を、下請け労働者の犠牲の上で図ろうという構図ではないか。社会を支え、安全を支える、しかし危険にさらされている労働者の人権確保、労働主体としての位置づけ、その意識なくして、労働者は社会の現実の主体となりえないのである。この意識の確立こそ鍵であることを強調したい。

三 原子力平和利用を求めた学者・研究者

ここで、前提的な認識として、学者・研究者の果たす役割りに関し、問題を提示しておこう。戦後日本における原子力発電の導入には、原子力平和利用を求める学者・研究者の主張が関わっていた。

物理学者・武谷三男氏は、「日本人は原子爆弾を自分の身にうけた世界唯一の被害者であるから、少くとも原子力に関する限り、もっとも強力な発言の資格がある。原爆で殺された人々の霊のためにも、日本人の手で原子力の研究を進め、しかも、人を殺す原子力研究は一切日本人の手では絶対に行なわない。そして平和的な原子力の研究は日本人は最もこれを行なう権利をもっており、そのためには諸外国はあらゆる援助をなすべき義務がある」(『改造』一九五二年一〇月号)としていた。そして「日本で行なう原子力研究の一切は公表すべきである。また、日本で行なう原子力研究には、外国の秘密の知識は一切教わらない」とし、自主技術研究、平和的原子力研究とそのための公開という原則を唱えた。

すでに第二次大戦中、日本では理化学研究所を含め三つのサイクロトロンを利用して原子力研究が行われ、高い水準にあったが、戦時に原子力研究施設は破壊されるとともに、敗戦に伴い一九四七年一月には極東委員会によって日本の原子力分野の研究はすべて禁止された。戦後一九四九年に日本学術会議が発足し、「原子力に対する有効なる国際管理の確立要請」声明(四九年一〇月)などを出して活動を始めたが、学会内では研究再開・推進に対し、研究は兵器の製造につながるとしてこれを危惧する意見があり、論議が続けられていた。後述するように、一九五四年三月原子力研究の予算が計上されたことを受け、また武谷氏などの積極的な平和研究推進の考えを反映して、日本学術会議は「原子力の研究と利用に関して公開、民主、自主の原則を要求する声明」を出し（五四年四月）、「原子力研究開発利用に関する措置」を決議し（同一〇月）、政府に申し入れた。この公開・民主・自主の原則は、原子力基本法（一九五五年一二月成立）に反映された。原子力基本法は、第一条（目的）で、「原子力の研究、開発及び利用を推進することによって、将来におけるエネルギー資源を確保し、学術の進歩と産業の振興とを図り、もって人類社会の福祉と国民生活の水準向上とに寄与する」とし、第二条（基本方針）は「原子力の研究、開発及び利用は、平和の目的に限り、民主的な運営の下に、自主的にこれを行うものとし、その成果を公開し、進んで国際協力に資するものとする」としたのである。

物理学、原子力研究者の平和研究の考えは、武谷氏の考えに示されているように、原子爆弾によって大量の殺人を被ったことを絶対くり返させないという理念の下に、平和研究を行うことが、日本に課せられた課題だということであった。しかし学術会議の声明には「研究」とともに「開発」「利用」が加わり、基本法には「学術の進歩」とともに「産業の振興」によって「社会の福祉と国民生活の水準向上に寄与する」ことが記された。

学者・研究者による「研究」と、その研究の成果の「利用」、それによる「産業の振興」が並記される――ここには学術研究とその応用・利用との関係をどうとらえたらよいかに関する重大な問題があった。これは学者・研究者自身の社会的位置に関わる問題として今日においても重要な課題である。

これから具体的に日本の原発開発・設置がだれを現実の主体とし、何を目的として推進されてきたかを明らかにするが、ここでは結論的な提起を示しておく。

学者・研究者の研究自身は、どのような社会体制であるかに関わりなく行われるものである。また、その研究自体は研究（成果）の応用・利用を直接意図するものとは限らない。しかし学者・研究者は、社会関係・政治そして経済関係から独立し切り離された存在ではなく、社会関係の中で研究を行っている。ということから社会関係、とくに経済関係との関わりに制約を受ける。現実的には、研究に関わる費用負担がある。そこには、社会の要請、直接には政治的要請が介在しやすい。研究者自身に意図があるかどうかにかかわらず、研究自体に費用がかかることから、この費用の負担に関わって、社会的要請を受けざるをえない。原子力研究が、第二次大戦に関わるマンハッタン計画から大々的に行われたように、この研究に直接関わる学者・研究者自身の良心、純学問的意図はあったとしても、研究自体この政治的要請の下で行われざるをえないものであった。

それでも、直接応用・利用に関わらない基礎研究は研究そのものとして意義（人類史的意義）があるし、その研究が人間社会の発展に寄与しうるかどうかは、直接社会的、政治的要請に即した研究ではなく、研究そのもの（少なくとも基礎的研究）にどれだけ〝自由〟が保証されうるかどうかにかかっている、といってよいと思う。

問題は研究そのものではなく、その応用・利用（実用化）にある。マンハッタン計画は、ナチスによる核兵器開発・使用の阻止という物理学者（アインシュタインなどを含む）の良心に基づく研究を、国家権力側が、帝国主義戦争に勝つための核兵器早期開発・保有という意図に利用した。原爆製造・その使用自体は、学者・研究者自体の責任ではなく、国家自体の責任である。しかし、そうだとしても、その場合の学者・研究者は、研究の応用・利用に関してどういう態度、どういう意識に立たなければならないか。

戦後日本の原子力研究は、研究の応用・実用化が進む中で、学術会議が志向した自主も民主も公開という原則も、形骸化された。原発技術の基礎は欧米技術に従属し、民主は形だけで実際は巨大資本と国家の意に従うものに、公開は秘密・隠蔽に変わっていった。いまや「原子力村」の研究者は、研究どころか利権と自己保身に転落してしまった。自主・民主・公開は文言では消されていないが、それは本質を隠す隠れみのになり果ててしまった。どうしてこのような悲惨な状態になったのか。それは、研究の利用・実用化を推進した主体が、金儲けを目指す資本（直接には電力資本）とこれをバックアップした国家である、ということにある。いかに良心的学者・研究者の研究（その成果）も、これを利用・実用化することになれば、資本による金儲けに利用されるか、国家の意図に利用されるしかないという現実をとらえなければならない。

しかしそこから、学者・研究者の研究は、その利用と切り離されて行うべきであるということで問題が片づくとはいえない。学者・研究者の研究は社会関係の中で行われ、社会によって支えられている。だからその研究は、「社会の福祉と国民生活の水準向上に寄与する」ものという目的がある。研究目標の基本は、人間の自主・創造性の発展そして意識的共同連帯形成に寄与しうるかどうかにある。直接には、人間の自由な意志に基づく自主的行動を制約している自然的、社会経済的関係の解明・認識によって、人間の自由な意志に基づく行動がいかに実現・発揮しうるかに研究目標がおかれるべきだ、と思う。

問題の核分裂による原子力の開発に関していえば、原素存在の基礎である原子核を破壊すること自体、現実に成立している自然と自然法則（自然的物質の生滅・循環の維持）を破壊するものであるという研究を通した認識に立てば、人類の生存が自然法則の上に成り立っている限り、この原子核の破壊に基づく原子力エネルギーは、人類として使ってはいけない、使えば人類は生存しえないことになることを明らかにすることにこそ、学者・研究者の役割があるのではないか。しかもこの人類と共存しえない、絶対に「完成」しえない原子核分裂エネルギーを、自らの政治的支配目的に、さらには資本の利潤追求目的に利用することは、絶対禁止すべきであることを主張することこそ、（社会科学研究者を含めて）学者・研究者の任務である、と思う。「利用」することに関してではなく、「利用」してはならないことを明確にいいえなかったところに、研究者の限界があったのである。

（『進歩と改革』二〇一一年七月号）

第二節　原子力の平和利用という虚構

一　平和利用はありうるか

本節で明らかにしようとすることは、原子力の「平和利用」は虚構であって、現実にはありえないということ、原子力の「平和利用」として進められてきた原子力発電は、その出発点から今日に至るまで、原子力の軍事的利用―原爆・核兵器と不可分離であること、したがって脱原発は、核兵器廃絶と密接に結びついている、ということである。

日本における原子力の「研究、開発及び利用」は「将来におけるエネルギー資源を確保し、学術の進歩と産業の振興とを図り、もって人類社会の福祉と国民生活の水準向上とに寄与することを目的とする」（「原子力基本法」第一条、一九五五年一二月）とされ、「原子力の研究、開発及び利用は、平和の目的に限り、民主的な運営の下にこれを行うものとし、その成果を公開し、進んで国際協力に資するものとする」（第二条）とされている。この基調は現在も変わっていない。しかし原子力の平和利用は「人類社会の福祉と国民生活の水準向上」に寄与するどころか、これを破壊するものであること、そして、民主・自主・公開という原則は、放棄されてしまったこと、そしてそれは原子力の平和利用が、その軍事的利用と不可分離であることによるものであることが、現実に示されている。原子力が核兵器＝軍事力と不可分離であること、軍事力は国家の専有・独占であり、そこには必ず機密が伴うこと――だからいかに平和利用といっても、原子力の開発・利用には民主・自主・公開は現実にありえないのである。

いまや日本においては「核燃料サイクルは技術的トラブルや事故で進まず、日本は国内に一〇トン、核兵器一二五〇発分に相当するプルトニウムをためこむことになった。国際原子力機関（ＩＡＥＡ）への報告では、米国、ロシア、英国、フランスに次いで多い。エネルギーの自立を飛び越え、日本の核武装への疑念を世界から招きかねない状況にある」（『朝日新聞』二〇一一年七月二一日）（現在の保有量は約４６トン）「招きかねない」というより、すでに招いている。原子力平和利用はその虚構性が明白に示されている。しかしいまなお欺瞞的な原子力平和利用をかかげて、原発を推進し、プルトニウムを確実に増やし続ける核燃料サイクルや高速増殖炉開発・利用を進めようとするのはなぜか。

本節は、日本における原発の導入、原発の増設・展開、そして東京電力福島第一原子力発電所大事故に至る今日までの、原発導入・開発・展開に関わる日米関係――日米国家および日米財界の意図を中心に――を分析する。

明らかにすべき課題は多いが、決定的なポイントは、日本の原発導入・展開は、戦後体制における、アメリカの世界的な政治・経済戦略の下での、日米安保体制＝日米同盟関係に規定されているということ、戦後体制におけるアメリカ国家の戦略とその意図が基底にある、ということである。アメリカ国家は、核戦力の支配・独占を図る――その現実的現れは核兵器拡散阻止、しかもアメリカ国家の意図に服さない国に対して――におかれている。とともに、核の平和利用（直接には原子力発電）においてもそのイニシアティブを確立しようということであった。

日本における原発の開発・導入に関しては、被爆国として、しかも「平和」を原則とする憲法の下で、原子力・核の研究・開発・利用を行うに当たっても、「平和」、そして「非核三原則」は国是として堅持しなければならない（少なくとも建前として）ものであった。しかし原発自体、核兵器と不可分なものであるとともに、原発導入・展開は、日米安保・同盟関係の下でアメリカの国家の戦略に従うことによる以外になかった。〝核・原子力の平和利用と核兵器拡散阻止〟――この両立を図る、これが日本国家・財界の戦術であった。その下でたしかに日本国家・財界は、核・原子力の平和利用を可能な限り追求してきた。原子炉をはじめ原発技術を主にアメリカから導入しながら耐震性をはじめ独自技術を加えて、「改造標準化」を進めた。平和利用としての核・原子力の独自技術追求は、核燃料サイクル、そして高速増殖炉開発・導入へと進展させた。とともに、それは発電利用を超えたプルトニウム抽出・拡大によって、核兵器保有を現実的に可能とさせる（あるいはそれによってしか処理しえない）までになったのである。しかし、日本国家としては、「平和」利用を下ろせないし、アメリカ国家にそれを認めさせるしか進展しえない。後でみるように、一九八八年の日米原子力協定は、非核保有国としては唯一核燃料サイクルによるプルトニウム抽出・保有を認めさせるものとなった。しかしその代わりに日本国家は、自ら核兵器を保有しないことを確約するとともに、アメリカ国家の世界核不拡散戦略へのより全面的協力・義務を自ら負うことになったのである。それは具体的にはイラク、イラン、朝鮮民主主義人民共和国の核兵器開発疑惑と拡散阻止への日本政府のアメリカ政府への全面協力として示されている。

〝脱原発〟――核燃料サイクルの放棄を含めた――は、核兵器保有の潜在的能力の放棄を意味するものとなる。それは同時に、核・原子力の平和利用の建前とひきかえの、アメリカ国家の核兵器拡散阻止への協力・義務の見直し、転換に関わるものとなる。脱原発は、原発を通じて結びついていた日米関係からの離脱となるからである。だから、日本国内だけでなく、国外の保守勢力は、日本の脱原発に対し反発を強める。日本の極右勢力は、核の平和利用の虚構性を逆用して、その軍事利用という本音を開き直って突き出し、平和利用に伴う対米制約を断ち切って、独自の核武装国家―帝国主義国家―構築をめざそうとする（西部邁、石原慎太郎、櫻井よしこ等。『朝日新聞』二〇一一年七月九日夕刊）。これに対しアメリカ政府は、脱原発に伴う日本の対米関係離脱の傾向を抑え、日本をさらに深くアメリカの軍事戦略＝〝核の傘〟に縛りつけるため、テロの脅威とともに、朝鮮、さらには中国の軍事的脅威の宣伝を一層強めることになる。

脱原発に伴うこのような傾向――核武装化か、一層の〝核の傘〟への従属化か――を拒否し、核の平和利用の虚構性を現実に確認しつつ、平和利用の放棄による脱原発、そして核兵器・核の傘の廃絶へと前進させるかどうかが決定的に問われている。核・原子力によっては平和は達成しえない。それは敵視・戦争への途である。私たちは、朝鮮、そして中国の軍事的脅威宣伝に対して、敵視を転換させ、交流と相互理解を深め、平和確立へと進まなければならない。核・原子力の平和利用の放棄による核兵器放棄（その保有可能性の放棄）、核の傘の放棄、そして軍事力・基地の撤廃――脱原発の実現は、この課題実現に関わっている。

なお今回使用した主な文献、資料は以下の通りである。①原子力委員会編『原子力白書』（各年版、第一回一九五六年）、②有馬哲夫『原発・正力・CIA』（新潮新書、二〇〇八年二月）、③社会科学研究所『やめられない日本の原発―原子力問題特別号』（一九八九年四月、渡辺好庸稿）、④相楽希美「日本の原子力政策の変遷と国際政策協調に関する歴史的考察」（独立行政法人経済産業研究所、〇九―P―〇〇二）、⑤しんぶん赤旗「原発の源流と日米関係」（1～6、二〇一一年六月七日～一二日）、⑥朝日新聞「原発国家　中曽根康弘編」（1～5、二〇一一年七月一七日～二一日）、⑦豊田正敏『原子力発電の歴史と展望』（東京図書出版会、二〇〇八年一〇月）、⑧小出裕章『原発のウソ』扶桑新書、二〇一一年六月）。

二　研究から実用へ
――パックスアメリカーナに組み込まれる

（一）最初から偽装が

一九五四年二月一五日、中曽根康弘、稲葉修、斎藤憲三、川崎修二（いずれも改進党衆議院議員）が最初の「原子力予算案」を衆議院予算委員会に提示した（もっとも積極的に動いたのは斎藤だった。有馬、②四四ページ）。この予算案は、自民党、改進党、日本自由党の間で修正折衝が行われたあと、三月三日衆議院予算委員会に提出され、翌四日衆議院本会議で可決された。三月一日、ビキニ環礁で行われたアメリカの水爆実験で第五福竜丸の乗組員二三名が大量の「死の灰」を浴びた三日後のことであった。最初の原子力予算は、原子力平和的利用助成費二億三五〇〇万円（ウラン235をもじった）にウラン資源調査費一五〇〇万円を加えた二億五〇〇〇万円であった。

当時日本学術会議は「原子力の研究は重大ではあるが、準備の整わぬ今日、しばらく待ち、その予算は経費削減によって困難に直面している原子核研究所にまわしてほしい」という主旨の申し入れを行ったが、拒否された（①一九五六年版）。研究内容もその態勢もない中での予算の計上であった。学術会議としては予算が成立した以上、原子力研究遂行に十分努力すべきだという態度から、このビキニ事件に関わって世界各国の科学者に原爆実験禁止について協力を求めるとともに、原子力研究において、情報の完全公開、研究の民主的運営、研究・利用の自主性ある運営という三項目の実行を求めた（同上①）。

一九五四年一二月～五五年三月、この予算で政府は、物理学者藤岡由夫（文理科大教授、後に埼玉大学長）を団長とする「原子力平和利用海外調査団」を米英仏はじめインド、スウェーデン等一四カ国に派遣し、原子力行政の組織体制を調べた。ところがこの調査団の報告書に偽装があったことを『朝日新聞』は明らかにしている（二〇一一年七月一七日）。調査団の報告書は、原子力を推進・開発する政府の機関について「各国の統括機関はほとんどすべて委員会の形をとり多頭。各方面の意見を十分に入れるためと思われる」と明記し、日本でも集団指導体制による委員会の設置を急ぐよう提言した。ところがこれは「偽装」であった。

事務局として報告書作成に関わった旧通産省工業技術院原子力課の初代課長、故・堀純郎は、「（トップに）委員会をつくっているのは米国だけで、ほかにはどこにもない。しかも米国の〈アトミック・エナジー・コミッション〉は戦時中の（原爆開発をした）マンハッタン工兵管区を書き換えたものだ」と指摘、フランスは「コミサリア」＝役所、イギリスは公共企業体（公社）だ。「米国以外に行政委員会はないが、牽強付会にどこも委員会である、だから日本でも委員会を作らなきゃいかんと、ここだけは強調した」と偽装を証言した。

この偽装報告書を基に政府は原子力委員会を発足させる（一九五六年一月）。初代委員長は読売新聞社主正力松太郎（一九五五年二月の衆院選で当選）。委員には、経団連会長石川一郎、ノーベル物理学賞受賞者湯川秀樹（非常勤）、経済学者有沢広巳（同、社会党推薦）、藤岡由夫（常勤）が起用された。「著名人を集めた委員会を設け、米国の水爆実験で〈第五福竜丸〉が被曝した事件による原子力への世論の逆風を弱める狙いがあったとみられる。政府が公表した報告書の偽装は、原発導入期からの隠蔽体質を示すものだ」と『朝日新聞』・山岸一生氏は記している（同、七月一七日）。

広島、長崎で被爆し、その上米国の水爆実験で被曝し、原爆・核兵器に対する反対の世論が強まり、拡大している中で、この世論を鎮め、平和利用、平和開発・利用に誘導すべく、それを志向する学者を登用し、しかも学術会議が強調する「民主・自主・公開」原則を受け入れるとともに、アメリカにさえない、強大な権限――「原子力委員会は、原子力の研究、開発及び利用に関する事項について企画し、審議し、及び決定する」（「原子力基本法」第五条）、「内閣総理大臣は、前項の決定について委員会から報告を受けたときは、これを尊重しなければならない」、「（原子力委員会設置法」第三条）――をもつ原子力委員会を設置したのであった。日本の原子力平和利用は、偽装、欺瞞とともに開始され、進められた。

（二）〝Atoms for peace〟

一九五三年一二月八日、国連総会において米大統領アイゼンハワーは、「Atoms for peace」演説を行った。原子力平和利用推進にむけたアメリカ政府の新戦略を示すものであった。この戦略に基づき、アメリカ政府が日本政府との間で原子力協定（それは「原子力研究」協定であった）が締結され、日本において原子力の平和利用が現実化するに至るのであるが、この過程も欺瞞に満ちたものであった。

その点を明らかにするために、第一にアイゼンハワー演説の背景をとらえておこう。

「原子力開発が、原爆開発計画たるマンハッタン計画として出発したことは周知のことであるが、広島型原爆用のウラン２３５を抽出する濃縮工場の大需要電力のかなりの部分がニューディールの申し子ＴＶＡの発電によって供給されていた……。今日の軍事力の基軸をなす原子力の開発が、現代資本主義の延命策の典型たるニューディール政策の直接的〝成果〟とともに達成されたという歴史的事実ほど、現代資本主義と原子力開発との実質的結び付きを象徴的に示す出来事はほかにあるまい」（社研、③）。「そもそも原子炉自体がプルトニウム２３９…の製造目的のために、フェルミらによって開発された……。本来〝原爆製造機〟として以外には現実的に生み出されるようなものではなかった」（同上）。「そもそも、アメリカではプルトニウム生産のため以外の原子炉利用は、海軍における潜水艦用動力炉として具体化したのであり、それ自体決して〝平和利用〟といえるものではなかった。これが、いわゆる加圧水型軽水炉の開発であり、……その成果が一九五四年に完成したノーチラス号であった」（同上）。米ジェネラルダイナミックス社が受注し、ウェスティングハウス社が製造した原子炉をもつ原潜が就航したのは一九五四年九月であった。

その間、ソ連は原爆を完成し（四九年九月）、さらに水爆実験に成功した（五三年八月一二日）。アメリカの核兵器独占は崩れた。さらにイギリスは、アメリカにさきがけて黒鉛減速炉により原子力発電を開始した。ソ連も黒鉛炉沸騰水型炉の開発に乗り出していた。「対ソを基軸とした核独占と核軍拡に原子力開発のすべてを投入していたアメリカにとって、イギリスによる発電炉開発の進展は極めて衝撃的な事態であった」（同上③）。こうした事態に突き動かされて、アイゼンハワー演説に先立つ一九五三年七月に、ウェスティングハウス（ＷＨ）は原潜用原子炉を設計変更・転用して原発に乗り出す。これがアメリカ初の原発・シッピングポート原発であった。アメリカ国内ではこれに対抗して、ジェネラルエレクトリック社は沸騰水型軽水炉（ＢＷＲ）の開発を進めることになる。

第二に、アイゼンハワー演説の意味、意図をとらえておこう。「先進四カ国による核兵器開発競争が世界平和にとって脅威になっている。この状況を変えるためにもアメリカは世界各国に原子力の平和利用の推進を呼びかける。／アメリカはこの線に沿って原子力の平和利用に関する共同研究と開発を各国とともに進めるため必要な援助を提供する用意がある。そして、これにはアメリカの民間企業も参加させることにする。さらにこのような提案を実現するために国際機関（のちの国際原子力機関：ＩＡＥＡ）を設立することを提案する」。これが演説の内容である（有馬、②）。これに関し、重要な点を指摘しておこう。

①原子力の平和利用宣言は決してその軍事利用＝核兵器生産を転換させるものではなかった。この演説の三カ月後、アメリカ政府はビキニ環礁で水爆実験を行った。ソ連（その傘下の国を含めて）の核兵器に対抗して、アメリカ政府は核兵器による対抗を続けた、というより強化した。原潜ノーチラスの配備もその対抗の現れであり、さらに核兵器の威力を高める技術開発を続けた。核弾頭は五三年の一〇〇〇発から、六〇年には二万二〇〇〇発に増えている。

②「アメリカのもつ原子力関連技術をむしろ積極的に同盟国と第三世界に供与し、これらの国々との共同研究・開発を行なおう。そうすれば、これを誘い水として第三世界を自陣営にとりこみ、それによって東側諸国に対する優位を確立できる」（有馬、③）。原発――原子炉・核燃料の提供をテコとした第三世界のとりこみ――市場支配という意図である。そこにはもちろんソ連の世界的進出への対抗という要因があったが、すでに原発を開発し売り出しをはじめているイギリス、あるいはフランスとの国際的原発市場競争への対処、という面があった。

③アイゼンハワー大統領の原子力平和利用の提案に、原子力平和利用のための国際管理機関と核分裂物質の国際プール案が含まれている。「主要関係国が保有しているウランと核分裂性物質を、国連の下に置かれる新機関である国際原子力機関に供出し、国際原子力機関はこれら供出された物質を保管、貯蔵、保護する責任を負うとともに、平和利用に役立つように各国に割り当てる」というものであった（相楽、④）。ソ連は「原水爆の禁止協定が前提でなければならないとして、この提案を拒否している」（同上）。しかしアメリカ政府主導によるこの国際機関の提案は、「この機関を通じて世界各国の原子力開発の状況を把握し、それをコントロールする」（有馬、②）という意図からのものであった。重要なのは、原子力平和利用といいながら、原子力関連物質の輸出拡大には、核の拡散とともに、核兵器保有への傾向、現実的可能性を伴うものであることが（当然のことながら）意識されていたことである。だからこれは「軍事核独占の維持のために、〝平和利用〟にともなう核拡散という新たな事態へのより強力な統制＝核管理体制を準備しなければならないことになる」（社研、②）。

こうして第三に、その平和利用演説の意味を集約すれば次のようにとらえることができよう。「それは、核兵器の大量製造を通して確立・膨張した原子力産業の新たな利潤拡大と、これまで軍拡競争のなかで大量に生み出された濃縮ウランの新たな資本家的利用による各国原子力開発への支配とそれを通した核管理体制の確立のために、ただそのためになされたものといっても決して過言ではないのである。まさに〝平和利用〟の必要性、有意義性によってではなく、軍事利用の〝残りもの〟を資本家的に活用するために、そしてそれを通した新たな軍事戦略の展開のために、もっとも手っ取り早いものとして着手されたものが〈原子力による発電〉だったのである」（社研、③）。

三　日米原子力研究協定（一九五五年一一月調印）

「アメリカは西側諸国とアジア諸国に原子力平和関係の技術と支援を与えることに積極的だったが、西ドイツや日本などの旧敵国に対しては冷淡だった。もともと科学技術を持っていたこれらの国が原子力開発で力を得て、再び立ち向かってくることを恐れたのだ。／したがってアジアで援助の対象国に選ばれたのはトルコ、イラン、イラク、インド、パキスタン、フィリピンで、日本は除外されていた」（有馬、③）。

それでもアメリカ政府（国務省）は、日本政府に原子力平和利用に関する援助計画があるという秘密文書（「原子力発電の経済性」一九五四年一月、日本原子力産業会編『日本の原子力』）を送ってきている。アメリカ政府としては、日本への（平和的）原子力提供・支援が、日本の核武装化をもたらす可能性があるという危惧がありながら、同時に日本におけるとくに第五福竜丸事件を契機とした反核・反原爆の強い感情に対し、核アレルギーと嫌米感情をいかに払拭し、原発を通したパックス・アメリカーナへの取り込みを図るかが課題であった。

「アイゼンハワー米政権が日本の西側陣営からの離反を憂慮、日本人の反核・嫌米感情を封じ込めようと原子力技術協力を加速させた経緯」が、共同通信による米国立公文書館で解禁された文書の収集によって明らかにされた（二〇一一年七月二三日、『毎日新聞』同七月二四日）。

「アイゼンハワー大統領は、一九五四年五月二六日にダレス国務長官に覚書を送り、被ばく事件後の〈日本の状況を懸念している〉と表明。〈日本での米国の利益〉を増進する方策を提示するよう求めた。／これを受け、国務省極東局は大統領宛て極秘覚書で〈日本人は病的なまでに核兵器に敏感で、自分たちが選ばれた犠牲者だと思っている〉と分析。打開策として①被ばく乗組員への賠償②米側からの〈放射能に関する情報提供〉③吉田茂首相への遺憾表明——を挙げ、〈放射能〉

に関する日米交流が〈日本人への（核への）感情や無知に対する最善の治療法〉になると指摘した。／同年一〇月一九日の国務省の秘密メモ〈ビキニ事件と核問題〉は、事件を〈戦後最大の日米間の緊張要因〉と表現し、〈米国への憤りと核兵器への恐怖心が高まった〉と解説。〈原子力・核エネルギーが根本から破壊的だとする日本人の根強い観念〉を取り除く狙いで〈原子力の平和利用を進展させる二国間、多国間の取り組みに日本を早期に参画させるよう努めるべきだ〉と将来の原子炉提供の可能性を報じている」（『毎日新聞』同上）。

アメリカ政府は、五五年一月一一日、日本政府に、対日原子力援助に関する口上書によって援助の内容を提示した。これは『朝日新聞』が同年四月一四日付で暴露するまで「極秘」扱いであった。「原子炉建設に関する米国の協力に対する一部学界の反対ないし原子力問題に関する敏感な一般世論に無用な刺激を与えることを避けるため」（外務省、一九五五年三月一八日メモ、『赤旗』、⑤―4）という理由からであった。「この内容は〈Ｕ２３８と種々の割合で混合されるＵ２３５１００kg分配〉と〈この物質が一九五四年の米国原子力法の規定する国際協力に基づいて利用されること〉を主としている」（①一九五六年版）。一九四六年の原子力法（マクマオン原子力法）は、原子力に関する知識や技術を国外に出さないことを決めていた。トルーマン大統領は、平和利用ではなく、軍事利用で優位を築こうとした。新原子力法は、アメリカの原子力研究開発の成果を民間にも開放し、また外国にも提供できるようにする――アメリカ企業が外国に原子炉を輸出する条件を整備するものであった。しかし原子力開発に伴う核兵器生産・保有の傾向に対するアメリカ政府のコントロール（機密保護を含む）は維持、さらに強化される。

このアメリカ政府の提案に対し、日本政府は当初はあまり積極的反応を示さなかったが、海外調査団の報告が発表され、原子力利用準備調査会でも議論が行われる中で、米・トルコ間に原子力平和利用に関する協力協定が結ばれ、その中身が明らかにされたことから、閣議において「濃縮ウランの受入れ交渉を開始し、適当な条件があればこれを受入れたいということが了解された」（同上）。約一カ月に亘る交渉をふまえ、「最大20％の濃度を持つＵ２３５を６kgまでを受入れる協定（「原子力の非軍事的利用に関する協力のための日本国とアメリカ合衆国との間の協定」）の仮調印が六月二一日行われ、本調印が一一月一四日に行われた。これは「日米原子力研究協定」とされたが、これが日本における原発・原子力利用の開始となった。

「この協定の可否をめぐって最も議論された点は、米国案の第九条の〈動力用原子炉（原発）についての協定が行われることを希望し、かつ期待し、その可能性について随時協議する〉という規定であった」（同上）。「濃縮ウランも、原子炉も米国産。しかも、米原子力法に従って機密保護まで求められていたのです。〈自主・民主・公開〉の三原則に真っ向から反する内容でした」（『赤旗』、⑤―4）。財界（正力に代表される―後述）は積極的に米国からの原子炉購入を主張したが、政府はこの九条の削除と機密保護条項の適用除外の要請を決める。「動力用原子炉に関する日米間協定の実施から独占的米国資本の導入を誘致し、またわが方の学術的研究の自主性を毀損する恐れのある云々との有力にしてかつ多分に感情的な意見をも考慮した結果とされている（五五年六月七日、米国大使宛公電、『赤旗』、同上）。

『原子力白書』（一九五六年版）は次のように記している。「〔昭和〕二九年度において初めて原子力予算が計上され、わが国の原子力開発がスタートした際には、わが国の原子力開発はすべて国産技術を基礎から培養しようとする心構えであり、原子力技術の育成計画もこの線に沿ってたてられていた。／しかし、日米原子力協定が登場するにおよび事情は一変した。……濃縮ウランの受入れは、小規模かつ長期にわたって低い処から自力で原子力技術を養ってゆくという考え方を、海外からの援助を取入れて急速かつ大規模に行うという風に計画を変える大きな要因となったのである」（①）。

この「研究協定」は、すでに一九五六年から見直しが始まり、五八年には動力用原子炉の開発を目的とした新たな協定に置きかえられる。この協定では、アメリカから日本への濃縮ウラン提供量を拡大し、最大で二・七トン（Ｕ２３５）を貸与できるものとなり、これと一体に実験用動力炉が導入される。日本の原発は、アメリカからの原子炉と濃縮ウランの導入の下に、そしてアメリカのこれを通したコントロールの中で、一気に進展して行く。

四　政財一体による推進――正力の役割

一九五五年一二月、原子力基本法、原子力委員会設置法、原子力局（総理府）設置法――原子力三法が成立する。五六年一月四日には、正力松太郎委員長の下で原子力委員会の初会合が行われる。正力は「五年後に原発建設、アメリカと動力協定を締結する」という構想をぶち上げる。すぐみるように正力の思惑通りに進んだわけではなかったが、アメリカ政府の主導する原子力平和利用の枠内での日本の政・財界主導の原子力開発・利用の方向が明確になる。

原子力委員（非常勤）であった湯川秀樹は「動力協定や動力炉導入に関して何らかの決断をするということは、わが国の原子力開発の将来に対して長期に亘って重大な影響を及ぼすに違いないのであるから、慎重な上にも慎重でなければならない」（『原子力委員会報』五七年一月）と訴え、委員を辞任する。湯川の京都大物理学科の後輩で日本学術会議を代表した坂田昌一名古屋大教授も「議論が密室だ」と抗議し、原子力委専門部会委員を辞める。「六〇年前後を境に、湯川、坂田、伏見ら多くの物理学者が原発論議から離れた。一方で、工学、技術者を中心とした〈原子力村〉が力を持つようになる」（「原爆と原発」2、『朝日新聞』二〇一一年七月二三日）。

これに対し、朝鮮戦争特需で息を吹きかえし、アメリカからの技術導入で復興・成長を展開しつつあった財界は、原発に関しても欧米からの技術導入による実用化によってこれを利潤獲得の場とし、成長促進に役立てようとした。一九五五年、経団連に原子力平和利用懇談会が設置され、五六年には経団連と電気事業連合会が中心となって、社団法人日本原子力産業会議（当初会員二五〇社）が設立される。旧財閥系を中心とした独占グループは、相次いで原発開発に参入する。三菱原子動力委員会（五五年）、旧日産系（日立、昭和電工等）の東京原子力産業懇談会、住友原子力委員会、東芝など三井グループの日本原子力事業会社、旧古河系（富士）の第一原子力産業グループ（いずれも五六年）が発足する。これらの独占グループは、三菱─米WH社、東芝─GE社等という連携を通し、欧米技術導入を競い合う。五七年これらの動きを背景に、原子力委員会は原発（商業炉）の早期導入方針を決定し、日本原子力発電が設立される（電源開発二〇%、九電力四二%、原子力五グループ二〇%、その他一八%の出資）。

読売新聞社社主であり、日本初のテレビ会社（日本テレビ）を発足させ、政治家としても総理大臣への野望をかかえていた正力松太郎の果たした役割について一言付け加えておこう（正力氏の証言、『原子力開発十年史』一九六五年、なお、CIAとの関係に関しては、有馬②に詳しい内幕が明らかにされている）。

アメリカ政府・CIAは、新聞・テレビなどメディアを握り、しかも心底からの反共主義に固まっている正力を、反米・反原子力が広まりつつある日本世論に対し、それを解消し、転換させるための思想・心理作戦に、徹底的に利用した。実際読売新聞は、五四年元旦から「ついに太陽をとらえた」という原子力大礼讃の記事を連載し、さらに正力は原子力委員会の委員長として、「原子力平和利用懇談会」を立ち上げ、米ジェネラル・ダイナミックス社社長で、原子力マーシャルプランを提唱するホプキンスを招待し（五五年五月）、原子力の大々的キャンペーンを行い、同年一一月〜一二月にかけて原子力平和利用博覧会を開催した。これはソ連の原子力平和利用攻勢への対抗という性格をもった、とされている。米政府は正力のこの活動を世論工作上大きな効果があった、と評価している。

しかしアメリカ政府・CIAは、正力の個人的、政治的意図を見抜き、正力に利用されているという形になることを拒否した。しかし、そこには、正力のマイクロ波通信構想や原発利用から生じかねない原爆所有に対してこれを封じ込め、アメリカの核の傘の下に抑え込もうという意図が表れている。「原子力エネルギーについての申し出を受け入れれば、必然的に日本に原子爆弾を所有させるということになる。これらは、トラブルメーカーとしての潜在能力においてだけだとしても、日本を世界列強のなかでも第一級の国家にする道具となりうる」とCIAは文書で表している（有馬、②一三七ページ）。

米政府・CIAは、五年以内に原子炉導入という正力の要求に対しても、「目下建設中のアメリカが原子炉について詳細なデータを得られる一九六一年ころまで（動力炉を）待つのが賢明だ」と、決定を先送りすると通知してきている（同上）。これに反発した正力は、アメリカからの原子炉導入をやめ、イギリスのコールダーホール型原子炉導入を決め、これを実行する（五六年一一月）。しかしこの動きは、アメリカ政府・原発メーカーの競争意識を刺激し、これ以降全面的にアメリカからの原子炉導入を引き出す役割を果たすものとなったのであった。

（『進歩と改革』二〇一一年九月号）

第三節　アメリカの核戦略下の原子力平和利用

一　体制〝保守〟回帰の野田政権

（一）保守回帰

野田首相（当時）は、二〇一一年九月二一日、オバマ米大統領と会談した。大震災、原発震災で、日本の民衆が死活の苦しみの中にあるのに、野田首相は、民衆の立場に立って現状を改革する方向ではなく、今日の体制保守・堅持の考えを示したのである。

米軍基地問題では、沖縄県民はじめ日本民衆の圧倒的な意志をふみにじり、日米合意（二〇一〇年五月）を堅持し、沖縄県民の理解を得るため全力を尽くすとした。この首相は、アメリカ政府の代理人なのか。TPP（環太平洋連携協定）についても早期に結論を出す（参加する）とした。財界の意向に従うということである。

同二二日、国連の「原子力安全会議」で野田首相は演説した。「事故は着実に収束に向かっている」「原子炉の冷温停止の予定を早め年内に達成する」などといった。しかしこれは、何ら根拠を示さない希望的観測にすぎない。これまで日本の民衆をだまし続けたことばと同じことばで世界の人々を欺くのか。そして「原子力発電の安全性を世界最高水準に高める。原子力利用を模索する国々の関心に応える」として、原子力発電の輸出を継続して行うことを表明した。任期最後に〝脱原発〟を唱えた菅前首相の考えは完全に無視された。原発の安全性は世界最高水準だ、と政府・原子力委員会がいったのは一九八〇年代半ばであった。その後原発は事故続き、事故かくし、データ改ざん―安全性どころではなかった。その反省は全く野田首相にはみられない。一体「世界最高水準」の安全性を、どうやれば確立できるというのか。安全神話を、途上諸国に広めることによって、その民衆に被害を押しつけるのは許されない。

日米同盟の一層の深化、米政府の意向に従った基地移設の増強、そして原発継続、原発輸出維持――そこに示されるのは完全に保守回帰、開き直った体制保守の姿勢である。それは、このような原発大事故を招いた、この体制の継続を図ろうということであるが、その下で災害は発展途上国を巻き込んで、深刻化すること必至であろう。

(二)　平和利用幻想の克服を

人類と共生しえない原発はやめるしかない。脱原発をいかに実現するか――前節では「原子力の平和利用という虚構」として、原発は核兵器生産と不可分離であること、しかもその導入・推進は、アメリカ政府の国際的核戦略に従う（自らを組み入れる）ことによってしか行われえないことを、原発導入過程の具体的事実によって明らかにした。本節はその続きとして、日本における原発推進・拡大――あたかも原子力産業が経営的に自立したかのように発展を示した時期においても、原子力の平和利用はそれ自体としてはありえなかったこと、むしろ日本の原発拡大の中で、核兵器生産・保有に対するアメリカ政府の危惧が強まるとともに、核燃料提供・再処理に関する直接的で厳しい管理が求められ、実施されたことを、具体的に明らかにする。と同時に、原発を中心とする原子力産業は、産業として、経営・経済的に決して自立しえないものでしかないことも明らかになる。そして現在、原発は、発電―電力供給に関わるコストよりも、事故に伴う処理、廃棄物・廃炉などの処理（バックエンド）費用が莫大になり、兵器生産と同様、国家の無駄な浪費的支出を必要とすることが明らかになってきた。

核・原子力の平和利用は欺瞞である。しかし平和利用がありうる、必要不可欠であるというプロパガンダの下で、原発は推進・拡大されてきた。時々の原発の必要性に関する言辞・宣伝は「平和利用」の合理化のための偽装であった。導入当初の「エネルギー確保」の必要という中曽根康弘の言辞

――「日本には石油はないし、石炭も貧弱、ガスも出ない。敗戦から立ち直り、独り立ちするには、エネルギーをどうするかが大命題だった。着目したのが原子力だ」(『朝日新聞』二〇一一年四月二六日、インタビュー)――は、この時点で原発を通してどれだけエネルギー確保ができるのかは全く不明、不確実だったのであり、後知恵の理屈でしかない。オイルショック時の、石油に代わるエネルギー源(しかも安価な)としての原子力の大宣伝は、原発がどれだけコストがかかるか、しかも廃棄物をどうするかなど重大問題を無視した宣伝であった。九〇年代以降、地球温暖化防止策として、原発が大々的にもち上げられる。それは地球温暖化の原因が、石炭・火力などCO_2排出によるという根拠不確実な理由、そして原発が核燃料生産において、その輸送においてどれだけCO_2を排出しているか、原発稼動時の水の冷却ということでどれだけ海水の温度を高めるかを無視した上で、発電時にCO_2を出さないというだけで唱えられたものにすぎないものであった。またさらに原発に関わる技術は「人間の技術によって創造されたエネルギーとして、……無限の発展の可能性を秘めている」(八六年版『原子力白書』)として、技術立国化の中心に位置づけた――しかしこれも、廃棄物再処理、高速増殖炉の技術が全く進展しえない中で、その欺瞞性が示されてしまった。脱原発を実現するにはこうした欺瞞を見抜かなければならない。

しかし原子力平和利用の宣伝に、民衆の側も一定の影響を受けた。核兵器と原発は別である、そして技術が発展すればリスク回避・安全性の確保も十分可能という考えが民衆の中にも形成された。原水爆禁止運動にも、原発は別、切り離してとらえるべきという傾向が生じた。

原発は核兵器とは切り離されない、平和利用自体は独立しえない――だから核兵器廃絶運動は、その中に原発廃止を明確に位置づけなければならないのである。

もちろん原発は核兵器生産から派生したものであるから、核兵器が全廃されなくとも原発そのものは廃止できる。現在の体制を前提にしても原発廃止は可能である。しかしそのためには、広汎な民衆が、あらゆる欺瞞を批判しうる目をもち、反・脱原発を求める意志を強め、拡大し、政権を動かす力に運動を発展させなければならない。原子力平和利用はありえない、それは大量殺人を目的とする核兵器生産と不可分離であるという認識は、脱原発実現をめざす認識を確立する上に決定的に重要であることを強調したい。強調ポイントを整理しておく。

第一に、原発は殺人核兵器と同じ放射性物質を使うのであり、それは技術が発達しても制御しうるものではない。これが基本認識である。(核兵器→原発)

第二に、原発による使用ずみ核燃料はどんなに費用をかけても処理しえない。原発を稼動し続ければ、使用ずみ核燃料は増え続け、それ自体の貯蔵場所もなくなる。しかもその再処理によって確実に増えるのは、核兵器への転用可能な、その危険性をもつプルトニウムである。（原発→核兵器）

ここから、①日本国内では、公然と核兵器の生産・保有の主張、動きが生じ、そこまで行かないとしても核兵器生産の潜在能力を確保し、いつでも核兵器を保有しうる態勢を整備しておこうという主張が生じる。

②アメリカ政府は、核による日本に対するコントロールを維持・強化しようということになる。核不拡散の観点からその世界的核不拡散戦略への協力義務を課すことになる。

それは、日本のエネルギー自給の自立、外交・軍事戦略の自主を損ない、アメリカの戦争戦略への従属を深める。

③日本の原発の維持の理由は、①、②で示されるように、電力・エネルギー供給の確保ではなく（だから、エネルギー供給に必要だという主張はもはや通用しなくなっている）、核兵器生産と結びつき、それ自体兵器生産と同質化している。

第三に、それ自体浪費でしかない兵器生産と同質化している原発は、財政支出の増大なしには維持しえない。しかし、いかに財政支出を増大しても、生産的効果を発揮せず（浪費でしかないので）、財政危機の大きな原因となっている。さらにバックエンドに関わる費用の増大は、財政危機を一層深める。それは、増税、民衆収奪を強めるものとなる。

これらすべての点から、原発は絶対廃止しなければならない。本節では、第二の点を中心に事実をふまえ明らかにする。

二　「平和利用」と核不拡散のディレンマ

（一）高度成長要因としての原発

アメリカ政府・軍部の核コントロールの手の中の、日本の原発導入・展開であったが、日本政府・財界は、原発導入を、新技術・新産業導入による高度成長促進の一環として位置づけ、もっぱら商業的利用＝金儲けの手段とした。財界の意向（日本原子力産業会議＝原産、五六年三月発足）に即して、原子力委員会は、五七年に原子炉早期導入方針を決め、六一年の「原子力開発利用長期計画」（第二次）はアメリカからの核燃料・軽水炉輸入を決定、実行する。なおこの「長計」には、プルトニウムの核燃料としての利用開発、濃縮ウラン国産化にむけた研究開発の推進がすでに含まれている。

日本の商業用原子炉導入第一号機は、イギリスのコールダーホール型原子炉（五六年一一月契約、六〇年着工、六六年七月二五日運転開始、東海発電所＝日本原子力発電株式会社）であったが、イギリスに先を越されたアメリカは、巻き返しを図り、原発輸出のイニシアティブを確立しようと、ゼネラルエレクトリック社（GE）、ウェスティングハウス社（WH）中心に（ケネディ大統領の発電計画要請、六二年一一月を受けて）、軽水炉建設を増大させ、売り込みを展開する。それは、原発の輸出が、核拡散の可能性拡大をもたらすことを十分知りながら、原発を、市場拡大による経済的利益獲得に利用するという意図を優先させたことを示している。「平和利用」（原発の商業的利用）と核拡散のディレンマは、アメリカ政府のこのような行動自体がもたらしたのである。

日本国内では、積極的な原子力産業振興策（海外からの資金導入、開発銀行による長期低利資金貸付、税制上の優遇措置等）を図るとともに、民間では、三菱重工―米WH社の加圧水型軽水炉（PWR）技術援助契約（五九年）、東芝・日立―米GE社の沸騰水型軽水炉（BWR）技術援助契約（六七年）が結ばれ、軽水炉導入・拡大が図られる。こうして日本原発第二号機（敦賀1号機）はGE・BWR、そして東京電力はGE・BWR、関西電力はWH・PWR導入を決め、以降すべてアメリカ型軽水炉の導入となる。

なお原子炉導入過程で注目しておく必要があるのは、①原子力損害賠償法の制定（六一年六月）――米プライス・アンダーソン法（五七年九月）をベースに、異常事態による事故における事業者の賠償責任の免除を含む賠償額の限度を定め、それ以上は国が「援助」するという内容――である。これは原発事故が大規模にならざるをえないことを認めたものである。②動力炉・核燃料開発事業団（六七年設立）によって新型転換炉開発を進め、核燃料サイクルの確立を図ること、それを中心に自主技術、核燃料対外依存の脱却を図ることが提起されている。③六二年のキューバ危機を契機に、米ソ間で核実験部分停止条約が締結（六三年八月調印）されたが、中国の核実験（六四年一〇月、六五年五月）、フランスの核実験（六六年七月）が行われ、核兵器保有国が拡大する。これに対し六八年核兵器不拡散に関する条約（NPT）が国連総会に提案、採択されたこと（米ソ英署名、中国・フランスは九二年に署名）である。

（二）原発全盛期の特徴

一九七〇年代は原発ラッシュというべき状況を呈した。以降八〇年代半ばまでが日本の原発全盛期であった。営業運転を開始した原発は七四年までに八基、七五～七九年までに一四基、さらに八〇年代全体で一六基（八一～八五年に一一基）に及んだ。

①この時期は、戦後体制の転換期であった。七一年八月のニクソン・ショック（ドルの不換銀行券化）、七三年一〇月以降のオイルショック（原油価格急騰）によって、七四～

七五年にはスタグフレーションに陥る。その下で資本主義各国間の激しい世界市場競争戦が展開される。日本の原発推進策は、このような背景に規定され、スタグフレーションへの対応の一環とされた。

②原発は、省エネルギー＝電力コスト切り下げを図る切り札とされた。しかし核燃料とともに原子炉をまるごとアメリカから導入して急拡大した日本の原発は、トラブルが相次ぎ、稼動率は七五年には四〇％を切る状況であった。ＢＷＲの「応力腐食割れ」、ＰＷＲの「ピンホール」という欠陥による事故に対し、日本の企業（技術者）は対応しえなかった。

省エネルギー・電力コスト引き下げの切り札だと位置づけた以上、国・電力資本はこれへの対応をせまられる。そこで推進されたのが輸入技術の改良、技術の国産化であった。政府は、通産省、科学技術庁主導の下で、電力資本、機器メーカー（電機、精密機器、非鉄金属等）一体となって、軽水炉改良標準化計画を進めた（七五〜八五年）。輸入原子炉・技術をベースにしながら、ＭＥ技術（ＩＣ、コンピュータ化）を駆使して耐震性強化を図り、準国産改良型軽水炉（Ａ―ＢＷＲ、Ａ―ＰＷＲ）を開発・設置する。

この技術国産化―改良標準化は一定の効果を示し、稼動率は高まった（八五年七六％）。原子力委員会はこれをふまえて、原子力技術を「技術発展による無限の発展可能性を秘めている」とし、「科学技術立国化」の要とした（八四年版『原子力白書』）。産官学の全面的連携による自主技術開発体制が推進される。しかし技術開発の基軸におかれた使用ずみ核燃料再処理・高速増殖炉技術は失敗が続き、その上そこから生じるプルトニウムをめぐってアメリカ政府の核戦略との調整が必要とされることになる。

③スタグフレーションの中で、国の財政に依存する原発は、需要面から不況対策の意味をもつもの、しかも福祉支出のように労働者の生活に関わる需要を通してではなく、ストレートに企業に需要を与えるものと位置づけられ、さらに国内関連産業への需要波及効果（内需形成効果）が非常に大きいとされた（八四年版『原子力白書』）。

電力資本の設備投資の主要産業設備投資中の比重は、七〇年代前半の二〇％台から八〇年代には三〇％台に高まっている。電力投資中の原発工事費の比率は、七〇年代四〇％台、八〇年代は五〇％台になっている。こうした現象から原子力産業は自立した、といわれたのであったが、現実には自立は不可能であった。

㈢　電源三法―田中角栄がやったこと

原子力委員会は、日本の原子力産業は自立したといったが、その導入から展開・拡大過程においても、原発・原子力産業の経営・経済的な自立はありえなかった。

①　七〇年代前半の事故続きの中で、原発に反対する地域住民運動が高揚し、原発立地難が生じた。これに対処すべく導入されたのが、田中角栄内閣（中曽根通産相）による電源三法（電源開発促進税法、電源開発促進対策特別会計法、発電用施設周辺地域整備法、一九七四年）であった。原発設置に伴うリスク、被害発生の危険性とそれに起因する地方住民の反原発運動に対し、カネをばらまいて買収、懐柔し、原発立地を確保しようという、まさに土建屋的発想に基づく政策であった。二〇一〇年まで原発・関連施設が立地する道県市町村、周辺自治体に入った原発マネーは全体で二兆五三五三億円（電源三法交付金総額九一五二億八三〇〇万円、道県の核燃料税六七四九億六八二〇万円、原発に伴う市町村税八九二〇億円等、資源エネルギー庁資料より、『毎日新聞』二〇一一年八月一九日）にのぼる。

この電源三法による原発マネーによって、原発立地、周辺自治体は原発依存を強め、地域産業は解体し、地域経済・財政の自立は損なわれた。

②　九社による発電・送電・配電を垂直統合している独占体である電力資本は、どれだけコストがかかっても（そのコストが電力供給に直接関係のないものであっても）、それに対応して確実に利潤が保障される料金制度を設定し、国はこれを認めている。人件費、燃料費、減価償却費、修繕費だけでなく、支払利息、固定資産税、広告費、事故対策費まで原価に算入し、これに一定の報酬率（現行三％）で利潤が得られる総括原価方式――これは典型的な独占価格である。

③　田中角栄は、アメリカ一国に依存した核燃料輸入を是正すべく、西欧・ソ連への資源外交を展開し、フランスから濃縮ウランの輸入を実現する（仏ユーロディフ社と日本の電力九社と契約、八〇～八九年まで毎年一〇〇〇ｔＳＷＵ、合計一万ｔＳＷＵ）。しかしこの濃縮ウラン輸入に対して、アメリカ政府は反発を強める（ロッキード事件によって田中は首相の座を奪われる）とともに、アメリカ以外からの濃縮ウラン輸入を三〇％を上限にするよう規制する。田中角栄は、外交上中国との国交確立を図るなど、対米依存一辺倒からの一定の自立を志向したのであるが、原発・核燃料輸入が、アメリカの核管理の下でしか行われえないことについては認識が十分ではなかった。彼の関心の中心は何より金儲けの場としての原発だった。

(四)　カーター政権の「核不拡散法」（七八年五月）の衝撃

直接にはインドの核爆発実験（七四年五月）を契機に、アメリカ政府の核不拡散政策は厳しいものとなる。カーター政権は、七七年九月、新原子力政策を発表し、商業的再処理とプルトニウム・リサイクルの無期限延期、高速増殖炉の開発計画変更と商業化延期、濃縮・再処理技術と施設の輸出禁止の継続等を決め、「一九七八年核不拡散法」を決定し、これに基づいて各国との原子力協定改定（規制強化）を求めた。日本は「わが国の外交政策大綱」（外務省外交政策企画委員会）で「核兵器については、ＮＰＴに参加すると否とにかかわらず、当面核兵器は保有しない政策をとるが、核兵器製造の経済的・技術的ポテンシャルは常に保持するとともに、これに対する掣肘をうけないよう配慮する」としていること、すでに原発稼動を通してプルトニウムを抽出し、核燃料サイクル計画を実行しはじめていることから、日本に対しても厳しい規制を求めた。

使用ずみ核燃料再処理を核燃料自給の観点から国策として進めつつある日本は、カーター核不拡散政策によって大きな衝撃を受ける。フランス、イギリスへの使用ずみ核燃料の再処理委託に関しても、個々の船ごとケース・バイ・ケースのアメリカ政府の同意を要することとされた。すでに燃料用濃縮ウランに関しては、現に稼動している原発だけでなく、着工予定の原発に必要な量をアメリカ政府に提示し同意を求めなければならないこと、再処理に関しても米原子力委員会が受諾する施設でのみ行われる、プルトニウムは三六五キログラム（一九七〇年まで）に保有を制限するという規制（一九六八年日米原子力協定）を受けていたが、カーター核不拡散政策は、再処理の無期限停止を求めたものであり、日本の原発政策の転換をせまるものとなった。

これに対し、日本政府は、①核拡散防止の強化には積極的に協力する、②原子力平和利用の推進と核拡散防止は両立させるべきである、③核不拡散条約においては、非核保有国の原子力平和利用が保証されており、同条約加盟国（日本は七〇年署名、七六年六月批准）が原子力平和利用で差別されてはならない、との立場でアメリカ政府と交渉した。交渉の結果、七七年九月に暫定合意が成立し、東海再処理工場で二年間九九トンまで既存のプルトニウム抽出方法で運転する。硝酸プルトニウムを酸化プルトニウムにするための転換施設の建設を二年間見合わせる。混合抽出法（ＭＯＸ燃料用）実験を行い、国際核燃料サイクル評価に提供する等を決めた（この混合処理法は、核兵器への転用につながる二酸化プルトニウムを作らない、とされたが、実際転換に要する時間は一〜三週間程度という。田窪雅文、石橋克彦編『原発を終わらせる』岩波新書）。

カーター政権による核管理の厳格化は、原発＝核の平和利用が核兵器生産と不可分離であること、平和利用と核不拡散は両立し難いものであることを、現実に露呈したものといえよう。

三　一九八八年日米原子力協定―米核不拡散戦略への協力義務

(一) レーガン声明(八一年七月一六日)

レーガン大統領は、国際問題について米国は大きな挑戦に直面している、その最も重大なものは核爆発物の拡散防止の必要性だ、といった。「現在以上の核拡散は、国際平和、地域的および世界的協定並びに我が国と他の国々の安全保障上の利益に対し重大な脅威をもたらすであろう」というのが、レーガンの基本認識であった。

この認識の下で「機微な核物質、設備及び技術の移転(特に核拡散の危険が存在する地域への)を引き続き禁止するとともに、重要な核物質の新規供給約束の前提条件として、非核兵器国におけるあらゆる原子力活動に対し、IAEAの保障措置を要求することにつき合意の成立を求める」としている。

しかし核の平和利用を求める友好国、同盟国は原子力に強い関心をもっているのに、アメリカはこれに応えていない、このことによって信頼を失っている、米国を原子力平和利用における信頼できるパートナーとして再確立しなければならない。「もし、米国がこのようなパートナーたりえなければ、他の諸国は各々独自の道を歩み、米国の影響力は減少するであろう。そして、核拡散問題に対処するのに必要な他の諸国からの支持が効果的には得られなくなるであろう」、という。明らかにカータ前政権の核不拡散政策の見直しを示すものといってよい。しかしそれは、アメリカ自身の友好国・同盟国への核「平和利用」拡大(原発拡散)自体がすでにアメリカ一国のコントロールを超えてしまったこと、それだけ同盟国の協力を必要としていることの告白であった。だから「進んだ原子力計画を有し、かつ核拡散の危険がない諸国における民間の再処理及び高速増殖炉開発を禁止したり、あるいは抑制したりしない」ことを明らかにすることによって、これらの諸国の核不拡散への協力を確保し、「米国の安全保障上の利益に合致する形で国際原子力問題における米国のリーダーシップの役割を再確立」しよう、というのであった。ターゲットは日本におかれた。レーガン―鈴木善幸首相(当時)の協議をふまえ、新協定は、レーガン―中曽根両首脳の協議によって決定された。これが現在まで通用している日米原子力協定(八七年一一月署名、八八年七月発効、三〇年間有効)である。

（二）新協定の中身

①包括同意、再処理容認

カーター政権の厳しい核管理に対し、この新協定は、「関係国家計画を十分に尊重しつつこの分野における協力を継続、かつ拡大させる」こと、「原子力計画の長期性の要請を勘案した予見可能性及び信頼性のある基礎の上に原子力の平和的利用のための取極を締結」するものであること（前文）、その中で使用ずみ核燃料再処理、ウラン濃縮が容認されていることから、この協定によって「日米間の対等性の確保等が実現された」（八八年版『科学技術白書』）とされている。たしかに非核兵器保有国としては唯一日本だけがアメリカ政府によって（ＩＡＥＡの保障措置の下で）核燃料再処理、ウラン濃縮を認められている。また個々の原子炉ごとに使用する核燃料の申告とアメリカ政府の同意から、包括的同意へと規制は緩和された。しかしアメリカ政府・原子力委員会の核コントロールは厳しく維持され、再処理容認と引きかえに、アメリカ政府の核不拡散戦略への全面的協力が約束されたのである。

②核コントロール

新協定は、「資材、核物質、設備及び構成部分を他方の当事国政府もしくはその認められた者に供給し、又はこれから受領することができる」（第二条ａ）としながら、「（ａ）の規定に関わらず、秘密資料及び機微な原子力技術は、この協定の下では移転してはならない」と機密保持を規定している。しかもその決定は、提供する側（アメリカ政府）が決める。

また協定は、「直接であると第三国を経由してであるとを問わず、両国内で移転される核物質、設備及び構成部分は、供給当事国政府が受領当事国政府に対し、予定される移転を文書により通告した場合に限り、かつこれらが受領当事国政府の領域的管轄に入る時から、この協定の適用を受ける」（第二条三）としている。さらにプルトニウム、ウラン２３３、高濃縮ウランの貯蔵は、両当事国政府が合意する施設においてのみ行われる（第三条）、核関連物質、資材等の第三国への移転も両政府の合意によること（第四条）、再処理に関しても、両政府の合意によること（第五条）が明記される。

この規定に基づいて、附属書1には、再処理施設、プルトニウム転換施設、同核燃料加工施設（表Ⅰ―8　次頁）が、附属書2にはプルトニウムが置かれるその他の施設（新型転換炉「ふげん」、高速増殖炉「常陽」等）が、附属書3には稼動中の全原子力発電所（三四カ所）、附属書4には計画中、建設中の施設（日本原燃サービス㈱の六ヶ所村商業用再処理施設、動力炉・核燃料開発事業団のプルトニウム燃料製造施設（東海）、電源開発㈱の大間（青森）、動燃事業団「もんじゅ」

■表Ⅰ-8

1　再処理施設

所有者又は操業者の名称	施設名	設備能力	所在地
動力炉・核燃料開発事業団	東海再処理工場	210t/年	茨城
動力炉・核燃料開発事業団	高レベル放射性物質研究施設	7.2kgFBR 使用済燃料/年	茨城
英国核燃料公社	セラフィールド工場	1,200t/年	英国
核物質会社	ラ・アーグ工場	1,800t/年	フランス

2　プルトニウム転換施設

所有者又は操業者の名称	施設名	設備能力	所在地
動力炉・核燃料開発事業団	プルトニウム転換技術開発施設	10kgMOX/日	茨城

3　プルトニウム燃料加工施設

所有者又は操業者の名称	施設名	設備能力	所在地
動力炉・核燃料開発事業団	プルトニウム燃料加工技術研究開発施設（PFFF）	11tMOX/年	茨城

「1988年日米原子力協定」より

（福井）、軽水炉一六カ所が設備能力とともに明記され、申告されている。なお附属書4の六ヶ所再処理工場は〇四年三月、附属書1の施設へと変更された。

再処理施設については、附属書1にみるように、イギリス核燃料公社セラフィールド工場、フランス核物質会社ラ・アーグ工場が指定されている。回収プルトニウムの国際輸送に関しても航路、輸送計画はじめ詳細に規定されている。（当初航空輸送も計画されていたが、様々な困難のため、実際は海上輸送のみとなっている。）

③アメリカの安全保障確立が狙い

この原子力協定の「実施取極」には、「いずれの一方の当事国政府も、他方の当事国政府による核兵器の不拡散に関する実施に対する重大な違反若しくは同条約からの脱退又は機関との保障措置協定、この実施取極若しくは協力協定に対する重大な違反のような例外的事件に起因する核拡散の危険又は自国の国家安全保障に対する脅威の著しい増大を防止するため、第一条において与える同意の全部又は一部を停止することができる」（第三条二）とある。これは「両政府」に関わるものとされてはいるが、内容からみれば、現在核兵器を持たないが、「核拡散の危険」のある日本側の違反に対するアメリカ側の同意停止を明示したものといえる。原子力協定はたんなる原発＝エネルギー供給・受領協定ではなく、アメリカの国家安全保障確立上の問題——日本の核兵器保有や核不拡散義務を果たさないことに対する協定破棄——核燃料提供等の停止を規定したものとなっている。この点からいっても核兵器生産と分離した原子力平和利用はありえないのである。

そればかりか、この協定で使用ずみ核燃料再処理、高速増殖炉によるプルトニウム増殖を認められた日本は、全面的にアメリカの核不拡散政策に協力する義務を果たさなければならないことになった。一九九二年版『原子力白書』は、日本政府は「必要な量以上のプルトニウムを保持しない」ことを確約するとともに、原子力平和利用において「世界的な牽引国となる」としたが、その内実は、アメリカの友好国、同盟国の核の平和利用、そこからもたらされる核兵器保有（インド、パキスタン、イスラエル）は黙認しながら、アメリカ帝国主義に対抗し自主確立を志向する朝鮮民主主義人民共和国、イラン（イラクもそうであったが）の平和利用（ウラン濃縮、プルトニウム抽出等）は絶対認めないという、核不拡散のダブルスタンダード戦略に、全面的に協力するということであった。これは実際、日本政府の九〇年代以降の朝鮮の核疑惑に関わる、完全な対米追従に表れている。原発の維持、アメリカからの核燃料の確保そして再処理、プルトニウム抽出は、アメリカの世界的核軍事戦略への協力、従属義務を伴うものなのである。

④〝トモダチ作戦〟

原発に関わるアメリカ軍事戦略への従属——その点を現実具体的に示すものが、福島原発大事故に関わるアメリカの軍事出動であった。（詳しくは『毎日新聞』二〇一一年四月二二日の特集記事、ジャーナリスト久江雅彦「大震災日米協力の内実」『世界』二〇一一年九月号参照）。簡単にポイントだけ指摘しておく。

a．アメリカは災害救援ということで、空母ロナルド・レーガンはじめ軍艦一九隻、艦載ヘリ等航空機一四〇機、米軍一万八〇〇〇人を動員、米軍横田基地に米四軍（陸・海・空、海兵隊）を統合する統合支援部隊ＪＳＦが設置された。日本自衛隊はＪＳＦに参加した。自衛隊は災害出動に約一〇万人参加したが、指揮は米太平洋艦隊司令官（ウオルシュ）に統合され、米軍の統制・指揮に従うものとなった。

b．アメリカ原子力委員会（ＮＲＣ）のメンバーに米国防省傘下の国防脅威作戦局（ＤＴＲＡ）のメンバーも合流し、防衛省内で原発対処の協議（日米調整会議）を行った。原発は軍事技術から不可分であるところから、ＮＲＣメンバーの半数は軍関係者が占めている。また核兵器製造につながる原子力発電所は第一級の軍事機密であるところから、日米調整会議の協議内容は非公開である。軍関係の運用は調整会議と切り離し、中央指揮所の日米軍事チームに委ねられた。米海兵隊特殊兵器・事態対処部隊シーバーフ（CBIRF＝生物・化学兵器、核戦争対処部隊）も参加した。

「かつてない規模の展開は、自衛隊・米軍の統合運用と民間空港・港湾の使用に踏み込んだ。実態は〈有事対応シミュレーション〉といえた」（『毎日新聞』前掲）、「オペレーションの性格は違うが、民間施設利用や上陸など実態的には朝鮮半島有事を想定した訓練ともなった」（同上）。米軍は明らかに朝鮮半島〝核〟戦争対応の実戦的演習を行ったのである。

c．日米安全保障協議委員会（二〇一一年六月二一日）は、「深化拡大する日米同盟に向けて」「在日米軍再編の進展」「在日米軍駐留経費負担」とともに「東日本大震災への対応における協力」という文書を確認した。その中に日米両軍の「意思疎通及び運用調整の中心としての機能を果した日米調整所を立上げた。この経験は、将来のあらゆる事態への対応モデルとなる」「閣僚は、地方公共団体によって実施されている防犯訓練への米軍参加が、米軍及び基地を受入れているコミュニティとの間の関係強化に資するとの認識を示した」とある。「今回の米軍協力を奇貨として、米軍に対する自治体の抵抗感を和らげると同時に、有事に備えた態勢を強化する方向に動きだそうとしている」（久江、前掲）。

原発震災を契機に、国家総動員態勢の形成、しかも米軍に指導され、その戦略に従った総動員態勢の形成が、図られたのである。

（『進歩と改革』二〇一一年一一月号）

第四節　脱原発の政治経済的根拠

一　脱原発に反撃するアメリカの論者

「日本が原発をやめるのは誤りだ。原発は地球温暖化に対する良い方法だ。日本がやめても中国、韓国には原発がある。これらの国で原発事故があれば、風下の日本は影響を受ける。中国やインドなど合わせて世界で今後三〇年で三〇〇基の原発新設が計画されている。しかし日米欧は原発建設から離れようとしている。／むしろ日本が原発を放棄することは世界をより危険にする。核拡散防止条約（NPT）体制で（中印など）責任感の弱い国に主導権を奪われるからだ。日本は安全な原発建設で世界をリードしなければならない。…運転を（長期間）止めるのは危険だ。原子炉の再運転計画を早く作るべきだ。」

これは、米戦略国際問題研究所（CSIS）所長ジョン・ハムレ氏の発言である（CSISと日本経済新聞社共同シンポジウム、二〇一一年一一月八日。『日本経済新聞』同一一月九日）。またウィリアム・ペリー元米国防長官は「（原発を廃止すれば）日本の影響力は低下する」と発言している（同上）。これも同じ内容であるととらえられる。

前節で、アメリカ政府による日本の脱原発に反対する理由は、日本への核燃料提供と、使用済み核燃料再処理（プルトニウム抽出）を容認することを通じ、日本政府をアメリカ政府主導の核不拡散政策に固く同調させるという核コントロールが（脱原発によって）利かなくなるからではないかと強調したが、これが裏付けられた。彼らの発言には日本の脱原発反対の本音が出ている。だから脱原発を実現するには、アメリカ政府、それに影響力をもつ論者によるこの考え――日本の〝平和的〟原発は核不拡散にとって必要だという――を明確に批判し、それが欺瞞であることを明らかにしなければならない。

ウィリアム・ペリー元米国務長官は、「核兵器の拡散と同時に、世界では悲惨なテロが起きている。米国やロシア、英国、スペイン、インドなど毎年のように大きなテロがあった。世界は核の危険の転換点にあるといっていい。もしイランと北朝鮮の核兵器開発を阻止できなければ、想像もつかない危険な状況となるだろう」（同上）といっている。デニス・ブレア前米国情報局長官は、「海上安全保障では北朝鮮の奇襲攻撃以外に緊急事態はない」と発言（同上）、ジョセフ・ナイ元国防次官補は、「過去の合意を北朝鮮が履行していない」と指摘し、「当面は六カ国協議などの枠組みを通じ、北朝鮮の暴発リスクを管理すべきだ」「中国が（北朝鮮に対する）圧力をさらに強めることが必要」と述べた（同上）。

アメリカ自身の核は〝平和〟と安全保障に不可欠な核、それはテロリストだけではなく、核開発を進め、「奇襲」攻撃の危険性をもつイラン、「北朝鮮」の核の脅威に対する〝抑止力〟なのである――核兵器を持つインド、中国は核不拡散に対し「責任感」が弱い、中国は「（北朝鮮に対する）圧力をさらに強めることが必要」（ナイ氏）だ。しかし日本が原発を維持し、プルトニウムを持っても自ら核武装せず、アメリカの核抑止力の下で、イラク、「北朝鮮」の核開発阻止にさらに全力をあげる責任を持っている――これがアメリカの論者たちの主張である。

このシンポジウムに出席した日本の学者たち――北岡伸一・東大教授（当時）、久保文明・同、山地憲治・地方環境産業技術研究所長等――も、アメリカの核は、イラン、「北朝鮮」そしてテロリストの核攻撃の危険に対する抑止力であり、アメリカに従えば平和だという認識に同調し「トモダチ作戦は日米関係の強化で役割を果たした」（久保）、「米国への恩返し」が必要（同）などとしている。このような議論が、現政権（当時野田民主党政権）の原発、そして核に関わる政策に影響を与えていることは確かであろう。

〝アメリカに従えば平和〟、アメリカの核は平和・安全を保障するもの――だから原発維持の下で核不拡散推進が日本の責任という（欺瞞的）主張の批判には、イラン、とくに朝鮮民主主義人民共和国の核脅威認識からの脱却が必要であることを強調したい。

二　原発の経済学的分析に不可欠な視点

原子力発電に関して経済学的に分析した本が相次いで出版された。①大島堅一『再生可能エネルギーの政治経済学』（東洋経済新報社、二〇一〇年三月、第一章〜三章）、②斉藤誠『原発危機の経済学』（日本評論社、二〇一一年一〇月）、③熊本一規『脱原発の経済学』（緑風出版、二〇一一年一一月）等。

大島氏（立命館大学教授、環境経済学）の本は、原発大事故の前に出されたものであるが、週刊誌（『週刊ダイヤモンド』二〇一一年五月二一日、『週刊東洋経済』同六月一一日等）、さらに日刊各紙にも、原発による電力コストと他の電源によるコストの精密な分析、バックエンド（廃棄物・廃炉処理）費用等に関して綿密な分析が示されている。

斉藤氏（マサチューセッツ工科大学大学院博士課程修了、Ph.D、一橋大学教授）の本は、経済学の観点から、東電福島第一原発の大事故の原因を追究しつつ、原発事故に関する損害賠償問題、使用済み核燃料再処理、高速増殖炉のコスト・

採算問題を分析するとともに、原発から生じる放射能汚染という現実と「ある程度共存していくという発想」が必要だという。現実を直ちに否定、拒否するのではなく、事故で被害に遭った者としても一定の意思行為があったことをふまえるべきだ、というのである。

熊本氏（東大工学部工系大学院博士課程修了、明治学院大教授。環境経済・環境政策）の本は、電力料金制度（総括原価・レートベース方式）の分析、原発と他の電源による電力コスト問題の比較・検討、地方・地域経済社会破壊の問題を解明し、脱原発の実現は「必要かつ可能である」ことを強調する。熊本氏は、島根、山口・上関の原発に反対する漁民・住民に直接関わりながら、脱原発の理論的根拠を明確にすることを課題としている。

ここでは、原発に関する経済学的分析に不可欠な視点を明らかにするため、これらの著作、とくに斉藤氏のとらえ方を中心にコメントしておく。

（一）原発技術に関して

第一に、原発、その技術に関するとらえ方、直接には自然科学的認識に関わる問題である。斉藤氏は、「原発が自然の摂理に果敢に挑戦して膨大なエネルギーを取り出す発電技術」（②、はしがき）、「自然の摂理に挑む原発技術」という。

これに対して熊本氏は、「いったん事故が起きた時に人間が近づけなくなるような設備は原発だけである。放射能が生命と共存できないからである。事故が起きたときに人間が近づけなくなる状態に陥る原発は、他の機器や設備とちがって、そもそも造ってはならないのである」（③、一三四ページ）といっている。

大量無差別殺人目的で開発された原爆・核兵器を転用し実用化した原発、そこで使われているのは原爆と同じ核分裂によって生じる猛烈なエネルギーである。高木仁三郎は、この核分裂を利用する原発は「自然の法則に逆らったシステムの典型」（『原発事故はなぜくりかえすのか』岩波新書、二〇〇〇年、一七九ページ、②七九～八〇ページに批判的に引用されている）といった。「自然の法則に逆らう核分裂、自然の存在原理である原子核を人為的に分裂させ、自然界に存在しなかった放射性物質を作り出す」原爆、そして原発。自然法則の下で自然の循環に戻ることのない「放射性物質」、これは「分解などの手段で放射能（したがって毒性）が消えることは絶望的である。加速器の粒子などを使って、長寿命の放射能を寿命の短いものに変え、扱いやすくするというアイデアはあるが、これは結局アイデアに終わるであろう。その手間も経費も大変なうえに、その過程で別の放射能や汚染を生み出してしまう可能性が強い」（高木、『プルトニウムの恐怖』岩波新書、一九八一年、二〇五ページ)。これは六ヶ所村の再処理過程で現実にも示されている。

斉藤氏は、これを「自然の摂理への挑戦」という。「自然の摂理」(自然法則)自体を破壊しながら(しかもそのことを認識しながら)、それに「挑戦」する――放射能の暴発を抑える努力は当然であるが、それを制御しうるかのようにとらえるのは無理である。自らの生命の危険さえ賭けなければ、しかもそれによってさえ、安全を確保しえない技術に挑戦することに、どういう意味があるのか。社会科学者としても、原爆・原発がいかなる勢力によって、いかなる目的で開発・利用されたかにかかわらず、自然法則自体が人間、人間社会存立の絶対的根拠である以上、これに逆らう技術は、人類と共存しえないとの認識を確立し、〝造ってはならない〟〝使ってはならない〟ことを明確にすべきである。

第二に、技術の性質自体に関して考えてみよう。熊本氏が、原発技術は造ってはならない、というのに対し、斉藤氏は「原発技術はそれ自体、確かに特殊な性質を有するが、だからといって、経済や経営の観点から特別な取り扱いをすべきではない」(②はしがき)という。経済や経営の観点については後で扱うが、技術の点についても斉藤氏は、人間が開発、利用してきた他の技術と同じであり、特別扱いすべきでない、という。「原発施設は、他の生産施設と同じように、どんなに準備をしても、その準備を突き破るようなことが起きる可能性がある」(②、一一九ページ)という。さらに、「科学者や技術者が多くの犠牲を伴いつつ必死で築いてきた、人類の知恵といってもよい先端の原発技術」(同、九二ページ)とさえいっている。

原則的観点に立っていうと、人間社会にとって有用さらに不可欠な技術は、人間社会の生存・発展に利する技術である、積極的にいえば生産力を高める技術である、といえよう。そしてその技術は自然法則に即し適応しうるものであることが要件である。後者に関しては上述したのでくり返さないが、生産力を高めるという観点に立って考えると、原発によるエネルギー生成という技術の基礎に関しては、高速増殖炉や核融合に関する技術を別とすれば、軽水炉に関してはほとんど行きついているように思われる。斉藤氏が共感している柴田俊一氏(元京都大学原子炉実験所長)が明らかにしているように、原子力技術の中心は、保守、放射線管理、廃棄物処理という、エネルギー=電力生産自体に積極的に関わる、それを増大させる技術ではなく、エネルギー生成から生じる放射性物質放出防止=公害防止、そして原発現場の放射線被害防止、廃棄物、廃炉という事後処理に関わる技術、典型的には、廃棄物、廃炉という〝負〟の負担になるもの、それ自体として決して電力供給・産出効果をもつものではない技術である。

他の産業、例えば電力でも火力、水力発電に関しても、公害防止、安全確保に関する技術は必要不可欠であるが、それは電力生産を積極的に増大させるものではないから、副次的なものといってよい。（だから生産力を高め、利潤形成に直結しない技術への投資を、資本家的企業においては可能な限りカットすることになる）。しかし原発に関わるこの公害防止、安全確保の技術は、扱う物質、電力生産に直結する物質の生成が自然法則に逆らうものであることから、決して万全を期すことはできない。事業の本来の目的――社会的に有用な生産物、サービスの供給――に直接関わるのではなく、そこから生じる人間、社会への被害の防止・安全確保対策という、必要であるが目的実現に全く関わらない、いわば〝負〟の技術を、技術の中心とするような事業は、原発のほか何があるだろうか。一〇〇％の安全確保を実現しうる技術はありえないという認識の下で、悪魔を封じ込めるだけの技術を「人類の知恵」「先端の技術」といえるのだろうか。悪魔を作ってはならないのである。たしかに電力生産を行う原子炉の安全性確保に関わる技術は、電力生産の条件として、生産に関わっているといえるけれども、使用済み核燃料再処理、廃棄物・廃炉の技術は、電力生産に関わらない事後処理のためのものであるし、再処理技術開発の困難、絶望を、原発自体の技術と切り離してとらえることができるのだろうか。

（二）経営収支・採算視点

次に、原発と個別資本の収支・採算に関わる問題である。斉藤氏の原発の経済学的考察は、この点に主眼があるように思われる。

斉藤氏は次のようにいう。「……福島第一原発の処理はいうまでもなく、正常な形で運転が終了した原子炉の解体や、原発が運転している限り産み出される使用済み核燃料の処理・貯蔵を首尾よく成し遂げるためには、最良の知識資源を必要とする……。／そのように考えてくると、原発事業全体が、周到な準備もないままに、全原子炉の運転終了によって収益機会を完全に失うことになればどうなるのかは、火を見るよりも明らかなことである。原発の撤退プロジェクトには、資金も人材も、資金力のある投資家も、原発事業を敬遠することになるであろう。／そのときどうなるか。運転を終了した原子炉が解体されずに危険な状態のまま見捨てられ、放射性物質を放出し続ける使用済み核燃料がそこらじゅうに放置されることになる。……戦略的、創造的な撤退プランのない反原発運動は、綿密な軍縮プランのない核兵器撤廃運動と似て、経済社会にとってとてつもない脅威となるのである」（②はしがき）。「……何らかの形で原発事業を収益プロジェクトとして成り立たせる必要がある。そうでなければ、廃炉の解体撤去や放射性廃棄物の処理に必要となってくる資金も、捻出することができなくなってしまう」(同)。

斉藤氏は、福島第一原発事故に関しても、投資家の役割を強調する。それは「投資家自身にとっても大切な企業資産(株主にとっては、自分自身の資産)を守るという観点から「積極的な津波対策を東電に求め」なければならなかった、という(②一一九ページ)。

収益事業の観点から原発事業をとらえること、それが原発の経済学的分析だ、ととらえているようである。だから、廃炉・廃棄物処理事業を「収益プロジェクト」として成立させなければ、その事業は放棄され、「経済社会にとってとてつもない脅威となる」という。資本主義はたしかに利潤目的で事業を行う個別資本が主役となっている。しかしここでも、公営、国営企業は行われてきたし、現在でも行われている。斉藤氏自身、福島原発の後処理に関しては、国家的な「フクシマ再生プロジェクト」(②二〇九ページ以下)が必要だ、としている。しかしこれは収益事業ではない。

日本の原発開発・導入の最初から、原発を民間資本主体で運営することの是非に関して、国家資金で運営される電源開発株式会社(電発)中心で行うか、民間電力資本で行うかの大議論があった(河野一郎対正力松太郎の論争、有馬哲夫『原発・正力・CIA』新潮新書、二〇〇ページ以下)。結局は、原子力発電会社は、国二〇%、民間八〇%の特殊法人として設立され、〝民〟主導となった。しかし以後の原発開発・導入は、税制・金融優遇、技術研究開発費をはじめ、大事故に関わる損害賠償の国家による援助、原発立地確保に関する電源三法による交付金支出、総括原価方式による電力料金制(レートベース)には、研究開発費、広告費も算入され、それにも利潤が保障される。③三九ページ以下)、さらに使用済核燃料再処理引当金(電力料金に付加して積み立てる)制度等がとられている。国の財政負担、国民の料金負担(その制度的保障)なしには、民間電力資本による原発事業は不可能なのである。全額財政負担によって行われる軍需産業・兵器生産を除いて、このような国家的補助、財政負担によってしか維持しえない産業・事業は他にあるだろうか。

大体民間個別資本としては、その事業の内容が何であっても、収支採算—利潤を獲得しうるかどうかが投資決定の基準である。だから、社会にとって、人間生存にとって不可欠の事業も利潤が得られなければ放棄してしまう。しかし人間生活を維持し社会を維持するには、その事業は国家が行わなければならない。原発の廃炉・廃棄物処理費用を電力会社が負担しきれない——廃棄物処理業者に対しても利潤を保障しえない——としても、それは必ず行わなければならない以上、国家が当然担わなければならない。(その資金の負担を誰がどのように負うのかは重要な問題であるが。この点については本章第五節で提示する。）

株主・投資家の役割に関していえば、その直接の目的は、投資元本（企業資産に関わる）の維持だけではなく、配当（利得）であり、また株価上昇による売却益獲得である。この観点に立てば、東電経営者――それは東電資本の利潤追求運動の担い手として、資本の要求に即した行動を行う以外にない――が、利潤獲得観点に立って、事故リスクを過小評価しコスト切り下げに走ることを、株主も当然視することになろう。それればかりか、大株主としての金融機関等は、利潤追求・獲得を、東電経営者とともに追求してきたのであって、その観点から安全性についての議論を重視しなかった、というべきであろう。利潤・採算基準に立って行動しようとする限り、株主・投資家は、原発事故リスク防止という社会的配慮をもって行動することにはならない。

斉藤氏は、「原発危機の責任の一端は、東電投資家にもある」（②一一九ページ）というのであるが、なぜ投資家が、事故リスクに対し万全を期せという主張を行わなかったのか――それは資本家としての行動基準において、経営者と同質であることによる――をとらえなければならない。

（三）経営は自立しえない

原発は決して民間事業として経営を自立させることはできない――だから国策として推進されてきたのであるが、そこには必ず今日の国際関係、直接にはアメリカとの関係――アメリカの国際的な核コントロールとの関係がからんでいることをとらえなければならない。

この点からいえば、原発が、そして使用済み核燃料再処理が、採算に合わないとしても、政治的理由があれば、そしてアメリカ政府の強力な要請があれば、原発も再処理も維持、推進されうる、ということになる。

軍需生産に費やされるコストが外部からの侵攻による（全く確定しえない）被害を償うという観点から、軍需生産が維持されるわけではないのと同様、原発維持、再処理がどれだけ費用を要するとしても、それが電力生産と関わらないものであっても、政治的要請から原発・核燃料再処理が維持されるものとなりうる。原発、とくに使用済み核燃料再処理が、核兵器生産に不可分に関わるものであることによって、そこには必ず政治的要請が、アメリカ政府の核戦略が、からんでくる。本節の冒頭に述べたように、アメリカの核不拡散戦略上、日本の原発は不可欠だという要求が強まる。

だから原発、核燃料再処理は、採算が合わないというだけでは、それを止めさせることはできない。この政治的要求の不当性を批判する認識を確立しなければならない。原発の経済学は、政治経済学でなければならない。

三　使用済み核燃料再処理の無理

使用済み核燃料再処理に関する問題点を明らかにしておこう。すでにアメリカ、フランスをはじめとして各国は再処理そして高速増殖炉から撤退し、それを行おうとしているのは、いまや日本だけという状況となっている。本節で取り上げた大島、斉藤、熊本各氏は、経済学的観点からこれは止めるべきだ、と主張している。

(一)　悲願・しかし絶望

第一次原子力長期計画(一九五六年九月)には、高速増殖炉、核燃料要素再処理の推進によって、核燃料を含め原発の国産化をめざすことが示されていた。これは、自主、民主、公開という原子力基本法の原則に基づく方針として、理論的(というより理念的)提起であって、実用化が実現するかどうかは明らかではなかった。しかしこれは日本の原発推進に関わる悲願であった。その後の「長期計画」にもこの方針はくり返し確認されているし、八〇年代から九〇年代には、使用済み核燃料は、準国産燃料と位置づけられ、再処理を通したプルトニウム抽出により、これを利用した高速増殖炉によってプルトニウムはさらに増殖する——核燃料問題は解決される、とされたのであった(それは「フィクション」でしかなかったのであるが。斉藤、②二一四〜二一五ページ)。

青森県六ヶ所村には、この方針を実行すべく核燃料再処理施設とともに、ウラン濃縮施設、廃棄物貯蔵施設が建設されている。表I—9にみるように、電力各社出資による「日本原燃(株)」が事業主体となって、八九年に事業が申請され、フランスからの技術協力を受けて、九三年四月に着工された。通水試験、化学試験、ウラン試験をくり返し、〇六年三月、試運転(アクティブ試験)が行われた。事業申請時には、建設費七六〇〇億円で九七年完成とされたが、予定は達成されず、九六年には建設費一兆八八〇〇億円、〇三年完成へと延期され、さらに九九年、〇五年に建設費増額、完成予定延期が行われ、一〇年九月には一〇年一〇月完成予定が最大二年延長とされ、建設費は〇六年段階で二兆一九三〇億円に増額された。

高速増殖炉〝もんじゅ〟は、実験炉〝常陽〟の後継基(原型炉)として、六八年予備設計開始、八五年建設着工となり、九四年四月に稼動開始(臨界達成)となったが、九五年一二月ナトリウムもれ事故、一〇年五月に一四年ぶりに運転再開

■表Ⅰ-9

■六ケ所村再処理工場を巡る動き■

80年３月	電力各社が「日本原燃サービス」（現日本原燃）を設立
84年７月	電気事業連合会が青森県と六ケ所村に再処理工場など核燃サイクル３施設の立地申し入れ
85年４月	青森県と六ケ所村が「受け入れる」と回答
89年３月	日本原燃が事業申請。建設費7600億円、97年完成と計画
93年４月	着工
96年４月	建設費１兆8800億円に変更。完成を03年に延期
99年４月	建設費を２兆1400億円に変更。完成を05年に延期
12月	使用済み核燃料貯蔵施設が操業開始
01年12月	使用済み核燃料貯蔵施設のプールから漏水するトラブル判明
02年10月	ロシアから再処理などを提案する外交文書が届く
04年１月	経産相の諮問機関「総合資源エネルギー調査会」が再処理費用などのコストを約19兆円と公表
６月	原子力委員会の新計画策定会議が再処理継続などの議論開始
11月	新計画策定会議が再処理継続の方針を決定
12月	再処理工場で劣化ウランを用いる「ウラン試験」開始
05年３月	建設費を２兆1900億円に変更。完成を07年５月に延期
06年２月	建設費を２兆1930億円に変更。完成を07年８月に延期
３月	実際に使用済み核燃料を通す「アクティブ試験」を開始
08年12月	高レベル廃液をガラスで固める工程でトラブル。試験中断
10年９月	完成を12年10月に延期
11年３月	東日本大震災で一時外部電源喪失

出所：『毎日新聞』2011年11月24日

となったが、八月二六日、重さ三・三トンの中継装置が原子炉内に落下し、再び運転休止となった。一一年六月これは引き上げられたが、二〇一一年末現在、未だ運転再開に至っていない。政府は〝もんじゅ〟については、運転経験と革新的技術開発によって、二〇五〇年までに実用化させる、としている。しかしすでに〝もんじゅ〟は当初の建設費五九〇〇億円から、〇九年までに九四八一億円の費用（国費）を投入し、休止中も一日五五〇〇万円の維持費を費やしている（現在までですでに投入費用は一兆円を上回っている）。

建設着工から、（二〇一一年まで）六ヶ所村再処理工場は二〇年弱、〝もんじゅ〟は二六年も経過するのに、トラブル続き、莫大な費用をつぎ込み続けながら、核燃料生産は全く行われていない。むしろこれらは、技術的にも、資金面からも、実用化は絶望的となっている。

技術的な面でみると、核燃料再処理も高速増殖炉もきわめて困難である。核燃料再処理によるプルトニウム、ウラン、核分裂生成物（超ウラン元素ＴＲＵを含む）の分離は、何百もの溶解槽・タンクをパイプで結び（その総延長は一〇〇キロにも及ぶ)、厳密な管理(プルトニウム管理、TRU廃液とウラン・プルトニウム溶液の分離による爆発防止等)が必要であるとともに、何度もくり返し再処理・物質分離工程をくり返さなければならない(斉藤②一六六ページ以下)。その過程でパイプのつなぎ目からの水・放射能もれ等、様々のトラブルが発生する。しかも再処理過程でクリプトン85、トリチウム3、炭素14などの放射性物質が排水口、排気筒から放出される。これには規制がなく、またその除去に金がかかり過ぎるということで放置されている(小出裕章、『原発のウソ』扶桑社新書、一五六ページ)。

高速増殖炉に関しては、冷却剤として使われるナトリウムの取り扱いが難しい(水・空気にふれると爆発・燃上する)。中性子の速度を制御する自動安全装置、非常用冷却装置が備わっていない、ということから、きわめて危険であり、プルトニウム暴発の制御が困難である。

高速増殖炉によって増殖されるとされるプルトニウムも、それが倍増するのに四八年間かかるという(斉藤、②一七四〜五ページ)。生成し貯蔵されているプルトニウムはすでに四六トンあるとされているが、それを軽水炉にMOX(現在三基)燃料として使うことも困難となっている。

六ヶ所村再処理工場は〇七年度から四六年度までの四〇年間に、年間約八〇〇トンペースで合計三・二万トン(〇七年度までの一・四万トン、それ以降予想される一・八万トン)を処理するとされた(〇四年一月電気事業連合会)が、稼動できないので、使用済み核燃料は貯めておかなければならないが、中間貯蔵能力は現在三〇〇〇トン、そのうえ年間約八〇〇トンの使用済み核燃料が運び込まれる。すでに一一年九月末二八五九トン、容量の九五%となっている。そうなれば全国各地の原発に貯蔵しなければならなくなるが、その貯蔵能力は二万四一〇トン。すでに二〇一〇年三月末で一万三一五〇トンが貯められているが、これも原子炉の稼動が続けばまもなく貯蔵能力を超えてしまう。

そのうえ高レベル放射性廃棄物の処分の場所がない。六ヶ所村の高レベル放射性廃棄物貯蔵管理センターに一時(といっても三〇〜五〇年)保管されるガラス固化体はすでに一三三八本、二〇年までに二二〇〇本に達すると見込まれている。ガラス固化体(一三四センチ×四三センチ、約五〇〇キログラム)の表面の放射線は毎時約一五〇〇シーベルト(二〇秒で致死量に達する)、元のウラン鉱石(六〇〇トン分)の放射能と同レベルに減少するのに約一〇万年かかる、という(フィンランドのオルキオト島最終処分場は、一〇万年は管理が必要とされている)。日本はこれを三〇〇メートル以上の地下に貯蔵する、そのオーバーバックは一〇〇〇年密閉できる、とされている(原子力研究協会、〇六年）が、杜撰きわまりない（井野博満東大名誉教授、石橋克彦編『原発を終わらせる』岩波新書、二〇一一年七月）。

（二）費用莫大、効果なし

政府「エネルギー・環境会議」コスト等検証委員会は、原発コストの見直しを始めているが、ここではいわゆるバックエンド費用に関してみておこう。

大島堅一氏（①第三章）は、〇四年の総合資源エネルギー調査会電気事業分科会コスト等検討小委員会の〇四年試算によるバックエンド費用一八兆八八〇〇億円を過小評価だと批判し、①再処理工場の稼動率が過大評価（再処理工場の〇九～四六年稼動率一〇〇％と想定している。ちなみにアレバ・ラアーグ再処理工場の稼動率五六％、シェラフィールド再処理工場は四％程度、①九〇ページ）。②高レベル放射性廃棄物処分費用に関し、政府の試算が高レベル放射性廃棄物処分費用に割引率二％でガラス固化体一本当たりの数値を計算している（単価三五三〇万円）が、フランス、イギリスで再処理委託して返還された廃棄物の貯蔵に関する費用で計算すると、返還レベル放射性廃棄物管理費用単価は約一億二三〇〇万円となる。これは政府試算の約三・五倍になる。また、放射性廃棄物が隔離できなかった場合の対処費用も加えるべきだ、という。さらに六ヶ所村再処理工場以外の

■表Ⅰ-10

■"本当"のバックエンド費用は天文学的 ―政府推計は楽観的すぎる―

バックエンド費用項目	政府推計		実際に必要と思われる金額
再処理（六ヶ所村）	11兆円	→	47兆円？①
返還高レベル放射性廃棄物管理	3000億円	→	6000億円？
返還低レベル放射性廃棄物管理	5700億円	→	1兆1400億円？
高レベル放射性廃棄物輸送	1900億円	→	3800億円？
高レベル放射性廃棄物処分	2兆5500億円	→	17兆8500億円？②
TRU廃棄物地層処分※1	8100億円	→	1兆6200億円？
使用済み燃料輸送	9200億円	→	1兆8400億円？
使用済み燃料中間貯蔵	1兆0100億円	→	2兆0200億円？
MOX燃料加工※2	1兆1900億円		1兆1900億円
ウラン濃縮工場バックエンド	2400億円		2400億円
合計	18兆8800億円	→	約74兆円？

（注）※1 TRU は Transuranium：長半減期低発熱の略　※2 MOX は Mixed Oxid の略で、使用済み核燃料から取り出したプルトニウムと二酸化ウランを混合したもの。表中の数値と合計額は一致しない

（出所）政府推計は総合資源エネルギー調査会電気事業分科会コスト等検討小委員会（2004 年）資料

（注）大島堅一氏への取材に基づく「週刊東洋経済」誌の試算、同誌 2011 年 6 月 11 日

①
- 六ヶ所村の再処理工場は必要能力の半分しか持たない→処理費用は2倍に
- 工場稼働率100%前提は非現実的
- MOX使用済み燃料の再処理費用も含めるべき

②
政府はガラス固化体1本当たりのコストを3530万円強で試算しているが安すぎる

再処理関係の費用は除外されている――ということをふまえ『週刊東洋経済』が独自に試算したものが表I―10（前頁）の約七四兆円である。

問題はこのように巨額なバックエンド費用をどう負担するか、である。明らかなのは、再処理を通して生成されるウラン・プルトニウム＝MOX燃料の価値は、再処理費用、MOX燃料加工費用の（政府試算によってとらえても）一四分の一程度しかない（大島①九一ページ）。つまりバックエンド費用を過小評価した上でも、生成される核燃料は再処理に伴う費用を全く償わない。これらの費用はさらに再処理工場が稼動できなければ膨張する。しかもそれによって核燃料も、電力供給も生産されないのだから、完全な浪費といわざるをえない。そしてプルサーマルによるMOX燃料の使用が行われなければ、原発に使われないプルトニウムの貯蔵が増える。

再処理・高速増殖炉事業からの収益で、再処理費用・バックエンド費用が賄えないことが明らかになると、政府はその費用を電力利用者から徴収することになる。使用済核燃料再処理引当金制度（一九八一年度導入）、原子炉廃止措置費用引当金（一九八九年度から）、特定放射性廃棄物拠出金（地層処分費、二〇〇〇年度から）、「再処理等積金法」（バックエンド全体に関わる費用・廃炉費用を含む）、さらに「使用済核燃料再処理等準備引当金制度」（〇六年度から――これは二〇四四年度までに発生する使用済み核燃料を二〇四八年度から二〇八九年度の間に再処理するのに必要な費用を積み立てるというものであり、計画すらない再処理施設のための積立金制度である――）。

これらの制度によって、電力消費者は、電力料金を通して負担させられる。バックエンド費用という何のメリットもない無駄な費用の負担が加算される。だから使用済み核燃料再処理は、経済的観点からみて全く不合理なのである。

（三）なぜ再処理を続けるのか

〇二年一〇月二五日文書でロシア・ルミャンツェフ原子力相（当時）が、尾身幸次・元科学技術政策担当相宛に、日本の原発の使用済み核燃料をロシアで一時的に貯蔵（中間貯蔵）し、再処理するプロジェクトを提案していたことが、『毎日新聞』（二〇一一年一一月二四日）で報道された。「総合資源エネルギー調査会・電気事業分科会」（経産相諮問機関）、原子力委員会「新計画策定会議」では、使用済み核燃料再処理をめぐって議論していたが、結局全量再処理継続が決められ、〇四年一二月にはウラン試験が開始される。ロシアからのこの文書は一部幹部を除き公表・検討されずに放置され、「原子力村で握りつぶした」（関係者の証言）。「使用済み核燃料をロシアに持っていくと、六ヶ所が動かなくなる」「ロシアでは安全保障の観点から問題だ、という意見はありうる。しかし外交方針を『原子力ムラ』だけで決める道理はない」と『毎日新聞』は報じている。

　この問題をどうとらえたらよいのか。ロシア側の意図は、直接には外貨獲得であって、安全保障（アメリカの核コントロールに対抗する）上の観点は明確ではない。

　日本側、とくに通産省（あるいは外務省）には、安全保障上の配慮があったのではないか。前節で指摘したように、一九八八年日米原子力協定は通用しており、再処理に関しても再処理施設、そこで使われる核燃料等についてはアメリカに申告しなければならない。アメリカの核、直接には核燃料（再処理を含め）に対するコントロールに対し、ロシアでの貯蔵、再処理を行うとなると、対米折衝はじめ厄介なことになりかねない——通産（外務）官僚にはこのような配慮が（どれだけ意識的かどうかはともかく）働いたのではないか。（『毎日新聞』続報（二〇一一年一月二五日）によると、この文書の秘匿を主導したのは、原子力委員会の事務局を務める内閣府と外務省の担当者であった、という。「意図的に提案を放置していた疑いが強い」としている。）

　原発、ことに核燃料再処理は、核兵器に転用するプルトニウム生産に関わることになるので、たんに経済性の観点だけでは動かない。本節冒頭で述べたように、脱原発、ことに脱再処理に関して、アメリカ政府の核管理政策からの解放が問題となることを再度強調しておきたい。

（『進歩と改革』二〇一二年一月号）

第五節　国家による独占体救済
――東京電力「総合特別事業計画」を通して

一　はじめに　――問題は何か

「あなたたちは事故を起こした会社だ。まだ安全対策もしていないのに（料金算出の前提に）柏崎刈羽原発（新潟県）の再稼働を織り込んでいるのか」（全国消費者団体連絡会・阿南久事務局長、『東京新聞』二〇一二年五月一六日）、「燃料費などの増加に伴う経営の圧迫は、実質的破綻処理に踏み込んだ対応で処理すべきで、利用者にツケを回すのは筋違い」（東京消費者団体連絡センター・矢野洋子事務局長、『毎日新聞』五月一六日）。東京電力と原子力損害賠償支援機構（以下「機構」）が共同で提出し、経済産業相（当時・民主党枝野氏）が「認定」（五月九日）した東京電力の「総合特別事業計画」（表Ⅰ―11）で、一三年四月から柏崎刈羽原発（全部で六基）の再稼働とともに、家庭用電気料金をこの七月から平均一〇・二八％値上げするとしていることに対し、電気料金審議会専門委員会（経済相の諮問機関）の委員たちからの批判が相次いだ。

大事故を起こし、多くの労働者・住民、農漁民に取りかえしのつかない大被害を与えているのは、いうまでもなく東京電力株式会社である。東電はすべての責任を負って、被害の賠償を行わなければならない。ところが原子力損害賠償法（一九六一年制定）は、「異常に巨大な天災地変又は社会的動乱」によって生じた損害の場合は電力会社を免責するとしている。しかしその場合、だれが賠償主体になるかは規

■表Ⅰ－11

総合特別事業計画の骨子
収支計画
・政府が１兆円を出資し、議決権の50％超を持つ ・金融機関が約１兆円を追加で貸す ・2013年度に約１千億円の黒字化をめざす ・今年７月から家庭用電気料金を10.28％値上げする ・13年４月から柏崎刈羽原発を順々に再稼働させる ・家庭にスマートメーターを導入し、料金の割引メニューを増やす
組織の見直し
・社外取締役が半数以上の「委員会設置会社」にする ・取締役を16人から大幅削減 ・社内カンパニー制（燃料調達・火力発電、送配電、小売り）にする
発電所の今後
・八つの古い火力発電所を売ることを考える ・新しい発電所は他社と共同で建設する
リストラ
・10年間で３兆3650億円のコストを減らす ・自治体向けや社会貢献のための寄付金をなくす

（注）東京電力と原子力損害賠償支援機構が2012年４月27日、経済産業相（枝野）に提出。５月９日、経産相、閣議「認定」。
出所：『朝日新聞』2012年５月10日

定されていなかった。政府は今回の場合は賠償責任は「原子力事業者」＝東電が負うこととした。しかし同時に「機構は原子力損害賠償のための資金が必要な原子力事業者に対し援助（資金の交付、資本充実等）を行う。援助には上限を設けず、必要があれば何度でも援助し、損害賠償、設備投資等のために必要とする金額のすべてを援助できるようにし、原子力事業者を債務超過させない」（二〇一一年六月一四日閣議決定「機構による具体的な支援の枠組み」）とした。そして「機構」から受けた援助を、原子力事業者は「毎年の事業収益等を踏まえて設定される特別な負担金の支払を行う」とし、国に返済させるとした(注1)。

東京電力会社を潰さない――債務超過に陥らせない、そして「事業収益」を回復・拡大させて、国の援助を返済させる、それが被害に対する賠償支払い（一〇兆円以上に達するとみられる）と、電力安定供給を維持する上に必要だ、としているのである。明らかに利潤原理に基づく資本家的経営としての東電の存続が前提されている。だから、「国民負担の極小化を図ることを基本」とするとしながら、電気料金値上げによって利用者・国民に負担を負わせる、ということになる。

国民に大被害を加えながら、その上料金引上げで負担を加重させるのかという反発は当然であるが、料金引上げを避ける（あるいはできるだけ低くする）ために、リストラを強行すべきだ――賃金・賞与等社員の人件費を思い切って削減すべきだ（前述の「専門委員会」における上田清司埼玉県知事の発言）――という主張は、コスト削減によって利潤回復、拡大を図ろうとする政府・東電を利することにしかならない。問題にしなければならないのは、なぜ資本家的巨大企業としての東京電力を維持・存続させるのか、そしてこれを存続させなければ、損害賠償ができず、電力の安定供給ができないのか、一体国家のなすべきこと、その〝公共〟的性格とは何なのか、ということにある。

様々な粉飾、欺瞞だらけの東電「総合特別事業計画」であるが、これを通してとらえなければならないのは、巨大資本＝独占体が国家を自己の私的利潤獲得の手段にするとともに、国家を利用して労働者民衆をとことん収奪する――これが新自由主義の行きつく姿だ、ということである。

（注1）「機構」を中心とした東電をめぐる資金の流れは、図Ⅰ―6（一一六頁）の通りである（数字は二〇一二年三月時点）。

二　東電「総合特別事業計画」の中身・問題点

表Ⅰ―11でこの「総合特別事業計画」の骨子を示したが、より具体的に中身をみて問題点を示そう。

（一）国の出資、援助（貸付け）に関して

政府は、「機構」を通して一兆円を出資し（東電の株式を取得）、株主総会の議決権の五〇％超を握ることになる。経営権を政府が握る（実質国有化）。なお東電の発行済み株式数は約一六億七〇〇〇万株。[注2] 一一年「3・11」以前の東電株の年初来高値は二一九七円、時価総額は三兆五三〇六億円であったが、3・11以降暴落し、一二年五月二二日一株一六三円、時価総額二七二二億円で、この間三兆二五八四億円の値下がりとなっている。CDS（倒産損失保証証券）レートは震災前の〇・一％が、その後は九〜一〇％に上昇している。一〇％ということはこの一〇年の間に倒産必至という状況にあることである（なお東電発行の社債は一一年三月時点で四兆四〇〇〇億円）。

政府の出資一兆円ということは、株式時価総額の三・七倍になるので、国の持株は実質三分の二を超えることになる。その場合政府は合併や事業譲渡など重要事項も決定できることになる。

なお原発事故に関わる国の損害賠償額は、一二年二月時点までの一兆九三〇〇億円に加え、「総合特別事業計画」で八四五九億円上乗せして二兆五四六三億円となっている。この援助（貸付け）については、東電は特別負担金として毎年の利益から半額ずつ返済するとされている。

政府出資と合わせ、「総合特別事業計画」では東電の主要取引金融機関（一一年三月末時点で東電との主要取引金融機関の長期貸付金額をみると、三井住友銀行七七〇〇億円、みずほコーポレート銀行五八〇〇億円、三菱東京UFJ銀行三五〇〇億円、日本政策投資銀行三二〇〇億円、三菱UFJ信託銀行二〇〇〇億円等）は、二兆円の緊急融資に追加して、総額一兆七〇〇〇億円（借り換え一七〇〇億円、追加新規融資五〇〇〇億円、融資枠四〇〇〇億円）を融資することを決めた。一〇年一二月末時点で東電の資産は一三兆七九五一億円、負債は一〇兆八一二六億円、純資産二兆九八二一億円であったが、有利子負債は七兆四六四一億円、緊急融資を含めると、現在九兆五〇〇〇億円に達する（一二年三月現在純資産は八一二四億円）。この負債支払いの上に、賠償金支払いを行うことは、とても東電だけでは無理である。ということは、すでに債務超過で経営破綻なのである。ということで、東電は政府出資・援助を受け、実質国有化を認めざるをえなくなった。

問題は、実質国有化によって政府は東電をどういう方向に導くのか、ということである。利用者・国民負担を伴わない債務・賠償処理を図ろうとするならば、東電資産処分、金融機関の債権放棄、株価ゼロによる株主負担を行わなければならない。しかし今後、賠償、そして廃炉、廃棄物処理にどれだけ費用がかかるか分からない。とするならば、東電＝原子力事業者だけでなく、原発に関わって莫大な利益を得てきた建設会社（竹中、大林組、鹿島等）、重工・電機会社（日立、東芝、三菱重工、ＩＨＩ等）、素材関係会社（神戸製鋼、ＪＦＥ、新日鉄等）など、財界の責任によって処理されなければならない。

ところが現政権の東電国有化によって行おうとしているのは、東電の資本家的企業としての再建・存続であり、金融機関、株主、関連財界の負担の極小化、むしろ利益確保策なのである。それによって、利用者・国民とともに、労働者が負担、犠牲を被ることになる。その点は何より電気料金引上げとリストラとして示される。

なお法的破綻処理ではなく、実質国有化による債務処理、会社再建は、〇三年のりそな銀行の処理方式（生きたままの国有化といわれた）にすでに実例があるが、これに対して次のような厳しい批判があった。「きわめて脆弱な財務状態に置かれている銀行に破綻ではないと言って公的資金を入れて救済する相手は、国民ではなく当該銀行と株主である。そうなると、銀行は資本不足になったら税金で穴埋めしてもらうことをアテにするようになるし、責任を問われないことを知った株主は間違いなく経営陣に対し、政府に資本注入を求めるよう圧力をかけることになるだろう。これほどの堕落があるだろうか」[注3]（植草一秀『現代』講談社、〇三年七月号）。東電への公的資金注入による資本家的企業としての再建・存続は、原発に関わる利権をも温存させるものとなる。

（注2）二〇一一年三月末時点の東電の大株主は次の通り。第一生命保険約五五〇〇万株、日本生命保険約五三〇〇万株、東京都約四三〇〇万株、三井住友銀行約三六〇〇万株、東電従業員持株会約二五〇〇万株、ＳＳＢＴ ＯＤ０５（Omnibus Account Treaty（中国系投資ファンド）約二四〇〇万株、みずほコーポレート銀行約二四〇〇万株、チェース・マンハッタン銀行約二二〇〇万株。

（注3）鎌倉孝夫『株価至上主義経済』お茶の水書房、二〇〇五年、八〇ページ。

（二）「総括原価方式」について

費用をかけ、設備を設置しても生産・供給する物はない（だから売るものはない）――でありながら、費用、設備の減価償却費を回収し、そればかりか利潤を獲得する。資本家的企業の活動として常識ではありえない事態がまかり通っているのだ。しかもその上、廃棄物の処理、自ら引き起こした事故の賠償という、何も産出しないどころか、全くのマイナス費用さえも回収した上に利益さえもたらす。自らの行為が、社会的には何の貢献もしない（それどころか大被害をもたらしている）のに、その行為によって利益を得る――これが国策として、財政（税金）を支出し、料金を強制的に（法律によって）まきあげて推進された原発に関わる利権である。「総合特別事業計画」は、従来の方式を見直し是正したといいながら、この利権をがっちり温存するものとなっている。電気料金決定の基礎となっている「総括原価方式」を中心に検討しておこう。

「総括原価方式」はもともと米国の「私営公益事業」において企業努力を引き出す趣旨で導入された。日本でも電気料金、ガス・水道料金、鉄道運賃にもこの方式が適用されている。「事業報酬の総枠をあらかじめ決めてしまうレートベース方式は、なるべく低利率の借入れをしようとするなど設備投資の原資を極力合理的に調達しようとする企業努力を生じさせる」という点で、費用積み上げ方式より優れている、とされている。(注4) しかしそれはあくまで事業を通して需要に対応する供給（電力等々の供給）が行われる場合にいえることであって、需要に関わらずに供給を行うだけ（売れるかどうかを無視して）、さらには供給が行われなくとも事業者に一定の利潤を保証するものとなれば通用しない。しかし原発では、この通用しえないはずのことが行われてきたし、現に行われている。

「二〇一〇年度、国内のすべての発電所が発電できる電力は合わせて約二二億八五〇〇万キロワットだった。……しかしこの年度で猛暑だった夏のピーク時に使われた電力（年間の最大使用量）は約一七億七八〇〇万キロワットだった。発電能力は二割以上余った」（「教えて！　電気料金9」『朝日新聞』二〇一二年五月一七日）。実際の需要の充足ということから原発が建設・拡大してきたのではない。火力・水力発電だけでも需要が充足しうるのに、原発は次々に増設された。当然、発電能力は需要を上回ることになる。しかし原発の必要性を意図的に演出するために、その稼働率を維持する必要がある。その供給力の調節は、火力、水力の稼働率の意図的引下げによって行われた。原発増設、電力の実際上の需要をほとんど無視した増設――それを可能にしたのが、「総括原価方式」による料金設定、利潤確保であった。「将来の見通しがはずれ、発電所が使われず、建設費が無駄になっても、電気料金から回収できる。……今の総括原価方式による料金が続く限り、電力会社は本当に必要かどうかを突きつめなくても、発電所を建設できる。政府が利用者から税金をとって豊かな〈特定財源〉を確保し、無駄な道路や空港をつくり続けてきたのと似ている」（『朝日新聞』、同上）。今回の「総合特別事業計画」は、これをどのように見直したのか。

「総括原価方式」は変更されていない。人件費、燃料費、修繕費、資本費、購入電力料、原子力バックエンド費用、その他経費、そして税金までも積み上げた原価と、発電所・送電網などの資産（レートベース）に一定の割合（現在三％、今回も同じ）をかけて算出した利益（事業報酬）を上乗せした料金体系は維持されている（表Ⅰ―12）。しかし、政府の「電気料金制度・運用の見直しに係る有識者会議」の提言（一二年三月一五日、表Ⅰ―13次頁）をふまえて一定の見直しが行われている。しかし同時に欺瞞がある。

①広告宣伝費（普及開発関係費）は、イメージ広告・販売目的、オール電化に関する広告宣伝費は全額カット、寄附金、業界団体の諸会費も大幅カット、研究費（電力中央研究所分担金等）も一定額カット。家庭用電力は地域独占であり競争がない、だから広告宣伝（東電は一一年三月期二六九億円、全国電力会社計八六六億円）の必要はないということでカットされた。

②東電が原発稼働ゼロで費用を計算し、原発の代わりに火力発電を増やすと燃料費が高く計算されるとして有識者会議が、発電にかかる費用を三年間平均で出すことを求めたことに即して見直した。しかしこれは、火力発電増大に伴う燃料費の増加を低く抑えるには、原発再稼働が必要だ――電気料金引上げに反対するなら原発再稼働を認めるしかないという方向にスリ替えられた。こうして二〇一三年四月から柏崎刈羽原発七基を順々に再稼働し、一四年には稼働率を三五％まで引き上げる、それによって火力発電の燃料費

■表Ⅰ-12　原価算定の改訂概要

（億円）

	前回（H20）A	今回（H24～H26）B	差異 B-A
人件費	4,399	3,488	▲911
燃料費	20,038	24,704	4,666
火力燃料費	19,722	24,593	4,871
核燃料費	315	110	▲205
修繕費	4,354	4,205	▲149
資本費	10,019	9,096	▲924
減価償却費	7,000	6,281	▲719
事業報酬	3,020	2,815	▲205
購入電力料	7,293	7,943	650
公租公課	3,493	3,048	▲445
原子力バックエンド費用	1,059	668	▲391
その他経費	5,747	6,569	822
委託費	1,767	2,328	561
一般負担金	0	567	567
上記以外	3,980	3,674	▲307
控除収益	▲2,241	▲2,097	144
総原価①	54,162	57,624	3,462
接続供給託送収益②	▲373	▲393	▲20
小売対象原価③=①+②	53,789	57,231	3,443
改定前収入④	53,789	50,468	▲3,320
差引過不足⑤=③-④	—	6,763	—

※6,228億円のコスト増を合理化（2,785億円）により3,443億円に抑制

（注）「総合特別事業計画」に関連する参考資料による。各項目の額は年平均額。

■表Ⅰ-13
電気料金制度に関する
「有識者」報告書のポイント

・値上げ時にはオール電化住宅の広告宣伝費、寄付金、業界団体への拠出金の料金転嫁を認めず、値下げの場合はこれらの金額の公表を義務化。
・料金の土台となる「原価」を見積もる期間を1年から原則3年に延長し、期間中に原発の運転状況などで電源構成が変わった場合、再値上げ申請の手続きを簡素化。
・人件費の料金算入には、規模、事業の似た一般企業の平均値を指標に上限を設定。
・経済産業省が電力会社の値上げ申請を査定する際、公認会計士などの外部の専門家も活用。
・火力発電所の新増設や資材調達で競争入札の実施を求め、入札せずにかかった経費は、経産省が査定で削減。
・値上げをしない電力各社の料金も適切かどうかを当局が検証し、過大計上などの問題があれば変更命令を検討。

出所：『毎日新聞』2012年３月16日。

を当初の約七〇〇〇億円から五一三〇億円に減らした。

なお火力発電増大に伴う燃料費の増加に関しては、原油価格を前回（〇八年）の九三・一（ドル／バレル）から一一七・一ドルに、為替レートを一〇七円（円／ドル）から七八・五円に、さらにＬＮＧ（一一年度東電は一兆五二九五億円購入、重油は約三八九八億円）も一〇〇万ＢＴＵ（英熱量、一ポンドの水の温度を華氏一度上げるに必要な熱量）一八ドルと国際価格の約一〇倍の高値で買っているが、この数値を用いている。火力発電に関する燃料費を意識的に高く計算している。

③有識者会議は「著しく低い稼働率となっている設備」を資産（レートベース）から除くよう求めた。稼働していない設備―電力を全く供給していない（あるいはほとんど供給していない）設備も利潤を生むものとするのは認められないという当然の主張である。これをふまえ「総合特別事業計画」は「福島第一原子力発電所五、六号および福島第二原子力発電所は、自主的にレートベースからカット（レートベース三四〇七億円削減、事業報酬一〇二億円削減）いたします」（「参考資料」）としている。しかしここでも現在稼働していない刈羽原発はレートベースに加えているし、現在ほとんど機能していないと思われる福島あるいは柏崎からの送電設備も、これに加えている。電力を供給していなくても原発設備は利益を上げる。

全く電力供給ができない高速増殖炉「もんじゅ」、再処理ができない六ヶ所村再処理施設――それにどれだけ費用をかけ、しかも儲けを得てきたか。それを不当とせず認め続けてきたのである。それが見直されていない。

④有識者会議は、低い稼働率の設備は「減価償却費などの営業費用についても基本的に原価算入は認められない」とした。しかし「総合特別事業計画」は、福島第一原発五・六号機と第二原発一～四号機の減価償却費（計四二一億円）、そ

して維持管理費（原発全体で計七〇九億円）、さらに第一原発一～四号機の冷却や汚染水の浄化などに使われる四八七億円も費用として値上げの原価に含めている。

東電は「福島第一原発の安定が保てなければ電気事業が成り立たない。福島の他の原発も冷温停止状態を維持するのに必要な経費を原価に入れた」（広報部、「教えて！　電気料金8」『朝日新聞』二〇一二年五月一六日）と説明している。原発事故処理に関わる費用を、原価に含めて利用者に負担を押しつけ、電気料金に加えて回収する——事故処理費用は料金に加えるのではなく、東電自身の責任として、その資産等から支払われなければならない。利用者は電力供給など何らメリットを得ていないのだから(その上、被害を被っている)、負担を負う理由は全くない。

⑤「総合特別事業計画」は「原子力バックエンド費用」も年平均六六八億円計上している（表I―12　一一三頁）。バックエンド費用、それは使用済核燃料の後始末の費用である。使用済核燃料再処理費については、一九八六年から電気料金の原価に算入されるものとなった。さらに再処理等積み立金法（二〇〇五年）によって、再処理関連施設の廃止措置費用が追加され、再処理費用の積立金を電力会社の外部に積み立てられる仕組みとなった。この積立金は、日本原燃六ヶ所再処理工場で処理する使用済核燃料の発生量に応じて計上される。ところが六ヶ所再処理工場以外でも原発に伴う使用済核燃料が排出され、その再処理を図る必要が生じていたが、第二再処理工場のめどがつかないので、どれだけの費用負担が必要か計上することができない。そこで作られたのが使用済核燃料再処理等準備引当金制度（二〇〇六年度）であった。これは二〇〇四年までに発生する使用済核燃料を二〇四八年度から二〇八九年度の間に再処理するために必要な費用を積み立てるという、計画さえもない再処理施設のための積み立てであり、その費用を発電原価に算入して料金に含めるという途方もない代物なのである。(注5)

六ヶ所村再処理工場（日本原燃・東電はじめ電力一〇社出資による会社）は、〇六年試験運転を始めたが、トラブル続きで〇八年末から止まったままである。日本原燃は全く核燃料を供給・販売していない。ところが日本原燃は再処理事業の「売上高」を計上している（二〇一一年三月決算で二七九九億円）。これは使用済核燃料再処理等積立金（原子力環境整備推進・資金管理センターが管理）から日本原燃に支払われているからである。この積立金は「バックエンド費用」として電気料金の原価に加えられている。積立金は二兆六〇〇〇億円に達している（二〇一二年三月末、表I―14　次頁）。

⑥原発大事故に伴う損害賠償金については「機構」による

■表I-14
電力各社の使用済み核燃料の処理への備え

	再処理積立金	日本原燃との関係	
		出資	債務保証
東京電力	1兆1260億円	1716億円	2810億円
関西電力	6118億円	999億円	1840億円
中部電力	2292億円	603億円	1259億円
九州電力	2203億円	530億円	954億円
四国電力	1219億円	257億円	524億円
東北電力	996億円	347億円	765億円
中国電力	721億円	318億円	682億円
北海道電力	703億円	220億円	470億円
北陸電力	210億円	177億円	412億円
日本原子力発電	841億円	303億円	510億円

積立金は各社の2012年３月期決算から。日本原子力発電と、日本原燃の関係は2011年３月期

出所：『朝日新聞』2012年５月19日。

東電への貸付けでこれは返済させる（「特別負担金」によって。図I―６）、だからこれは原価に含めない、とされている。しかし東電が事故損害に対し賠償支払いのためにかけている保険料（一事業当たり一二〇〇億円）は、原価に含めている（東電の今回の支払いはそのうち約一五〇億円であった）。それだけでなく、賠償金返済に関わる電力各社の「一般負担金」（図I―６）は、賠償金の「保険料」として、電気料金の原価に含めることを政府は認めた。事故被害賠償金さえ、利用者の負担に転嫁されるのである。賠償金が巨額になれば、利用者負担はさらに増える。

■図I-6

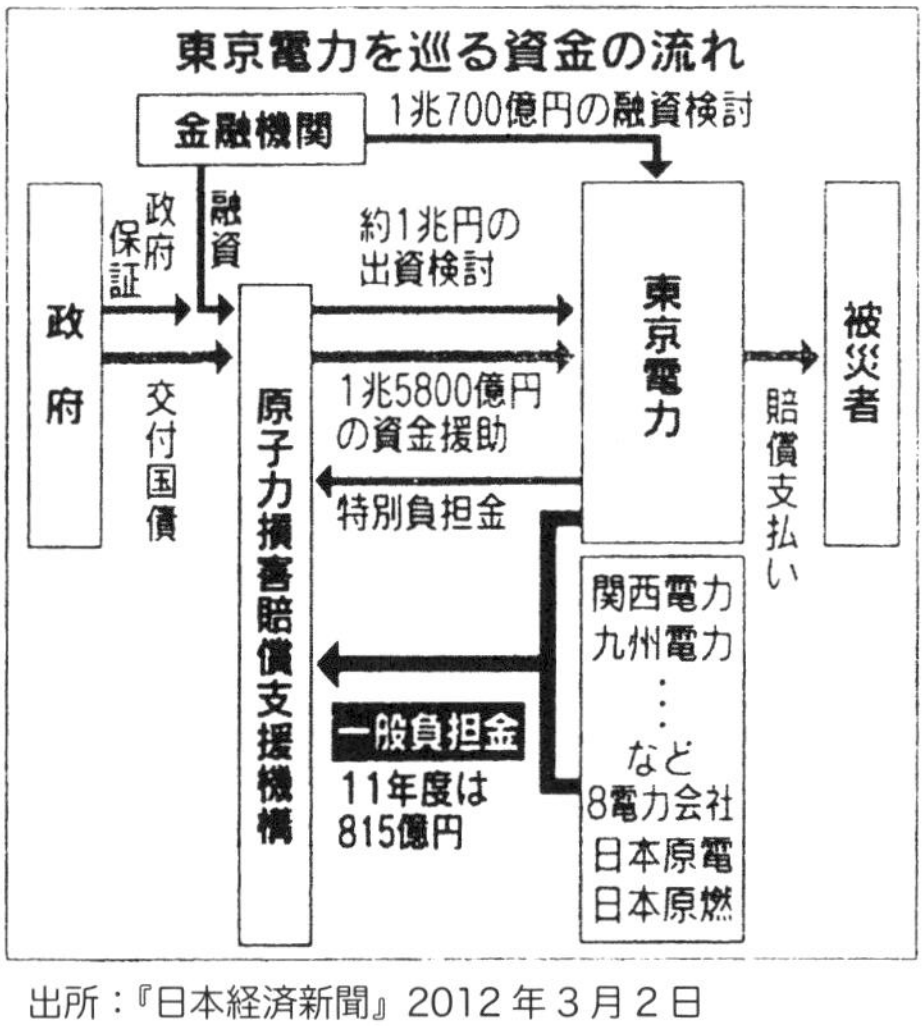

出所：『日本経済新聞』2012年３月２日

⑦電気料金の原価には「租税公課」が入っている（表I―12　一一三頁）。この中心は「電源開発促進税」として各家庭が電気料金に含めて支払った金を電力会社が集め、税金として政府に納めるものである（今回の「計画」では年間三〇〇〇億円のうち約一〇〇〇億円が電源開発促進税である）。

政府は、各電力会社から取ったこの金（年間約三五〇〇億円）を、電源立地地域対策交付金（約一〇〇〇億円）等として地方自治体に交付し、原発建設推進のために使ってきた。原発に反対する人々も、電力を使う限り、原発推進の金を支払わなければならない仕組みとなっている。いまこそ、この

仕組みは見直されなければならない。何のメリットもない、逆に大被害を被る電力需要者・利用者が、被害を起こした元凶である原発建設に有無をいわさず金を取られ、その上、事故処理に負担を強制される。これを可能にしてきた「総括原価方式」は、抜本的に見直されなければならない。

（注４）熊本一規『脱原発の経済学』緑風出版二〇一一年、参照。
（注５）この点は大島堅一『再生可能エネルギーの政治経済学』東洋経済新報社二〇一〇年、第三章で詳しく展開されている。

（三）電気料金引上げに関して

東電は、「平成二四～二六年度の年平均総原価は、前回改定（平成二〇年度）と比較して、総合特別事業計画における合理化（二七八五億円）により、人件費、資本費などを削減するものの、原子力発電所の稼働低下等に伴う燃料費、購入電力料や緊急設置電源に係る費用などの増分(六二二八億円)を吸収しきれず、三四四三億円増加となる見込み」で、総原価は五兆七二三一億円となる。これに対し現行料金を継続した場合の収入見込みは五兆四六八億円なので、六七六三億円の不足となる（表Ⅰ―12参照）という。「お客さまには大変ご迷惑をおかけし、誠に申し訳ございませんが、規制部門（家庭用）については一〇・二八％の値上げをお願いせざるを得ない状況にあります。自由化部門（企業むけ）は一六・三九％の値上げとなります」として、家庭用電気料金の値上げ申請を行った（二〇一二年七月一日実施）。

これに関して若干の問題を指摘しておこう。

①「総括原価方式」が十分見直されず、利用者家庭が不当な負担を被った上での、料金引上げである。料金引上げは、原発で被害を受けた家庭にも及ぶ。

②値上げの理由は、原発が稼働しないので火力発電の増大に頼るしかないが、火力発電の原価の七割を占める燃料（石油、ＬＮＧ）価格の負担が増大するから、ということである。たしかに火力発電燃料費は事故前（一〇年度）一兆四八二一億円に対し、今後三年間の年平均で二兆四九〇四億円と一兆円近く増大する。しかしすでに3・11以降東電は「燃料費調整制度」によって料金を引上げてきた。今回の値上げはその上の値上げであって、一一年三月比、標準家庭（三〇アンペア、二九〇キロワット／時）で約一九％の値上げとなる。しかも前述したように、ＬＮＧ価格は国際価格比約一〇倍、原油についても投機で引上げられた価格に従っている。シェールガス等の調達・輸入（三菱商事等は北米最大級の埋蔵量を持つ鉱区の権益を獲得、近々生産を開始する）によって、燃料価格上昇は抑えられるが、それは無視されている。

③家庭用一〇・二八％の料金引上げよりも、産業用の料金

引上げ率（一六・四％）が高くされているが、もともと家庭用の電力単価（東電、二〇一一年三月、二四～二五円）に対し産業用電力単価は一三円八四銭と約半値である（当然値上げ額は少ない）。大企業向け料金が安い分を、家庭用の料金を高くしてカバーしてきた。しかも大企業は、料金が引上げられコストが高くなっても、販売価格に転嫁することになる。家庭用の値上げは生活圧迫になる。しかも東電の〇六～一〇年度五年間平均で、家庭用の電力販売量は全体の三八％であるが、これによって得る利益は九一％にもなっている（経産省、電気料金審査専門委員会。『朝日新聞』二〇一二年五月二四日）。

④人件費等リストラに関しては、今後一〇年間で計三兆三〇〇〇億円程度の経費削減――取引先（下請け等）からの調達価格約一割引下げ要請、社員の給与二割、人員約一割削減――を行う、としている。前述のように、値上げを抑えるため、もっと人件費、賃金を切下げ、雇用も削減すべきだ、という主張が行われている。

しかし下請けコスト切下げ、賃金・雇用切下げ・削減は、決して利用者・国民の負担軽減のためなどではなく、資本家的企業の利益確保・増大のためのコスト切下げであることを明確にとらえなければならない。原発に関していえば（この点は具体的にとらえなければならないが）、危険な高い放射線の中で働く労働者、とくに下請け労働者の労働条件、賃金の改善こそ急務である。社員平均の賃金が他部門の大企業賃金より高い、社会保険料も企業負担が多く、労働者は優遇され過ぎていると叫ぶのは、賃金引下げ競争をあおって、コスト切下げ・利潤増大を図る資本家的企業に乗せられるのであって、決して労働者、勤労国民のためにはならない。むしろこれに乗せられれば自らの賃金はさらに切下げられることになるという認識を確立することが必要である（電力利用者の多くは労働者である）。東電社員の一定の高遇に関しては、そのことによって労働者としての意識が殺がれたこと、原発反対の意識を持ち得なくさせられたことを問題にしなければならないのである。

コストを下げれば利用者・国民の負担は軽減される、ととらえるのは、東電の資本家的企業としての本質・意図を見失うことになる。その意図は、原発による利益獲得の利権構造の維持・確保にあるのであって、原発事故、事後処理に関わるコストを国を通して国民・労働者に転嫁させること、そしてこの機を利用してリストラ・合理化を進め、利益確保・拡大の条件を整えることにある。ここでは触れられなかったが、電力自由化推進の主張が強まっているが、それは各種電源、送・配電各部門を利潤獲得目的の事業とする企業間の競争を激化させることになるが、これによって、働く労働者（下請け企業を含めて）の労働条件、賃金がどうなるかを明らかにしなければならない。

三　私的独占体を直接救済する国家

東電「総合特別事業計画」を通して、一私的企業でしかない東電に対し、国家・政府が、莫大な資金（税金と国民負担）を注入して、救済し、資本家的企業として再建しようとしているか、をとらえてきた。

ここからとらえなければならないことは、新自由主義と国家の関係―新自由主義の展開によって資本家的国家はどうなるのか、ということ、そしてそれを通して一体国家としての〝公〟的性格とは何なのか、これに対して労働者（社会存立の根拠としての実体の担い手である）にとっての〝公〟〝公共〟とは何なのか、（そして、その再生はいかに）、ということである。ここでは要点の指摘にとどめる。

（一）新自由主義の展開と国家

新自由主義政策の柱は、規制緩和・撤廃と公的事業の民営化・私的資本家的経営への転化にある。規制撤廃は、金融独占体の自由な行動、利潤追求活動を保障するものであり、公的事業として行われてきた教育・福祉（医療）など生活の社会的条件に関わる事業の民営化、交通・通信、水・電力、道路など産業インフラに関わる事業の民営化、私的資本家的企業化である。公的教育・福祉事業にしても、産業インフラ事業にしても、公的事業として公的資金（財政資金＝税金）で行われる限り、事業自体としては利潤獲得を目的とするものではない。とくに前者に関しては、労働者民衆の人間としての生活の維持・向上に関わる（人権に関わる）ものである限り、万人に等しく保障されなければならず、個々人の料金負担能力に任せるものであってはならない（ここに本来の〝公共〟性がある）ものである。交通・通信、水・電力等々についても人間生活の格差なき保障に必要な限り、個々人の負担としてではなく、公的資金によって運営されなければならないのである。

新自由主義はこれらの事業を私的資本家的企業の利潤獲得の場とする。私的資本家的企業の利潤追求の自由を保障するということから、教育・福祉等の事業への公的資金の支出を抑制・削減し、さらに公的事業自体を廃止する一方、事業はコスト・採算＝利潤原理を基準とするものとなるので、一方ではコスト削減（雇用削減、賃金切下げ、下請け利用）、他方では支払い能力ある者にしか供給しない（自己負担）が求められる。基本的人権保障は破壊される（本来の公共性の解体）。産業インフラに関しても、私的資本家的企業に委ねられるが、ここではむしろ私的資本の利潤を保障する措置が採られる。新自由主義の本質は、私的独占的資本に経済を任せるものであり、利潤が得られる限り、産業インフラ事業も私的資本が担当しながら、利潤確保のために国家を、財政資金を利用することになる。原発による電力供給の私的資本家的経営はその典型であった。原発は、核兵器と不可分であるところから政治・軍事と結びついているだけでなく、放射能汚染の危険性が避けられないところからその危険に伴う立地難、事故・事後（廃炉・廃棄物処理）対策は、私的資本家的企業による自立的経営では対応しえない性格のものであったが、それを私的資本家的資本の利潤追求の場として国策として推進してきたことから、莫大な財政資金の支出なしには運営しえなかったのである。私的独占資本による国家・財政の私的利用——これが原発の本質であったが、それが国民にとって生活に必要な電力供給に不可欠だとか、地球温暖化対策上重要だとか様々な粉飾によって隠蔽されてきたのであるが、この大事故の中で本質が明確に現れた。

（二）独占体を救済する国家—まやかしの国有化

　金融危機の中で自ら金融バブルを演出し巨額の利潤を獲得してきた大金融機関が、バブル崩壊による大損失を被り経営危機に陥ったが、今日の国家はこの金融資本を財政資金を注入して救済した。国家は金融資本＝私的資本を直接に税金を使ってその経営を維持する（実際の力関係からいうと後者が前者＝国家を自らの私的経営維持のため利用するととらえるべきである）——それが今日の国有化である。いま東電の経営危機の中で行われている東電救済策は、このまさにまやかしの国有化である。しかもこれは、国家資金の返済を確実にするためと称して、利用者・国民に対する負担と労働者に対するリストラを強要する。ＩＭＦ、ＥＵ資金での救済と引きかえに財政緊縮を強要されているギリシヤの事態の、国内版である。

　新自由主義の進展は、私的資本がついに国家の〝公〟的性格を奪い、解体化させ、私的資本奉仕の機関とするまでになった。

　この事態の中で、人間社会にとっての本来の公共性とは、人間生活の格差のない保障、まさに人間として生きる権利、生きる基盤の保障にあるということ、この保障は、利潤原理を基準とした資本・独占体の支配とこれを維持しようとする国家の下では不可能なのであり、これを変革することによって可能となることを確認しよう。

（『進歩と改革』二〇一二年七月号）

第3章　金融・財政危機から国家の危機へ
——多国籍金融資本支配のもたらすもの

第一節　金融危機から財政危機へ

はじめに——民衆の期待は裏切られた

二〇一二年、民主党政権三年目の野田政権は、新自由主義路線に回帰してしまった。民主党政権への民主党の期待は確実に裏切られた。十二年末総選挙で民主党政権は破れるべくして敗れた。野田民主党政権は、一般消費税引き上げは、社会保障支出維持・充実のためだ、という。そういいながら、社会保障支出も「身を切る努力」が必要だという。前原民主党政調会長（当時）は、「社会保障は無駄の宝庫」とさえいった（二〇一二年二月九日、衆議院予算委）。「無駄」をなくす——それは何より社会保障を削るということなのである。

原子力発電についても、ストレステストの確認の上であたふたと新安全判断基準なるものを策定（同四月五日）し、再稼働に向けて走り出した。地元自治体の了承をふまえてといっていたのに、「地元の同意は法律上、必ずしも義務ではない」（藤村官房長官・当時）という。すでに原発が稼働しなくとも電力供給は不足しない、真夏のピークでも不足することはないことが確実に見通せるのに、電力不足に陥らないために再稼働が必要だと主張して。

朝鮮民主主義人民共和国の人工衛星打上げに対し、この政権はそれは弾道ミサイル発射だ、危険だから爆破すると破壊措置命令を発令し、PAC3などの実戦配備まで行っている。人工衛星発射に用いられるロケットは弾道ミサイルに使えるからという理由で——しかしそういうのなら、日本の場合にも妥当する。朝鮮は別だ、危険な国だからというしか理由はない。このような全く不当な脅威宣伝によって全く無駄なイージス艦・PAC3は必要、日米同盟は国民の安全に不可欠だという。これが欺瞞であることは明白なのに、マスコミは全面的に脅威宣伝に同調している。こうして財政支出上最大の「無駄」が手つかずになる。民主党政権は、「コンクリートからひとへ」「経済あっての人間から人間のための経済へ」といって民衆をひきつけ政権を獲得した。ところがこれを実現しようとすれば、財界とアメリカ政府・軍部の要求に従った自民党政権の政策を転換させなければならない。しかし鳩山政権は、財界とアメリカ政府の強力な壁にはばまれ挫折した。菅そして野田政権は、この壁を突破するどころか財界とアメリカ政府の要求に即した政策に回帰してしまった。しかし、にも拘わらずその政策は国民のため、民衆のためだといい続けようとするのだから、国民を欺瞞する以外になくなるのである。

しかしすでにこの欺瞞は現実に暴露されてきている。民主党政権のとる政策は、国家の〝公〟的性格――それは日本の民衆すべての差別なき生活安定、平和的生存権確保にある――を放棄し、ひと握りの財界＝多国籍大資本の利益、そしてアメリカはじめとする帝国主義的利益に奉仕するものとなっているといわざるをえない。と同時に、公的性格を放棄した国家では、民衆から税金を取立てる根拠はないことを強調したい。生活・人権の維持・確保に何ら寄与しえない政府に国民・民衆は税金を納める義務はない。しかしこの政府は、さらに民衆に増税を課そうという。どのような理由で、どのような手を使って、これ以上民衆に負担、犠牲を課そう、取立てようとするのか。残された手段、国民統合策は、欺瞞と強権発動以外にないのではないか。大阪市長橋下（当時）、そして維新の会の動向は、明らかにこの方向を示唆しているように思う。

この国家の危機、国家の国民統合の危機の下で、私たちの課題は何か。カネ儲けの追求ではなく人間の命を守ることが決定的に問われているのである。

一 「社会保障と税の一体改革」とは

(一) ギリシャの危機の教訓

「社会保障と税の一体改革」。民主党政権は自民党と合意して改革にのりだした。――それはギリシャのようなソブリン危機に陥らないための財政再建の方策なのだとして。しかしこの主張はごまかしでしかない。たしかに日本の財政状態は、国（地方を含む）の債務の対GDP比率は二二〇％を突破し世界最悪である。

しかし第一に、ギリシャは経常収支が継続して赤字であるのに、日本は黒字である。ということは、国家的にギリシャは資金不足であり外国からの借入れが必要なのに、日本は資金過剰であり、むしろその運用をどうするかが課題となっている。だからギリシャの国債は外国に売出さなければならないのに、日本の国債は現在のところ九〇％以上国内消化されている。

第二に、ギリシャはユーロ圏に参加していることから、共通通貨ユーロを使用せざるをえないので、自国通貨価値の調整（切下げ）によって輸出競争力強化策を採れない。日本の場合は米ドルを使わざるをえないので、ドルの価値変動（ドル切下げ）の影響を被ることになるが（これがドイツとの差である）、円の価値操作（円高回避策）は可能である—しかしこれがマネー過剰をもたらすものとなるが。

第三に、ギリシャのソブリン危機の直接の契機はたしかにギリシャ国債の価格低下—格付け切下げにあった。日本も早めに財政危機対策を講じないと格付けを下げられ、信用が低下してしまうという危機感がある。このとらえ方は、今日の世界的特徴である金融機関による投機を前提にしている。投機的市場の動きを前提しこれに対応するということでは、実際は国内的にいかに対応しようにも対応は不可能なのである。金融危機そのものを規制しなければならないのである。

第四に、これが重要なのであるが、ギリシャはＥＵ、ＩＭＦの救済融資を受ける条件にして、財政支出削減（福祉支出削減）、増税（消費税、所得税引上げ）策を進めている。これが大量の失業をもたらして経済を破綻させ、さらにスト・デモの激発によって社会的秩序を混乱させ、危機を深めている。財政支出（福祉・公的事業支出）削減そして増税は、財政収入（税金）の基盤（実体経済）を解体化させることによって、かえって財政再建を困難化させるものとなっている。ギリシャの危機に見習うのなら、この点を教訓化しなければならない。

（二）消費税引上げ・社会保障支出削減では財政再建にならない

「社会保障と税の一体改革」とは、内実は社会保障支出の可能な限りの削減（「身を切る」削減）、そして大衆増税そのものである（しかも逆進的な）消費税引上げであり、労働者・民衆にとってはまさに一体改悪である。消費税引上げを国民に納得してもらうには、財政支出の「無駄」を徹底して削らなければならないとして、労働者民衆にとって生活維持上不可欠な社会保障支出を「無駄」だとして切りつめようとしている。一〇％への消費税引上げで民衆は一三兆円負担増、社会保障費切りつめで七兆円の犠牲、計二〇兆円余の負担と犠牲を押しつけられる。これが「一体改革」の内実である。しかもそれが財政再建になり、成長実現に必要だという。

第一に、民主党菅政権（当時）の「一体改革」の「成案」（二〇一一年七月一日閣議報告）において社会保障支出のとらえ方（概念）が決定的に変えられてしまった。この中で「社会保障」というのは、「個人の尊厳」に基づくということから、「自立・自助を国民相互の共助・連帯の仕組みを通じて、支援していくことが基本である」としている。ここには「公助」が消されている。これはどういうことか。資本主義の下で必然的にもたらされる失業・貧困、それは「自助」による生活維持を不可能にする。子どもたちの教育も、病院にかかることもできない。それは決して労働者自身の責任ではなく、資本主義社会が招いたのである。失業者・貧困者にも人間として生存権が保障されなければならない。「自助」で生活が維持できなければ、「公助」で国・自治体の責任で保障しなければならない。「公助」をなくす—それは失業者・貧困者は、生活が困難になっても、病院・学校に行けなくなってもよい—要するに「自立・自助」という名の下での死の宣告ではないか。

「共助」というのは、医療保険、年金、介護保険などの社会保険である。しかし保険料を払えない労働者・民衆はどうするのか。それは「公助」、国家そして労働者の労働から利潤を吸上げている企業の負担で保障されなければならない。これを削除する—保険料を支払えない者は死んでも仕方ない、ということになる。さらに「共助」に関わって、現役世代の負担では少子高齢化でとても高齢者の生活を維持し切れなくなる—だから高齢者の負担を高め（保険料引上げ）、給費を削減（年金引下げ）が必要という。世代間の負担「共助」では確実に社会保障・生活維持は困難である。だから国、そして企業の負担—「公助」が必要なのだ。それを切り捨てる—それは社会保障の切り捨てであり、憲法二五条の完全な形骸化・廃棄といえよう。

第二に、この点と関わって社会保障の維持を求めるなら増税が必要だ、ということから、さらに社会保障は増税—消費税増税で賄えという主張が出ている。消費税の社会保障目的税化、である。これは逆にいえば、消費税による税収で、社会保障を賄え、ということ、だから企業の社会保険料負担や、国の他の財源による負担はしない（軽減する）、ということになる。福祉を求めるなら負担しろ、負担しないのなら福祉はあきらめろという国民全体としての「自助」努力、自己責任の強要—要するに新自由主義の徹底である。

しかし第三に、このことがどうして財政再建になるのか、そして成長をもたらすことになるのか。

たしかに、財政支出を削減する一方、消費税引上げで増税を図るのだから、その分財政負担は減少し債務は減少する。しかし財務省によると、一二年度の新規国債発行額は四四・二兆円、年度末発行残高は六九六兆円の見込みだが、「一体改革」で消費税率を一四年四月に八％、一五年一〇月に一〇％に上げてでも歳出増―社会保障費や国債元利払い費など―が税収の増加を上回り、一五年度の新規発行額は四五・四兆円に増える、という。このため国債発行残高は、一五年度末には八〇〇兆円を突破し、税率一〇％の消費税収入が年間通して入ってくる一六年度以降、仮に新規発行額を一一年度と同額に抑えたとしても、国債発行残高は二一年度には一〇〇七兆円になる―つまり財政危機は克服されずかえって深まる、と試算している。だから財政再建にはもっと消費税率を高めるか、財政支出・社会保障支出をさらに切りつめるしかないという――しかしそれは明らかに内需・実体経済基盤をほりくずすことになってしまう。

重要なのは、国民の「共助」―負担の分担の中に、「法人」、資本家的企業は入っていない。それどころか、法人企業にはさらに減税を図ろう、ということである。それによって競争力を高め、輸出を促進し、成長を実現しよう、というのである。しかも内需の面でも、高速道路や整備新幹線建設・ダム建設を再開させて、大企業に需要をつぎ込もう、震災による被害復興のためにも大手ゼネコンに発注を増やすという政策が進められている。「惨事便乗型資本主義」（ナオミ・クライン『ショック・ドクトリン』）の導入である（第Ⅰ部第1章参照）。―このような大企業の優遇策、競争の強化策で、成長が実現し、財政危機は克服されるのか、危機の原因をとらえながら、この点を明らかにしよう。

二　金融・経済・財政危機の三つの根本原因

日本経済は、第Ⅰ部第一章第三節でみたように、一九八〇年代のバブルが崩壊し不況に陥った後、九〇年代半ばから今日に到るまで、ＧＤＰ＝実体経済は全く成長していない。すでに〝失われた二〇年〟を越えている。この間、国債発行増大によって財政支出拡大（公共事業支出中心に）を行ってきた。そして法人企業に対しては、法人税減税、リストラ促進によって競争力強化、利潤拡大策を講じてきた。資本の自由活動を保障し拡大するということで、規制緩和・撤廃、公的事業の民営化―新自由主義政策を推進してきた。それにも拘わらず、実体経済は回復、拡大せず、逆に縮小化している。

しかも金融危機が深刻化した九〇年代末には金融機関の経営危機に関わって、国家資金の個別金融機関への直接的投入、金融機関のかかえる不良債権の国家による買上げによる処理という、〝公〟的であるはずの国家が、〝私的〟資本家的企業に資金投入して経営を救済するという、歴史上かつてない措置さえ採った。リーマンショックによる金融危機の深刻化の中で、欧米資本主義各国でも、直接金融独占企業に国家が資本を投入して経営を救済する（反面労働者に対してはリストラを強要する）という危機対策を行っている。その下で金融危機が国債増発による財政危機・ソブリン危機をもたらし、金融危機―財政危機の連鎖という前代未聞の事態が生じている。

このような金融・経済・財政危機をもたらした原因はどこにあるか。私はそれを次の三つの要因にある、ととらえている。

第一に、大企業の競争力強化策自体である。第二に、実体経済から遊離した金融の膨張、肥大化であり、それをさらに促進させる財政・金融政策である。そして第三に、対米関係―日米軍事同盟による日本の〝国益〟喪失、成長制約である。これら三つの根本原因に関し基本的なポイントを指摘しよう。

（一）大企業競争力強化―その下でのリストラ推進が実体経済を壊している

財政支出拡大―需要拡大をテコとした景気上昇が挫折し、減量合理化（省エネ、省資源、省力化）によるコスト削減によって資本家的企業の利潤を維持し景気回復を図ろうとする政策は、一九七〇年代後半のスタグフレーション克服策として推進されはじめた。それは新自由主義政策導入のはしりであった。製品価格を引上げずにも一定の利潤を確保する―コスト、とくに賃金コストを抑えて競争力を強める、それが景気回復―成長実現の基本要因とされた。

その下で八〇年代半ばまで、日本の輸出産業大企業は競争力を強め、輸出拡大によって世界市場を圧倒した。大企業競争力強化による成長実現は現実に実証されたように思われた。しかしその間国内需要の基本である労働者・民衆の賃金・収入は生産性上昇の限度内に抑えられ、いわゆる労働分配率は下落し続けていたことを指摘しておかなければならない。

日本の輸出産業大企業の競争力強化に対抗して欧米資本家的企業は対抗策を展開しはじめる―新自由主義政策を本格的に導入して。転機は一九八五年のプラザ合意による円高転換（一ドル＝二五〇円から一二〇円に）であった。こうして本格的な資本主義諸国間の、直接には各国大資本間の世界市場争奪戦の展開となる。その下で日本経済は八〇年代後半バブルが膨張した。大企業が輸出拡大で利潤を獲得し資金が十分ある上に、円高対策として利子率が引下げられてカネ余りが生じ、過剰資金が株式投機、土地投機につぎ込まれたからであった。

しかしバブル崩壊とともに九〇年代以降日本経済は不況に陥り前述のようにＧＤＰは回復拡大していない。しかしこの間、大企業競争力強化策はさらに推進され、法人税は引下げられ、大企業に需要をつぎ込む公共事業支出は増大し続けた。

しかしこの大企業の競争力強化策こそが、実体経済回復を阻害し財政危機を深めるものとなったのである。

①第一に、バブル破綻による不況下で、大企業は不況乗り切りを図るため、リストラを強行したことである。雇用（中間管理職まで含めて）は削減され、賃金は切下げられた。実体経済維持に関わる国内需要の基本である労働者・民衆の消費需要は縮小してしまう。

国債増発により（そしてアメリカ政府による構造調整―内需拡大要求もあって）一気に公共事業支出が増大する。しかしリストラ推進の下でこれは一向に需要波及効果をもたらさない。そこで財界はさらに競争力強化を図るべく、労働領域の規制緩和を要求する。その下で輸出産業大企業は輸出拡大で利潤を得るが、輸出拡大―貿易黒字によってさらに円高が進む（一九九五年、一ドル＝八九円台に）。円高―リストラ―貿易黒字―円高の悪循環。大企業はその下で国内生産―輸出増大から海外生産にシフトする（これは次の第三点でさらに扱う）。内需の基盤は、産業空洞化によってほりくずされる。景気（ＧＤＰ増大）は〇三～〇七年にかけ若干上昇する。（第1章第三節でみたように）戦後最長の景気上昇だなどといわれたけれども、上昇率（名目）は〇・二～〇・八％とほとんど停滞といってよい状況であった。この景気上昇局面の特徴は、企業、とくに大企業収益の著しい増大、反面労働者の賃金の継続的低下（民間賃金支払総額は九八年以来連続低下となっている）である。日雇派遣労働が解禁されると同時に、企業は正規労働者を減少させ、雇用増はもっぱら非正規の日雇い労働、派遣労働だけという状況になる。ワーキングプアの増大である。労働分配率はとくに大企業において低下した。これが労働領域の規制緩和の効果であった。

景気回復は、大企業の収益を増大させるだけで労働者の賃金も雇用も回復させない（だから労働者の立場で景気回復・上昇を期待するのはナンセンスだ）―これが今日の資本主義における景気回復の本質なのである。

②第二に、九〇年代後半、そして二一世紀に入って、新興国（韓国、中国、インド、ブラジル）そして途上国が市場競争戦に本格的に参入し文字通りグローバル大競争戦という事態になった。資本主義各国は、このグローバル競争戦への対処をせまられる。

新興国・途上国は、積極的に資本主義各国（ＥＵ等の地域）とＦＴＡを結び、資本主義国企業を受入れ、技術導入を積極的に進める。技術的、したがって生産性の側面では資本主義各国企業と直接匹敵しうる水準を実現する。となると、競争戦の勝負はストレートに賃金コスト如何にかかってくる。

資本主義各国のこの競争戦への対処の仕方は、各国の世界経済の中の位置によって一定の違いがある。アメリカの場合は、基軸通貨・ドルの特権活用である。それは、ドル価値引下げ（ドル・ダンピング）である。それはしかし、各国のドル離れ―ドル体制からの離脱の傾向を強めるが、ドルに代る基軸通貨は形成されないし、ドル離脱に対してはアメリカ政府は軍事力をバックに制裁の脅しをかけてドル体制を維持しようとする。このアメリカ政府のドル・ダンピングは、しかし各国の抵抗、通貨高対策（ドル買い円マネー供給増大に示される）によって実効性は減殺される。反面、これによって生じるのは、世界的なマネー過剰である（後述第二要因、金融肥大化に関わってくる）。

ＥＵ、とくにドイツの場合には、ユーロ圏内ではドルを使用する必要がない、共通通貨ユーロを使用するので、その限り貿易、経常黒字を出しても通貨高に見舞われない。輸出産業企業の圧倒的な生産力の高さによって、ドイツはＥＵ圏ではひとり勝ちとなる。しかし、それによってユーロ圏内不均衡を拡大させ、調整策（ギリシャ支援に示されるような）をとらざるをえない。そのこともあって、ドイツとしてもユーロ圏外のグローバル競争戦への対処がせまられる。ドイツにおいても賃金コスト引下げ、法人税率引下げ等によって輸出産業企業の競争力強化を図らなければならない。

日本の場合には、独自な経済圏を形成しえていない。八〇年代以降、グローバル競争の中で、日本の輸出産業大資本中心にアジア経済圏形成―ドルに依存しない通貨圏形成を図ろうとしたが、アメリカ政府によって阻止された。ドルに依存せざるをえない関係が続いている。民主党政権下で、とくに三・一一以降日米同盟強化、アメリカ多国籍企業中心の自由貿易・投資関係＝ＴＰＰ参加が進められている（これについては、第三要因として後述する）。ドル体制依存の下で日本経済、とくに輸出産業企業はくり返しドル安―円高による競争力低下の打撃を被ることになる。円高回避のための円マネー供給増・ドル買いを行いながら、各企業は円高による競争力低下に対し一段と賃金引下げ、雇用削減で競争力強化を図ることになる―それによってさらに内需は縮小する。

いずれにしても、グローバル競争戦への資本主義各国の対応策は、賃金コスト切下げによる競争力強化が中心となる。資本主義各国ともそれぞれ国内的に賃金抑制・引下げ、雇用削減によって実需を縮小させている中で、まさに縮小した実需を奪い合う競争戦を演じている。この競争を野放しにすれば、歯止めはなくなる。日本の財界首脳がいうように、日本がこの大競争戦に勝つには、新興国、さらに途上国なみの賃金に引下げなければならない、ということになる。――しかし生活水準―歴史的・文化的、生活慣習上の基盤、自然環境をふまえた生活環境が違う以上、途上国なみの賃金水準への切下げは現実には不可能である。しかし途上国なみの賃金水準に引下げ賃金コストを低下させなければ、競争戦に勝てないというのは財界のまさに資本としての本音である。競争戦に勝つには、労働者民衆の生活を破壊する以外に手がなくなっていることをとらえなければならない。

現実に途上国並み賃金引下げが無理だとしても、資本家的大企業は途上国、新興国の低賃金活用によって競争力強化を実現する方法がある。それは海外投資・海外生産の展開である。

③そこでこの点に関係して、第三に、財界が主張し、政府がそれに従っているように、法人税を引下げなければ競争戦に勝てない、法人税が高いから資本は国内投資・国内生産（雇用）をやめ、海外投資・生産にシフトするのだ、というのは果して妥当するのか、を考えよう。

実際途上国、新興国がグローバル競争戦に参入することに伴って、資本主義各国の法人税率（実効税率）が引下げられてきている（表Ⅰ―15）。日本の財界の中には、途上国なみ法人税への引下げが必要だという主張も出ている。途上国企業は、外国からの資金を含め、外部から資金を調達しなければ、資本蓄積を展開しえない。だから法人税を低くする必要がある。資本主義各国の企業は、すでにあり余る資金・資本過剰をかかえている。この主張は、この違いを全く無視している。その上でさらに法人税引下げを、ということになれば、

■表Ⅰ-15　OECD各国の法人税率推移（5年ごと、%）

	1991	96	2001	06	11
日本	50.0	50.0	40.9	39.5	39.5
韓国	−	−	30.8	27.5	24.2
フランス	42.0	36.7	36.4	34.4	34.4
ドイツ	56.3	55.9	38.9	38.9	30.2
オランダ	35.0	33.0	35.0	29.6	25.0
英国	33.0	33.0	30.0	30.0	26.0
米国	38.9	39.5	39.3	39.3	39.2
アイルランド	40.0	36.0	20.0	12.5	12.5
ギリシャ	46.0	35.0	37.5	29.0	20.0

OECD税データベースから一部の国について作成
各国とも国と地方を合わせた法人実効税率
韓国は加盟（1996年）後のデータ

引下げの歯止めはなくなり、限りなくゼロに近づくであろう。資本家的企業の〝天国〟だ。しかし余った資金の運用が問題になるが。

しかし法人税率が高いから資本は国内から国外に出て行ってしまう―産業空洞化、雇用機会の減少は、法人税が高いからだ、というのは意図的な誤った主張である。

九〇年代以降、日本でも法人税率は引下げられてきている（法人税率五〇％→三九・五％へ、表Ⅰ―15）。税収中の法人税（三税）収入の割合は、九〇年の六・四％から二〇〇〇年には三・七％、一〇年には三・一％に低下している（GDPが成長しない中での法人税収減少が、財政危機を深刻化させて

いるのである）。このように法人税が引下げられている過程で、資本の海外投資が拡大してきている。

日本資本、とくに輸出産業大企業の海外投資拡大は、法人税が高いからではなく、直接には貿易摩擦、そして円高回避が主要な原因である。八〇年代の円高、九〇年代の円高―それは国内生産・輸出に打撃を与えた。それを回避すべく資本は海外生産を展開したのである。とくに自動車、電機等の輸出産業大企業は、アメリカとの貿易摩擦回避ということからも促迫されて、対米直接投資を拡大した。アメリカの法人税率の高低はほとんど問題とされていない。

二一世紀に入って、中国、インド、東南アジアへの資本投資が積極的に展開・拡大している。この海外投資の積極的動因は何よりも、これらの国の低賃金労働力の活用によるコスト切下げにある。ここでもこれら諸国の法人税の低さはほとんど考慮外である。

日本の資本が海外で生産した商品が日本に輸出され、それと競合する日本の国内企業は競争に敗れ倒産するという事態が増大している。この逆輸入によって日本国内生産は減少し、日本の貿易収支は赤字に転じた。途上国、新興国の低賃金活用―利潤拡大をめざした海外投資が、国内生産空洞化、雇用状態悪化をもたらしている。TPPへの参加はゼロ関税の下で貿易競争戦を激化させるとともに、日本経済を日本の資本を含む世界の多国籍企業のいわば草刈り場にさせることになる。しかも資本の主役が、投機的金融資本中心になることによって、投機によって経済が翻弄、攪乱されることになる。

大資本の競争力強化―その反面としてのリストラ、賃金引下げ・雇用削減さらに日雇・派遣労働の活用によって、さらに低賃金の利用を目的とする海外投資の拡大の下で、日本の大法人企業には過剰賃金が形成・蓄積されている。不況―景気後退の下でも（法人税引下げもあって）、大企業の過剰資金はほとんど一貫して増え続けている。一九九七年の資本金一〇億円以上の大企業（金融・保険を除く）の内部留保額（資本剰余金、利益剰余金、各種引当金）は、一九九七年一四二兆円、〇〇年一七二兆円、リーマンショックの〇八年二四一兆円、一〇年には二六六兆円に積み上っている。しかもその上に、法人税をさらに引下げよう、というのである。

このような資金過剰こそが海外投資とともに、投機的金融部面に投資され、バブルをもたらしつつ、実体経済を攪乱・縮小させているのである（この点は第二要因、金融の膨脹、肥大化で、検討する）。

(二) 実体経済から遊離した金融肥大化

①金融肥大化の現実

アメリカのコンサルタント会社マッキンゼーの研究機関

（ＭＧＩ）の世界七九カ国を対象にした調査によると（図Ⅰ―７）、一九九五年、世界のＧＤＰ総額は約三〇兆ドル、金融・資本市場（株式時価総額、債券発行額、銀行等の貸出残高の合計）規模は約七二兆ドルであったが、二〇〇〇年以降急激に金融・資本市場が増大し、二〇一〇年の金融・資本市場は合計二一二兆ドル（約一京七一七二兆円）で、世界のＧＤＰ合計六三兆ドルの三・四倍に達している。この間世界のＧＤＰは約三三兆ドル増大しているが（日本はこの間ゼロ成長であった）、金融・資本市場は一四〇兆ドル増大した。ＧＤＰ（実体経済を反映する）の成長と関わらない、それから遊離した金融・証券市場の膨脹が示されている。

■図Ⅰ-7
世界のGDPと金融・資本市場の推移

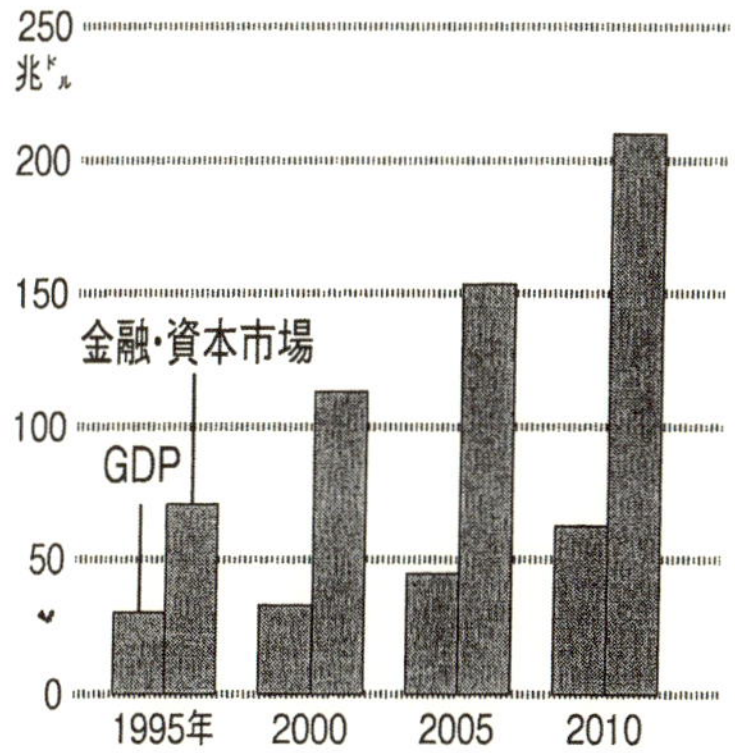

金融・資本市場は銀行などの貸出残高、債券発行残高、株式時価総額の合計。国連、Mckinsey Global Institute調べ
『朝日新聞』2012年2月29日

　国際決済銀行（ＢＩＳ）によると、二〇一〇年四月の平均で、一日当り外国為替市場のマネーは三兆九八一〇億ドル、これは一日当り輸出入総額の一五八倍である。実物取引に関わらない外国為替取引、そこに使われるマネーがいかに増大しているかが示されている。実体経済から遊離したマネーがあふれている。

②〝擬制〟資本市場としての株式・証券市場

　金融・資本市場の中で、金融機関の貸出額は、この間ほとんど増大していない（日本は減少している）。だから金融・資本市場の膨脹は、株式・証券（債券・金融デリバティブ）の増大によるものである。

　株式・証券の基本的性格は、〝擬制〟資本だということにある。たしかに株式（株券）は、利潤を生む現実資本の運動に根拠をもっている。利潤のうち株式所有者に分配される配当が資本還元（配当が利子とみなされ、その利子を生む元本価値があるものと擬制される）されて価値が形成される。その価値は、現実資本の価値（実物価値）とはちがい、擬制されたもの、それ自体としては〝虚〟・架空の価値でしかない。しかし株式に投資してそれを保有すれば、所有しているだけで（利子なみの）配当が得られる（価値が増える）―だからそれは資本（擬制資本）とされる。

株式の場合は現実資本の価値増殖（利潤形成）という根拠をもっているが、株式価格は現実資本の運動から遊離して変動する。そこには、利子率変動や、企業の業績（利潤獲得）の予測、これらの予測に左右される株式の需給関係が影響する。だからそこには必ず投機が伴う。

資金の借入れでなく、株式発行による資金調達は自己資本として現実資本の蓄積拡大（設備投資の増大による生産・事業拡大）の手段であったが、同時に株式（資本）市場では現実資本の蓄積から相対的に遊離して変動することによってその投機的投資による利得獲得（キャピタルゲイン）の動きが生じる。現実資本の蓄積が過剰化し資金過剰が生じている状況の下では前者より後者の側面が重要になる。今日では株式の売買による利得獲得を図る独自な資本（投資ファンド、ヘッジファンド等）が形成され、拡大している。その下で株価至上主義――様々な手段（株式発行・増資制限、自社株買い取り、借金のレバレッジによる株式投機、株価つり上げ目的のM&A等）を使って株価引上げを図り、売却して利潤獲得する動き――が台頭している。しかも現実資本に対しては利潤至上主義が要求され、不採算部門の切捨て、労働者の雇用切捨て、賃金カット、アウトソーシング等々が進められている。こうして株価の変動、投機的取引が逆に現実資本の運動を規制するものとなる。投資ファンドなどの特徴であった株価至上主義がいまでは現実資本の運動に侵入しその行動を支配するまでになった。

この動きと連動して、株式など一定の価値・剰余価値形成根拠をもつ証券だけではなく、それ自体に根拠をもたない証券―投機自体によって作り出された収入（サブプライムローンの利払い、損失保証料収入など）が証券化（擬制資本化）され、売買・投機の対象となった。さらにこれらの証券を混ぜ合わせ切り分けて証券の上に形成される証券が組成され投機の対象とされ、膨脹した。擬制の上に立つ擬制の展開である。これらの証券・金融デリバティブの価格根拠が全く不明であることによって、その価格はほとんど格付会社の格付けだけに依存するものとなってしまった。

いまでは財政赤字補填の国債が金融機関等の投機の対象とされている。日本の国債売買市場規模は〇五年以降急拡大し、〇七年には一京五〇〇〇兆円（〇九年九〇〇〇兆円）になっている。まさに国債バブルである。

確認しておかなければならないことは、株式・証券価格自体はGDPに含まれない（擬制であるから）し、その売買に伴う利益は、それ自体に根拠はない（社会的には他の所得の収奪によるもの）ということである。だから株価が上昇し売買益が得られても、社会的には新たな資金は形成されない（だから株価上昇を持続させるには、中央銀行によるマネー供給の増大によるほかない）、ということである。

③金融・証券＝擬制資本膨脹の原因

何よりも第一に、日本の金融機関（銀行、信用金庫）には資金過多がある（カネ余り）―直接には貸出に使われる以上に預金がある、ということである。日本の銀行（信用金庫を含む）の預貸率は、九五年時点で一一五％であったが、二〇〇〇年に入って一〇〇％を割り込み、〇五年には八〇％、一一年には七四％にまで低下している。預金総額約六〇〇兆円中二〇〇兆円弱が過多となっている。

この資金過多の原因は、実体経済に関わる資本家的産業企業の資金需要が増えず減少し続けていることにある。それは前述したグローバル大競争の中での資本家的大企業のリストラ、雇用圧縮・賃金切下げによって国内の実需が減少し、産業企業の供給能力の過剰が続いている（一一年一〇～一二月期の需給ギャップは約一五兆円、GDP比五・四％）からである。産業企業はリストラによって利潤を拡大しているのに、それを国内で設備投資の増大に使わないから自ら余裕資金（資金過剰）を持っている（一二年三月期決済の上場企業―金融・電力、新興二市場を除く―の手元資金は一一年一二月末約六〇兆円と過去最高水準である）。だから銀行から資金を借入れる必要はない。

銀行自身にも融資を減らす原因がある。不良債権問題が生じ金融危機に襲われた九〇年代末には銀行は経営危機の中で融資を減らした。不良債権問題は〇五年までに一定の目途がついたけれども、貸出はなお減り続けている。それは、実体経済が回復せずそれに関連する産業企業、とくに中小企業の成長が期待しえないので、それへの融資を減らし、過剰化した資金を国債・国庫短期証券に運用しているからである。むしろ後者への資金運用が逆に産業企業への貸出しを減らすものともなっている（図Ⅰ―8）。しかしそのことによって

■図Ⅰ-8　銀行保有資産の推移（構成比）

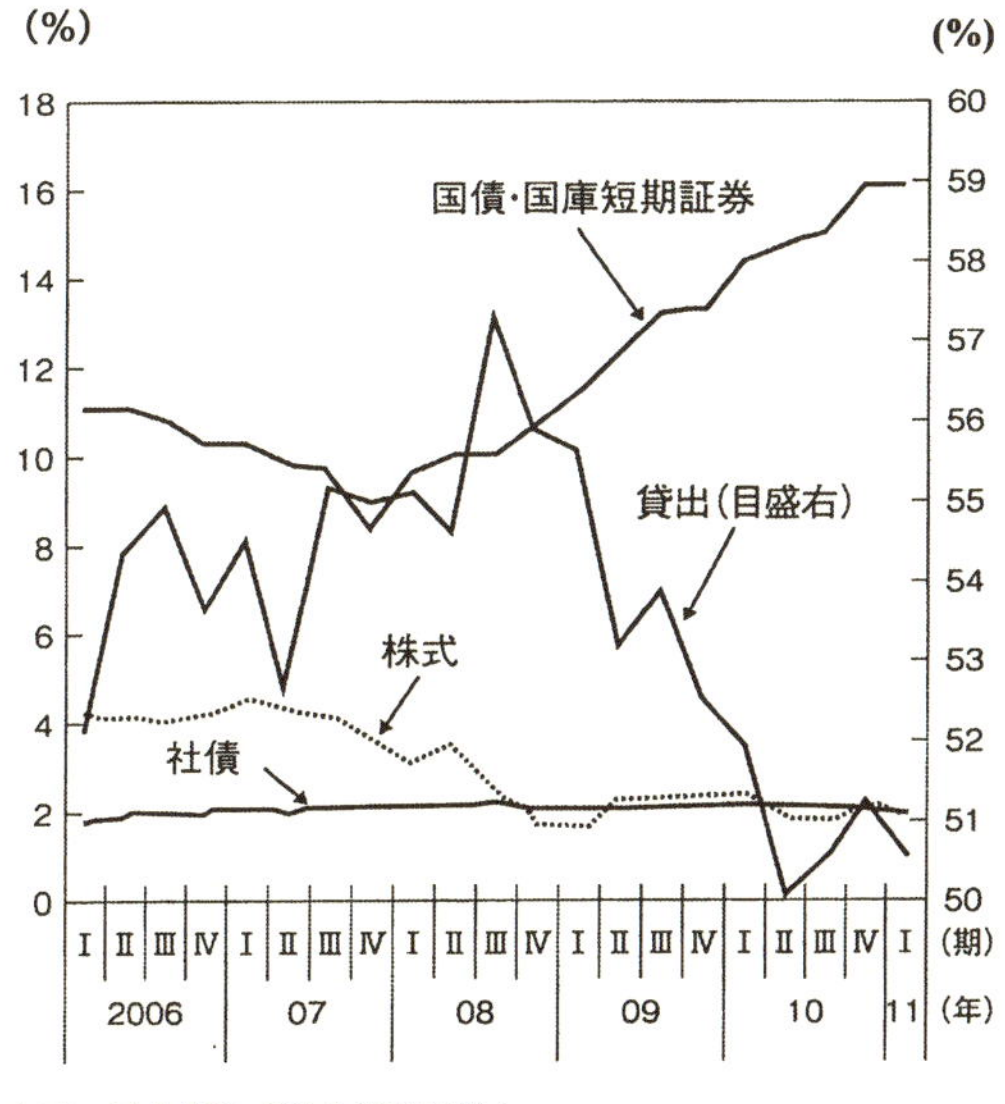

出所：日本銀行「資金循環統計」
「貸出先別貸出金」より。

銀行は、国債バブルをひき起こし、バブル崩壊によるリスクをかかえ込むことになる。

第二に、このように銀行・金融機関が資金過多をかかえているのに、この間の政府・中央銀行の財政・金融政策は、資金過多を一層増大させる政策、ゼロ金利の上に金融量的緩和策を導入している。日本だけでなく欧米諸国もこれ以上金利引下げはできないというゼロ金利の中で中央銀行による国債・証券買取りによるマネーのつぎ込みを続けている。ECBは一一年一二月、政策金利を過去最低の一%に引下げ、総額四八九〇億ユーロ（約五〇兆円）を期間三年で金融機関に供給することにした。FRBは一二年一月の連邦公開市場委員会で〇八年一二月に開始したゼロ金利政策をさらに一四年末まで続けるとした。日本銀行は一二年二月「中長期的物価安定の目途」を一%とするという実質的なインフレ目標を導入し、資産買入れ資金規模を五五兆円から六五兆円に増やした。さらに四月二七日日銀は追加金融緩和策を決定した（表I―16）。

中央銀行が銀行券を増発して通貨供給を増やしても、それはそれ自体実需（消費需要、投資需要）を増やすことにはならないことは自明である。政策サイドも分っているはずである。二一世紀に入ってくり返し採用されたゼロ金利・金融量的緩和策が、実体経済の回復をもたらすものとなっていない、

■表Ⅰ-16　資産買い入れ基金の規模

	従来の規模	追加金融緩和後
長期国債	19兆円	29兆円
国庫短期証券	4兆5000億円	4兆5000億円
社債、コマーシャルペーパーなど	5兆円	5兆円
ETF	1兆4000億円	1兆6000億円
REIT	1100億円	1200億円
低金利融資枠	35兆円	30兆円
総額	約65兆円	約70兆円

(注)2012年4月27日金融政策決定会合によって決定。

そしてバブルを再燃させその崩壊をくり返すものでしかないことは事実によって示されている。でありながらなぜこの政策が採られ続け、さらに大規模化するのか。

a．擬制的金融肥大化―その価格根拠不確かな証券発行・売買が盛行し、銀行・金融機関が資金を証券投資に運用する中で、バブル破綻―金融危機が生じると、政府・中央銀行はパニックによる社会的破綻回避を図るということから、金融機関に資金を投入して救済する。財政資金投入―これを賄うための中央銀行による国債購入が必要となる。しかしこれは、財政資金（税金）による私的資本家的企業の救済である（これが財政危機の要因となる―後述④）。

b．金融肥大化―株価・証券価格の動向が、現実資本―実

体経済に関連する産業企業の動きを規制するものとなっている現実の下で、いまや景気対策の柱が、株価・証券価格の上昇を図ることにおかれるようになっている。実需縮小によって実体経済が回復せず、縮小し続け、しかもそれを縮小させる政策・動きが進んでいる中で、景気の維持・回復はゼロ金利、さらに金融量的緩和によって、金融機関による株式・証券投資増大を図り、それらの価格引上げ、さらにバブルをもたらすことによるほかなくなっている。

株価上昇はたしかに外観的には景気上昇が生じているようにみえる。しかし現在ではその根拠である実体経済─現実資本が回復せずその成長も期待しえない中での、まさに擬制的価格上昇でしかない。だから株価維持・上昇自体、超低金利とマネー供給の増大によってしか支えられない（ましてやそれ自体根拠をもたない証券価格の場合はなおさらである）。投機が資金需要の増大を必要としながら資金供給をそれ自体全くもたらさないことによって、その持続は必ず金利を引上げるのと同様、株式・証券価格の投機的上昇はそれ自体としては金利上昇をもたらして崩壊する。だから継続的にその価格上昇を図るには、必ず株式・証券市場の外から、マネーをつぎ込み続ける以外にないのである。

原発立地自治体が、原発に頼るしか財政を維持しえないように、株式・証券＝擬制資本の価格引上げ（株価至上主義）によって景気対策を図ろうとすれば、それはゼロ金利・マネー供給の継続的増大によるしかない─麻薬中毒者が麻薬を求め続けるのと同様に。しかし証券投機で金融機関が利得を獲得する反面、労働者・民衆は〝負〟の分配によって財産を収奪される。

c．日本の場合は、ドル体制の下に組み込まれていることから、アメリカの継続的な貿易・経常収支赤字とドルマネー供給増大によるドル価値低下─円高に見舞われている。日本のゼロ金利・金融量的緩和策は、アメリカのＱＥ（Quantitative Easing）によるドル価値引下げ─円高に対し、円マネー供給増大─ドル買いによって円高回避を図ることに狙いがある。しかしこのことによって円高は一時的に回避しうるだけ（一二年二月の金融量的緩和策は、株価上昇とともに円安をもたらしたがそれは四月には反転してしまった）である。構造的ドル安要因（アメリカの経常赤字・純債務国化）がある限り、ドル買い介入の効果は限られている。ドル価値の低下に歯止めがかからない中で、日本はドル建て外貨・米国債の減価による損失を被る。

それればかりか円高回避のための円マネー供給増大は、世界的な通貨過剰を増幅させ、投機を助長するものとなる。ドル安─円高が回避しえない中で、日本の大企業は、円高に対応して投資・生産を国外に移転させている。と同時にＭ＆Ａによる外国企業の買収に走っている。それはさらに投機を増幅させながら国内産業基盤を縮小させる。

④金融危機―財政危機の連鎖

実体経済回復なしの金融・擬制資本の膨張、それをさらに増幅させる財政・金融政策の下で生じているのは、金融バブルの盛行、そしてその崩壊による金融危機のくり返しである。その下でいまギリシャ、スペインはじめ南欧諸国で深刻化しているように国債危機・財政危機が生じ、それはさらにアメリカ、日本等主要資本主義国をも襲おうとしている。金融危機と財政危機の連鎖、それは明らかに前代未聞の事態である。なぜこのような事態が生じるのか。

第一に、一九三〇年代大不況下で示されたように、資本主義体制の危機の下で国家は国債発行―財政支出を通して雇用・生活維持対策による景気対策を行い労働者民衆の反体制行動による体制崩壊の危機を回避してきたが、民間経済を担う金融独占資本に直接財政資金を注入して経営を建て直すような政策は採られなかった。むしろ、ニューディール政策に示されるように、労働者民衆の反抗を抑える国家の〝改良〟政策を行なう上に、金融独占資本に対しても負担・譲歩が求められた。ソビエト社会主義のインパクトが背景にあったことが、その大きな要因であった。

ところがいまや自らバブルの主役を演じながらその崩壊で経営危機に陥った金融機関だけでなく、バブル的需要にあおられ金融膨張を利用して投資・生産を拡大し、しかしバブル崩壊によって経営危機に陥った産業独占体（GM、JAL、いまや東電にも）に対しても、直接財政資金（税金）を投下して経営、資本家的経営を再建する―民間の私的資本家的経営救済に直接国家が乗り出している。たしかに財政資金注入に伴う国家の株式取得によって経営は国有化される。そして国家資金投入の理由として、〝大き過ぎて潰せない〟―失業の増大をはじめ社会的影響が大きいから、としている。しかし投入した国家資金回収のためと称し、労働者の首切り、賃金切下げ、アウトソーシングによるコスト削減によって利潤回復、資本家的経営の再建が図られるのである。国家財政がストレートに私的民間大資本の利潤・経営回復に使われる。新自由主義は、私的民間大資本の利潤獲得、拡大の自由を保障する（規制撤廃、公的事業民営化によって）政策を柱としているが、私的民間大資本はその自由な利潤獲得をめざして、国家財政を、国家自体を、利用するところにまで到った。しかもその反面、労働者・民衆は、税金を奪われた上に、首切り、賃金切下げにより犠牲が課せられるのである。

失業対策・雇用対策も、国家による失業対策事業によってではなく、民間資本に補助金等の優遇措置（エコ補助金等）を与え、民間資本に雇用の増大を委せるという、資本家的企業を主体とした政策となっている。ソビエト等社会主義の崩壊、労働者・民衆の社会主義志向の喪失、その下で民間大資本は自由勝手に搾取・収奪に走っているのである。

ところが第二に、このような金融危機、それに関連する民間金融独占資本の経営危機を直接救済する今日の危機対策の下で財政危機が進行する。金融独占資本に対する直接的な国家資金投入―それには国債発行の増大が必要である。ところが国債発行―財政支出拡大、さらにゼロ金利・金融量的緩和策の下で生じるのは、明らかにしてきたように、実体経済回復なき金融・証券＝擬制資本の膨脹であり、バブルである。むしろ国家資金注入の下で労働者の首切り、賃金切下げが強行されるので、実体経済回復の根拠となる労働者民衆の消費需要、そして投資需要は逆に減少する。実体経済が回復・拡大せず縮小すれば税金収入は増えない。その上首切り、生活難の拡大の中で民衆の生活を維持するには、国家の社会保障支出の増大が必要である。

こうして財政危機が進行するが、さらに株式・証券価格上昇による景気回復策が、一方でさらなる財政支出拡大、そして国債増発―インフレマネー供給の増大を必要とするとともに、株式・証券価格上昇を図るために、株式等の譲渡益課税の税率を高められない。これが財政危機を一層深刻化させる。

こうして第三に、財政危機の進展によって国債信用の喪失、償還不能（デフォルト）＝ソブリン危機が現実化している。ここでは十分展開しえないが、すでにギリシャは実質的なデフォルトに陥っている。その下でEU、IMFから救済融資を受け、それと引きかえに財政緊縮政策―福祉支出削減、公務員縮小、賃金切下げ、そして付加価値税引上げ＝増税―を強行している。これに対する労働者民衆の反発が強まり、ユーロ圏離脱の動きも生じている。日本では、ギリシャの危機に陥らないためになどといって、GDPの二倍以上に達する国家債務の累積の中で、消費税引上げ・社会保障削減、そして公務員削減、賃金切下げが行われている。

しかしギリシャでもすでに明確に示されているように、財政緊縮政策はさらに実体経済を縮小させ、税収自体を減少させ、財政危機を深めることにしかならない。その下で労働者民衆は生活破綻に陥っている。

しかし財政危機・ソブリン危機は、金融機関等が保有する国債の価格を下落させ再び金融危機をひき起こす。これに対してさらに中央銀行は、マネー供給を増やし、国債引受け・買取りを増大させる。日本では、国債は金融機関の絶好の投資対象とされ、その国債保有は増大している（図Ⅰ―９　次頁）。日本銀行も、国債買取りの増大によって国債保有額を銀行券発行額以内に抑えるという銀行券ルールを維持することができなくなっている（一二年末銀行券発行額八三兆円に

■図Ｉ-9　日本の金融機関が持つ国債は年々増えている
数字は各年度末時点

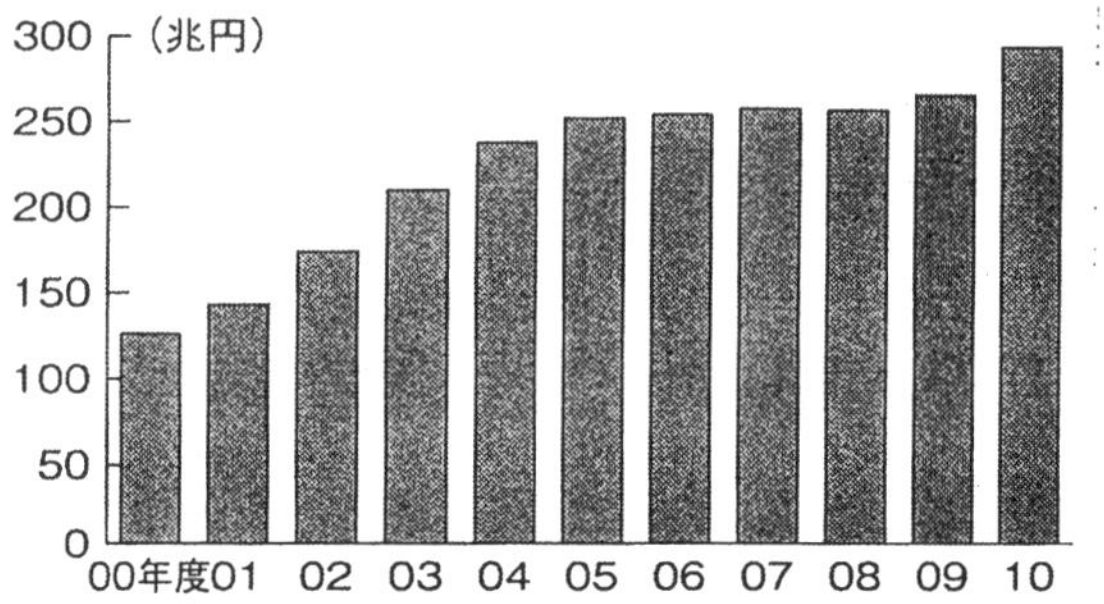

出所：日本銀行『資産循環統計』、『朝日新聞』
2012年2月29日

■図Ｉ-10　日銀の長期国債保有残高の推移

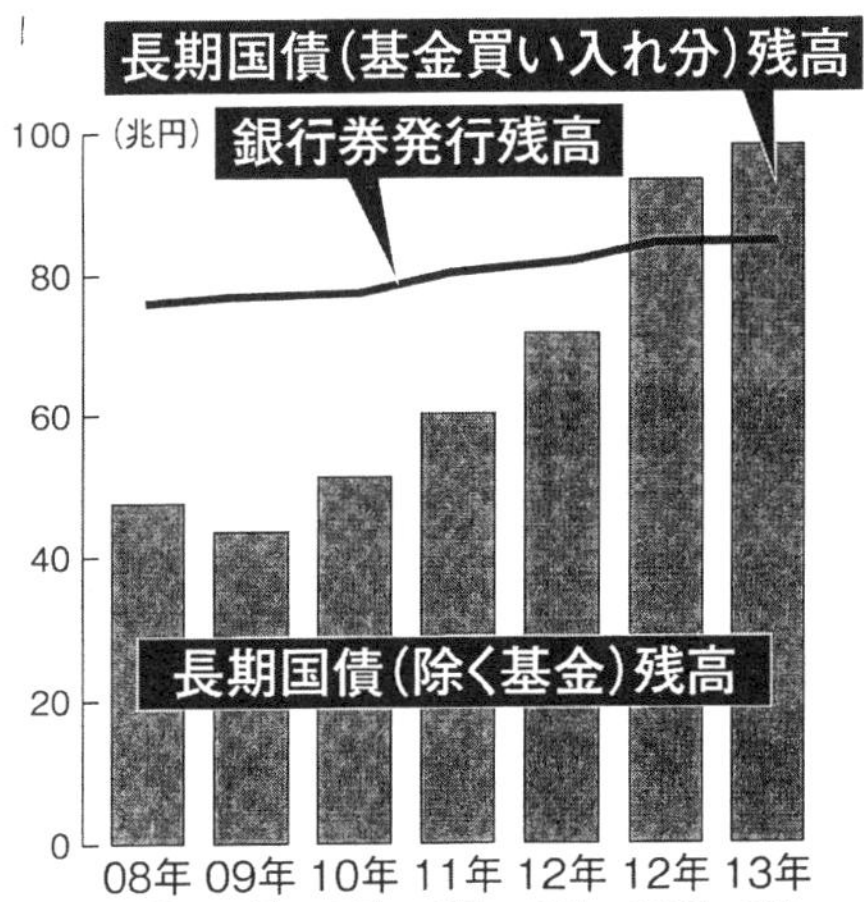

対し、国債保有額九二兆円と見積もられている（図Ｉ―10）。

中央銀行のインフレマネー増大によってしか支えられない国債増発と価格維持、大量の国債保有によって、わずかな利子率上昇（国債価格下落）によっても巨額な損失を蒙るリスクをかかえ込んでいる金融機関―大規模な破局のリスクをかかえ込んだ中で、国家自体の危機が深まっている。

（三）対米関係・日米同盟による成長制約・財政危機拡大

これが金融・財政危機の第三の原因であるが、ここでは要点を指摘するにとどめる。

第一に、すでに指摘したように、日本経済はドルに依存し続けている。円の国際化、円による経済圏形成は日本財界にとっていわば、悲願であったが、その試みはアメリカ政府・財界によって圧殺された。日本のドル離脱の動きは、強大な軍事力をバックとしたアメリカ政府の制裁を免れない。ＥＵのような経済圏を形成しえずドルに依存する日本は、当然ドルのインフレ＝ドル価値低下を避けられない。くり返し円高に見舞われながら、円マネー供給を増やし対応せざるをえないが、ドル価値の低下によるドル建て米国債の減価による損失を被りつつ、円高対応によるリストラ―国内需要縮小、そして国外投資・生産への転換による産業空洞化を招く。

第二に、いまアメリカ政府の要求に即して参加交渉を進めているＴＰＰに関してであるが、アメリカ政府の意図は、環太平洋諸国との貿易・投資の完全自由化を通してアメリカ多国籍資本の自由な利潤追求、獲得の場を確保するとともに、台頭する中国に対抗しようとすることにある。貿易に関しては関税の撤廃とともに非関税障壁（食品安全・添加物等々の規制）の撤廃、投資に関しては医療・薬品・保険等の分野への資本進出の自由化、そして多国籍企業の利潤獲得権利の、各国国家利益に対する優先（ＩＳＤＳ）条項が重要である。つまり米多国籍企業の自由な活動に都合のよいルールの参加各国への押しつけ、である。しかも進出先国の国家の政策によって、進出多国籍企業損失を蒙るとき、多国籍企業が賠償を求めて、国際機関に提訴する、というのである。各国の独自なルール、歴史的に守られてきた環境・文化・慣習の維持、したがって各国の主権自体が、多国籍資本によって解体化されることになろう。

しかしここから米多国籍資本に対抗して日本の〝国益〟を守れ、というのは国家主義に足元をすくわれる。とらえなければならないのは、日本の資本＝多国籍資本も、日本の市場を開放するとともに、アメリカをはじめ参加各国に自由に進出して市場を拡大しようとすること―つまり資本自体としては米多国籍資本と全く変わらない本質を持っていることであり、そこには労働者民衆の生活・生活基盤（環境・文化を含む）を維持しようとする性格は全くない、ということである。その点についてはさらに具体的に解明しなければならないが、例えば日本大手商社・丸紅が米穀物メジャー第三位のガビロンを買収して米穀物メジャーとの競争戦に対抗しようという動きは注目される。

第三に、日米軍事同盟強化が、日本の財政に大きな負担、しかも全く無駄（それ以上だ）な負担を課すものとなっていることである。外国の侵攻に対する〝抑止力〟としてそれが不可欠だという理屈は全くの虚構である。虚構を築きながら米軍事力再編成――明らかに中国の軍事力台頭に対する牽制・封じ込めを意図とした――に協力させられ、巨額な財政支出を求められる。侵略戦争のための兵器を押しつけられ自ら戦争の危険を招く（平和的生存権を危うくする）だけでなく、中国をはじめとするアジア諸国との経済連携の進展を阻害するものとなっている。（これらの点は第Ⅱ部で論ずる）

（『社会主義』二〇一二年五月、六月号　一部削除）

三　TPP問題の本質

二〇一〇年一〇月、民主党菅首相（当時）は、TPP協定への参加を検討するといい出した。それ以降TPP問題は大きな話題となり、議論が活発に行われてきた。TPPの経緯、背景、オバマ政権の意図、そして日本の経済、労働者・農民民衆への影響に関する予測、これへの対応・対処、そしてこれに代わる方策の提起など、詳細な議論が行われている。TPP論議が始まった時点に立ち帰り、これらを通して明らかにされている重要な点を整理するとともに、より明確にすべき論点を示しておこう。（さしあたり、次の文献をぜひ参考にして下さい。①『TPP反対の大義』（農文協ブックレット）。②『世界』「特集TPP批判――何が起きるか」、二〇一一年四月号。③拙稿「究極の新自由主義・TPPは国を滅ぼす」、『労働運動研究』二〇一一年四月号。④同「資本主義の国家破綻」、『長周新聞』二〇一一年四月。）

(一) TPPの性格について

TPPは、FTA（自由貿易協定＝相互に関税を下げ、非関税障壁をなくして自由貿易促進をめざす二国あるいは多国間協定）、EPA（経済連携協定＝貿易だけではなく、投資・金融、情報通信、知的所有権、人材養成・労働力移動、経済的諸制度・慣習・規則などの調整を含む、より広汎な経済協力協定）をさらに徹底し、協定に参加する国の経済関係を全面的に自由化しようとする、いわば国家間の究極の新自由主義実現をはかろうとするものである。関税については例外（国内産業保護の観点からの）を認めず、少なくとも一〇年以内にゼロにする。その他の分野についても例外なしの自由化を求めるものである。――ということは、直接に価格競争力（賃金をはじめとするコストの低さ）如何によって、勝負が左右されるということになる。ここで重要なのは、TPPは、挫折したMAI（多国間投資協定）の復活をめざすもの（拙稿④）、それに「思想性、戦略性において通底する」（内橋克人②）ものだ、ということである。問題は、新自由主義が矛盾を噴出しているにもかかわらず、いまなぜ究極の自由主義が提起され、推進されるか、にある。

(二) オバマ政権の狙いは

TPPは、シンガポール、ニュージーランド、ブルネイ、チリという小国間のFTAから始まったが、〇九年一一月オバマ米大統領がTPP参加を決め、そのイニシアティブをとることが明らかにされた。なぜオバマ政権は、TPPに参加し、主導権をとろうとしているのか。アメリカ政府は、「小国の軒先を借りて母屋を乗っ取り、帝国の世界戦略追求の手段にした」「アジアの団結に楔を打ち込み、自らの主導権を確保する手段」とした（田代洋一①）。たしかにその通りであるが、さらにオバマ政権によるＴＰＰ参加の背景と狙いを明確にとらえなければならない。

明らかなのは、①金融・経済危機克服策が、一方で財政危機を深めながら、他方労働者の雇用・生活状態を改善させえない中で、オバマ大統領は、〝近隣窮乏化〟策に打って出た、ということである。金融量的緩和策（二〇年一一月ＱＥ２）はドルダンピングによって輸出拡大を図るという意図があった。しかしこれは各国の反対、対抗策によって効果を示さなかった。そこでＴＰＰによって、競争力の高い商品（工業製品、とくに武器・軍事技術、そして農産物）の輸出拡大、さらに金融・保険分野の進出・支配を図るという戦略を推進しよう、ということである。

②そのためには、国内市場が比較的広い国をＴＰＰに参加させる必要がある。ところが、アジア地域においては、ＡＳＥＡＮ＋３（あるいは＋６）においても、アメリカが除外されている中で、中国さらにインドが急速に台頭し、中国は明らかにアジア経済圏形成のイニシアティブを発揮しつつある。アメリカとしては何としても、アジア・環太平洋地域における経済的主導権を確立しなければ生き残れない。だからＴＰＰは明らかに中国主導のアジア経済圏形成に対する対抗の狙いをもつ。

しかしそうとすればＴＰＰの中に中国はとり込めない。とすると国内市場の広い国は日本しかない。オバマ政権の狙いは、何よりも日本をＴＰＰに引き込み、米商品そして金融・保険等の市場として日本をとり込み支配しよう、というところにある。だからＴＰＰに参加しようという菅政権に対し、「パックス・アメリカーナの忠実な僕となって、卑屈なまでにアメリカの利益のために奉仕している」（宇沢弘文①）と批判するのは当然である。

③オバマ政権の背後にあってそれを動かしているのは、アメリカの大資本・多国籍資本である。アメリカを代表する一〇八の大企業・業界団体（ＴＰＰのための米国企業連合）は、二〇一〇年九月、さらに一一年二月、米政府に対しＴＰＰ交渉に関する要求書を提出した。ここに参加する企業には、航空・軍事、通信・コンピュータ・半導体、電機、化学、食品・飲料、医薬品から金融・保険、商社等各分野の大手が加わっている。その要求には「すべての分野、いかなる形の貿易をも含む包括的」市場開放、「米国の対外投資にとって安定的な非差別的環境の典型を作り出すために、強力な投資保護、市場開放規定、紛争解決を組み込む」投資、「規制による障壁」撤廃と規制の統一、知的財産権保護規定等、アメリカ多国籍

企業による利益追求実現を求める措置が示されている。オバマ政権は、これら多国籍資本によって動かされているのである。

しかしここで明らかにしておかなければならないのは、日本の大資本・多国籍資本自体も積極的にＴＰＰ参加を志向していることである。日本の財界・日本経団連は明確にＴＰＰ早期参加を要求している。直接には韓国のアメリカ・ＥＵとのＦＴＡ協定締結による輸出関税撤廃に後れを取った、日本の工業製品輸出が大打撃を蒙る、だからＴＰＰ参加で対米輸出品関税撤廃を図らなければならない。そのためには輸入関税撤廃をはじめアメリカ多国籍資本の要求を受け入れ、競争力をさらに強めて輸出競争戦に対処しなければならないというのである。実は菅政権をＴＰＰ参加に走らせていたのは、直接には日本の財界、日本の金融・産業独占資本であった。だからアメリカの「忠僕」と批判するだけではこの面を見失う。明確にいえば菅政権は、今日の大資本の忠僕なのである。

(三) ＴＰＰ参加のもたらすもの

ＴＰＰ参加に伴う日本経済―産業・環境等に対する影響、そしてそれに対する反応・対処策に関しては、すでに多面的に明らかにされてきている。

影響としては、農業、林業、水産業の壊滅的打撃が生じることは明らかである（表Ⅰ―17）。アメリカの農家一戸当たり耕地面積は日本の一〇〇倍以上、オーストラリアは一五〇〇倍。日本でいかに大農経営を育成しても到底対抗しえない。まさに大津波のように、アメリカ、オーストラリアの農産物が押し寄せ、日本農業は壊滅する。米の生産は九〇％減、小麦は九九％減、牛乳・乳製品は五六％減、サトウキビ一〇〇％減、牛肉七五％減、豚肉七五％減と農水省は試算している（これはＴＰＰ参加に伴う農業への新たな対策を行わない場合の影響である）。農業・林業生産が壊滅的打撃を受けることから環境維持も大きく損なわれることは明らかである。

■表Ⅰ-17　TPP参加による影響の試算

食料自給率（供給熱量ベース）	40％⇒13％
農産物の生産減少額	4兆1000億円
林産物の生産減少額	500億円
水産物の生産減少額	4200億円
農業の多面的機能の喪失額	3兆7000億円
国内総生産（GDP）減少額	8兆4400億円
就業機会の減少数	350万9000人

（農林水産省試算、2010.10.27）

宇沢弘文氏は、この点に関して「ＴＰＰは社会的共通資本への挑戦」だ、といっている。ここでいう「社会的共通資本」とは、①「山、森、川、海、水、土、大気などの自然環境」、

②「道、橋、鉄道、港、上下水道、電力・ガス、郵便・通信などの社会的インフラストラクチャー」、③「教育、医療、金融、司法、行政、出版・ジャーナリズムなどの制度資本」である（前掲②）。それは人間社会存立にとって欠くことのできない根拠、社会的条件である（私の言葉でいえば社会的〝実体〟である）。

「パックス・アメリカーナは、市場原理主義の、儲かるためなら何でもいいという考え方によって、社会的共通資本を無残に壊してきた」という（同上）。

同時に明確にすべき点は、①「儲かるためなら何でもいい」という行動を行っている主役は、資本そのものである、ということ（だから「社会的共通資本」という概念では「資本」の理解が曖昧になってしまう）、②「資本」といっても、それは株式・証券等擬制資本を中心とした資本であること（内橋氏はこれを「マネー資本主義」という）。産業的基盤に基づかず、むしろこれを自らの意図＝株価至上主義に従属させる――利潤至上主義――ものとなっていることをとらえなければならない。そしてさらに、③上述したことと関わるが、擬制資本を中心とした現代の資本は、アメリカの資本だけでなく、今日のどの資本主義国でも基本的に共通であること、だからＴＰＰは、アメリカ資本に日本が占領されるところに問題があるのではなく（つまり「外資」だけの問題なのではなく）、資本自体の、株価至上主義で動く現代の資本自体の問題である。つけ加えれば、このような現代の資本は、儲かりさえすれば、どの国、どの地域で投資するかを問題にしないこと、資本は国家を（＝国益を）放棄する（逆に徹底的に国家を利用しながら）ものであること（低賃金の利用・利潤拡大目的での外国投資による国内産業空洞化、大量失業の形成は、その現れである）、を明らかにしなければならない。

（四）ＴＰＰ対抗の方向――実体経済の再生

新自由主義――その下での現代的資本の露わな本質の発揮によって、人間生活の社会的、自然的基盤、まさに実体的基盤が破壊されてきた。究極の新自由主義というべきＴＰＰは、これをさらに進め、潰滅させるものとなる――大津波によって地域が、人間の生きる基盤が潰滅させられたように。そしていまこの潰滅的状況の中で、人間が人間として生きるには、人間と人間の絆、支え合い協力し合う関係が基本だということが明らかとなっているように、人間が人間として生きる経済の基盤は、実体経済であり、いま実体経済の再生をめざさなければならないことが明らかになっている。

宇沢氏は「コモンズとしての農村」（前掲①）の確立ということから、農村（森林・環境保全を含む）の再生・確立を提起している。しかも農業労働は、「働く人々が、自らの人格的同一性を維持しながら、自然のなかで自由に生きることが可能となる」つまり「自己疎外」がない、といわれている。また「農業が、人々の生存に関わる基礎的資料を生産するという、もっとも基幹的な機能を果たすだけでなく、自然環境を保全し、自己疎外を本質的に経験することなく生産活動を行うことによって、社会全体の安定性にとって中核的な役割りを果たしてきた」（同上）ともいわれている。さらにいまあらためて農業生産者と消費者との直接的連携――カネ儲けを目的とした連携ではなく、生産的「労働」者と、「生活」者との人間が人間として生きることをめざす連携の重要性が再確認されてきている。いずれも決定的に重要な指摘であり、私がこの間くり返し強調してきた問題、「労働」と「生活」の再生―実体経済の再生ということが確認されてきた、といえよう。しかし、より明確にすべきことがある。

①宇沢氏のいう「自己疎外」なき農村・農業の労働に関してである。これは宇沢氏のいう「農業」と「工業」（それは土地などの自然が主要な生産手段となっているのではなく、「労働」によって生産された生産手段がその中心となっている生産活動をいう）のちがいそのものから来るのではなく、労働者が、生産過程の現実の主体になっているか否かの問題としてとらえなければならない。日本の農業はなお資本家的経済が支配的になっていない。農業労働者が（共同して）現実に主体として生産・経営を管理しえているからこそ、「自己疎外」がないのである。「工業」における「自己疎外」は、そこでの労働者が自ら主体的に（何をどれだけどのような目的で生産するかに関して）労働することができず、資本の命令に従って労働することによってもたらされるのである。

②重要な問題は、このような実体経済（人間的「労働」と「生活」）の再生は、いかにして実現されるかである。具体的にいえば、資本主義体制を前提にしたまま実現されうるか、ということである。すなわち、資本（今日の擬制的資本を軸とした多国籍資本）に要求し、資本自身がその行動を規制あるいは方向転換させて、実体再生を図ることができるのか、ということである。

この点は今日の資本主義の歴史的位置の認識に関わることであるが、現実的問題からいうと、第一に、今日の資本（その担い手）は、一度味をしめた新自由主義を絶対手離さない。そのために彼らが唱えるイデオロギーは、「自由と民主主義」が最高、それ以外にない、ということなのである。

第二に、むしろ現代の資本は、労働者・民衆の要求を受け入れる（改良を行う）余裕を失っている、ということである。いま現代の資本が生き残れるかどうかは、低賃金を武器とする途上国、新興国との競争を含む、世界的競争戦に勝つ競争力をもつかどうかにかかっている。どの国の資本でもこれは全く共通である。しかも新自由主義の展開の下で、各国とも失業・貧困が拡大し、実需が縮小している中で、実需を奪い合う競争戦に対処しなければならない。この大競争戦の武器としてオバマ政権が推進しようというのが、ＴＰＰなのである。その下でひき起こされるのは、さらに一層の失業と貧困・生活破綻であることは目にみえている。資本主義国でいうと、その国の労働者を途上国なみの低賃金に押し下げることによって、生き延びよう、という方向である。要するに現代の資本には、改良の余裕がない、というだけではなく、その国の労働者・民衆を人間として生かすことができないという歴史的限界にある。だからこそ、資本主義に代わる社会などはない、この体制の下で互いに競争し合って、自己責任で生きようというイデオロギーがことさらにふりまかれる。労働者・民衆をこのイデオロギーにとり込み、だまし続け、展望を失わせることによるしか、現代の資本は生き延びられない。

では現代の国家に期待できないのか。資本の競争力強化によって国家体制――国民統合を維持しようとする限り、現にどの資本主義の国家の政策にも示されているように、資本・多国籍資本の「忠実な僕」となるほかない。労働者・民衆にとって、このような国家に期待することは全くない。

最後に、労働者・民衆の搾取・収奪・生活破壊に対して、少しでも抵抗しようとする政権、そして資本主義を変革し社会主義を志向する政権に対しては、アメリカに代表される現代の資本主義・帝国主義は軍事暴力を行使して、これを崩壊させる、ということである。

このことは、日本の労働者・民衆にとっても決して、他人事ではない。現にいま異常ともいえる朝鮮脅威の大宣伝―虚偽でも何でもこの脅威に対し、労働者・民衆は国家に従って対処しなければならないという社会排外主義が強まっている。日本の国内で、この資本主義体制の変革をめざす労働者は、朝鮮と同じように国民の〝敵〟〝国賊〟だという思想宣伝、それればかりか暴力的弾圧さえ行われている。現代の資本の支配体制の維持、国民の統合には、戦争、あるいは戦争の脅威宣伝が不可欠となっている。

このような資本の支配、そして完全にその忠僕になり下がった国家は、変革されなければならない。そしてこれを変革する主体は、社会の実体を担っている労働者の団結した力によるしかない、少なくともこのような認識と意識を確立しなければならない（この点は第Ⅱ部で詳論する）――これがＴＰＰ問題を通してとらえなければならないことの結論である。

（『進歩と改革』二〇一一年五月号　一部削除）

第二節　「アベノミクス」一年目の検証

はじめに

白川前日銀総裁が、安倍政権との間で「日本銀行は、物価安定の目標を消費者物価の前年比上昇率で二％とする。…上記の物価安定目標の下、金融緩和を推進し、これをできるだけ早期に実現することを目指す」という「共同声明」を（実は安倍政権の圧力に屈して）発表してから、一四年一月二二日で一年となる。一三年四月から、政府の要請に忠実に従って「デフレ脱却」をめざす黒田日銀総裁による「異次元」金融緩和策が推進されてきた。それは実際にはどのような効果を果たしてきたのか。実体経済の回復を基盤にした〝好循環〟が始まったのか。

私は当初から、いわゆる「三本の矢」を含めた「アベノミクス」によって、実体経済回復どころか、さらにその縮小・解体が進展するのではないか、大企業中心の成長促進を図る大規模な財政支出増大は、国債発行依存の下で、日銀による国債直接購入という事態をもたらすほかなくなるのではないか、そして通貨増発による過剰マネーの増加によりさらに大規模なバブルとその崩壊、ソブリン危機の危険性を増大させるのではないか、と考えていた。

そこでこの一年の現実の動向をデータでとらえて、「アベノミクス」一年を検証しよう。一四年四月から消費税を三％上げる（五→八％へ）が、その影響はどうか、物価上昇二％達成まで無期限で金融量的緩和を続けると、日銀総裁は言明しているが、それは何をもたらすか。まずはこの一年間の事態をデータで確認しておこう。

一　現実の経済・景気指標

二〇一三年の主な経済・景気指標をみておこう。

（一）株価　――企業の状況、マネーの状況

株価（日経平均株価）は、一二年一二月二八日の一〇、三九五円から、一三年一二月三〇日には一六、二九一円に、一年で五七％上昇した。しかし株価上昇をもたらしたのは、ほぼ全面的に海外投資家の投資によるもので、その一年間の買越額は一五兆円に達している。国内個人の株式売買は約七兆円の売越しとなっている。円相場（対ドル）は、この一年で一ドル九五円から一〇五円に、二一％の円安となった。

ＣＰＩ（生鮮食品を除く総合）は、対前年比マイナス〇・二

%から一三年六月プラスになり、一一月には同一・二%となっている。しかし、この物価上昇は、ほとんど円安による輸入品の価格上昇によるものである。輸入物価指数は、一二年度平均プラス一・七%から一三年五月以降一四%を超え、同一一月には一六・九%となっている。

企業の状況をみよう。鉱工業生産指数は、一二年度平均前年比マイナス二・九%から一三年六月までマイナスを続けていたが、七月頃から若干持ち直し、一〇月、一一月には前年比五%台のプラスとなっている。法人企業設備投資は、一二年一〇―一二月期前年比マイナス七・二%、一三年一―三月期マイナス五・二%から、四―六月期プラス一・四%、七―九月期プラス二・三%と上向いてきている。設備投資の先行指標である機械受注(船舶・電力を除く民需)は、一三年四月まで前年比マイナスであったが、五月以降プラスになり、一〇月には一七・八%と上昇している。

法人企業の営業収益をみると(法人企業統計)、一二年一〇―一二月期前年比マイナス五・五%から、一三年一―三月以降プラスになり、四―六月期プラス一一・一%、七―九月期同二五・二%となっている。トヨタ自動車は一三年四―六月期、収益(連結営業利益)六六六三億円となっているが、自動車販売台数は前年同期比マイナス一・六%である。収益増大三一〇二億円中、円安による為替差益効果が二六〇〇億円、原価切下げ(下請企業に対するコスト切下げ等)が四〇〇億円である。収益増大は、生産・販売量の増大よりも、円安による為替差益によってもたらされている。トヨタの一円の円安による為替差額は、約四〇〇億円である。

一三年度の経常利益は、日銀「短観」(一三年一二月)によると、全規模・全産業で前年度比一七・三%と大幅に増える見込みである。

大企業の内部留保額(財務省「法人企業統計」による、資本金一〇億円以上の金融・保険を除く全産業約五〇〇〇社の資本剰余金、利益剰余金、各種引当金の合計)は、リーマンショック後の不況時においても増え続け(〇九年二五七兆円、一〇年二六六兆円)、一二年度末には二七二兆円となっている。内部留保の五〜六割を占めている利益剰余金の上位一〇〇社の合計額は、一二年三月期の四七兆七五五七億円から一三年三月期には五〇兆二七一四億円に増大している。トヨタ自動車は前年比五〇九七億円増やして七兆円余となっている。

大企業は円安・リストラによって確実に利益を増大させ、資金を積立てている。実質無借金企業は、上場企業全体の五二%に達している(一二年度末、一七四九社、『日本経済新聞』一三年六月二日)。

マネーの状況をみよう。まず企業利益の増大によって、企業の手元資金が積み上がっている。企業が保有する現金・預金の量は一三年九月末時点で二二四兆円（日銀「貸出・預金動向」）となっている。個人の預金も消費税率引上げの駆込み住宅需要に伴う資金の増大によって増大している。企業や個人などが保有するマネーＭ３の残高（金融機関から貸出し等を通して市場に出回ったお金。現金、普通預金、譲渡性預金＝ＣＤの残高。日銀が毎月集計している）は、一三年一月の前年比二・二％増から漸増して、一一月には三・四％増となっている。

しかしベースマネー（銀行券発行残高と日銀当座預金残高の合計）は、「異次元」金融緩和策の下で、一三年四月から二〇％を超え増大、一〇月、一一月には五二・五％、四六・六％増と激増となっている。日銀から供給された通貨は（これは後述するが）、金融機関から民間への貸出しにほとんど使われず、つまり商品流通を媒介するお金（流通手段）として使われず、当座預金として積み上がっている。さらにその上に企業の収益増大によって企業の預金が増大している。

銀行貸出残高は、一三年一一月に前年同月比二・四％と、〇九年六月以来の増大を示したが、これは駆け込み住宅投資に伴う資金貸出しと企業の海外Ｍ＆Ａ向け融資を中心としたもので、金融機関には厖大な資金が積上がっている。

（二）労働者の状態

労働と消費に関する指標をみておこう。

①政府・日銀とも、「雇用環境は改善つづく」として、企業の利益増大は雇用増をもたらし始めているようにとらえている。

たしかに、有効求人倍率（厚労省）は、一〇年度〇・五六倍、一二年度平均〇・八二倍から、一三年五月〇・九〇倍、一一月には一・〇〇倍と回復している。これは六年ぶりの回復だ、といわれている。しかし問題は、求人増がほとんど非正規雇用労働者となっていることである。現に正社員の有効求人倍率は〇・六三にとどまっている。新規求人を増大させているのは円安効果による自動車、電気機械、それに財政による公共事業支出拡大を受けている建設部門であるが、しかし大半は期間工である。景気動向、売上げ動向に即対応して雇用を増減しうる非正規―パート・期間限定労働者が増えている。

完全失業率は、一〇年度平均四・九％、一一年度四・五％、一二年度四・三％と若干減少する傾向をみせている。しかしこの減少も、就職・再就職をあきらめてハローワークに求職の申し込みをしない者が増えたことにも起因している。一三年七月に完全失業率は三・八％まで低下したが、その後下げ止まり、九～一一月は四・〇％（男女平均）である。

②雇用が非正規以外増えず、失業率も下げ止まっている中で、所定外労働時間が増えてきている。厚労省の全産業労働者に関する調査をみると、一三年四月以降所定外労働時間が増大し、七月以降四％台の増大、一〇・一一月には五・八％増大となっている。雇用を増やさず、労働時間延長によって仕事の増大を処理していることが示されている。

現在法定の労働時間は一日八時間、一週四〇時間で、これを超える時間外労働に関しては、経営者と労働組合による「三六」協定を結ぶことになっている。厚労省の告示では、労働時間延長の限度は一カ月四五時間、年間三六〇時間であるが、「特別条項」を付ければ限度のない時間延長が可能である。

厚労省「労働時間等総合実態調査結果」（二〇一三年）によると、特別延長時間は一カ月平均七七時間五二分。大規模事業所の長時間労働が目立っており、一年間の法定時間外労働で三六〇時間を超えるのは全体で一二・七％、従業員三〇一人以上の事業所では五五・一％である。特別条項付き協定を結ぶ事業所は四〇・五％（前回〇七年調査では二七・七％）となっている。一年間で八〇〇時間を超える協定は一五％、このうち従業員三〇一人以上の事業所では二一・一％となっている。例えば、ＮＴＴ東日本の特別延長時間は月一五〇時間、東芝では月一二〇時間の残業を可能にする協定を結んでいる（『しんぶん赤旗』一四年一月一七日）。

③次に賃金についてみると、厚労省の「現金給与総額」（全産業、前年比）は、一一、一二年度と前年比マイナス（〇・三％、〇・七％のマイナス）となっていた。一三年に入っても、六月にわずか〇・六％のプラス（ボーナスの若干増を反映したとみられる）を示したほか、一〇月までマイナスを続けている。一一月はわずかにプラス〇・五％となっているが、年間を通して賃金は上昇していない。

しかも、円安による輸入品、食料品、原油等の値上げによって確実に実質賃金は低下している。

■図Ｉ-11
グローバル化で労働分配率は低下傾向に

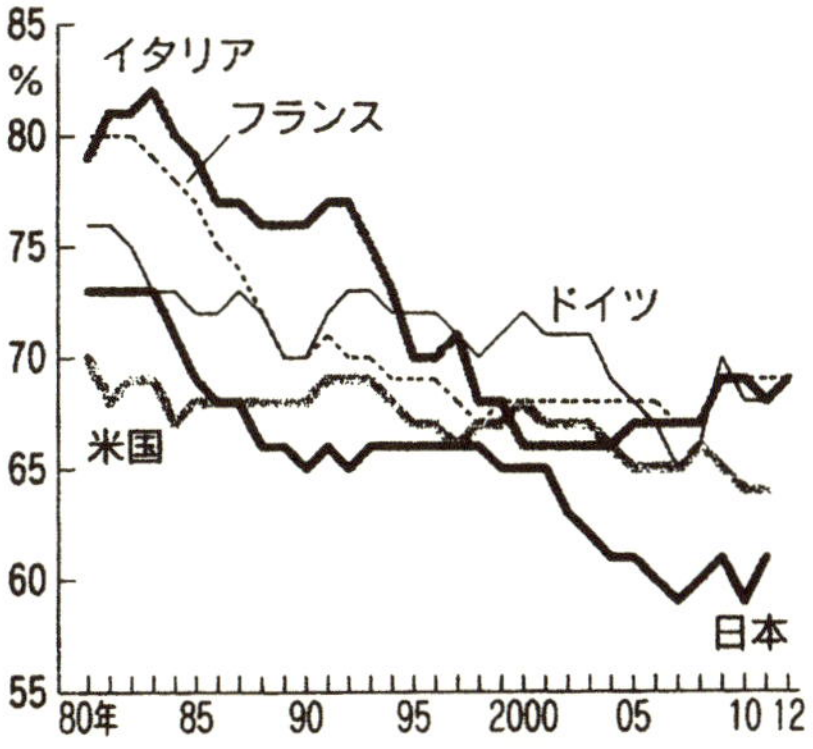

出所：『日本経済新聞』2013年12月３日

一方で労働時間延長、他方で賃金・実質賃金低下によって、労働分配率は低下したとみられる。図Ｉ―11でみるように、資本主義各国とも一九八〇年代後半から労働分配率は低下し、二〇〇〇年以降も継続して低下しているが、日本の低下は著しい。〇八～〇九年、一一年に労働分配率が若干上向いているが、それは賃金上昇によるものというより、売上高の減少によるものである。日本の民間平均賃金は、一九九七年をピーク（年四六七・三万円）に、傾向的に低下を続け、一二年には四〇八万円に低下している。消費税引上げによって、その引上げ分を価格に転嫁できなければ、（その分だけ賃金が引上げられなければ）、実質賃金はさらに下がる。

④ところが個人消費が上向いてきた、と政府・日銀報告、マスコミも大きく報道している。データをみると、個人消費支出（二人世帯、前年比、総務省）は、一一年度マイナス二・二％から一二年度平均一・一％に上向きをみせ、一三年三月にはプラス五・二％を示した。しかしその後は五～八月にかけてマイナスを続けたが、九月以降若干持ち直している（一一月プラス〇・二％）。

たしかに個人消費に関しては、デパート（百貨店）の売上げが、高額品販売中心に増大を示している。高価格帯商品を扱う百貨店の衣料品売上高は、一三年に前年比プラス〇・二％となっている。しかし、日本チェーンストア協会が発表したスーパーの衣料品売上高は五・六％減となっている。「ユニクロなど専門店との競合も激しくなっており、減少傾向に歯止めをかける手立てが見つからない」（『毎日新聞』一四年一月二三日）。スーパーの食料品・日用品を含めた全体の売上高も前年比マイナス〇・七％である。円安による食料品価格上昇も影響している。

出店競争が激化しているコンビニエンスストアの既存店売上高も、一三年にはマイナスになった。一三年一二月末の大手一〇社の店舗数は、前年比二四一八店増えて四万九三二三店と過去最高を更新したが、コンビニ間の売上競争が激化し、さらに地元商店との競争による価格引下げが、地元商店を苦況に陥れている。

首都圏中心にマンション販売戸数が増えている。不動産経済研究所によると（一五年一月二一日発表）、首都圏（東京、神奈川、千葉、埼玉）の新築マンション販売戸数は五万六四七六戸、前年比二三・八％増となっている。これは一九九九年以来の高い水準である。近畿圏の販売戸数も一三年に六・一％増となっている。一億円以上の高級マンションは首都圏で九三・三％増となっている。これは、株高による一部金持ち連中の消費税引上げ前の駆け込み需要とともに、不動産価格上昇を予想した不動産企業による投機的建築投資に主導されたもの、ととらえうる。

以上、景気状況・企業の収益状況と労働者の雇用・賃金状況を主要な指標によって示してきた。「アベノミクス」一年の中で、たしかに株価上昇、円安が異常なほど進行した。その下で、企業・大企業の収益、内部留保は確実に増大した。大企業の手元に、また金融機関の手元にも尨大な資金が積み上がっている。

たしかに労働者の雇用が増えてきている。しかし、失業率はほとんど低下していない。残業は増加しそれに伴い賃金も若干増えたが、雇用は非正規が主であり、実質賃金は輸入品物価の上昇によってかえって低下している。労働分配率の低下は続いている。個人消費が上向いたようにいわれているが、株価上昇の下で一部金持ちによる高級品、マンション等の購入、それも消費増税前の駆け込みが増えただけで、多くの労働者の消費は増えていない。労働者の中に格差がさらに拡大している。

大企業の利益増大、労働者に対する搾取・収奪の強化が進行している。生産・消費が増大しても、それはほとんど投機にあおられたものととらえうる。

二「アベノミクス」の効果
――異次元金融緩和策中心に

「アベノミクス」の〝三本の矢〟のうち、この一年に関しては、「異次元」金融緩和策とともに、財政・税制政策が現実に実施され、推進されてきた。成長戦略に関しては、産業競争力強化法が成立しているが、その本格的実施は労働の規制緩和をはじめとして今後の課題とされている。「国家戦略特区」の地域指定もこれからである。しかし、財政・税制政策の中に、成長戦略がもり込まれている。そこで金融政策中心にそれが何をもたらしたのか、もたらすことになるのかを検討しておこう。

「アベノミクス」は「経済学と呼べないシロモノ」、株高や企業業績が好調なのも「アベノミクスとは何の関係もない」「安倍内閣はこの一年、何もしていないんだよ。国民の不安を高めただけ」というのは、ケインジアン伊東光晴氏である(『毎日新聞』一三年一二月九日夕刊)。「アベノミクス」の金融緩和政策は「中央銀行が本気で気合をみせれば期待は変わるはずだという精神論的なもの」(池尾和人・慶応大学教授、『日本経済新聞』一三年一二月四日)、「マネタリーベースを増やすことで、多くの人が物価は上がるはずだと思い、物が売れる可能性はある。でもそれはプラシーボ(偽薬)効果」(翁邦雄・京都大学教授、『朝日新聞』一三年一二月一一日)だ。近代経済学者にもこのような把握がある。金利を下げ、インフレ期待を宣伝し投機をあおる―そのことによって現実に経済は動く。とらえなければならないのは、現代の経済―金融資本主導の経済は投機的性格を強めていること、「アベノミクス」はこれをさらに助長していることである。

（二）為替投機 ——円高から円安へ、そして動揺

一九三〇年代の資本主義は、各国の通貨（為替）ダンピング競争によって世界市場がブロック化し、分裂した。現代資本主義も一九七一年八月のドル・金交換停止を契機にドル価値引下げをはじめとして為替切下げ競争が激化している。しかし経済ブロック化によって世界市場を分裂させることはできない。そのことはかえって新興国・途上国を含めた為替切下げ競争戦を激化させる。

リーマンショックを契機とする金融危機深刻化に対して、米・EUにも中央銀行による国債・証券購入を通した金融量的緩和策が大々的に採られた。これは直接には金融危機対策（金融機関の不良債権の政府による肩代わりを含めて）であった。アメリカではFRBは、〇八年一一月、一〇年一一月、一二年九月と三段に亘ってQE（量的緩和）を実施した。危機前のFRB総資産は約一兆ドルであったが、一三年九月には約四兆ドルにと四倍に膨脹した。ECBもギリシャをはじめ南欧諸国の金融危機の下で金融量的緩和を実施した。中央銀行の国債・証券購入増大（中央銀行の資産増大）によって、通貨、中央銀行預金（ベースマネー）は膨張した（図Ⅰ―12―②）。これは実質的には、ドル・ユーロの為替切下げをもたらした。

一方日銀は、〇一年三月から資本主義各国に先駆けて金融量的緩和を始めた。〇六年年三月それを解除したが、一〇年

■図Ⅰ-12-① 日銀のマネー供給残高は少なくないが…

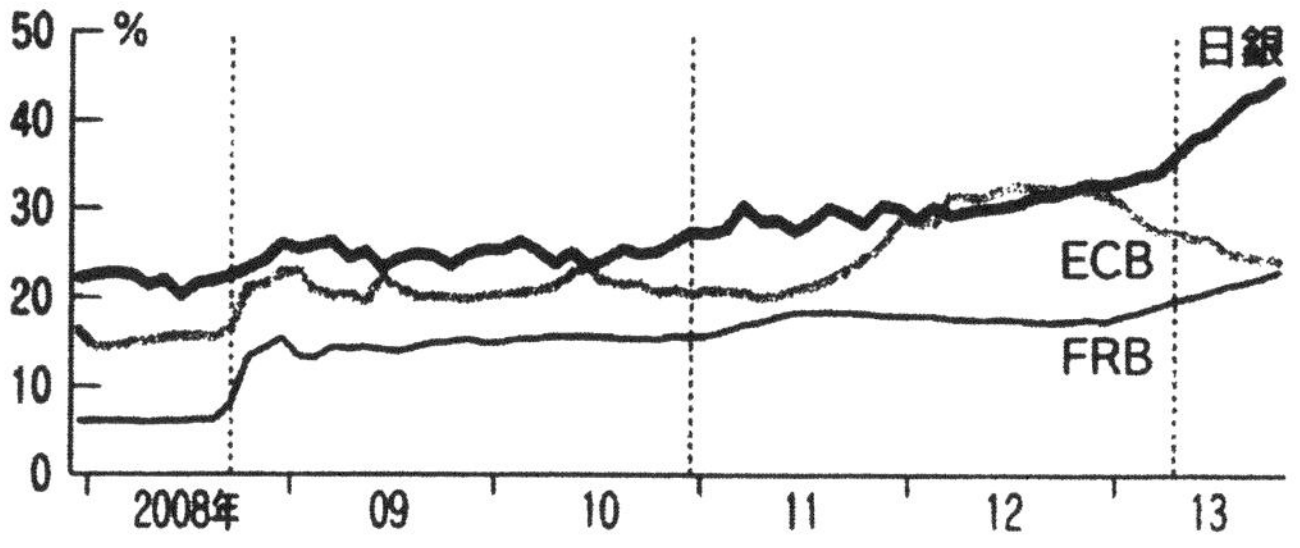

■図Ⅰ-12-② 危機後の緩和で欧米に出遅れた

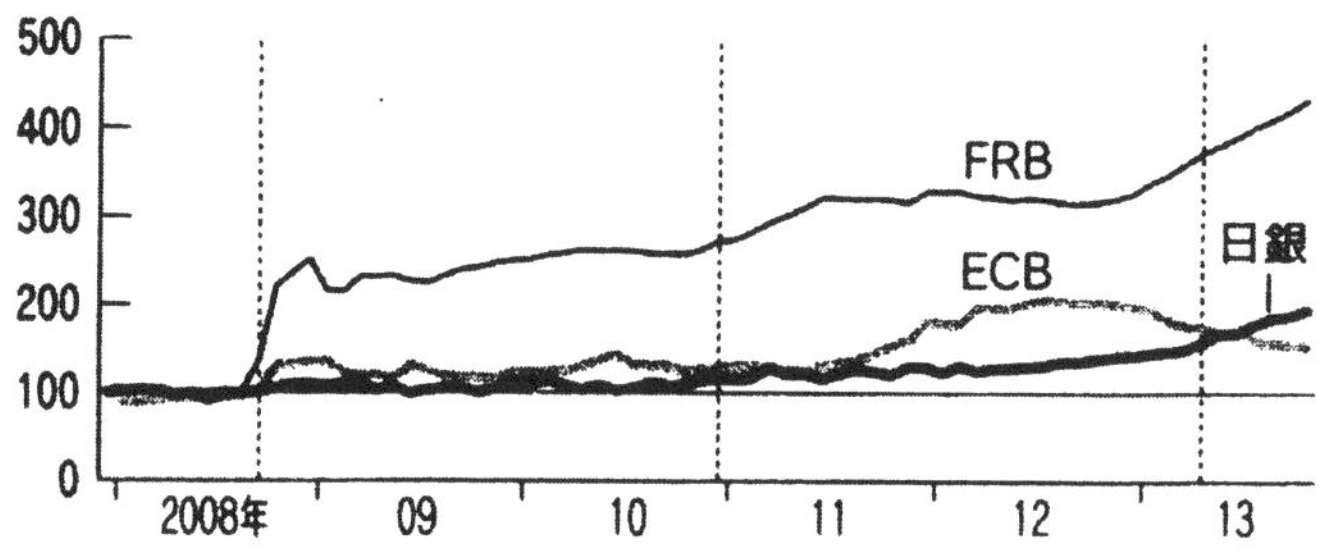

出所：『日本経済新聞』2013年11月17日

一〇月から金融「包括緩和」策を採る。〇八年以降日銀のマネー供給量は対GDP比でみると決して少なくない（図Ⅰ—12—①）が、金融量的緩和の規模は、米欧より出遅れたことは確かである（図Ⅰ—12—②）。その結果、円はドル・ユーロに対し価値が上昇（円高）した。

一三年四月からの日銀による「異次元」金融緩和策は国内のデフレ克服をめざすものとされているが、明らかに円安・為替切下げ効果をもたらした。ECBが量的緩和を縮小しはじめ、FRBも緩和策の縮小を行うとしている中で、日本の金融量的緩和策（一二年日銀の国債保有額八九兆円から一三年末一四〇兆円、一四年末一九〇兆円に増やす。ベースマネーは、一二年末一三八兆円から一三年末二〇〇兆円、一四年末二七〇兆円に増大させる）は突出している。これで円安が生じないわけはない。日本の金融量的緩和策は実際に円安—為替切下げ競争への対抗策である、といえよう。

米欧の大規模な金融量的緩和の下で生じたマネーは新興国・途上国に流入し、それら諸国の通貨価値を高めた。ところが米欧が量的緩和縮小を打ち出したことによって今度は資金流出を招き、株価下落、流動性不安を招いている。一方日本の大規模な金融量的緩和—円安は、韓国はじめ近隣諸国の通貨高をひき起こし近隣窮乏化を招いている。

日本の金融量的緩和による円安に対し、米欧はじめ各国は当然一定の対抗措置を採ることになる。世界全体に膨脹した過剰マネーによって各国通貨・為替は投機の対象とされながら、一国の一方的な通貨切下げに対する対抗措置が採られることになる。為替切下げ競争は、投機に攪乱されながら一層激化しよう。円安誘導も決して意図通りに進まない。

（二）実体経済回復効果はあるのか

超金融緩和策は、リフレ派によれば、マネー供給増大の下でインフレ期待が生じ、眠っていたマネーが買い出動して需要が増え、それが波及して好循環をもたらすというのであるが、その効果は現実にはほとんど生じていない。データで確認したように、ベースマネーは確実に増大しているが、日銀の当座預金が積上がっただけで、金融機関の貸出し増大—投資・消費の増大に結びついていない。

この原因は、実需に基づく実体経済の回復がみられない—円安による輸出量増大・国内生産増大効果も限られている（後述）——ことに基本があるが、実は金利引下げを狙った量的緩和策自体が、金融機関の貸出しを制約している。

というのは、市中金融機関は、短期金利がほぼゼロ金利の下でさらに長期金利が低下すると、短期借り—長期貸しによる利ざやの獲得が制限されるから、貸付けによって利得を増やすインセンティブは生じない。長期金利引下げは、金融機関の貸出しによる利得獲得を制約することになる。

金融量的緩和策による長期金利引下げは、金融機関を貸出しによる利得獲得ではなく、証券投資に誘導するものとなる。株式・証券、当面は国債投資に資金が運用される。

同時に米欧日の金融量的緩和策の下で膨大な過剰マネーが世界的に滞積し、それが為替投機だけでなく、株式・証券投機に運用されている。世界の金融デリバティブ残高（店頭取引金融原資産額、BIS、二〇一一年一二月）は六四八兆ドルにもなっている。

このように膨脹した証券・金融デリバティブ取引の下で、金融量的緩和による金利引下げは、さらに株式・証券価格上昇の期待を生む。明らかに世界的な投資家（金融投資ファンドはじめ、銀行・個人も含めて）が、株価上昇期待の下で円安を利用し、日本の株式価格をつり上げた。〝期待〟によって投機マネーが動いた。円安とリストラ、そして公共投資増大による日本大企業の利益増大が、株価上昇をもたらす一原因となっているが、円安と株価の異常な上昇は、実体経済の回復と無関係な、マネー過剰と利子率引下げに基づく物価上昇期待を先取りした投機によるものといってよい。当然その反動は目にみえている。

（三）「アベノミクス」の逆効果

「アベノミクス」の金融緩和策は、実体経済回復にとっては逆効果をもたらしている。

第一に、円安にもかかわらず輸出は予想外に増大せず、輸入は円安による輸入品価格上昇によって増大したことによって、貿易収支の赤字は増大している。所得収支（海外子会社や証券投資から得た配当・利子収入から、日本にある企業が外国に支払った配当等を差し引いた額）は増大しているが、貿易収支と所得収支を合わせた経常収支は一三年一〇、一一月と赤字となり、一一月は過去最大の赤字（五九二八億円）となった。（十三年度全体で貿易サービス収支一四兆四六三五億円の赤字、経常収支は一兆四七一五億円の黒字となっている。なお一二年度の経常収支は四兆二四九二億円の黒字であった。）

輸出が予想外に増大しないのは、円安が輸出価格（ドル建て）を引下げても計算上は採算がとりうるにもかかわらず輸出価格を引下げない（これまでも十分下げてきたのでこれ以上下げられない）こと、逆に円安で鉱物性燃料の輸入額は増え（総輸入の三四％を占める）、さらに一般機械、電気機器などの輸入（その大きな部分は日本企業が海外に投資し、現地生産した商品の逆輸入である）が増えているからである。

この間日本の対外直接投資は著しく増大した。円高に対応し競争力を強化しようと、低賃金によるコスト削減をめざし、海外投資・生産を増やした。製造業の海外生産比率は三四・六％（一三年度実績見込み、図Ⅰ―13）に増大している。ということで円安になっても、国内生産・製品輸出はそれほど増大せず（一三年全体で輸出価額は前年比一一・五％増に対し、輸出数量は前年比一・五％減となっている。財務省、一月二七日）、逆に輸入が著しく増大し貿易収支は悪化する。

■図Ⅰ-13
製造業の海外生産比率と海外売上高比率の推移

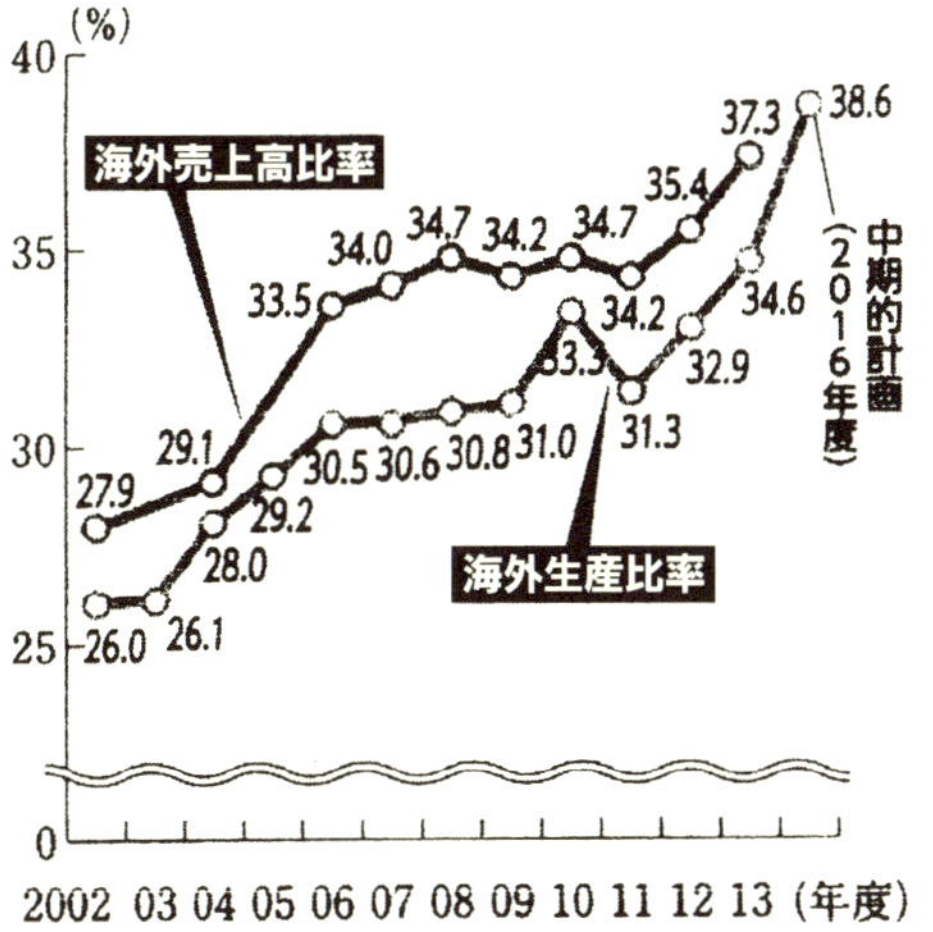

＊12年度以前は実績値、13年度は実績見込み、海外売上高比率の03、05年度は調査なし（国債協力銀行「わが国製造業企業の海外事業展開に関する調査報告」から作成）

円安は海外に進出した日本企業の日本への輸出増大とともに、円安による為替差益をもたらしているが、国内生産・製品輸出の増大は制約されている。

第二に、市中銀行はじめ金融機関は、預金―貸付型の本来の銀行信用機関から、この間証券投資・売買型の証券信用へと大きく転換してきた。証券投資・売買の中で国債は大きなウエイトを占めている。「アベノミクス」の金融緩和策―日銀による国債、しかも長期国債購入は、市中金融機関の資金過多を増大させているが、金融機関はこれを国債引受けに運用する。日銀の市中金融機関からの国債購入は、後者による新規発行国債の買取りを容易にしている。ということはすでに日銀の国債購入は、実質的な財政ファイナンス機能を果たしている。

一四年度の新規国債発行額は四一兆二五〇〇億円と前年当初比三・七％減となっているが、借換債を含めると一八一兆五三八八億円となる。この国債発行状況は今後も増大することはあっても減少は困難であろう。国債発行増が続きその市中消化が十分行われなければ（上述の経常収支黒字減少は国債の国内消化を困難にする要因である）、国債価格は低下する（長期金利は上昇）。金融緩和を通して物価上昇（ほとんどが円安によってもたらされるもの）が生じれば、そのこと自体によって金利は上昇する。これは、国債を保有する金融機関に莫大な損失を与えるとともに、財政面でも国債費（一四年度財政ですでに二三兆二七〇〇億円）を増大させ財政危機を深める。

国債発行・消化を維持しその価格を維持するには継続的に日銀による国債購入・その増大が必要となる。日銀は、物価上昇を目標達成したとしても、金利上昇を抑えるには国債購入を増やし続けなければならない。しかし物価の上昇による金利上昇は避けられない。景気が実体経済回復をもたらし資金需要の増大によって金利が上昇したとき、厖大に積上がった国債の価格は暴落を免れない。ということは、国債が巨額に積上がってしまった状況の下ではそれ自体が実体経済回復と両立しえないものとなっているのである。

第三に、金融緩和による金利引下げ—株価上昇の期待が現実に株価を高めたことによって株式の大量保有者の利得は増え、消費需要を増やした。しかし期待を継続して維持し続けなければ、株価上昇は続かない。外国投資家が株価上昇を見限って売越しに転じれば、株は暴落する—実需の増大で実体経済回復が生じたという認識は吹きとんでしまう。実需と思われたのは、期待と投機による幻影であったことを思い知らされよう。

ひとたびこのような異常な超金融緩和策にふみ込んでしまった現代資本主義は、擬制的な投機的経済をさらに膨張させてしまった。この金融緩和策をやめ転換させて、金融正常化を図ろうとすれば、計り知れないパニックに襲われること必至であろう。

三　好循環は実現するか

最後に、果たして景気回復・上昇への〝好循環〟は実現するのかに関し、一言しておきたい。

安倍首相は、一四年一月二四日「施政方針演説」で「企業の収益を、雇用の拡大や所得の上昇につなげる。それが消費の増加を通じて、さらなる景気回復につながる。〈経済の好循環〉なくして、デフレ脱却はありません。政府、労働界、経済界が、一致協力して賃金の上昇、非正規雇用のキャリアアップなど、具体的な取り組みを進めていく。政労使で、その認識を共有いたしました」といった。

大企業収益は、確認したように増大し、しかもそれは円安による為替差益や投機的株価上昇のメリットなど企業の努力とは全く関わりない利益を増大させている。その上、上述の大減税だけでなく、雇用を増やし賃金を上げた（約束をした）企業には特別に減税を行うというのであって、賃金を引上げても企業にとって全く負担にもならず、コストアップにもならない。企業収益を賃金上昇に回すことが、あたかも企業も

〝好循環〟実現のため負担を共有するかのようにいうことは全くの欺瞞である。たしかに一四年度の日本経団連「経営労働政策委員会報告」は、従来の「ベアは論外」「余地はない」としたことに比べ、十分収益を上げた企業は賃金を引上げる（ベア）ことを〝容認〟するとした。

しかし企業の収益の増大の基本は、労働者の搾取・収奪によるものである。労働者の労働から奪った利益の一部を労働者に還元することが行われたにしても、それは企業の好意・善意である装いの下に労働者の搾取・収奪を隠蔽し、企業・資本の労働者支配を強めるものでしかない。まして、円安による生活物資の値上げの上に、消費税三%引上げによって、実質賃金は低下している。一%程度の賃上げ(ベースアップ)が行われても、実質賃金低下をカバーしえない。

私たちが認識しなければならないのは、労働者が組織的に資本の搾取に抵抗しなければ、資本はいかにあり余る資金を蓄積しても、それを雇用増・賃金引上げに回さず――むしろ利潤拡大のためにギリギリの水準に切下げを図り――、より利益拡大を実現できる証券投資、海外投資等に資金を回すという本質をもっていること、である。資本とその利益拡大を図る国家に対し、私たちは幻想を棄てなければならない。

（『進歩と改革』二〇一四年三月号　一部削除、補筆）

第三節　「アベノミクス」――「この道」がもたらすもの

一　「この道」の内実

(一)「この道」は労働者・人民の貧困化の道

安倍晋三・自民党総裁(首相)は、「いま雇用は改善している。給料は上り始めている。一五年続いたデフレからやっと脱却できるチャンスをつかんだ。…日本人の命を守り、領土・美しい海を守る安全保障法制も進める。それぞれまだ道半ばだ。しかしこの道しかない。この確信のもとに、今後全力でこの道を前に進む」（一四年一一月一日、党首討論で）といった。

前節に引続き、その後のデータを確認しておこう。一二年七～九月から一四年七～九月まで、非正規雇用は一二三万人増え、一九五二万人（雇用労働者全体の三七・一%）になった。逆に正規労働者は二二万人減った（三三〇五万人）。それでも雇用改善なのか。実質賃金は一三年七月以降一五カ月連続下落を続けている。それなのに「上り始めている」という。すでに安倍首相がいっていることが、事実に反していることが明らかになっているのに、自分に都合のよい事実の一面だけをとり上げて大衆を欺瞞し続ける。大衆をどこまで愚弄するつもりなのか。

労働者・人民の生活悪化、窮乏化の事実は隠しようがなくなっている。

年収二〇〇万円以下の働く貧困層は八年連続一〇〇〇万人を超え、安倍政権発足一年後の一三年一一月、一一一九万九千人、一年で三〇万人増加した（うち年収一〇〇万円以下の労働者は四二一万五千人。国税庁「民間給与実態統計調査」）。生活保護受給者数は二〇〇万人を超えている。

しかも日本の労働者の労働時間は世界一といってよい程長い。週五〇時間以上働く労働者の割合（OECD調査、『朝日新聞』一四年一〇月二四日）は、日本三一・七%、韓国二七・七%、欧米諸国は九～一二%である。フルタイム労働者の年間総労働時間は二〇五〇時間（サービス残業を含めれば二五〇〇時間にもなる）に達している。一四年一～六月の残業時間は前年同期比七%増と一九九三年以来最長を示している。

相対的貧困率（可処分所得の中央値の半分の額に当たる貧困線＝一二年、一二二万円に満たない世帯の比率）は〇三年一四・九%から一二年には一六・一%に増大、子ども貧困率（貧困線以下の世帯で暮らす一八歳未満の子どもの割合）は一六・三%（ひとり親家庭では五四・六%）に達している（OECD三五カ国中ワースト九、厚労省）。

金融資産非保有世帯は、一九八七年三・三%であったが二一世紀に入って急増し、二〇一三年には三一%になっている（金融広報中央委員会）。この世帯は家も持ちえないであろうから、まさに無産者である。

このような労働者・人民の生活悪化、窮乏化は、一九九〇年代バブル崩壊不況から明らかに進展しはじめ、二一世紀に入り小泉政権下の新自由主義政策・規制改革下で一気に拡大した。それはとくに九九年の労働者派遣の対象業務の原則自由化（禁止業務を建設、港湾、警備、医療、物の製造に限定）、〇三年の製造業への派遣解禁によるものであった。民主党政権は当初この方向を転換させようとしたが、財界の強固な圧力にはね返され、野田政権下では新自由主義に回帰してしまった。安倍政権の政策の基調は、民主党・野田政権の政策＝新自由主義政策を、粉飾をこらしながら、徹底推進している。

（二）「この道」は金融大資本の利潤拡大の道

基調としては、小泉政権、さらに民主党野田政権と同様の新自由主義政策を展開しながら、安倍政権は、この一五年間採りえなかったデフレ克服策にふみ切ったのだ、その下でデフレ克服の「チャンスをつかんだ」と大々的に宣伝する。しかしここには事実の隠蔽とともに、歪曲・偽装がある。その歪曲・偽装はすでに現実に暴露されている。

①事実の隠蔽・無視

(a)安倍首相、その経済ブレーン（浜田宏一氏など）は、デフレ脱却をめざす金融量的緩和策は、安倍政権がはじめて導入したかのようにいう。しかし日本銀行は、九九年四月からゼロ金利、〇一年三月から金融量的緩和策を（資本主義各国に先駆けて）導入している（第1章第三節参照）。〇六年三月日銀は、輸入品（原油等）の価格上昇傾向の下でこの政策をやめたが、一〇年一〇月から白川総裁の下で、「包括緩和」（国債だけではなく社債、CP、ETF、REITを含めて購入）を行っている。これを安倍政権は無視している。

(b)〇一年からの金融量的緩和、さらに輸出産業大企業の競争力強化、「労働」分野の規制緩和はじめ法人税減税等様々な優遇措置の下で、消費者物価は（〇七年まで）下落が続いたが（この意味で「デフレ」が続いたが）、輸出産業大企業中心に企業の利益（経常利益）は増大した（図Ⅰ—14）。しかし前述のように、この間賃金は下落し続けた。名目GDPは、〇二〜〇八年（リーマンショックまで）、年率〇・二〜〇・八％という低率ながら、戦後最長期間となる上昇を示した（この事実認識さえ安倍首相にはない。伊東光晴『アベノミクス批判』（岩波書店、五三ページ）が、九〇年代の水準を超えていない。

■図Ⅰ-14　企業の海外展開でGDPに比べ経常利益は拡大

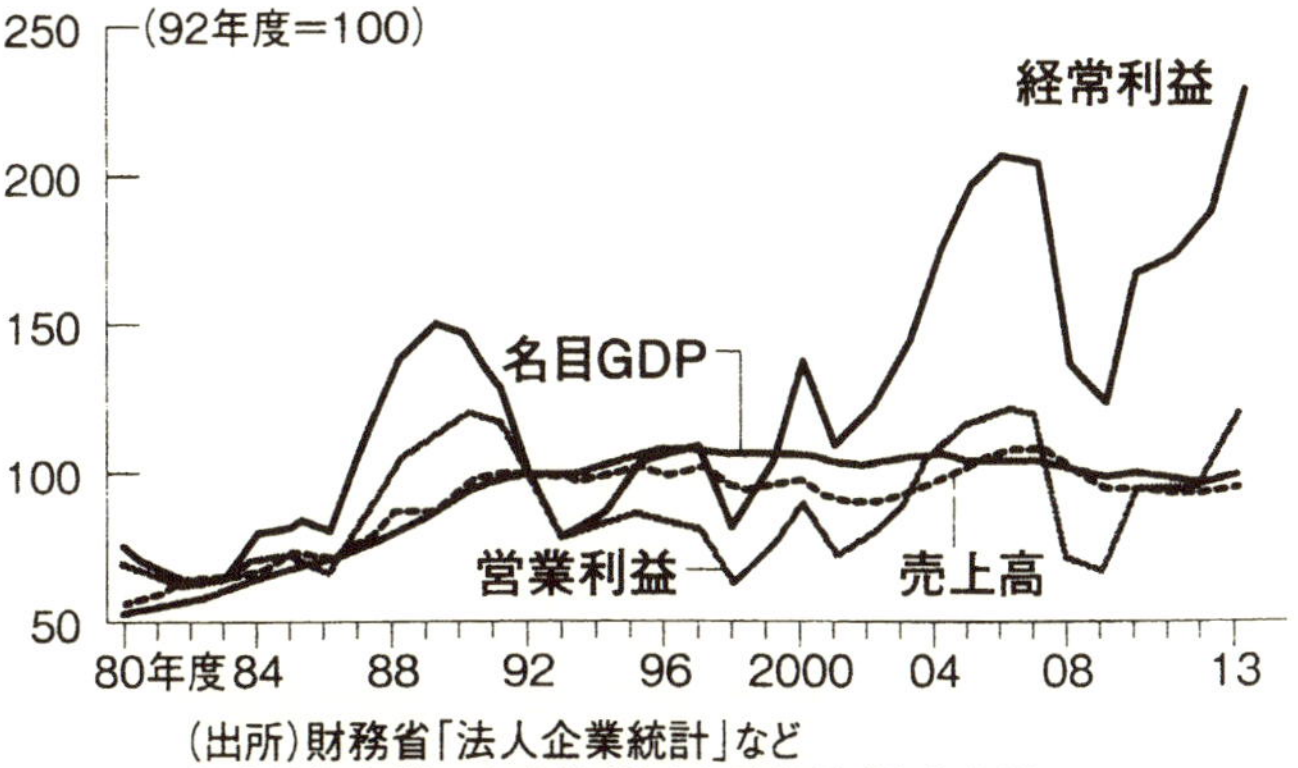

(出所)財務省「法人企業統計」など
(注)対象企業は全産業(除く金融保険業)全規模
出所:『日本経済新聞』2014年12月8日

その中でまさにひと握りの大企業は史上最高の利益を実現し、大企業（金融保険を除く資本金一〇億円以上企業）の内部留保（資本剰余金、利益剰余金、引当金）は〇二年の一六七兆円から一貫して増大し、〇八年三月二三〇兆円となった。GDP低成長（売上高横ばい）の中での大企業のこのような利益増大は、賃金切下げと労働時間延長（労働条件低下）によって得られたのである。
　それと同時に、この間、新興国の輸出産業の台頭、グローバル競争戦への参入の中で、これへの対処の上で日本の輸出産業大企業は国内労働者の賃金を引下げながら、さらに低賃金によるコスト切下げ・競争力強化をめざして海外投資・海外生産を拡大した（表Ｉ―18）。これが大企業の利益を増大させる反面、国内生産増大―雇用増大を制限した。
　(c)八〇年代後半、九〇年代初めの状況（図Ｉ―14　前頁）に関し若干指摘しておこう。実は九〇年代以降くり返しひき起こされ、しかもそのたびに大規模化しているバブル（株式、土地・住宅の投機的価格上昇）とその崩壊を現代の資本主義の中で最初にひき起こしたのは日本であった。なぜバブルが生じ、そして崩壊したのか、十分に検討する必要がある。この点に関し水野和夫氏（『資本主義の終焉と歴史の危機』集英社新書（注））は、貯蓄過剰と土地等の値上り期待（ユーフォリア）、そして生産・販売拡張の「地理的・物理的空間」拡大の限界がいち早く日本で生じたことによると指摘する（一〇九～一一〇ページ）。七〇年代スタグフレーションを契機とした省エネ・省力化による輸出競争力強化―世界的輸出拡大の下で貿易黒字が生じ、八五年の円高調整が行われるが、これによる輸出減少を危惧した政府は財政支出を膨張させ景気対策を図った。貯蓄過剰の上にさらに過剰マネーがつぎ込まれ過剰マネーが株式投機に回りバブルが生じた。その過程で八七年に利子率が上昇し、株価大暴落が生じたが、これに対し政府・日銀は金利引下げで対応したため一段とバブルが盛行し、そして大規模な崩壊が生じた。

■表Ｉ-18　日本の対外直接投資残高の推移（単位　億円）

	96 年	00 年	06 年	11 年
アジア	79,151	49,311	107,653	257,755
中国	8,098	8,699	30,316	83,379
アセアン	53,246	24,996	49,837	110,954
米国	94,336	132,222	156,411	275,504
中南米	11,981	21,020	39,291	122,223
ケイマン	―	―	21,440	67,982
大洋州	10,501	10,151	13,794	54,114
EU	43,569	54,795	118,852	215,484
オランダ	8,440	16,667	45,419	84,950
合　計	258,653	278,445	449,680	964,651

（出所）ジェトロ「日本の国・地域別対外直接投資残高」より作成。

　九〇年代以降ＩＴバブルとその崩壊、住宅バブルとその崩壊、さらに国債バブルとその崩壊（危機）が生じている中で、過剰貯蓄の上につぎ込まれるマネーによる過剰資金が、実体経済を回復させず、バブルとその崩壊をひき起こし、その度に大多数の民衆が失業と貧困・生活難に陥っていることを認識しなければならない。―安倍政権、そしてそのブレーンには、この認識はない。

②リフレ派理論・政策の破綻―その下での「成長戦略」

以上のような事実認識をもたず、しかも現実の実践でも、理論的にも誤りでしかないことが明らかになっている貨幣数量説に基づくリフレ派理論―まず通貨のつぎ込みで利子率を下げ、物価上昇期待を起こせば実需が喚起されそれによって資本家的企業の利益が増大すれば、それがトリクルダウンして雇用・賃金が上昇し、それが実需上昇・生産増大という好循環をもたらすという――に依拠して、異次元金融緩和策(政策としては白川前総裁の量的拡大策と同じであるが、その政策の目標を、この政策では実現不能の一定の物価上昇におき、その達成を目ざして限度をわきまえないで、日銀による可能な限りの国債・証券購入によって大規模な通貨の注ぎ込みを行うという)が導入、展開された。

(a)すでにこの政策による景気回復は実現しえないこと、好循環は民衆をひきつける欺瞞でしかないことが現実に示されている。GDP成長率は一二年一〇―一二月期、一三年一―三月期と回復しはじめていた。この時期はなお「アベノミクス」実施前である。異次元金融緩和策が導入された一三年四―六期から成長率は低下し、同一〇―一二月期実質成長率はマイナスになっていく。一四年一―三月の消費税率引き上げ前のかけ込み需要で一時上昇したが、一四年四―六期、七―九期と反転不況に陥っている。

この間大企業中心に経常利益は増大し、すでにリーマンショック前の利益を上回り史上最高益を実現している(図Ⅰ―14　一五九頁)。しかし実質賃金は上述のように一三年七月以降下り続けている。大企業の利益増はトリクルダウンするどころではなかった。むしろ「アベノミクス」は実質賃金切下げを意図していた、といってよい。

(b)「アベノミクス」の節度なき異次元金融緩和策実施の下で、たしかに円安と株高がほとんど同時並行して進んだ。しかし伊東光晴氏によれば、これは「アベノミクス」の効果とはいえない、「アベノミクスは何もしていない」(前掲書、第二章)。株高は、「アベノミクス」導入以前から生じているし、それは主に外国投資家の投機によるものであった。円安は、金融政策の効果ではなく財務省財務官の為替介入によるものであった、と。伊東氏は、「金融政策は、『人々の期待に働きかけること』を通じてその効果を発揮する」というマネタリスト・岩田規久男氏の考え方を拒否する。しかし今日の経済は明らかに「期待」で動く―それだけ軽薄になっていることをとらえなければならない。

株高も円高も「期待」―利子率の一層の低下と円価値低下

予想―によって生じた。そしてその持続は明らかに異次元金融政策によって維持された。しかし同時に株高・円安自体は、それが企業の設備投資増大―実体経済増大をもたらさない限り、それを持続させる根拠を持たない。だから異常な金融緩和策の一層の継続・拡大によってしか維持しえない―一四年一〇月末の日銀による一段と大規模な国債・証券購入を通した通貨の注ぎ込みは、これを示している。

と同時に、株高・円安が生じている中でそれによって利益をせしめた連中―株式大量所有者と為替差益で儲けを得る輸出産業大企業は、株高・円安の持続を求め、政府もまたこの利益が消費需要の増大による景気回復につながるのではないかという軽薄極まる期待の下に、株高・円安をひき起こすこと自体が、政策の目的とされるということになっている。その下で生じるのは、大株式所有者と輸出産業大企業の利得拡大とともに、ゼロ金利（実質マイナス金利）で所得を奪われる民衆、そして円安による輸入品価格上昇（それを価格転嫁しえない）で収奪され大打撃を蒙る小零細企業経営者、農漁民、そして労働者である。―こうしてさらに実需（国内需要）は減少し、景気が落ち込む中で、異常な株高と円安が生じる。まさにバブル現象である。

株価を維持・高騰させるためになりふり構わぬ政策が行われている。ＧＰＩＦによる株式運用比率の増大、日銀による国債大量購入の上にＥＴＦなどリスク証券購入増大。異常な日銀の国債購入はすでに札割れ（市中金融機関による国債売却拒否）をひき起こすまでになっている。地方銀行・金融機関は、日銀の国債大量購入のあおりで、国債投資・運用の困難、利回り低下による収益悪化に陥っている。このような事態の改善のためということで政府に一層の国債増発を求めるという転倒した動きさえ現れている。

バブルが盛行し、その大崩壊の要因が膨張している。それは同時に国債・国家の信用力崩壊の危機を深める。

(c)「アベノミクス」の成長戦略は、あらゆる方策を使ってひと握りの金融独占資本の競争力を強化し利益増大を図ろうとするものである。それは、小泉政権下の規制改革、とくに「労働」分野の規制のいわば極限的撤廃―新自由主義政策の推進と、財政支出、税制を通した大企業優遇策の推進である。労働者・民衆に対しては徹底した自己責任・自助努力を求め、弱肉強食の競争の中にたたき込み、生活破壊、窮乏化に追い込みながら、開き直ったコンクリート優先政策―しかもその実行も困難な大震災に対する国土強靭化対策を名目とする公共事業拡大で大企業に需要を与え、新興国等との競争戦対処、さらにＴＰＰへの対応が必要ということで、技術開発推進等の税金優遇、法人税減税を進めている。

安倍政権の「成長戦略」は、原子力発電を含むインフラシステム輸出とともに、武器・装備開発―武器輸出拡大を柱としている（これについては第Ⅱ部第４章参照）。原発輸出には国内原発再稼働を必要とするし、輸出に伴う輸出先国との政策調整、関与が伴う。武器開発・生産・輸出推進の下で、全く不生産的、浪費・破壊的技術が拡大し、財政支出を奪い、民生技術・生産を奪う。大学の研究にさえ軍事研究が入り込みつつある。

このような「成長戦略」の推進は、財政危機を確実に深める。しかも財政支出を奪う金融独占資本は、多国籍企業化して、無税地帯に資金を集め、国家に税金を払わない。財政危機の深化の中で国債依存を強めつつ、危機対策として労働者・民衆への社会保障・教育支出の一層の削減・負担強要とともに、消費税率引上げによる収奪が強制される。公的社会保障支出削減―医療・福祉支出の民営化の下で大資本は労働者・民衆の生活分野を利潤獲得の場にしつつある。農漁業、土地自然力さえ、資本の利潤獲得の場、投機的利得獲得の手段とされつつある。

③　多国籍金融資本の財政収奪　―戦争国家化―

こうして、安倍政権が進める「この道」が、国家財政をひと握りの多国籍化した金融独占資本が奪い、利己的利潤獲得を推進する道であり、労働者・民衆に対する搾取・収奪を強め窮乏化させる道であることが現実に明らかになっている。

しかし金融独占資本は利己的利潤追求のため国家を利用し財政の破綻の危機をもたらしながら責任を取らない。そこから生じるのは、無政府的な弱肉強食の競争と社会秩序の混乱である。これは大資本とその支配強化を図る政府自体がもたらしたものである。にも拘らずこの社会的秩序の混乱を民衆自身の責任―〝公〟的道徳心の欠如によるものとし、国家への奉仕義務を道徳教育強制、マスコミへの介入によって、押しつける。無法な外国からの軍事攻撃・侵攻の脅威を宣伝・扇動して、ナショナリズムを喚起し国家の下への統合・動員を図ろうとする。新自由主義の推進・徹底による民衆の窮乏化と社会的秩序の混乱の下で敷かれるのは、戦争の危機の宣伝による権力的大衆統合と戦争国家化の道である。この戦争国家化の現実具体的分析は、第Ⅱ部で行なう。

「アベノミクス」の推進は、国家安全保障戦略、侵略戦争国家化と結びついている。民衆収奪国家による民衆の権力的統合―そこには虚構・欺瞞と暴力が不可欠なのである。しかしこのような事態はなぜ生じたのか―それを引き起こしている根本的原因は何か。そしてこの事態は何を意味するか。

ここで第Ⅰ部全体の一定の結論を示しておこう。

二　この事態を引き起こしている根本的原因
そしてこの事態の意味

（一）この事態をもたらす主役　――多国籍金融大資本

まさに企業数からいえば一%にもならないひと握りの金融独占資本（株式・証券・保険分野の大資本と産業・商業・情報通信大資本の癒着・結合体）、しかも多国籍化した金融独占体が、経済だけでなく、政治を支配しマスコミ、文化を動かし、財政・税制＝国家自体を牛耳る主役となっている。安倍政権は戦前の国家体制を取り戻そうという固有の思想というより執念によって政治を行っているつもりであろうが、この政権は、国際的にはアメリカ金融独占資本の意向に規制されている米政権によって動かされ、国内的には日本金融独占資本によって完全にコントロールされている。この金融独占資本の特徴、とくに一九九〇年代以降の今日的特徴をとらえなければならない。

金融独占資本の資本形態としての特徴は、産業・商業・情報通信分野で利潤獲得を目的とする資本（これを現実資本という）と、株式価格（発行した株式数×単価）で示される擬制資本に、資本が二重化していることである。株式＝擬制資本価格は、本来現実資本の利潤獲得を根拠にした配当を資本還元したものとして、現実資本の運動に基づいて成立している。

従来、金融資本による株式発行・資金調達は、現実資本の投資（設備投資）拡大＝蓄積拡大の手段であった。新興国、途上国のグローバル競争戦への参戦が加わった資本主義国間の市場争奪戦の中で、資本主義各国において現実資本の資本過剰が生じ、さらにそれを政策的に解消しようとする国家財政支出拡大の中で、さらに過剰化が進み、現実資本として投資しえない資金過剰が生じたが、この過剰資金が株式・擬制資本分野に流れ、その売買によって利得獲得をめざす動きが拡大した（水野和夫氏はこれを「電子・金融空間」の形成と表現している。前掲書）。株式・擬制資本売買による利得獲得を専業とする投資ファンド等の活動による株価の動きが逆に現実資本の動きを左右するという逆転現象が生じた。水野氏はこれを、「犬の尻尾（金融経済）が頭（実物経済）を振り回す」というバーナンキFRB前議長のことばを引用して、とらえている（同五二ページ）。その下で現実資本の側でも、株式発行―資金調達―設備投資増大ではなく、自社株購入―株価つり上げという行動が生じている。まさに株価至上主義である。その下で現実資本は利潤至上主義を要求される。利潤が得られるならば、生活・生命、自然環境を破壊することが明らかな投資さえ行う。と同時にその収入の根拠を問わず、一定の定期的収入があれば、それを資本還元して形成される様々な証券（金融デリバティブ）が発行され、投機の対象とされる。と同時に金融資本は、投資の自由を求め、自由が保証されれば、世界中どこへでも進出し金儲けの場とする。

（二）株式・擬制資本の支配

理論的にとらえなければならないのは、株式・擬制資本の資本としての特徴である。

マルクスは「株式資本」を資本の最高の発展形態ととらえた。これこそ決定的認識である。価値増殖（カネ儲け）を目的とする価値（カネに代表される）の運動体、これが資本の本質である。この資本が社会を支配するには、社会存立・発展の根拠を担う主体である労働者を資本運動の下に支配すること、直接には労働者の労働力を商品化し資本運動の中で労働させ、それによって価値形成・増殖を実現することが根本条件である。現実資本としての産業資本—実体経済を担う—が資本主義の社会的成立の根本である。

しかし産業資本はその運動の中で労働者を労働させ価値形成を行わせ、そして搾取しなければならない。生産の本来の主体は、資本ではなく労働者なのである。当然その搾取には資本の自由にならない制約がある。労働者が抵抗すれば搾取は実現しない。資本の投資拡大によって労働力が不足し雇用確保が難しくなれば、資本の絶対的過剰が生じる（現在の労働力不足についてはあらためて解明しなければならないが、伊東光晴氏の指摘する生産労働人口の絶対的不足自体が直接の原因となっているとはいえない。資本の投資過剰とともに極端な低賃金と労働強化、労働時間延長が雇用を充足しえない重要な要因となっていることを明らかにしなければならない）。恐慌は、資本の絶対的過剰を根本原因として発生した。労働者を雇用し労働させ価値形成・増殖を実現すること—そこには資本の自由に対する制約が伴う。この制約が恐慌として現れる。

資本による自由な価値増殖、無制約な価値増殖—それを現実に実現するのが株式資本なのである。証券に投資し、それを所有するだけで利得（配当）を得る。株式という物（財産）の所有が果実＝利得を生む—マルクスはこれを「物神性」の最高形態ととらえた。それは、労働力の制約・恐慌を回避して価値増殖を実現するいわば資本の理想形態なのである。

しかしこれは、擬制（フィクション＝資本還元）によってしか成立しえない。その成立根拠は、継続して価値増殖を行う現実資本の運動にしかない。擬制資本としての株式資本、直接にはその価格はそれ自身に自立する根拠を持っていない。しかし上述のように、株式擬制資本はあたかも自立しているかのように自己運動を展開し膨張し、本来の存立根拠である現実資本の運動を左右するまでになったのが今日の特徴である。資金・資本過剰の絶好の処理の場、何の制約なしに金儲けを行いうる投資の場の実現―しかし本来非自立の性格をもつこの株式・擬制資本は、自己膨張すれば必ず崩壊する。これがバブル崩壊として現れる。

(三) 新自由主義の本質

新自由主義の思想・政策は、この金融独占資本の利潤獲得活動の自由を保証することを目的とするものである。その自由活動を制約する規制の緩和・撤廃、投資対象・場の制限の撤廃―それによる自由な投資(あるいは引揚げ)の実現―これが新自由主義の本質である。

金融独占資本の運動は弱肉強食を原理とする。競争力に強い者が勝つのは当然。弱者をいたわるのではなく、とことん弱者を収奪し尽くす。これが彼らの行動基準である。そこには社会に対する配慮などない。徹底的な利己的利益の追求、獲得こそ目的であり、そこには限度はない。あり余る過剰な資金を積立てながら、これを弱者救済に役立てようとか、民衆の失業救済・生活向上に役立てようとかには用いず、さらに大きな利益獲得を目ざして運用する。

ソビエト・東欧「社会主義」の挫折、資本主義国内労働者の社会主義思想に基づく運動の弱体化―それは金融資本の自由な利潤追求・獲得運動に対する抵抗力を弱めた。抵抗力弱体化、むしろ金融資本の競争力強化への労働組合(幹部)の協力の下で、むしろこれをいいことに、金融独占資本はその本質を露わに発揮しているのである。そして上述のように、一方で国家を放棄しながら、徹底して国家を利用し、国家―国民(労働者・人民)を奪い尽くす。これこそが第Ⅰ部全体を通して明らかにした事態をもたらす根本原因である。

しかし、これこそ本来自立しえない―社会の主体たりえない金融資本支配の後のないあがきなのである。

(注) 水野氏の所説に関してはとくに「資本主義の終焉」という点に関し、一定の批判をおこなった。拙稿「資本主義の終焉とは」『進歩と改革』一五年五月号、参照。

(『社会主義』二〇一五年一月号　一部削除)

■補論　「水」が投機の対象に
——民衆から「水」が奪われる

はじめに

新自由主義の展開と関連して、ここで「水」に関わる経済問題を扱う。地球上の「水」、人間、そしてすべての生物の生存にとって絶対に必要不可欠な「水」、そしてそれを涵養し蓄える森林さえも、多国籍資本の、しかも投機的利益獲得を目的とする投資ファンドの、投資（投機）対象にされつつある。まさに究極の〝水商売〟である。

　このような問題は、規制緩和・民営化を推進する新自由主義の国際的展開によって、一九九〇年代半ば以降生じ、二一世紀に入って拡大している。とくに地球の気象状況の大きな変化、砂漠化に伴う水不足の深刻化——水を必要とする多くの民衆と産業・工業化の進展に伴う企業の水需要の増大を背景に、そして金融・経済危機対処策がもたらす過剰マネーの激増の下で、水・森林が投機の対象とされている。

　水が、そして森林が、多国籍資本の投資対象にされ、彼らに占領されることから、すでに多くの問題が生じている。多くの民衆から水が奪われ、生活が破壊されている。環境・自然が破壊されている。投機対象にされれば、問題はさらに深刻化することは明らかであろう。これに対し、どのような考えに立ち、どう対応すべきか。

　本節は、『奪われる日本の森——外資が水資源を狙っている』（平野秀樹・安田喜憲著、新潮社、二〇一〇年三月、参考文献①(注)）をはじめ、「水」ビジネスに関わるいくつかの単行本、そして雑誌の特集等によって、「水」の問題に関して、注意を喚起するために、一定の考察を行うものである。この問題は、さらに森林に関する問題、ダム・工業・農業用水、水道事業に関する問題、さらに地球環境維持（CO_2削減、エネルギー問題）に関する問題との関連の上で、具体的資料に基づいて検討されなければならない。関連労働組合（林野・農林関係、全水道等）による積極的調査、検討も望まれる。

（注）今回参考にした文献としては、前掲①のほか、以下の文献・資料である。中村靖彦『ウォーター・ビジネス』（岩波新書、〇四年二月、②）、橋本淳司『世界が水を奪い合う日・日本が水を奪われる日』（PHP研究所、〇九年七月、③）、吉村和就『水ビジネス—110兆円水市場の攻防』（角川書店、〇九年一一月、④）、「230兆円市場、『水ビジネス』世界戦争」（ZAITEN特集、〇九年一二月、⑤）、「我が国水ビジネス・水関連技術の国際展開に向けて—『水資源政策研究会』取りまとめ—」（経済産業省、〇八年七月⑥）、その他『週刊東洋経済』等経済誌、『日本経済新聞』等の日刊紙。

一　資本による森林・水の買収

「東京財団」（前掲文献①の著者平野氏はその研究員である）は、日本各地の森林が国内外の資本によって買収された（あるいは買収話があった）具体例を示している（前掲書①三〇〜五一ページ）。しかし、森林など都市計画区域外の土地売買については一ha（ヘクタール）以上の売買に関し事後届出が義務づけられている（国土利用計画法第二三条）が、個別情報については個人情報ということで都道府県は公開していないので、実際の所有権移転の実態は明らかではない。地元市民や不動産業者の話（うわさを含む）であることがほとんどである。「東京財団」による調査の一端を紹介しておこう（同上）。

①「コカ・コーラ系とネスレ系」の資本が、北関東などの森林を購入していることが関係者間でいわれている。

②中国系資本による三重県大台町奥地森林の買収話（これは何度かの転売後、日本の新興企業・大手町地所の所有となっている）、同じく埼玉県西部の林業地買収の要望、山梨県東部森林（桂川上流）買収の依頼、長野県天龍村の広葉樹林買収話（ヒノキ伐採）、岡山県中国山地買収話（ヒノキ伐採）、北海道東地区、青森県三八上北地区、九州阿蘇・都城地区での森林買収話。

③次に日本の大資本による森林・水買収の動き（①二三ページ以下）。住友林業―〇九年から一年間二〇億円を投下し、一万haの森林買収、所有森林を二五％増の五万haに増やす。王子製紙―日本一の山林王、グループ全体で一九万haの森林ストック所有維持。トヨタ自動車―「諸戸」家（伊勢）所有森林一六〇〇ha買収。大手町地所（東京）―この五年間で二万haの森林買収所有。島津山林（宮崎県都城地区）二八〇〇ha山林買収。秋田・熊本の素材生産業者による数百〜一〇〇〇haの森林買収。大手商社、千葉、群馬、山梨県で二〇〇〜三〇〇haの森林買収の動き等。

全国の総土地取引件数（国土交通省「全届出受理件数・面積規模別、二〇〇九年」）をみると（五ha以上の土地）、二〇〇〇〜〇二年間八〇〇件余、〇六〜〇八年一一〇〇〜一二〇〇件に増加している。大規模な土地取引（北海道三〇ha以上、その他の都府県二〇ha以上）は〇六〜〇七年の二年間で約九〇〇件である。都市計画区域外の五ha以上の土地取引のほとんどは森林と考えられるが、その土地取引総面積は、過去一〇年間で一万四〇〇〇ha（一九九九年）から、三万二〇〇〇ha（〇八年）に倍増している。都市の住宅・土地等不動産取引が停滞・減少している中で、森林の国内外大資本による大規模な買収が進展している。

このような大規模な森林買収は何を目的とするものなのか。平野氏は、この点に関し次のように指摘している。

①森林（林地・立木）の不当な安さ。林地の全国平均価格は一八年連続の下落で、人工林（用材林地）が一ha当たり五三万円、雑木林（薪炭林地）は同三五万円となった。立木（木材価格）も一九八〇年以降一貫して下落、この三〇年で九分の一に。太さ三〇cm、高さ二〇mの杉一本は一〇〇〇円にしかならない。条件の悪い奥山では林地はほとんどが〇円、間伐採はマイナス価格。補助金で伐り倒した木は山にそのまま放置されている（放置間伐材の比率は七〇％を超える）。林地・立木を合算した森林価格は一ha当たり二〇万円（一坪当たり七〇円）。ほとんど底値だろう、と。

②本来の林業は、五〇～六〇年サイクルで伐採、その後植林、下刈、除伐を行うものだが、その作業を行おうとすれば経営は成り立たない。市町村合併、限界集落化により、事態はさらに悪化した。植林放棄は森林法（第一〇条八、九）違反だが、改善勧告しても改善実績はゼロ。植林放棄地は二万一〇〇〇～一〇万二〇〇〇ha（〇五年）に及ぶ、という。

③そして森林買収の目的は「水」だ。世界的水需給逼迫、とくに中国の水不足・水需要増に対処するため、各国の水源地を確保しようという動きが活発化している。上述した中国系、そしてコカ・コーラ系、ネスレ系による日本の森林買収目的は、ここにある。いま全世界的規模で水ビジネス（ボトルウォーター）が拡大し、水争奪戦が展開されている。この状況、これがもたらす諸問題については後述する。

④その他CO_2削減―排出権取引の先読みとしての先行投資、CO_2二五％削減という民主党政権の政策が森林買収―排出権取引に有利な条件となった。さらに生物多様性（バイオ・ダイバーシティ）評価。すでにアメリカ、オーストラリアでは「生物多様性クレジット」が売買されている。アメリカの有力投資家がブラジル・アマゾン流域の森林に触手を伸ばしている。その狙いは生物多様性評価による森林価格上昇―売買による利得獲得にあるのではないか。サブプライムローンの証券化の崩壊による金融危機深刻化の中で行き場を失った投機資金が新たな投機対象として、森林の付加価値上昇による収益に基づく新しい証券化取引に押しよせようとしている。

二　投機マネーの膨張――投機対象としての「水」

森林・水が、投機対象とされる背景には、世界的規模での過剰マネー、とくに金融・経済危機対策に伴うその膨張があることを指摘しておかなければならない。

金融・経済危機への資本主義各国はじめ、この影響を蒙った各国の対応策は、国債発行に依存した財政支出拡大による産業大企業保護策、そして超低金利と各国中央銀行による国債をはじめ金融機関保有の証券買取りによるマネーつぎ込みであった。今回の危機対策の特徴は、バブルをひき起こした主役である金融機関（銀行、証券会社）への、さらには経済危機に陥った産業大企業への国家的資金注入による経営の維持・再建――しかもリストラによる雇用削減・賃金（年金）の削減を伴う――である。

新興国（ＢＲＩＣＳ等）を含めて資本主義各国では、危機対策に伴う財政支出拡大によって、国債発行・国家債務を急増させている。その中で輸出競争力の弱い（貿易赤字を増大させている）国の国債（ギリシャに典型的に示されるように）は信用喪失により危機に陥っている。財政危機の深刻化によって、財政支出削減による雇用・賃金切下げが（ＩＭＦ融資を受ける中で）強行されている。

一方、金融面では、アメリカは史上初の実質ゼロ金利（ＦＦレート〇〜〇・二五％）、日本も政策金利（無担保コール翌日物誘導目標）〇・一％を続け、イギリスも〇・五％、ユーロ圏一六カ国の主要政策金利も一・〇％と史上最低水準に引下げている。このような超低金利の下で、各国中央銀行とも、国債、社債、ＣＰ（コマーシャルペーパー）、ＭＢＳ（住宅ローン担保証券）等のリスク資産を金融機関から直接買上げて、通貨供給を増大し続けている。

ところが、各国とも雇用・賃金は一向に回復せず、むしろかえって悪化している。だから当然、実体経済は回復しない。金融機関・産業大企業の利潤原理を基準にした、国家的資金注入を伴う経営再建の下で、リストラが強行されているとともに、資本主義各国の、新興国を含む産業保護策によるテコ入れを伴う競争力強化策の下で、世界的大競争戦が展開されているからである。輸出競争力の強化を図るために賃金・雇用はギリギリの水準に引下げられている。中国はじめ新興国の低賃金を武器とした輸出競争力への対処、そして実需縮小・実体経済縮小の下での競争戦への対処の必要ということで、さらに雇用・賃金が押し下げられている。

こうして実体経済は縮小を続ける。財政・金融を通してつぎ込まれたマネーは、実体経済に回らずに過剰化する。この過剰化したマネーが、急速に経営を回復させた金融機関はじめ投資ファンドによる、全世界的規模での投機に振りむけられ、再び新たなバブルをひき起こすことになる。「実体経済から遊離した過剰マネーが累積していけば金融機関は、全世界的規模で禿鷹のように、新たな獲物（投機先）を狙うことになる」（拙著『「資本論」で読む金融・経済危機』時潮社、二〇〇九年六月）。

一段と膨張した過剰マネーによる投機は、資本主義各国の株式・証券に向かい、実体経済回復のない状況の下で、株式価格は一定の回復をみている。しかし実体経済が回復しないことから、株価は不安定で乱高下をくり返している。その中で投機マネーは、資本主義国から新興国（中国、インド、ブラジル、あるいは中東諸国）に流れ、そこで証券、不動産価格をつり上げ、さらに再び金、原油、そして穀物、新エネルギー産業の素材となるレアメタル(希少金属)、レアアース(希土類）に向かい、これらの価格を上昇させつつある。そしてついに絶対的な生活必需品である「水」（その供給事業を含めて）が、投機の対象にされつつある。

過剰マネーが、資本主義各国から新興国、産油国に流れ、そこでバブルをひき起こすとともに、これら諸国の金融機関—国家ファンドに吸収され、これらの金融機関が、資本主義各国の金融機関、資本家的企業とともに、全世界的な投資・投機に参入している。中国、中東諸国の国家ファンドは、中長期の国家的戦略をもって、当面の短期的利益よりも、国家の安全に関わる産業や新エネルギー開発に関わる基礎的素材の確保など戦略的投資を展開している。資本主義各国の金融機関、投資ファンドは、これらの国家ファンドとの競争に対処しなければならなくなっている。

今後注目しなければならないのは、中国の国家ファンド(中国国有投資会社ＣＩＣなど）の動向である。中国はすでに農地としてコンゴ二八〇万ha、ザンビア二〇〇万haを買収し、フィリピン、ラオスさらにブラジルに農地を求めている。中国国営鉱山会社は、アフリカ、中南米に進出し、レアメタルを獲得し、メキシコ、ペルーの非鉄金属資源獲得に乗り出している。ＣＩＣは、カナダの資源会社テック・リソーシーズに出資（一四〇〇億円、株式一七％取得）している（①五二—五三ページ）。前述のように、日本の森林・水買収の動きも国家的戦略に従った動きととらえることができる。

中国・中東諸国を含めて、「水」そして水道事業をめぐる各国資本による支配・争奪戦が始まっている。以下その状況を概観しよう。

三　水・水道事業をめぐる競争戦

（一）「ボトル水競争沸騰」

『朝日新聞』（一〇年五月八日）は、「ボトル水」をめぐる値下げ合戦の状況を報じている。五〇〇ミリリットルのカナダ産ミネラルウォーターが四八円でスーパーで売られている。他のボトル水も激しい価格競争を演じつつある。フランス産ボルヴィック（キリンビバレッジ）一一五円、サントリー南アルプス天然水一〇五円等々。国産ボトル水の草分け的存在「六甲のおいしい水」を販売しているハウス食品は安売り合戦の中でついていけなくなり、事業をアサヒ飲料に譲渡する（一〇年五月末）。「シェア確保の動きは急だ。山梨県北杜市で二月、サントリーが約一三〇億円かけて新工場を完成させた。一分間に二リットルボトルで約四〇〇本を生産できる。他の国内の施設と合わせた年産能力は四割増えた。……アサヒ飲料も〈六甲〉買収で攻勢を強める。シェアも四％前後から一割に拡大し……将来的には二割を目指す……」（同紙）。〇九年の出荷ベースでみたボトル水のシェアは、サントリー・天然水二七・二％、日本コカ・コーラ・いろはす・森の水だより一九・七％、キリンビバレッジ・アルカリイオン水は五％、同ボルヴィック（フランス）七・〇％、ハウス食品（アサヒ飲料）六・五％となっている（飲料総研調べ、なお②三八〜五六ページ参照）。

　日本のボトル水の種類は八〇〇種類（国産品六〇〇、輸入品二〇〇）あるといわれているが、激しい価格競争等で中小ボトル水メーカーは淘汰され、大手に吸収されている。ボトル水の生産・輸入量は一九八七年の八万九五四七kl（国産八万六〇〇〇kl、輸入三五四七kl）から、〇七年には二五〇万五〇六七kl（国産一九二万四二五八kl、輸入五八万八〇九kl）と二〇年の間に約二八倍となった（前掲②、③）。すでに〇六年の調査（全国清涼飲料工業会、一五〜五九歳）では国民の六八・六％が何らかの形でボトル水を飲んでいる。一方、全体の七割は水道水をほとんど飲まない、という。

　世界的にも水が豊富で、しかも水道も完備している日本で、大量の輸入を含めて、それだけカネをかけてボトル水を買い、飲んでいる。水道水に含まれる殺菌用の塩素による水のまずさあるいは発ガン性物質の危険性（その宣伝）がボトル水志向をもたらしている。しかし安全性に関していえば、ボトル水より水道水の方が厳しい水質基準がある。ボトル水の鉛やヒ素の基準は水道水より五倍も緩い（③七九ページ）。たしかに水道水に関しては過大な水需要増大を予想したダム等の広域的水使用に関わる費用負担、水道施設・水道管の老朽化に伴う供給力の制限と新設設備に関わる費用増大――料金引上げ等の問題がある。

　それにしてもボトル水の大増加を自然の流れとして受けとめてよいのであろうか。飲料水を、個々人が水道料金より高いカネを負担して買う――まさに自己責任そのものである。そしてボトル水生産者のほとんどは資本家的企業であり、その営業目的はいうまでもなく利潤追求である。その意味では、この流れは、新自由主義政策の流れに即したものといってよい。

　さらに「ワールドウォッチ研究所」は「ボトル水は環境に有害」として次の三点を指摘している（③八六〜八八ペー

ジ）。⑴天然の鉱水・湧水が過剰に取水され、地域の河川や地下水が脅かされている。⑵製品の生産と輸送に多大なエネルギーが消費されている。⑶ペットボトルには大量の石油由来のプラスチックが使用されているが、そのほとんどはリサイクルされていない。外国産のボトル水の費用はほとんど輸送費である。それに伴いエネルギー消費量は増え、地球温暖化の一要因となる。アメリカではペットボトル製造のため年間一五〇万バレルの石油が消費されている。これは一〇万台のアメリカ車の一年間走行分の原油量と同じだ、という。

重要なのは⑴である。ボトル水メーカーによる地下水・水源の取水によって、地下水の水位の低下、涸渇、地盤沈下という被害が現実に発生している。アメリカ・ミシガン州モートン町、メコスタ町の「ネスレ」社による水源を所有する地主との契約による取水によって、周囲の水位が低下し環境悪化をもたらすということから、会社側と住民の争いが生じた（②一〇八〜一三四ページ）。フロリダ州ゼフィヒル、五大湖周辺でも、ボトル水メーカーや、企業による水の汲み上げによって地域の農業や漁業の水不足が生じ生産、生活が脅かされている。住民はこれに対し水の汲み上げ中止を求めているが、地主＝企業側は、法的には地下水は土地に付属するもの（土地所有＝地下水所有）として、住民の要求を拒否している（③八三ページ）。

またインド・ケーララ州でも、コカ・コーラ社のボトル水工場の取水（一日当たり取水量一〇〇万〜一五〇万ℓ）によって、州内各村の水不足、水質悪化が生じたとして、住民による抗議行動が起きている。コカ・コーラ社はこれに対し「工場で使う地下水と村の井戸とは水脈がちがう」として訴えは事実無根としている（③八一ページ）。

ボトル水の取水ではないが、ボリビアでは水道事業の民営化（一九九七年）によって天然水さえ飲めなくなった住民の抗議・デモによって政権が転覆した（モラレス左派政権の成立、〇六年）。モラレス政権は水道事業を国有化し、全住民に水を保障する政策を進めている。

日本でもボトル水事業を行う企業の地下水等の汲み上げによって、関連地域の水不足、環境悪化問題が現に生じ、あるいは生じる危険性が指摘されている。

長野県安曇野市（湧水・清流で全国有数のワサビを生産している）では、市営水道による地表水の違法取水が発覚したが、市は追加的な取水を、地下水の揚水に関する規制がないことを利用して、地下水に求めた（一日当たり五〇〇〇トン余）。さらに東京アート（本社東京）がこの地で取水し、〇七年ミネラルウォーター生産を開始したが、〇九年新工場を建設し、将来の年間最大稼動規模は約一億トン（二リットル×一〇〇〇万本×五ライン）を見込んでいる。中国、中東へのペットボトル水輸出を計画している。しかし当地では湧水が減って水流が弱まり、生態系が変化し、ワサビの根を食べるカニが繁殖したり、トマトの生育に支障をきたしている、という（①六三ページ）。

山梨県白洲町では、サントリーはじめボトル水メーカーがひしめき合っている。大手五社の地下水取水口がある。取水の増大による環境への影響を危惧した山梨県は、ミネラルウォーター税（一リットル〇・五〜一円程度）を課税するという政策を検討した。これに対しボトル水メーカーは強く抵抗した。「地下水全体のうち、ミネラル・ウォーターが使用しているのはわずかに〇・一六％だけです。他には、半導体のメーカーなど、きれいな水をたくさん使っています。そちらの方はそのままで、ミネラル・ウォーターにだけ税金をかけようというのは納得できません」（サントリー東京広報部課長・田村氏、②二一ページ）。たしかに化学工業、パルプ・紙・紙加工品製造の取水量が圧倒的に多い。しかし天然の水をただで使って値をつけて売り、利益を追求する、それだけでも本来公共財として全住民に保障すべき水を、私的営利目的で使うということであり、それが拡大すれば確実に地域の生活用水、農・水産物の生産、そして環境に影響を与えることになろう。北杜市、白洲町では、大量の取水による地下水枯渇、地盤沈下の懸念を解消するため、取水している大手五社と協議会をつくり、無秩序な事業拡張の防止を申し合わせ、地下水位のモニタリングを設けている（①七〇ページ）。しかしペット水の大競争戦の下でサントリーは地元自治体に環境保全の協力金を寄付するとともに、前述のように大々的な生産拡張を展開している。しかし問題に対処するには、取水量の規制とともに、水を利用する企業全体に対する水源税等の課税などを検討しなければならないであろう。

この点に関わってＪＲ東日本による信濃川からの不当な取水による発電を指摘しておかなければならない。ＪＲは、許可取水量上限一六七トン(毎秒)を上回って三一七トン(毎秒)の取水を続けた。信濃川の流水量は過去一〇年平均で二六九トン（これを上回るのは年間九五日）である。このような不法・大量の取水によって信濃川は流量が減り魚も住めなくなってしまった。市民の運動の成果として〇三年三月にＪＲに対し取水権全面取消し処分が決定された。これに対しＪＲは、地元自治体対策を行いながらなお取水を続ける意向という。

（二）「ウォーター・バロン」――水道事業民営化の中で

水源だけでなく、水道水の生産、配水、顧客サービスまで一貫した水ビジネスを行う民間資本家的企業が、一九九〇年代以降の新自由主義―規制撤廃・公的事業の民営化推進の下で急拡張している。水ビジネスの世界的大企業・巨人たち―

—これを〝ウォーター・バロン（男爵）〟という。ウォーター・バロンは、世界的水不足を利用し利益追求を目的に世界の水事業を支配している。彼らはすでに中国へ水事業を手中におさめ、日本にも触手を伸ばしている。

ＷＨＯによれば、世界で安全な水の供給を受けられない人の数は現在六五億人中五億人、世界銀行によると二〇二〇年にその数は二〇億人になるとされている。国連は二〇五〇年地球の総人口推定九〇億人中約四〇億人（四四％）が水不足に直面する、としている。この状況の中で、水ビジネスは〇五年の六〇兆円から、二五年には一一〇兆円（施設管理・運営関係一〇〇兆円、エンジニアリング、調達・建設一〇兆円、分離膜などの材料関係一兆円）と見込まれている。一一〇兆円市場をめぐって、ウォーター・バロンたちが市場争奪戦を展開している。その上日本の水インフラの老朽化によって更新には一二〇兆円が必要とされている。計二三〇兆円市場をめぐる争奪戦といってよい。

ウォーター・バロンは、①ヴェオリア社（フランス）—水関連部門売上げ一兆六〇〇〇億円、従業員七万八〇〇〇人。世界一〇〇カ国以上一億二〇〇〇万人に飲み水を供給している。②ＧＤＦスエズ社（フランス）—水道、電力、ガス、廃棄物処理事業等を行うコングロマリット。スエズ運河を建設したスエズ社とフランス・ガス公社が合併（〇七年）、時価総額一四兆四〇〇〇億円、売上高一一兆五二〇〇億円、従業員七万二〇〇〇人。〇八年の水関連部門の売上げは一兆九〇〇〇億円、一三〇カ国一億一〇〇〇万人に水を供給。この二社だけで世界の民営水道による給水人口の七割を占める。③テムズ・ウォーター（イギリス）—ロンドン・テムズ水道局を母体に民営企業として誕生し、二〇〇〇年ドイツ電力会社ＲＷＥに買収され、〇六年にはオーストラリア・マッコリー銀行グループに売却されている。売上高六〇〇〇億円、従業員一万五〇〇〇人、給水人口七〇〇〇万人。イギリスは、民営水道事業が一〇〇％となっているが、テムズ・ウォーターはこれを一手に引き受けている（④一〇四〜一〇六ページ）。

このウォーター・バロンに対抗し、世界的大企業が水ビジネスに参入しはじめている。ＩＢＭは水資源の管理を支援するベンチャー事業に乗り出す（〇九年三月に「世界水フォーラム」で発表）。この新規事業は、CO_2管理、代替エネルギー、水資源管理の市場を開拓するＩＢＭの「ビッグ・グリーン・イノベーション」プロジェクトの一環として、水源地、配水管、貯水設備、河川、港湾を監視するデジタルセンサーとバックエンドソフトのシステム設計の導入を手掛ける、という。「究極の水の管理は情報の管理である」として、水を制することによって食糧・エネルギーをも制する——これがＩＢＭの新世界戦略という。

　シーメンス（ドイツ）、ＧＥ（アメリカ）も中国に進出し、水処理、海水淡水化、水ろ過技術等の水事業を展開している。日本の企業も、ＯＤＡを通して中国等の上下水道に関わってきたが、日本の水関係ビジネスは浄水場、下水処理場などハコものに限られている。しかし水（海水を含め）のろ過膜技術をテコに日本企業は、総合商社中心に水ビジネスを世界的に展開しはじめている。伊藤忠―オーストラリアにおける海水淡水化プラント建設（二八〇〇億円）、この運営は仏スエズと共同。丸紅―ペルー浄水業に出資、ヴェオリアと合弁で中国成都市の浄水施設運営。住友商事―メキシコ・シウダー・フアレス市の下水道処理場拡張工事受注、スエズとの協業で下水処理場の保守・運転・管理を担う。三井物産―メキシコ水関連エンジニアリング会社買収（〇八年）、タイ・バンコクで浄水施設運営。双日―中国工業団地で廃水リサイクル事業を展開等々（⑤）。

　しかしフランス系二社（ヴェオリア、スエズ）は、水の生産から、配水、サービス等管理運営全体を系統的に支配しており、日本の総合商社の水ビジネス進出も、管理運営面ではこの二社と共同連携によって行うほかないという状況である。というのも、フランスの国家戦略として、国連によってフランスにおける上下水道サービスに関する規格がＩＳＯ（国際標準化機構）の規格として導入され、世界の水道事業は基本的にその規格を適用しなければならなくなったことが大きく影響している。その上ＷＴＯによる貿易障壁除去の取り決めの上で、水道事業においても門戸開放がせまられている。公営事業として運営されてきた日本の水道事業も、民営化あるいは民間委託の推進の下で、ＩＳＯ規格が（一定金額以上の業務委託に関して）要求されている。

　こうしてヴェオリアはじめ外国水道企業は、日本の水道事業に本格的に参入しはじめている。ヴェオリアは、〇二年日本法人ヴェオリア・ジャパンを設立し、〇五年昭和電工の子会社昭和環境システムと資本提携し（〇五年）、さらに過半数の株式を取得した（〇七年）。水処理企業の西原環境テクノロジーを子会社化し、大日本インキ環境エンジニアリング（ＤＥＥ）の株式八〇％を取得した。日本の子会社はすでに一三社となっている。その下で、広島の西部水資源再生センター、千葉県の下水施設、手賀沼終末処理場、大牟田市、荒尾市で下水施設、上水道の管理運営契約を結んでいる。公営事業として運営されている日本の上下水道事業の中に、利潤追求を目的とする世界的な水ビジネス企業が、管理・運営面を中心に本格的に侵入しはじめている（③二三二〜二三六ページ）。

四　民衆から「水」が奪われた

世界の「水」が、ウォーター・バロンはじめ民間大資本に支配・占領されつつある。その下で民衆の生活はどうなるか。要約的にまとめておこう。

第一に、水源（地下水、河川）はじめ、給水、メンテナンス・管理、運営という水事業が、民間資本によって行われることになれば、事業の目的は利潤追求ということになる（これは国内資本、外国資本を問わず共通の問題である）。個別資本自体としては、公的、社会的配慮を行う性格はない。例えば、企業は、ボトル水を、より多くより広い範囲に売ろうとするから、地域の水は他地域、他国に流出する。地域住民の生活や地域産業の生産維持に不可欠な水の確保、保全のためには、地域住民の生活・生存権保障を目的とする公的（国・自治体による法的・行政的）規制が不可欠である。公的規制が実効的であるためには、企業経営の実情（取水量、水質、環境保全対策など）が公開されること、それらの点に関する経営責任者との直接の交渉が不可欠である。この点では外国資本（その子会社）の経営の場合には大きな制約が生じる。

とくに経営が投資ファンドによって担われた場合、彼らの目的は株価の上昇そのもの（株価至上主義）であり、そのためには手段を問わず事業の利潤拡大を目指そうとすることから、取水量・水質・価格など多くの問題が生じるし、投資ファンドの責任者としては直接事業に関わらないことが多いし、その地域にはいないので、責任回避が生じる。十分な利益が得られなければ、事業を放棄（株式の投げ売り）してしまう。少なくとも投機目的による、水はじめ生活に不可欠な資源に関わる投資の（国家的）規制が必要である。

第二に、本来は天然自然のものとして価値（貨幣で換算される）を持たない水（土地・資源を含めて）は、すべての人々にその享受が保障されなければならない。水を保障する事業が必要な場合でも、可能な限り低料金で（その負担ができない人々には公的負担で）供給されなければならない。それが、利潤目的の資本家的企業に担われると、供給される水（資源）は必ず価格、しかも儲けを獲得しうる価格がつけられる。それを買うカネがなければ（公的保障がなければ）水さえ飲めなくなる。資本家的企業の独占化が進めば、価格は引上げられる。あるいは価格引上げを意図して供給が制限されることにもなる。地域の水に対する企業の支配が進み、利潤がえられる価格で住民に水を買わせる必要から、これまで無償で享受していた天然の水（雨水を含めて）の享受さえ禁止されることさえある（現にボリビア等で行われた）。

カネがなければ水も飲めない。生活維持のためには有毒の汚染された水を飲まなければならない。健康の維持も不可能になる。水の民営化—資本家的企業による支配は、まさに生活の根底から生活格差を拡大し、貧困者の生活を破壊するものとなる。

第三に、水をはじめとする自然資源、さらにそれら資源を涵養する森林が、ひと握りの資本家的企業に占領されることによって、その地への自由な出入りも不可能になる。民衆は自然（その景観さえ）享受できなくなる。

投機利得目的の森林はじめ水・資源の買収・売買は、水・資源の乱取、乱伐によって自然環境を破壊する。儲けがえられなければ、植林は放棄され、売却・放置される。

水・森林等の利潤原理による支配の下では、人間の生活も、自然環境の維持・保全も不可能なのである。

（『進歩と改革』二〇一〇年七月号）

第Ⅱ部

戦争国家に向かう安倍政権

はじめに

すでに「アベノミクス」と自称する〝デフレ〟脱却を目指す金融・財政政策が推進されて約二年。日本の経済はどうなったか。何よりも日本の労働者・人民の生活はどうなったか。そして戦争国家化をめざす政治・外交政策によって近隣諸国、そしてアメリカとの関係はどうなったか。現実の事実によってとらえることができる。それをふまえて、安倍政権の推進する道によって生じる事態―それは何より財政破綻・国家破綻である―を明らかにしよう。

安倍政権二年の間で実施された政策の下で、主に経済（景気）動向、労働者・人民の生活・労働条件の状況を明らかにした上で、このような事態をもたらしている根本原因はどこにあるのかを若干の研究者の分析の紹介・検討をふまえながら、明らかにしよう。

私は、今日の日本経済を（さらに政治・政策、社会、文化、教育を含めて）動かしている主役は、大資本＝金融大資本、しかも多国籍化した金融大資本（それは、固有の金融分野―銀行・証券・保険・投資ファンド等―だけではなく、その分野と結びついている産業分野―生産、情報、流通分野等―の資本の結合体である）にある、ととらえている。明らかにすべきことは、この資本の本質と行動原理である。その解明によって今日の事態をもたらす根本原因が明らかにされうる、と考える。

グローバル競争戦の中でこの金融資本の自由な利潤追求活動を保証する思想・政策が新自由主義である。新自由主義が何をもたらしてきたかは、第I部で明らかにしてきた。第II部で解明すべきことは、この新自由主義と国家の関係である。新自由主義は、思想・政策としては弱肉強食を通した強者の支配を推進することが、経済、社会の発展をもたらすというのであるが、これを推進する主役・金融資本は、その利己的利潤獲得のため国家を最大限利用し、財政（税金）を奪い、しかも国家に税金を納めない。ここに今日の財政危機の根本原因がある。ところがこの財政危機対策として推進されるのは、消費税率引上げと福祉支出削減―労働者・人民への負担と犠牲であり、生活・生命の抑圧・危機である。しかし労働者・人民に自己責任・自助努力を強要することによって、経済・社会は破滅の道を進み、財政破綻―国家破綻をもたらす。このことを明らかにしよう。

国家破綻が進む中で、安倍政権は戦争国家化を遮二無二進めている。今日の主役・金融資本は、その労働者・人民支配の上で、国家を必要とする。彼らは国家をなくせない。そればかりか、彼らの利潤拡大のために国家財政をフルに利用して、原発を含むインフラシステムの輸出の拡大、さらに兵器生産・輸出拡大を進めている。戦争国家化は、金融資本自体が求めている。しかしその下で労働者・民衆に対する国家の収奪は強まり、生活・生命は破壊される。こうした状態の下で形成される国家は一体どのような国家なのか。

安倍政権が夢想し追求する国家像自体、矛盾・混乱し、定まっていない――しかしその下で労働者・人民を統合するにはいかなる国家が現実に成立・支配することになるのか。それはまさに〝暴力的独裁国家〟しかありえない。

以上の分析を通し、このような体制と国家をいかに変革するかを考えよう。

第1章　多国籍金融大資本の支配と特徴

第一節　安倍政権の二年間で生じた事態

一　景気後退

安倍首相がいう「デフレ克服」とは、何よりも物価（直接には消費者物価）の下落の克服、つまり物価引上げを図ることであるが、同時に彼はデフレを不況の意味でとらえている。だから「デフレ克服」―景気回復には「アベノミクス」の推進・「この道しかない」という。では景気は回復したか。

たしかに二〇一三年一―三月期からGDPは対前期比上昇を示している（名目成長率二・六％、実質成長率四・一％）。しかし「アベノミクス」が実施される一三年四月以降、成長率は落ち込みを始め、同七―九月期名目一・五％、実質一・八％に鈍化、同一〇―一二月期には、名目では〇・九％成長であるが、実質はマイナス〇・五％となった。「アベノミクス」は上昇し始めた景気を逆に押しさげたのである。一四年一～三月期は消費税率引上げ前のかけ込み需要の影響で名目五・六％、実質五・一％上昇したが、同四―六月期は名目一・二％、実質マイナス六・四％と下落し、七―九月期は政府予測に反しそれぞれ三・五％、二・六％のマイナスを示した（同十―一二月期、名目三・一％、実質一・二％上昇。一五年一―三月は、実質三・九％上昇、しかし一四年度全体ではマイナス〇・九％である）。これが「アベノミクス」二年の経過で示された現実である。

すでに鉱工業生産指数は一四年二月から対前月比でマイナス傾向を示し、出荷指数も四月以降前月比マイナスとなっている。一四年二月以降明らかに景気下落―不況に陥ってきている。一四年度の対前年度比生産指数はマイナス〇・四％である。

物価（CPI・消費者物価指数）はどうか。黒田日銀総裁は「アベノミクス」の第一の矢・異次元金融緩和策によって二年間に二％上昇を実現する、とした。CPIはたしかに一三年四月から対前年比プラス傾向となり一三年一二月〜一四年三月まで同一・三％上昇を示した。景気が落ち込み始めている中でのCPI上昇―それは国内消費需要の増大による上昇ではない。後述する急激な円安による輸入品価格上昇によるものであった。実際輸入物価指数は一三年一月から円安によって対前年比一〇％を上回る上昇となった（一三年度平均一三・五％上昇）。実需に基づかない物価上昇―しかし、政府も日本銀行も物価上昇を自己目的として、何に起因するかを問わない。一四年四月の消費税率引上げの下で、CPIは対前年比三・三％程度の上昇となっているが、これを除けば一％程度の上昇、しかも円安による輸入物価の上昇に起因する上昇である。しかも一四年一一月以降対前月比でマイナスとなっている（対前年比では二％程度の上昇―これはほとんど消費税引上げによるものである。）。

二　大企業利潤増大

GDPが政府の思惑に反して成長せず、遂に落ち込む中で、企業（ここでは法人企業統計による＝金融・保険業を除く）の営業利益は急回復、増大し、いまや大企業は史上最高の利益を実現している。法人企業営業利益は一二年一〇〜一二月期のマイナス（対前年比マイナス五・五％）から、一三年一―三月以降プラス（同二・四％）に転じ、一三年度平均前年比二一・五％の増大、一四年一―三月期も二八・八％の大幅増大となっている。GDPがマイナスに転じた四月以降も、なお一〇％を上回る増益となっている（四―六月期一一・二％増）、（同七〜九月期三・八％増、一〇〜一二月期七・〇％増）

GDPが落ち込み、実需が増えず売上高が増えない中で、企業・大企業が史上最高の利益を獲得している。しかもその利益増大によって大企業（資本金一〇億円以上の企業＝金融・保険を除く）は内部留保（資本剰余金、利益剰余金、引当金）を積増している。一三年末には二八〇兆円（法人企業全体で三〇〇兆円）に達する。

このような大企業の利益増大、しかも生産増大、売上高増大ではなくその減少の下での利益増大をもたらした原因は何か。

国内内需基盤の拡大なしの大企業利潤増大は、すでにその限界を示しはじめている。法人企業営業利益は、一五年に入って前年比マイナス（一―三月、マイナス〇・一％）となっている。その中で、大企業はさらに国家を利用した利潤拡大を図る。これが、インフラシステム輸出と軍需支出拡大―戦争国家化―をもたらすことになる。

三　円安・株高―労働者の状態

（一）円安と株価上昇

円は対ドル、対ユーロで急激な価値低下を示した。民主党野田政権下では、一ドル＝八〇円を割る円高となっていたが、一二年末以降円安が進行し一三年五―九月まで一進一退を示したが、一〇月以降一〇〇円台となり、一四年一〇月末日銀による大規模な金融緩和策の下で急激な円安となり、いまや（一二月に入って）一ドル＝一二〇円に達する勢いである（一五年六月一二三・七五円）。対ユーロも一二年度平均一ユーロ＝一〇六円から一四年一二月一四七円前後を示している。

　円安は何に起因して生じたのか。これも十分検討しなければならないが、少くとも円マネー過剰の上にさらに過剰なマネーをつぎ込む異常な政策が大きな要因であることは確かである。

　しかし問題は、円安の影響である。円安は、ドル（あるいはユーロ）建て輸出価格を下げて輸出の増大―国内生産の増大をもたらすはずだったし、政府はこれを期待していたといってよい。しかしこの効果はほとんど生じていない。輸出量は増大せず、国内生産・雇用も増えない。その主要な原因は、この間の輸出産業大企業の海外投資・海外生産の増大にある。しかも円安によって彼らは為替差益を獲得する。逆に円安によって上述のように輸入品価格は上昇し、この価格（コスト）上昇を販売価格に転嫁しえない労働者、中小零細企業、農漁民に大打撃を与える。円安に起因する企業倒産が激増している。これによってさらに国内需要は減少する。しかも円安の下で輸入増大によって貿易収支の赤字が続いている。

　一方、この間円安とほとんど同時並行して株価上昇が生じた。日経平均株価（二二五種平均）は、一二年一一月の九〇六〇円から一三年度平均一四四〇〇円、一四年に入って上下変動をひき起こしながら一万五〇〇〇円台を維持していたが、一四年一〇月末の日銀金融緩和策の下で急激な上昇を示し、一二月に入り一時一万八〇〇〇円を示すまでに上昇した。一〇月末の金融緩和策は、同時にGPIFによる株式購入増大という、明確に株価引上げ自体を目的とする政策が大きく起因している。（十五年四月一時二万円を上回り、六月二万四百円台となっている。）

　「アベノミクス」の下での株価上昇は、外国投資家とともに、国内金融資産家の儲けを増大させている。純金融資産を一億円以上所有する富裕層が、二〇一三年に一〇〇万世帯を超えた（野村総合研究所推計）。一にぎりの大株主はこの二年間で一〇〇億円以上も所得を増やした。一体この儲けの源泉はどこにあるのか。

（二）労働者の状態

「アベノミクス」が進められる中で、労働者の状態がどうなってきたか。第Ⅰ部第3章で二〇一四年九月位までの状態を示した。ここではその後の状態を、そして新しく提示されたデータによってとらえられる労働者の状態を記しておこう。

①雇用状勢。有効求人倍率（厚生労働省）は、一四年十一月から若干上向き、一・一〇倍から一・一二倍に、一五年に入って三月一・一五倍、五月一・一九倍となっている。安倍政権は「アベノミクス」で雇用状勢は改善されてきた、と宣伝している。しかし、上述のように実際に雇用が増大したのは非正規労働者であり、正規労働者の雇用は減少している。有効求人倍率も、正規雇用に限れば〇・六七倍（一四年九月）である。

有効求人倍率が上向いている背景は、主に公共事業支出の増大に伴う求人の増大がある。しかし職を求める労働者が不足している。この間の非正規雇用の増大（一四年末で全労働者中三七・一％非正規雇用）の下で企業が求める技術をもった労働者が減少していること（労働者不足）、さらに企業の求める賃金と労働条件（労働時間の長さ）では労働に耐えられない（現に福祉現場ではあまりにも厳しい労働条件によって仕事をやめる労働者が増大している）ことから雇用に応じない、あるいは仕事を拒否する。だから有効求人倍率が上昇したことをもって、労働者の状態が改善された、ととらえることはできない。

②賃金の状況。マスコミは、一五年四月の実質賃金は、二年ぶりにプラスになったと報道した。これは、安倍首相の、財界への賃上げ要請によるものであるかのように宣伝された。ところが統計数値の見直しにより、実際は〇・一％減（現金給与総額（名目額）は〇・七％増であるが、物価がこれを上回って上昇した）であった。五月も名目賃金〇・六％上昇だが、実質賃金はマイナス〇・一％（前年同月比、厚労省毎月勤労統計調査・速報　一五年六月三〇日）、一三年五月から実質賃金は一五年五月まで連続下がり続けている。すでに二五ヶ月実質賃金は低下している。正規労働者の賃金は引き上げられてもパート・非正規労働者の賃金は逆に減少（一五年五月〇・五％減）しているからである。

円安による輸入食料品の値上がりが続いているところから、食品各社は七月〜九月にかけて各種食品価格を一％内外引き上げるとしている。それが実質賃金をさらに引き下げることになる。最低賃金の状況をみると、全国加重平均は時給七八〇円（東京都八八八円、沖縄六七七円）である。一日八時間働いて六千円強、一カ月二〇日間労働としても一三万円にも達しない賃金でしかない。二年間最低賃金は上昇していない。

③消費支出。一世帯（二人以上世帯）の消費支出（総務省、家計調査）は、一三年度はプラス〇・九％であったが、一四年度（平均）マイナス五・一％となっている。一五年に入り、三月マイナス一〇・六％と落ち込んでいる（四月マイナス一・三％）。この落ち込みは、〇一年以降最大の下落幅である。消費支出の内訳をみると、家具・家事用品三九・六％減、自動車を含む交通・通信一六・一％減、被服・履物一四・九％減、食料五・七％減となっている。

④労働時間、その他。日本の労働時間の長さに関して、ＯＥＣＤによる「一日当り平均労働時間」（一五歳～六四歳の男性。休日を含む平均時間、二〇一四年三月四日発表）が、示された。これによると、ＯＥＣＤ二六カ国平均一日当り労働時間は、二五九分（四・三時間）、日本は三七五分（六・二五時間）と世界最長である。メキシコ三六八分がこれに次ぐ。フランス一七三分、イタリア一九一分、ドイツ二二二分、アメリカ二五三分、イギリス二五九分等となっている。

なお、日銀資料によって、この間家計の利子所得が奪われたことを参議院財政金融委員会で大門実紀史（日本共産党）が明らかにしている（『しんぶん赤旗』二〇一五年六月一七日）。これによれば、一九九一年の預金金利水準が二〇一三年まで続いたとすれば、家計の利子は年間一六・三兆円、二三年間で三七六兆円。その分ゼロ金利政策によって計算上奪われた。反面、企業部門は年間二三・五兆円、二三年間で五四一兆円の利子支払いを免れた計算となる。円高が、大企業に為替差益を与え、家計には輸入品価格上昇で損失をもたらすのと同様、政府の政策だけで、企業には利益を、家計・労働者には損失をもたらしている。

第二節 「アベノミクス」批判

ひと握りの大資本＝金融大資本の利潤拡大の下で、労働者・勤労者は搾取・収奪され、生活を破壊させせられている。「アベノミクス」のもたらしたこの事態は、金融大資本、しかも多国籍化した金融大資本によってひき起こされている。この点を明確にとらえるとともに、その運動の特徴をとらえることによって、なぜそういう事態が生じるのかを、明らかにしなければならない。

「アベノミクス」に関して、何人かの研究者によって鋭い批判が提起されている。ここでは、伊東光晴『アベノミクス批判』(岩波書店二〇一四年)と水野和夫『資本主義の終焉と歴史の危機』(集英社新書二〇一四年)を取上げ、批判点を紹介しつつ、問題点を示そう。

伊東氏は日本のケインズ研究の第一人者、水野氏は証券会社のチーフエコノミストから大学教授になった金融証券研究者である。

一 ヒューマニズムに立った批判

(一)〝怒り〟。伊東氏はケインズ研究に基づいて「アベノミクス」に対する理論的実証的批判をされているが、この本の特徴は、「アベノミクス」批判というよりヒューマニズムに立脚した心底からの安倍政権に対する「怒り」である。「規制緩和がつくりだした現在の日本社会は、あってはならない社会であり、これを正そうとする政治家がいないのはゆるし難いと思っている」(同書、一〇七ページ)。これは非正規雇用の増大を労働者の方が「多様な働き方を求める」ことによるものと正当化する論者に対する「怒り」である。

原発に関して安倍政権は、原発設備の輸出とともに再稼働を進めるとしているが、伊東氏はこれに対し、廃棄物の処理が不可能——放射能を無害にする科学技術があって、はじめて現実に利用すべきものを、それなしに実用化した誤りがここにある」(同、九八ページ)と批判する。と同時に強調されるのは、「原子力発電所で働く労働者の安全問題」である。「原発は派遣労働者の命によって維持されている。このようなことは許してはならない。もしそうならば、原子力発電は動かしてはならないのである。」(同、一〇〇〜一〇一ページ)。

問題は、このような非正規労働者に対する差別・非人間的扱いを、誰が、何の目的で行なっているのか、にある。伊東氏は、「私にわからないのは、どのような力がこの派遣労働者の拡大を推し進めたか、ということである。」（同、一〇六ページ）という。しかし「非正規雇用に安住している企業…若年者を大切にしない企業は必ずその対価を支払うことになるだろう」ともいわれている。「企業」、それは資本家的企業であり、それを動かしているのは、「資本」であることをとらえなければならない。

（二）金融政策。「安倍・黒田氏は何もしていない」と伊東氏はいう（同、一一ページ）。しかし安倍政権の下で、株価は上昇し、円安が生じた。

伊東氏は、日本の株価が上昇しはじめたのは、安倍政権登場以前（衆議院解散前）からであり「アベノミクス」の効果ではない。欧米の株価に対し、日本の株価は比較的安価であった。これに目をつけた海外の投資家、機関投資家（ファンドなど）の投資（投機）が生じたから、であった。「東京株式市場で主役としてプレーする者は、海外の投資家たちであって、日本の企業や運営会社は主役の一人として登場していない」、まさに「ウインブルドン現象」（同、二〇ページ）である、と。海外投資家の目的は利益を得ることだけにある。そのためうまく売り抜けようとする。だからすでに一三年五月以降株価の乱高下が生じている。

円安に関して伊東氏は、これも「アベノミクス」、直接には日本銀行による異次元金融緩和策によるものではなく、財務省財務官の権限による為替介入によるものであった、と断定される。この為替介入―円高是正をアメリカ政府が容認したのは、「円売りドル買いがアメリカ国債購入となる」ことが期待されたからであった。

伊東氏の指摘は事実である。しかし「アベノミクス」が株高、円安に何の影響も与えていないというのは、今日の経済の特徴を考える上で問題を残している。伊東氏は、「金融政策というのは本来、『人々の期待に働きかけること』を通じてその効果を発揮するもの」という岩田規久男氏（現日銀副総裁）の考えを強く否定する。利子率引下げ―物価上昇期待が生じれば、企業は投資を増やす、それを通して景気は上昇する―このような考えは実証もされないし、理論的にも誤りだ、と。物価上昇期待の下で消費―投資が増えるとは限らない。むしろ預貯金が減価し消費を切りつめる者も増えるであろう。「人間は多様」であり「人により予想は異なる」（同、六ページ）と。

この指摘は正しい。しかしとらえなければならないのは、今日の資本主義経済は、「期待」によって動く――株式・証券等擬制資本に対する投機が、経済を動かすという性格をもっていることである。株高の契機は「アベノミクス」によるものではなかったが、安倍政権の政策が金融超緩和をもたらす、それによって金利低下―株高が生じるという「期待」が、株高を加速させ一定期間持続させたことは確かである。

そしてさらに明確にしなければならないのは、この「期待」による株高は一層の「期待」をもたらす政策の継続、むしろ拡大による以外に持続しない――株高自体に自立の根拠は全くないし、それ自体が実体経済回復をもたらすものではない、という認識である。現実に導入された政策が「期待」以下であったりすればそのことによって株価は下落する。

だからとらえなければならないことは、「期待」によって生じた株高を持続させる政策の継続・拡大（現に二〇一四年一〇月末、日本銀行は株高自体を目的化した金融緩和策拡大を導入した）が、実体経済に、それに基づく景気回復にどのような影響をもたらすか、である。

円高是正に関しても、直接には財務官による為替介入であることは事実であるにしても、安倍政権による円安誘導、それを容易にする過剰な円マネーのつぎ込みが円売りを加速し持続させたことをとらえなければならない。

伊東氏は、人々の経済行動は「多様」だといわれるのであるが、そして一般民衆の立場で行動をとらえていることは人道主義の表われとして受け止めなければならないが、問題はここでも、現実の経済を動かす主役は「多様な」人々ではなく、ひと握りの資本＝金融大資本だ、ということである。
（三）財政政策・成長戦略。「アベノミクス」第二の矢の国債発行増大による公共投資―「ヒトからコンクリートへ」の再転換は、現実に実行困難であるだけでなく、成長に伴う税収増加がなければ不可能であることを伊東氏は指摘する。ところが現実の政策は、「法人税引き下げによって、景気を上向きにし、税収増加を図る」という「一九九〇年代に試みられ、失敗し、財政悪化をいっそう強めてしまった」（同、八四〜八五ページ）政策と同じものでしかない。しかもこれによって財政は破綻の危機を深めてしまう、と伊東氏はいう。
とくに「アベノミクス」の「成長戦略」の柱とされている「雇用制度改革・人材力の強化」に関する批判は厳しい。解雇し易い「雇用特区」、「限定正社員」制度、不当解雇に関わる「金銭解決制度」、日雇い派遣の「再回帰」化と全業務への拡大、残業代を支払わない「労働時間規制の適用除外」―「これは戦後の安定した労働市場、労働慣行を覆すものである。これが成長戦略になるのか。…これほど反従業員政策を推進しようとした内閣は戦後ない」（同、六三ページ）という。「労働条件の悪化は所得の不平等化を生む。所得の不平等が強まれば消費需要は減り、所得のうち貯蓄する割合（貯蓄性向）は高まる」―たしかに労働者の消費需要は減少するから国内需要増―投資・生産増を通した経済成長は生じない。しかし「貯蓄性向」が高まるどころかいまや無貯蓄世帯が増大していることをとらえなければならない。

伊東氏は、ハロッド（イギリスの経済学者。『経済動学』一九七三年など）の「自然成長率の理解」―人口（生産年齢人口＝労働人口）の増加率と技術革新が適正な極大成長率を決定する、という説―に基づいて、日本では労働人口の減少が急激に起こっているので、「成長願望」はもはや非現実的であることを認識する必要がある、とされる。労働人口の絶対的減少は、供給面の自然成長率を制約するだけでなく、需要面の現実成長率にも影響する、と指摘する。必需品市場の縮小―小売販売に示される生活必需品の需要減、さらに乗用車、家電、さらに住宅需要も減少する、と。―しかし労働人口の減少が、経済成長にどう影響するかに関しては、さらに十分検討されなければならない。

生産年齢人口を経済成長（実体経済に基づく）に関わる生産労働人口ととらえるのでは不十分である。直接生産に関わらない分野（商業・金融、さらに行政、軍等）の人口の割合が増大していること、生産年齢人口が絶対的に減少しているのに、失業人口が存在していること、さらに労働力不足というのは直接には企業（資本家的企業）の労働力需要が充足しえないということであり、これは絶対的な労働人口の減少によるのではなく、需要の条件（賃金、労働内容、労働時間・労働密度等）に対し、これに応じる労働者が不足している、ということである。労働力不足が生じているのに、賃金引上げや労働条件改善を行うのではなく、さらに労働人口減少をもたらすような労働政策（途上国労働者の雇用を含めて）を進めるのはなぜか、誰が何のために、これを進めるのか――ここでもグローバル競争戦を争う今日の資本の競争力強化と利潤拡大動力を明確にとらえなければならない。

伊東氏は、いまや「成熟社会に見合った政策」「人口減少社会に軟着陸するための英知」「若年者に悲惨な生活を強いる派遣労働を禁止し、福祉社会を志向すること」（同、七六ページ）を提起する。この方向をめざさなければならない。しかしその実現はいかに可能なのか。それを明らかにするには、伊東氏の提起を実現しえなくさせている現実の要因・根本原因――ひと握りの大資本の競争力・収益力・支配力の強化――をとらえなければならない。

「安倍首相がかかげている経済政策は、そのいずれも誤りのものと断ぜざるを得ないものである。だが安倍首相が意図するところは経済に重点があるのではなく、政治であり、戦後の日本の政治体制の改革（これは第四の矢だ）こそが真の目的である」（「はしがき」）。絶対に戦争国家にさせてはならない。平和と人権尊重を高く掲げた憲法の改変は許せない。

伊東氏の心底からの思いに共感する。しかしここでも、「アベノミクス」と憲法改変・戦争国家化が密着不可分に関連していることを、認識しなければならない。「アベノミクス」を進めることから生じる財政破綻そして社会的混乱―その下で金融大資本の支配体制を維持しようとすれば、戦争国家化が不可欠なのである。

二「資本主義の終焉」――次の社会は？

マルクス経済学者の多くが、ソビエト・東欧「社会主義」の崩壊によって社会主義社会への展望を喪失しただけでなく、資本主義体制の歴史性認識さえ放棄し、この体制の下での経済発展がなお可能であるようにとらえている中で、近代経済学者から今日生じている事態――端的にいえば経済成長が停滞し利子率は下がり続け賃金は減少し雇用も増えず生活は破綻するという――を、「資本主義の終焉」を示すものであるとする主張が表われている。ここで紹介・検討する水野和夫氏はこの主張を代表する。水野氏は「…近代経済学の住人からすれば、私は〈変人〉にしか見えないことでしょう。しかし、〈変人〉には資本主義終焉を告げる鐘の音がはっきりと聞こえています」（前掲書、二一四ページ）といっている。広い歴史と経済学説の認識、そして証券アナリストの経験をふまえた金融（証券）の性格に関する認識が、従来の近代経済学（ケインズも含めて）を超えた今日の資本主義に関する鋭い認識をもたらしているといえよう。決定的に重要なのは、水野氏が今日の資本―グローバルに展開する金融資本―を分析の基軸においていることである。「近代は自らのピークにおいて資本という〈超国家〉的存在の絶対君主を登場させた」（同、八二ページ）という一文をみただけでもその点を確認できよう。しかし同時に資本主義の存立根拠（社会の存立根拠の担い手＝主体は労働者であること）の認識、したがってその発展限界の把握に関し、水野氏の理解に根本的問題がある―このことによって資本主義の「終焉」は指摘しえても、次の社会体制の展望をとらええなくさせている。

（一）「アベノミクス」に対する鋭い批判

水野氏の「アベノミクス」批判は的確である。第一の矢、金融緩和策に関しては、そのベースにある貨幣数量説は国民国家という閉じた経済の枠内では成立したが、グローバリゼーション下では成立しないと批判し、「したがって、貨幣が増加しても、それは金融・資本市場に吸収され、資産バブルの生成を加速するだけ」であり、「バブルが崩壊すれば、巨大な信用収縮が起こり、そのしわ寄せが雇用に集中する」と指摘する（同、一一八ページ）。

第二の矢、積極的な財政出動に関しては、「すでに経済が需要の飽和点に達して」いる状況では効果はないこと、「さらに、財政出動は『雇用なき経済成長』の元凶にもなってしまいます。というのは、公共投資を増やす積極的財政政策は、過剰設備を維持するために固定資本減耗〔固定設備の維持・補修費用〕を一層膨らまし、ひいては賃金を圧迫することになるからです」と批判する（同、一二二ページ）。ＧＤＰ増加率が落ち込んでいる中、固定資本の維持・補修費とともに企業利益が増大しているので、雇用者報酬（賃金）は減少してしまう。財政支出――公共投資の増大が、過剰設備の「物理的な設備廃棄」をかえって遅らせ、過剰設備を温存してしまう――「アベノミクスの積極財政政策は過剰な資本ストックを一層過剰にするだけなのです」（同、一二七ページ）と。

しかもその上、法人税減税や規制緩和（第三の矢）によって「成長」を図ろうというのであるが、「成長に期待をかければかけるほど、すなわち資本が前進しようとすればするほど、雇用を犠牲にする」、「中間層」は没落する、と指摘する。「アベノミクス」は、まさにひと握りの金融資本の利潤拡大のために、労働者、勤労者を圧迫、困窮化させるものであることを、水野氏は明確に指摘している。

（二）資本主義「終焉」ということの根拠

「…いくら資本を再投資しようとも、利潤をあげるフロンティアが消滅すれば、資本の増殖はストップします。そのサインが利子率ゼロということです。利子率ゼロに近づいたということは、資本の自己増殖が臨界点に達していること、すなわち資本主義が終焉期に入っていることを意味します。」（同、二一二ページ）。ここに水野氏の考えが集約されている。検討しなければならない点は、第一に、資本の本質の理解、第二に、資本の自己増殖の限界―フロンティアの消滅という点に関して、第三に、利子率と利潤率の関連について、である。

①限度のない価値増殖運動

水野氏は、資本の本質を明確にとらえている。資本は、限度のない価値増殖（利潤の拡大）を求める運動、という把握である。この資本の本質は、「資本主義黎明期から内蔵されていた」（同、一三三ページ）。そして新自由主義の下で「いわばブレーキなき資本主義と化している」（同、一七〇ページ）。そしてウォーラーステインの『近代世界システムⅣ』（岩波現代選書）を引用して、「自由主義は、最弱の者と自由に競争でき、抗争の主役ではなく、犠牲者であるにすぎない弱い大衆を、搾取できる完璧な力を、最強の者に与えたかったのである」と、「最強の者」＝金融大資本の弱肉強食の行動の本質をとらえている（同、一一二ページ）。この点では、この金融大資本の自由な利己的利潤追求に対する抵抗力が、ソビエト・東欧「社会主義」の崩壊、それに影響を受けた資本主義国内労働運動の解体的状況によって、失われたことを明らかにしなければならない。この認識は水野氏にはない。

さらにこの点に関わって、資本のグローバルな利潤追求・獲得の動きが、いまや「国家を超越し、資本に国家が従属する資本主義へと変貌」した（同、八一ページ）、「…今や資本が主人で、国家が使用人のような関係」（同、一八六ページ）になったことが指摘される。この点は、この間私自身強調してきたことであり（拙著『資本主義の国家破綻』二〇一一年、長周新聞社）、本書第Ⅰ部で具体的に示した。これは、現代資本主義―新自由主義の重要な特徴を示すもの、といえよう。さらに明確にすべきことは、多国籍資本は国家を破産に追い込みながら、しかし国家をなくすことができない、それはなぜか、ということである。

②フロンティアの消滅

資本主義の「終焉」を、水野氏は、グローバル化した資本によって収奪し利得を獲得しうるフロンティアの消滅によるものととらえている。そして物的空間としてのニューフロンティア消滅に対し、資本主義、とくにアメリカ資本主義は人為的政策的に「電子・金融空間」を生み出すことで延命を図った。これによってアメリカは資金を世界中から集めて「アメリカ投資銀行株式会社」（同、三〇ページ）となり、ＩＴバブル、住宅バブルをひき起こし、投機的利得獲得を図ることになった。しかしこれは、「先進国の国内市場や海外市場はもはや飽和状態に達しているため、資産や金融でバブルを起こすことでしか成長できなくなったということ」（同、五二ページ）である。バブル―その崩壊をくり返す中で、富は上位一％の者に集中し、中間層は貧困化する。「周辺」（外域）の非資本主義圏でフロンティアを消滅させた資本主義は、国内にフロンティアを無理やり作って延命しようとした。これが「電子・金融空間」であったが、その下で民衆収奪が進み成長基盤の解体が進む、ととらえるのである。

とくにこの点と関連して、日本がもっとも早くバブル―その崩壊を現わしたとの指摘は重要である。七三年のオイルショックによる交易条件悪化とスタグフレーションの中で、日本の資本は省エネ、省力化を進め輸出競争力を強化し「実物投資空間」を制したが、そのことによって日本は八〇年代に早くも「地理的・物的空間」の拡大の限界を迎えた。その限界の下で貯蓄率の高さ（資金過剰）とユーフォーリア（土地値上り期待）の条件が重なり、八〇年代半ばに金融バブル生成、そして崩壊をひき起こした、と指摘する（同、一〇九～一一〇ページ）。

しかも、バブル崩壊の中で九〇年代国債増発―財政支出拡大を通して景気回復―成長を図ろうとしたが、それが財政悪化の下で金融危機をひき起こし、九〇年代末に資本主義世界にさきがけてゼロ金利政策を導入する。水野氏は、このようなことから、日本が「先進国のなかで…もっとも早く資本主義の限界に突き当っている」ことを示している（同、一〇五ページ）、と指摘している。

資本が利潤を獲得するフロンティアの限界というのは、直接には非資本主義圏への資本進出による需要創出・商品販売拡張を通した収奪ができなくなったという事態であると考えられるが、それをどう理解したらよいか。フロンティアが欠ければ資本の利潤は実現せず蓄積は進まないという説は、すでにローザ・ルクセンブルグ『資本蓄積論』（一九一二年）で唱えられた（最近では、A・ネグリ、M・ハート『帝国』二〇〇〇年、でも主張されている）。資本主義国内で労働者を搾取して剰余価値が生産されても、それを実現すべき需要は国内にはないとして、フロンティアへの販売なくしては利潤はえられないとした。しかしローザのとらえ方は、資本主義経済の内的自立（剰余価値は資本主義内の関係の中で実現しうる）を理解できない誤りであった。ローザがとらえたのは、実際は植民地獲得による労働力・資源収奪という帝国主義的進出・支配であった。価値法則（等価交換）を通した剰余価値の形成・実現ではなく、収奪による利潤獲得であった。水野氏のフロンティア進出、その限界のとらえ方も、内容的には収奪論を継承するものではないか。というのは、水野氏は、労働者を雇用し労働させることを通した剰余価値生産を根拠にした蓄積の内的拡大をとらえていない。資本の「強欲」な無限拡張は、雇用した労働者の搾取強化を基礎とするものであるが、水野氏の場合はフロンティアにおける収奪と同質の収奪論によって「強欲」を説明している。付加価値の「分配」における収奪というだけでなく、付加価値形成による搾取をとらえなければならない。このような職場・生産点の搾取の視点の欠如、それは資本主義においても生産過程―社会の存立根拠の本来の主体は労働者、勤労者であるという認識がないことに基づいている、と考えられる。

バーナンキFRB前議長の「犬の尻尾（金融経済）が頭（実物経済）を振り回す」という例を引きながら説明されている「電子・金融空間」の形成に伴うバブルとその崩壊の指摘は興味深いが、なぜこのような事態が生じるのか―「実物経済」の発展を欠いた「金融経済」とはどういうことなのかに関しても前者にしか価値・剰余価値形成の根拠はないこと（だから「実物」ではなく実体として規定しなければならない）を明確にしなければならない。（本章第三節で明らかにする）

なおつけ加えれば、資本主義にとってのフロンティアの消滅は、決して非資本主義圏がなくなったことを意味するものではない、ということである。資本主義はどれだけ発展しようと地球全体、その全空間を支配し、資本主義化することはできない。現にアメリカが、資本の投資の場を、虚偽の口実をデッチ上げて軍事侵攻で暴力的に作り出そうとしたアフガニスタン、イラク等で、自然とともに既存の社会秩序を破壊したけれども、資本の進出は不可能であった。金儲けを目的とする資本は、儲けが得られなければ、あるいはその見込みが確実でなければ投資しない。しかし資本が投資しなくとも、人間の生活は現にある。資本は、人間・人間関係の生存にとって不可欠な要素なのではない（だから資本は歴史的形態と規定されるのである）。逆にいえばこれは、資本にとってのフロンティアは決して消滅しない、ということでもある。と同時に資本の支配にとって不適合な社会関係・秩序（共同体的関係）があれば、資本が支配しようとする限り、必ずそれを暴力的に破壊しなければならない、のである。

今日の資本主義にとって非資本主義圏（途上諸国）との関係における問題は、帝国主義的植民地支配による資本の労働力、資源の一方的収奪が不可能になったこと、これらの国のグローバル競争戦への参入に対応しなければならなくなっている、ということである。これへの対処が、資本主義国内の雇用・労働条件を切下げているのである。資本主義の「終焉」は、支配を拡大しうるフロンティアの限界ではなく、労働者に対する搾取・収奪の限界にある。

③利子率と利潤率

水野氏は、利潤率を利子率と同一視している。「『利子率革命』［超低金利］は、利潤を得られる投資機会がもはやなくなったことを意味しています。なぜなら利子率とは、長期的に見れば実物投資の利潤率を表すからです。」（同、一八ページ）。「資本の利潤率」は「国債利回りにリスク・プレミアムを加算したもの」（同、一八〇ページ）という。結局ROA（使用総資本利益率）―これは借入コストとROE（株主資本利益率）の加重平均である―を資本の「利潤率」ととらえている。

このような利潤率のとらえ方は、株式・証券投資者の立場による規定である。当然基準（分母）にある「資本」は、生産・営業活動に投資した現実の価値（それ自体に根拠をもった）ではなく、株式・証券価格であり、それは配当等の収入を資本還元した擬制資本価格である。株式・証券投資家の立場からすると、それに投資して得られる利得（その利回りは利子に相当する）がゼロになれば、投資すること自体意味がなくなる。しかもすでに現在日本の国債利回りは〇・三％台まで落ち込み、短期国債はマイナス金利となっている。投資しても利得はえられないばかりか損失となっている。しかしこのことから直ちに、資本にとって投資先がなくなったのであり、それは資本主義の「終焉」を示すものだ、ということはできない。

株式・証券価格は、それ自体価値の根拠を持たない擬制資本である。その価格の根拠にあるのは、現実の収入である。問題はその収入の源泉である。株式に関しては、この収入は現実資本（払込資本）の運動によって獲得した利潤を根拠にした配当である。何よりも、擬制資本としての株式価格の根拠にある現実資本の運動と利潤形成をとらえなければならない。実際水野氏自身ＧＤＰ（付加価値）増加のうち、企業の「営業余剰・混合所得（＝企業利益）」の増大が著しいことを指摘している（同、一二一ページ）。そのうち配当に回す部分も確かに増大しているが、株価に対する利回りは超低金利を反映して低下している。しかし根拠としての「企業利益」＝現実資本の利潤は増大していることをとらえなければならない。

株価に対する利回りの低下は、株式への投資―株式所有による利得（配当）獲得ではなく、株式売買を通した投機的利得獲得へと投資家をかり立てる。それによって株価はさらに上昇し利回りは低下する―利回り、水野氏による資本利潤率は低下する。しかしだからこそ投資家は投機的売買による利得獲得に走り、また政府・日銀は、株価上昇が需要を増加させて実体経済の回復に役立つという幻想にとりつかれて、株価引上げのために政策を動員する。そうなればそれだけ株価上昇―利回り低下―水野氏のいう投資利潤率低下に陥る。

しかしそのこと自体によって資本主義は「終焉」に近づくとはいえない。その下で現実資本の利潤形成がどうなるか、そして株価引上げを図る金融・財政政策によって、現実資本の価値増殖根拠（実体経済）がどのような影響を蒙るかを明らかにしなければならない。

（三）資本主義に代る社会体制は

水野氏は「いまだ資本主義の次なるシステムが見えていない」「資本主義の先にあるシステムを明確に描く力は今の私にはありません」（同、一八七、一八八ページ）、という。だから資本主義体制の中でグローバル資本主義の「暴走」にブレーキをかける、それによってゼロ成長でも必要なときに必要な物を充足しうる「定常状態」の社会をめざさなければならない。しかし「マルクスの『共産党宣言』とは真逆に、現在は万国の資本家だけが団結して、国家も労働者も団結せずにいる状態です。労働者が連帯するのは現実に難しい以上、国家が団結しなければ、資本主義にブレーキをかけることはできません。」（同、一八七ページ）、と。

しかし水野氏によると、その資本主義「国家」は、グローバルに展開する「資本」の「使用人」にすぎないものとされている。「使用人」である「国家」をいかに資本主義の「暴走」にブレーキをかける「国家」に代えるか――このことなくして水野氏の提起は観念的期待以上のものにならない。

水野氏が、資本主義の「終焉」を強調しながらこれに代わる新たな社会体制を示すことができないのは、上述で明らかにしたように、水野氏が資本主義の利潤形成根拠、その社会存立・発展の根拠が、労働者の労働に基づく価値形成にあるという認識を明らかにしていないことにある、と考えられる。だから資本主義の「終焉」も、この根拠に基づく搾取の限界に求めることができない。資本主義―多国籍資本の支配の下でも、雇用された労働者の労働による価値（付加価値）形成がなければ、資本の利潤獲得もその運動自体もありえない―労働者の労働こそが、資本運動の、それが支配する社会の存立・発展の根拠である。資本主義においても、労働者、その社会的存在が、社会存立・発展の本来の主体なのである。

たしかに現実には労働者の国際連帯は難しい。しかし、各国の労働者が本来の社会の主体であり、その労働が社会存立・発展の根拠であるという認識は、日常の現実に基づいて、確立しうる。そして、今日多国籍化した資本が、世界的に本来の主体である労働者の生活・生存を脅かしていること、それが危機をもたらしていること、しかしその支配はなくさなければならないし、なくしうることの認識も、共有しうる。

万国のプロレタリアの団結・連帯、その力による多国籍資本の支配の打破と、社会の本来の主体である労働者を現実の主体とする社会＝社会主義の実現。マルクスのこの提起がいまこそ実現すべき現実の課題となっている。

以下日本の現実をふまえ、この課題を具体的に示そう。

第三節　今日の〝主役〟――多国籍金融資本

「アベノミクス」は、デフレ脱却、経済成長を、金融大資本、しかも多国籍化した金融大資本の利潤拡大を大前提として、実現しよう、としている。それは、たんなる市場原理主義ではない。市場を活用しながら、多国籍金融資本の競争力強化―今日のグローバル競争戦―いわば経済戦争を勝ち抜く競争力強化を、政権の、そして国家の根本目標においている。

大資本―今日の日本経済を支配し規制している金融資本の競争力を高め利潤拡大を実現すること、それが労働者・人民の利益をもたらし国家自体を強めるものとなるととらえている。これは虚構であり、欺瞞でしかないのであるが、そういう幻想を人民大衆に広めなければ、「この道」を進められない。政労使協議を通し、安倍首相自身、大企業＝財界首脳に賃上げを要請するというパフォーマンスを行なっている。それは、企業の利潤獲得・増大なくしては、賃金引上げはできない、と労働組合幹部に認めさせる演出であるとともに、もともと企業の利潤は労働者の労働(それによる付加価値形成)を搾取して得られたものであること、利潤の増大は搾取強化によるものであることを完全に隠蔽して、あたかも強奪者を民衆に恩恵をほどこす善人であるように思わせようとする演出である。

ブルジョア思想に侵された労働者は、その欺瞞を打ち破れない。いまこそ、労働者が労働しなければ、企業は利潤をえられないのだという認識を確立しその実力を示さなければならないときなのに。

安倍政権は、ＴＰＰの協定早期締結によって、これまで人間の生存・生存基盤に関わる領域―教育、福祉（医療、それに関わる保険）そして環境に直結する農業、漁業、林業―を、国内外の多国籍金融資本の利潤獲得の場として開放し、利潤獲得の自由を実現するために、この領域にある規制――それは人間が人間として生きる上に絶対に維持しなければならない条件としてある――を、資本の自由な利潤追求・獲得の活動を制約する〝岩盤〟規制だとし、これを撤廃しようとしている。

こうしてこれらの領域を維持する上に不可欠な公的資金による公的事業を解体し、ひと握りの大資本の支配に委ねよう、というのである。しかもこれが、効率的にこの分野を維持しうる道であるような宣伝を行ないつつ。

いまとらえなければならないのは、今日の経済を動かす主役としての金融大資本の特質―その「資本」としての本質とともに、今日の金融資本の〝擬制〟的特質、である。と同時に資本―金融資本の運動根拠は、労働者、人民の労働以外にないことの確認である。

一　資本の本質認識

『資本論』が明確にとらえた「資本」の本質をいまこそ確認しよう。ソビエト・東欧「社会主義」の挫折、資本主義国内労働者・労働組合の弱体化と展望喪失―それは資本の行動に対する抵抗力を弱めただけでなく、労働者・労働組合が資本の競争力強化に協力する傾向をもたらした。その下で資本はその本質を露わに発揮することになった。

「資本」とは、価値（貨幣・カネに代表される）の増殖（貨幣・カネを増やす＝カネ儲け）を目的とした価値の運動である。その担い手が資本家である。彼は資本の化身である。資本は、商品交換・流通関係を根拠に、それ自身交換・流通の運動として成立する。どのような生産関係の下で生産されたかを問わず、カネ儲けが実現されれば（その見込みがあれば）商品を仕入れ、それをより高く売ってカネ儲け＝利潤を獲得する――それが資本の本質である。だからカネ儲けが実現できれば、どんな商品でも――人間生活に必要ではない、むしろそれを破壊する物、兵器、原発をはじめ、危険ドラッグでもなんでも――売買の対象とする。

資本は、貨幣・カネを増やす貨幣・カネの運動として自己運動―個別的運動として成立する。その行動は、私的・利己的利潤追求・拡大を本質とする。そのために、労働者・人民がどうなろうと、社会がどうなろうと、それに対する配慮はない。労働者の利益、社会の利益を図るためというのは、資本の私的・利己的本質を隠蔽するかくれみのにすぎない。この資本の私的・利己的本質の発揮に対する労働者・人民の反発が少なければ、資本はその本質を隠すこともしない。

利己的利潤の獲得には限度がない。カネをこれだけ得たのだから、そしてたっぷり溜め込んだのだからこれで終りにしようなどの行動は資本には無縁である。無制限なカネ儲けの追求がその本質である。大企業はいまや三〇〇兆円もの内部留保を積立てている。これを一％取りくずしただけでも月二万円の賃上げは可能だ、日本共産党・全労連は、そのように主張する。しかし大企業はそのような利己的利潤獲得にならないことには自らカネを使わない。資本自体に社会的責任を果すよう求めるのは、かえって資本の本質の認識をとらええなくさせてしまう。

資本の行動原理は文字通り弱肉強食である。いわゆる弱者をいたわるとか救済するのではなく、弱者が抵抗力がないことをいいことに、徹底的に奪い尽くすのが資本の本質である。弱体企業を競争で打ち倒し、その事業・財産を奪い尽くしながら、弱体企業が倒産したのは実力がないからだ、自己責任なのだ、と切りすてる。資本の利潤拡大目的のためのコストの徹底的削減と投資した資本の最大限の効率的増殖、このような資本の行動が、低賃金と労働時間の延長、労働強化をもたらすとともに、資本の都合に応じた首切り・失業をひき起こしている。しかし、低賃金、長時間のハードな労働、そして雇用圧縮、首切りも、国内外の資本間の競争戦に勝つために、当然のこと――競争戦に負ければ元も子もないと労働者を協力させて搾取を強化し、ここでも首切られるのは労働者の実力がないからだと労働者の自己責任に転嫁する。労働者の組織的抵抗力が弱ければ、資本は、徹底的に搾取を強め、労働者の生活・生命を奪い尽くす、それが資本の本質なのである。

資本のこのような本質（〝人狼的〟本質）、人間収奪・破壊的本質を明確にとらえることによって、現在ＴＰＰへの対応ということで進められている人間の生命に関わる医療分野、環境に直結する自然力に関わる分野への資本の進出が何をもたらすことになるかを明確に認識しなければならない。

資本による利己的利潤目的とする医療は、人間を金儲けの手段にする。当然高い負担が課せられるから、その負担が可能な高所得者に限定され、負担しえない低所得者は排除される。ＥＳ細胞等生命物質の操作など先端医療に莫大な国家資金が使われているが、資本の利潤原理の下で行われることになれば、対象となる人間自体が文字通りモルモット化される危険性がある。保険診療が行われる分野に関しても、資本家的経営の下で行われると、まさに患者は〝生かさぬように殺さぬように〟の状態におかれることになろう。

土地をはじめ自然力に基づいている農業は、いまＴＰＰ対応ということで、世界市場で競争できる農産物作りが資本家的株式会社経営の進出によって推進されつつある。その方向は、穀物商社と化学資本（農薬）に支配されたアメリカ農業の姿であろう。生産・販売拡張による利潤獲得、そのためにはどんな手段でも導入する。土地・自然力に対し、利潤拡大目的での人為的操作が加えられることになろう。「資本主義的生産は…人間と土地との間の物質代謝を攪乱する。すなわち、人間が食料や衣料の形で消費する土壌成分が土地に帰ることを、つまり土地の豊穣性の持続の永久的自然条件を攪乱する。したがってまた同時に、それは都市労働者の肉体的健康をも農村労働者の精神生活をも破壊する」（『資本論』第一巻第一三章一〇節）。しかも国内農業を支配しても十分な利潤が得られなければ、資本は投資を引き揚げ放棄する。〝あとは野となれ山となれ〟なのだ。

安倍政権は、小泉〝改革〟の下で急激に解体化された地方経済・地方生活に関して、「アベノミクス」を地方に及ぼすことによって「創生」(「地方創生」)する、などといっている。「地方にしごとをつくり安心して働けるようにする」(「総合戦略」)として、創業支援、企業の地方移転、地方移住の推進などを図る、という。しかしここでも基本は資本家的企業まかせ――地方移転した企業、雇用を増やした企業に優遇措置を与えるという――でしかない。グローバル競争戦に対処するということで、資本が地方を棄て海外投資・生産を進めてきた、それが地方解体の根本原因であった。これを何ら認識していないし、是正しようともしない。その上で資本家的企業を優遇し「地方創生」を図ろうとしても、資本は地方をくいものにするだけ、ということになろう。労働者、農・漁民の生活・経営の安定など図れるはずがない。

二　今日的金融資本の特質

いま経済・社会・政治を動かす主役となっている金融資本の今日的特徴をとらえなければならない。この点は、第Ⅰ部第3章第四節で概説したが、これを補強し、その特質を示しておく。

第一に、金融資本は、株式会社の形態をとっている―株式会社の資本の特徴をとらえなければならない。

第二に、株式会社の資本の擬制資本としての特徴をとらえなければならない。いまや株式会社のこの擬制資本の面があたかも自立しているかのように自己展開し膨張し、その基礎にある事業経営を左右するまでになっている。まさに「尻尾が頭を振り回す」(バーナンキFRB前議長)が生じている。これは何をもたらすか、そして何を意味するか。

第三に、しかし擬制資本は本質的に非自立的性格をもつものである。その成立の根拠は、その基礎にある事業の利潤形成――その根拠は労働者の労働による価値・剰余価値の形成にある、ということである。

(一)　株式会社の資本の特徴

ある事業を所有し経営する資本(資本家)が、自己資本を増大するために株式(証券)を発行する。株式は、その所有者に所有量に応じて配当が支払われる有価証券であるが、同時に、会社の資産の持分(所有権)である。会社の経営の実権を握るのは、支配株主(過半数の所有、株式分散化が進めばそれ以下でも支配権を持ちうる)である。株式会社における所有と経営の分離―後者の前者からの独立が株式会社の特徴としてとらえられた(バーナム「経営者革命」論など)が、現実には経営者は支配株主に支配されその意図(利潤追求・拡大)に従った雇われ人である。(支配株主が同時に経営責任者である場合もある。)

金融資本というのは、事業経営―産業・商業・情報通信分野等で利潤獲得を目的とする資本（これを現実資本という）と、銀行・保険・証券等固有の金融分野を経営する資本の融合体をいう。事業を経営する現実資本は、利潤獲得・拡大を目的として運動する（その本質は『資本論』で明らかにされた産業資本と変りはない。資本の投資者が一人であっても多数となっても、事業の資本としての性格は変らない。）もと、現実資本は、蓄積拡大を図る上に株式を発行し資金を調達した。株式を発行して調達した資金はこの事業経営を行なう現実資本の自己資本であるから、固定資本投資等に運用しうる。銀行、証券会社は、事業を経営する現実資本の発行する株式を株式市場で売って資金調達を行なう媒介機能を行なった。それをふまえながら銀行・証券資本と事業を経営する現実資本が、相互に株式を所有し合い、経営を一体化するという関係が形成、発展する。これが固有の金融資本である。

株式会社における資本は、現実資本とともに、発行した株式の価格で示される擬制資本（第二点で内容を示す）に、二重化する。現実資本は、それ自身価値をもつ貨幣、商品、そして生産手段（生産資本）から成立する価値の運動体である。株式価格で示される資本は、現実資本が生み出す利潤を根拠に株式所有者に支払われる配当を資本還元して形成される擬制資本である。現実資本の運動に対し、株式＝資本市場が発展し、株式価格＝擬制資本が、現実資本運動から相対的に自立した独特の動きを示すものとなった。

（二）　株式＝擬制資本の特徴

株式は、その価格の根拠をそれ自体としてはもっていない。それは、現実資本が形成する利潤（その本質的根拠は、雇った労働者の剰余労働――支払った賃金に相応する価値を形成する必要労働を超える労働――にある）のうち株式所有者に配当として支払われる価値を、資本還元して形成されるものである。つまり、一定額の配当を、ある元本が生み出した利子であるようにみなして、元本価値＝擬制資本があるものとされるのである。例えば、一〇〇億円の価値をもつ現実資本が、年一〇％の利潤、一〇億円を生み出し、そのうち八億円を配当に回すとして、いま貸付利子率が四％であるとすると、八億円は八億円／〇・〇四＝二〇〇億円の価格がある、とみなされ、この価格で販売されうるもの（商品）となる。一株当りの株式価格はこの二〇〇億円を発行株数で除した額となる。これは株式価格の一定の基準となる。

資本は価値増殖する価値の運動体である。これを構成する貨幣、商品、さらに生産手段それ自体は資本ではなく、貨幣は貨幣、商品は商品、生産手段は生産手段でしかないが、それらが資本の運動の中に置かれることによって資本のそれぞれの構成要素となり資本としての規定性をもつものとなる。例えば貨幣Gは貸付けられれば資本として利子を生み、増殖する＝G＋ΔGとして還流する。しかしG自体は、資本ではない。それは何とでも交換される資金として貸付けられるのであり、それが資本とされるのは増殖して還流し、G'（G＋Δg）となる限りにおいて、である。浪費家に貸されて還流しなければ資本にならない。

しかし株式は、その価格は擬制的に形成されるものでしかないが、それを所有するだけで配当＝利得がえられる―株式という「物」が一定の価値をもち、しかもその所有だけで利得＝価値が増える、つまり価値増殖する。株式はそれ自体として価値増殖する。価値増殖する価値、つまり資本そのものが、株式＝物の属性となっている。マルクスは、株式資本を資本の最高の発展形態である（資本のいわば理想形態）ととらえた。と同時にこれは、資本がある「物」の属性となる―資本の「物」化であり、資本主義の物神性の最高形態だととらえた。

しかしこの資本の最高形態である株式資本はあくまで擬制によって形成されたものでしかないし、いかにその所有によって利得がえられてもそれは株式自体が生み出したものではない。株式の発行を通して調達した現実の価値＝現実資本が労働者を雇い労働させて形成した価値に基づく利潤の形成が、この擬制資本による価値増殖の基礎となっているのである。だから現実資本が利潤を獲得しえず、配当を支払いえないことになれば、株式価格はゼロになる。現実資本の利潤率はそれ自体市況の変動や経営状況によって変動を免れない。資本還元の基準となる利子率は一定の時期に確定しているとしても株価は不断に変動する。株価は現実資本の動きに依存しながら、それと相対的に遊離して変動する。

株価は、発行主体の企業の経営動向―実際の利潤形成だけでなく、その予想によって動く。株式に対する株式市場の需給関係によって動く。そこには投機が介入する。さらに資本還元の基準となる利子率の変動、その予測によっても、株価は変動する。現在では株価引上げのための政策が提起され、現実にどう実施されるかの予測が投機を助長する。こうして株価が、その発行主体の経営動向と遊離し株式市場で独自の動きを示すことによって、その売買による投機的利得獲得を専業とする投資ファンドなどが形成され、成長し、株価の独自の動きが強まる。

このような株式市場における独自な動きが拡大する中で、一方では様々な一定の収入が、その源泉を問わず、資本還元されて元本価値が擬制され、売買・投機的取引の対象となる。土地や家屋の貸付けからえられる地代・家賃収入を資本還元して擬制資本としての不動産証券価格が形成される。家屋購入に借入れたローン支払いや倒産に伴う損失補償上の保証料等が、資本還元され、証券化されて、投機的投資・売買の対象となる。収入の根拠自体が、まさに投機的価格つり上げに基づいて形成されたもの（サブプライムローンなど）が、証券化され投機的に取引される。いまや世界的規模で様々な、そして根拠のあやしげな収入が資本還元されて金融デリバティブが作られ、取引される。こうして株式・証券取引、その市場が、自己展開し膨張する。

このような株式・証券市場の自己展開の中で、現実資本にとっての株式資本の意味も大きく変化している。上述のように、現実資本による株式発行は、自己資本を増大し、固定資本投資―資本蓄積拡大の手段として導入、展開された。現実資本による価値形成・増殖が、株式発行、株価形成の主役であった。しかし現在では、現実資本から遊離し、独自の動きを示す株式・証券市場の拡大の中で、しかも株式・証券市場で投機的利得獲得だけを目的とする投資ファンド、投資会社の行動の中で、擬制資本の動きが逆に現実資本の動きを規制する―さらに現実資本としてもその蓄積拡大を目的とするのではなく、擬制資本価格を高めその売買で利益を獲得するという傾向が生じている。現実資本自体が、自社が発行した株式を株価つり上げ目的で買うという自社株購入が行われている。

現実資本の資本過剰―グローバル競争戦の中での資本過剰化、それを政策的に解消しようとして行われる公共事業などを中心とする財政支出の拡大がさらに過剰化を増大させる中で、現実資本として投資しえない過剰資金が、株式・証券市場の投資・投機に向った。その下でバブルの膨張とその崩壊がくり返し生じたが、崩壊に伴うパニックを回避すべくゼロ金利・金融量的緩和策が導入されたが、それがさらに資金過剰を増大させ、株式市場における擬制資本取引を膨張させている。

その下で現実資本は、自ら投資ファンド等と同様株価を高めてその売買で利得を得るという株価至上主義に走り、政府の政策もいかに株価つり上げを図りこれを維持するかを、自己目的とすることになっている。

株式・証券取引きによる利得獲得は、投機的売買をまさに「電子・金融空間」（水野和夫氏）の中で行うことができる。この取引きは、どの国の、どの企業の株式・証券であってもその投機的売買で利得がえられる限り、自由に取引きする。株式・擬制資本の投資・引揚げはグローバルに展開され、これがまたグローバル化し多国籍企業化した現実資本の動きを規制するものとなっているのである。

三　実体的根拠を担うのは労働者・人民なのに

資本主義においても、社会の存立・発展を担っているのは、社会の存立・発展に不可欠な物質的、精神的富を生産する（実体経済を担う）労働者・勤労者＝人民である。今日のように株式・証券＝擬制資本が発展し、それが実体経済を支配・規制することになっていても、株式・証券に対する配当そして売買による利得の源泉は、生産・事業現場における労働者の労働から搾取（収奪）した剰余価値にしかない。

いま〝二一世紀のマルクス〟として各方面から（マルクス経済学者からも）高い評価を得ているトマ・ピケテイ（『二一世紀の資本』）は、資本（株・不動産など金融資産を含めて）の所有による利得と「勤労」によって得られる所有の格差拡大を各国の歴史的事実の実証を通して明らかにしている。このこと自体は重要であるが、この本の中で資本自体の規定は明確にされていないし、資本による労働力の商品化を通した「労働」の支配・取得─搾取が、資本─利得の根拠・源泉であるということは、明らかにされていない。統計的に確証しうるのは分配所得であるが、それは現実資本の利潤、さらに勤労所得における経営者報酬と雇用される労働者の所得（賃金）の区別を示しえない。ピケテイ自身「格差が拡大すると労働者の反乱が生じて資本主義が危機に陥る」と指摘しているが、生産・事業の本来の主体が労働者・勤労者であるという認識は（上掲水野和夫氏とともに）ないようである。だから彼は資本主義を変えようという認識を持たない。

いま株価至上主義が経済─実体経済を規制している中で、第一に、対極で進んでいるのは生産・事業部面における利潤至上主義であること、第二に、利潤至上主義の中で資本が焦点においているのが「労働」の規制撤廃であること、そして第三に、これが現実に推進されることによってもたらされるのは何か─本来の主体の解体─が、明らかにされなければならない。

(一)　利潤至上主義

株価至上主義の下で、現実の資本家的事業経営＝現実資本に対し利潤至上主義が求められ、推進されている。大体、株価至上主義自体、株価を引上げて売買益を獲得することが目的（商品としての株式の〝使用価値〟は価値増殖そのものである）であり、その目的のためにはどんな手段でも使う（現在では、日銀の金融政策、政府の財政政策もいかに株価を上昇させ維持するかを目的とするまでになっている）。商品としての株式には、人間生活の維持に役立つという本来の使用価値は全くない。

この株価至上主義は、株式を発行する現実資本に対し、株価を高めるための行動つまり利潤拡大の行動を、直接には株主の要求ということで、求める。その部門が人間生活にとっていかに必要であっても採算がとれない（利潤が得られない）と切捨てられる。その設備が、働く労働者の労働安全・保安にとって必要不可欠な設備であり、また周辺住民の生活環境維持にとっても必要なものであっても、それが企業のコスト負担をもたらすだけで利潤を圧迫するとされれば、設置しないし、あるいは廃棄される。逆に生活維持・向上にとって何ら役に立たない、むしろ人間的生活を歪め、人間的能力を損うものであっても、資本にとって利潤拡大をもたらすものである限り、生産・販売される。

事業経営による生産・販売は、社会的な生活・人間生存の維持・発展に必要不可欠な生活手段とその生産に不可欠な生産手段の生産（これが実体経済の本来の内容である）を行うものでなければ、社会を構成する人間の維持・再生産は成立しえないし、資本主義も社会体制としては維持されないのであるが、株価至上主義の下での利潤至上主義は価値・価値増殖目的の生産・販売の徹底によって、この人間生活にとっての有用（＝使用価値）の側面がたんなる手段とされるばかりか、販売拡大目的だけが優先して有用でない物が生活の中に入り込み、人間としての生活を歪める。原子力発電、兵器、全く無駄な、自然を破壊するインフラ（巨大防潮堤やリニア新幹線など）をはじめ、有用でないだけでなく、人間生活・人間関係を歪めるもの（ケータイ・スマホなど）が生活の中に（自立していない子どもたちの中にも）入り込む。これによって本来の価値・富生産を根拠とする実体経済、その主体的担い手としての労働者の生活・生存が、歪められる。これは、国民総生産の内容を歪めるとともに、生産の増大を阻害することにもなる。

（二）「労働」の規制撤廃

利潤至上主義追求の上で焦点とされているのは、「労働」の規制緩和・撤廃である。

労働基準法は、雇用された労働者の労働時間をはじめとする労働条件が、「労働者が人たるに値する生活を営むための必要を充たすべきものでなければならない」（第一条）と明示した。そして「労働条件は、労働者と使用者が、対等の立場において決定すべきものである」（第二条）こと、「何人も、法律に基づいて許される場合の外、業として他人の就業に介入して利益を得てはならない」（第三条）ことを定めている。労働時間、労働条件は、労働が自立した人間自体の能力の発揮であるとともに、その生活（労働力の維持・能力向上）に直接に関わるものであるという大前提に立って、その基準を示し、それに従って規制すべきものである、としているのである。

ところがこの「労働」の規制が、資本の自由な利潤追求の行動、資本の競争力強化にとって障害になるとして、資本・財界は一九八〇年代以降執拗にその緩和・撤廃を求めてきた。労働時間規制の緩和（変型労働時間制、フレックスタイム制、裁量労働時間制等）と「直接雇用の原則」の骨抜き―労働者派遣法の導入と派遣労働分野の規制緩和・撤廃である（この点については拙著『〝擬制〟経済下の人間・人間関係破壊』長周新聞二〇〇八年、六〇〜九〇ページ参照）。安倍政権はこの「労働」の規制緩和・撤廃を「成長戦略」の基本的な柱としその実現をめざしている。

安倍政権が現在実現を図ろうとしているのは、正規雇用の非正規雇用への全面的転換、生涯非正規雇用制の実現、裁量労働時間制の対象業務拡大による成果主義と残業代ゼロの導入、解雇の金銭解決による企業の労働者解雇の自由実現である。明らかに、労働者が人間であることに基づく「労働」の規制をなくし、労働力の売買とその使用（労働）を、資本の意図に従って自由に操作する――労働力・労働を原料や部品のような〝物〟として操作しうるものとしよう、それによって労働の搾取強化（いまや収奪というべきである）による利潤の増大を図ろう、ということである。株価至上主義の根拠にあるのは、「労働」の規制撤廃と資本による「労働」の自由操作による搾取（収奪）強化であることをとらえなければならない。しかしこれは何をもたらすか。

（三）　人間の物化―労働主体の解体

第一に、「労働条件は、労働者と使用者が、対等の立場において決定すべきもの」という対等平等な労資関係の原則が解体され、資本側の一方的意思に労働者を従わせるものとなっていることである。

派遣労働は、労働者が、現実に労働する場＝派遣先企業と、労働内容・労働条件そして賃金を交渉・契約する権利が奪われている。派遣先企業と派遣会社の契約で決められた労働内容・労働条件・賃金に、労働者を一方的に従わせるものとなっている。たしかに労働者は、派遣会社が提示する仕事や賃金を選択する権利はある。だから企業側としては、派遣労働は労働者の選択によるものだ、労働者自らが求めたものだ、ということになる。しかし労働の内容、どういう仕事をさせられるかは派遣先企業の命令に従うしかないし、労働条件も賃金も一方的に決められたものを選ぶ以外にない。労働者が提示された労働内容・条件・賃金を拒否すれば、雇用されず賃金はえられず、生活ができなくなる。どんなに厳しい労働条件でも低い賃金でも、生活を何とか維持しようとすればそれを選びその条件で働くしかない。

企業・資本の側は、労働者の選択の自由という全くの外観の下で、労働者に対する、そして労働そのものに対する一方的・専制的支配を実現する。これは現代の奴隷制というべきである。

労働時間に応じて賃金を支払うのではなく、成果によってその支払額を決めるという裁量労働時間制も、労働者の能力を評価する形をとりながら、成果の査定は企業・資本側が一方的に決定する。資本の意図を基準とした成果によって労働者が評価される以上、その意図はほぼ完全に果たされる。

派遣労働の場合も、裁量労働時間制の場合も、資本側は意識的に労働者間の競争をあおり、労働者間の連帯をさまたげる。派遣労働の場合は、厳しい労働条件と低賃金でも雇用されたい者はたくさんいると脅して条件切下げ競争に労働者をまき込み、裁量労働時間制においては能力を上げれば賃金は上昇するとあおって労働強化・無償の労働時間延長に追い込む。

第二に、このような資本の労働者に対する専制支配の実現ということとは、労働力の売買関係においてはほとんど市場原理が働かなくなっている、ということを意味する。どんな厳しい労働条件、そしてどんな低賃金でも、それに応じて雇用されなければ生活ができない―ということは、労働力の買い手（資本）と売り手（労働者）間の自由な需要供給関係がない―買い手の自由による市場＝買い手独占になっている、ということである。

重要なのは、（伊東氏も指摘しているように）人口減少―生産人口が減少している状況にもかかわらず、買い手市場がなぜ続いているのか―労働力不足＝供給不足が生じれば売り手市場になってよいはず、つまり労働条件・賃金は改善・上昇して当然なのに、そうならないのはどうしてか、である。

ある「物」、例えば石油の供給が需要に対し不足すれば石油価格は上昇する。これは石油という「物」に対し売り手と買い手が競争する（「物」の取り合い）からである。労働力の売買は実は第三者的な「物」を取り合う供給者・需要者の関係ではない―労働者が売るものは自分自身の能力であり、この能力は生活と不可分離なのだ、ということ、だから生活維持にとってはどんな条件でも雇用されなければならないという無理―強制が働くことになる。ある第三者としての「物」の売買ではなく、自分自身がもつ能力を自分自身で売らなければならない―それが買い手である資本に完全につけ込まれ、カネが必要ならば、生活を維持しようというならば、オレに従えという、資本の専制を可能にしている。このようなひどい条件、この低賃金では労働力を売らない―これがすでに個々的に現れているが、雇用を拒否すれば労働者は生活できない状況に陥る。しかしそれでも労働者は生活しうる―それは労働者同士の共同・連帯によって可能なのだ―そこに労働者の連帯組織の本来の意味があった。だから労働者は共同・連帯しなければ資本の支配に対抗しえないのである。その労働者の共同・連帯組織、直接には労働組合が解体され、労働者はバラバラにされて互に足を引張り合う競争に巻き込まれている。それが資本の専制的労働者支配を可能にしている。

第三に、資本の労働者に対する専制支配――それは労働力商品の価値法則が資本の都合によって破棄され、それを無視した収奪を可能としているのであるが、その収奪は労働者の人間的能力自体の収奪（破壊）をもたらすものとなることを指摘しなければならない。

労働力不足は、たんに供給量の不足というだけではなく、人間的能力―技術力、瞬間的・総合的判断力―の不足・欠如を意味する。結婚し、子どもを生み育てることが不可能な労働条件、賃金の状態―それが労働力不足を招く根本原因であるが、資本・財界も政府もこれを抜本的に改めるのではなく、さらにこの状態を進めることにしかならない「成長戦略」を推進している。そして資本・財界は、労働力不足を逆手にとって、ギリギリの雇用で厳しい労働条件を労働者に要求し、「労働」の、さらに労働力（人間的能力）の収奪を強めている。そしてさらに低賃金の外国人労働者の導入を増大しつつある。その下で技術の取得・その継承が不可能となっている。〝使い捨て人材〟化の推進、それは個別資本にとって当面の利潤拡大をもたらすけれども、社会的には人間的能力をもつ労働力の不足・欠如をもたらし、創造的（イノベーション）能力を枯渇させざるをえない。それはいうまでもなく、資本の利潤根拠自体を解体させ、社会的にはＧＤＰ（国内総生産）の増大を制約する、というより減少させる。

結局、株価至上主義に主導された利潤至上主義は、社会の本来の主体―その生存・発展を担う主体である労働者の労働力を収奪することによって、価値・剰余価値の形成自体を解体化させざるをえない、ということである。これは株価至上主義自体に自己存立・発展の根拠がない、自立しえない本質をもつものでしかないこと、しかもその存立を維持させること自体が、その存立・発展の根拠を奪うものとなることを示すものである。

こうして、株価至上主義の維持・存続は、国家の金融、財政政策に依存せざるをえないということになるが、その政策が株価至上主義経済の維持・存続を図ろうとするものである限り、ＧＤＰ成長根拠を掘り崩し、財政危機を深めさらに国家破綻を導くものとしかならない。

第2章　金融資本と国家──国家をなくせない新自由主義──

これまで、今日の金融資本の経済、社会支配は、社会存立・発展の担い手、社会の本来の主体である労働者・人民の生活を困窮・破壊させることによってしか維持しえないことを明らかにしてきた。しかも今日の金融資本は多国籍企業化し、国内生産・販売によって利潤拡大が図れなければ、国を捨てて利潤拡大を実現しうる国に移転する。このように資本が国を棄てながら、しかし労働者、人民を搾取・収奪する上にも、さらに海外投資を推進する上にも、可能な限り国家を利用する。国家を利用しながら、多国籍企業化した金融資本は、無税地帯に企業を移してそこに利益を集中し、国家に税金を払わない。

このような金融資本の行動の下で、国家財政は悪化し危機を深めている。日本の財政をみると、国と地方の長期債務残高は一〇三五兆円（一五年度末）となる。これは、GDPの二・〇五倍であり、破綻に陥っているギリシャ、イタリーの財政状態より悪い。

侵略戦争に国力を投入し破壊と大量殺人を進める中で、国力は疲弊し、財政は破綻した。現在は現実に戦争・熱い戦争を行なっているわけではない。にも拘らず財政は戦時財政下より以上に悪化している。──しかもそのような中で、安倍政権は、戦争の危機をあおり、これに対処しなければならないとして、軍事支出を増やし、戦争遂行態勢の確立を図ろうとしている。

このような今日の事態を、第二次大戦の、日本に関してはアジア・太平洋侵略戦争の前夜ととらえる論潮が、そしてこれを遂行する国家の無法・不法な暴力的国民統合を、ファシズム国家の再来ととらえる論潮が、台頭している。そこで一九三〇年代と今日の事態の異相を示しつつ、今日の事態の歴史的位置と特徴を明らかにしよう。それをふまえ、今日の財政危機をもたらしている原因を明らかにし、どのような国家がその下で生じつつあるのか、ファシズム国家なのか、を検討しよう。

第一節　一九三〇年代と今日の危機の異相

一　危機発生原因・危機回避の主役

（一）　一九三〇年代

一九三〇年代、資本主義各国は体制存亡の危機に陥った。この体制の危機をもたらした直接の原因は、アメリカにおいて発生した恐慌—二九年大恐慌にあった。

この大恐慌がいかに発生したかをここで解明することはできないが、現代との対比で重要な点を指摘すると、①第一次世界大戦で漁夫の利を占めたアメリカでは、自動車、住宅等耐久消費財産業が膨張し、その下で資本過剰が形成されたこと、②これら産業企業の成長に伴う株式価格の上昇が投機を通しバブルをもたらし、それが破綻しパニックが生じたが、その時点では第一次大戦で放棄された金本位制が再建されていたので中央銀行の金準備の状況によって利子率が規制されていた。バブルの崩壊をもたらしたのも、直接には金利上昇であったし、崩壊・パニックが進行しても低金利・通貨増発で対応しえなかったため、銀行・金融機関は大部分破産した。管理通貨制度はパニックが発生・進行し、企業倒産の連鎖—大量失業発生によって体制危機が深刻化する下においてであった。

だから③この危機克服—体制存続を図るには、国家が乗り出す以外になかった。金融資本自体は、自力で経営を再建し失業者を吸収し危機克服を図ることは不可能であった。国家が体制維持の主役を演じなければならなかった。そしてその方策は、金本位制廃止・管理通貨制度導入による国債増発—財政支出拡大策であった。個別金融資本の直接救済・倒産回避策は行われなかった。

このように国家が体制維持—労働者・人民の体制批判行動—権力奪取（社会主義実現）という動きを回避するために乗り出さなければならなかった国際的背景には、ソビエト「社会主義」のインパクトがあったことを指摘しておきたい。

（二）　今日の事態

この一九三〇年代の事態に対し、今日の事態は明らかに異なる。

①　危機をもたらした直接的原因は、株式・証券、不動産などの価格騰貴—バブルの破綻・崩壊であった。その背景に、産業企業の設備・供給能力過剰があるが、その下で生じた資金過剰が、株式・証券、不動産等擬制資本投資に向い、投機—バブル—そしてその崩壊が生じた。現在の金融資本がその

擬制的性格を強め、その側面を中心に動いている（株価至上主義）ことが重要な特徴である。

②　第二点との関係でいえば、現代の危機は管理通貨制の展開の下で生じたこと、である。今日の世界的基軸通貨、アメリカ・ドル自体が金本位制を離脱して管理通貨化している。その下でバブルが生じ、そしてバブルが破綻しそうになると、中央銀行は政策的に金利を下げ、破綻回避を図る。それが一層バブルを盛行させ、破綻を大規模化する。しかしバブル―その破綻が大規模化し危機が深化すると、また金融パニック・倒産連鎖を避ける政策が採られる。このくり返しが生じているのである。だから今日の危機は、バブル崩壊からパニックが社会的に深刻化することを避けようとする政策自体が原因となって生じている。パニック回避という危機対策が危機を深刻化させている。

③　第三点に関わっていえば、三〇年代危機回避の主役は国家であったのに対し、今日の特徴は、個別金融資本がその倒産を回避し経営維持を図るために、国家を、直接には財政資金を利用している、ということである。

銀行・証券・保険等金融部門の大資本はじめ、今日の産業独占体は、株式・証券等擬制資本投資、投機を行ない、バブルを、そしてその崩壊をもたらしている主役である。バブルとその崩壊をもたらしたこれら金融資本は、その倒産・その連鎖から生じる社会的影響が大規模になるから、という口実で、国家の資金（税金）を使って、自らかかえ込んだ不良債権を国家に買取らせて倒産回避を図っている。国家という〝公〟的機関、「国民」全体に責任を負うべき機関が、私的個別金融資本の倒産回避、私的利潤獲得を目的とする経営維持のために、税金を使っている。

大企業の〝社会的責任〟とかいうことがいわれているけれども、多国籍企業化した今日の金融資本は、国家や社会への責任を果たすどころか、その私的利潤追求のために、国家を、その財政（税金）を利用している。政府・中央銀行は、ひと握りの金融資本のいわば下僕となっている。

二　ケインズ主義から新自由主義へ

（一）　一九三〇年代

国家を主役とする資本主義体制維持策は、ケインズ主義政策といわれている。

ケインズ主義政策は、不況・危機克服を図るため、政府による国債発行―国債の中央銀行買取りによる不換銀行券増発―財政支出を通した民間部門への資金つぎ込み（需要創出）―失業救済―需要の波及的連鎖・拡大による景気回復を図る政策であった。今日でもこの政策は行われている。管理通貨制度に基づく国債発行—中央銀行券増発による財政支出拡大策は、三〇年代から現代に至る現代資本主義の不可欠の政策となっている。

しかし一九三〇年代のケインズ政策は、国家による体制危機対策として、重要な特徴を持っていた。それは、国家による経済・社会に対する規制、さらに統制策を伴っていた。金融資本の行動に対して、一面では需要つぎ込みによって生産回復を図りながら、価格引上げによる独占的利得獲得に対しては、一定の規制を行なった。他面、大量失業に対しては、直接国家による失業対策——失業対策を目的とした事業が行われ、さらに賃金低下に対し歯どめをかける最低賃金制が導入された。教育、福祉（生活保護）も、公的資金による公的事業として行われた。いわゆる社会保障政策の導入が、一九三〇年代、ケインズ主義の重要な特徴である。——国家による、労働者・人民に対する一定の改良政策である。それは、大量失業による労働者大衆の反体制意識を抑え、体制内化を図る体制維持策であったが、ケインズ主義における資本主義体制の枠内での福祉・改良政策の特徴を明確にとらえなければならない。上述したソビエト「社会主義」のインパクト、その資本主義国労働者への影響—反体制・社会主義をめざす運動の高揚、それが国家を動かし、福祉・改良政策を採らせた、ということができる。

（二）　今日の国家の政策—新自由主義

新自由主義は、金融資本の自由な利潤追求活動を保証するため、ケインズ主義的体制維持策の下で行われてきた国家による規制、とくに大資本の自由に委せたら維持しえない競争力弱体な産業企業—小農業、小零細企業の経営・活動の維持、環境維持、さらに「労働」分野の規制—労働者保護・生活維持の上で不可欠な規制を、緩和・撤廃すること、そして公的資金による生活保障、労働力育成を図る公的事業としての教育を、それへの政府資金の支出を削減するとともに、民営化—私的利潤目的の企業に委せる、という政策である。規制・統制の撤廃、民間＝直接には私的資本の自由な、利潤目的の活動推進—これが新自由主義である。

しかもこのようにひと握りの金融資本が私的利潤追求、獲得活動の自由を獲得しただけではなく、その競争力強化と一層の利潤拡大をめざして、国家を利用する、国家の財政・税制政策を利用し尽くす——新自由主義はその自由な活動のために国家の政策的干渉を排除するとともに、その自由な活動を進めるために国家を利用する。国家からの自由とともに、国家を自由に活用する、これが新自由主義である。

新自由主義の展開に味をしめた金融資本は、自らの利潤獲得がえられる事業として、福祉、教育など人間に直接関わる分野を経営することになる。労働者・人民に対する生活保障・改良政策というケインズ主義政策は放棄された―しかしこれは、今日の金融資本自体の強さ、自らの利潤形成根拠の確実さに基づくものではなく、改良政策が今日の状況―グローバル競争戦―の下では採りえないこと、しかも自らの存立・維持を図るには、国家の政策に頼らなければならないこと、国家の資金（税金）を奪わなければならなくなっていることを示すものなのである。

三　一国主義からグローバル競争戦へ

一九三〇年代大不況―体制危機の中で、資本主義国（その連合）間の利害関係の対立が激化し、遂に世界戦争・第二次世界大戦が生じた。各国国家は、戦争態勢を築かなければならなかったが、植民地領有・支配に遅れた資本主義国(ドイツ・イタリー・日本）は、その再分割による領有・支配・収奪を求めて現実に侵略戦争を起こした。この侵略戦争体制に国民―労働者・人民を強制的に統合し、現実に戦争を遂行する国家体制―それがファシズム国家であった。自らの植民地領有・支配の確保上、ファシズム国家の侵略戦争に対抗して、米・英・仏資本主義国は、「連合」を組み戦争を遂行した。それにソビエトが加わったことにより、この戦争は、ファシズムに対抗する戦争、米・英・仏としては民主主義防衛のための戦争という外観をもつものとして現われた。しかし資本主義国（その連合）間の戦争は、植民地分割・再分割をめぐる帝国主義戦争であった。そして現に戦後は、帝国主義連合とソビエトとの〝体制間〟対立が前面に出る中で、帝国主義連合国は、ソビエトを民主主義の敵としてファシズムと同列視し、それへの対抗・封じ込めを政治・軍事戦略の基本においたのであるが、その民主主義は市場民主主義であり、その自由は、人間の立場に立った自由ではなく、資本の自由なのである。ソビエト崩壊の中で、いまこの自由＝資本の自由が、人間の自由―その生きる権利を奪い尽すものでしかないことが、現実に示されている。――ここでは、国家形態に関わる限りで、一九三〇年代と今日の事態の異相をとらえておこう。

（一）　一九三〇年代――一国主義

①　一九三〇年代のケインズ主義による危機克服策は、ファシズム国だけではなく、いわゆる民主主義国においても、基本的に一国主義的政策としての特徴をもっていた。

不況対策、失業対策も、財政支出を通してつぎ込まれた通貨が、国内需要の増大をもたらす限りで効果を示した。内需拡大―国内産業企業の生産・利潤回復―それによる需要波及効果がケインズ主義の不況対策であった。財政支出をつぎ込んでも、需要が輸入増大に回ったり、資金が対外流出し内需拡大をもたらさなくなると効果はない。——それを避けるために規制（外国貿易・為替管理）が加えられた。

この一国主義的政策はとくに対外経済関係において明確に現われた。直接には、国内通貨増発による為替切下げである。他の資本主義国の動向に関わらず、つまり為替相場の調整を行なうことなく、各国は一方的に為替切下げ・ダンピングによる輸出拡大に走った。

なお世界的に通用力をもつ通貨保有国、米・英も、日独等の為替ダンピング・輸出攻勢に対抗して、為替切下げ競争に参戦する。しかしこれによって世界経済は分断され、各国は自国通貨による経済圏形成・経済ブロック形成を進めることになる。とくに、国内販売市場が狭く、資源・食糧など重要品の輸入が不可欠な国、ドイツ、日本等では、それだけ強力に、自国中心の経済圏形成を、植民地再分割・領有を通して実現しようとした。これが第二次世界大戦をひき起こす原因となった。

② 第二に、各資本主義国を基軸・宗主国とする経済圏・勢力圏形成に走ったのは、その下に発展の遅れた諸国を従属・支配しうるという状況があったからであった。植民地化された諸国民衆の自立・独立の運動は、確実に強まり、第一次大戦後は独立運動は各地でデモから蜂起に至るまで高まったが、宗主国の軍事的制圧を打破するまでには至らなかった。と同時に、宗主国による植民地支配は、その国の資源・人民の収奪によって、宗主国の国益を一定程度もたらした。これが、国家による国民動員・侵攻の口実として利用された。

③ 第三に、民族主義・民族優越感による国民―労働者・人民の統合である。これは、すでに後進国の植民地支配が英仏米など先行帝国主義国に支配されている中で、国内労働者・人民を支配し、体制維持を図る上に植民地領有支配を必要とした後発帝国主義国、独伊日において、民衆を侵略戦争に動員するために採られた。

国内において労働者・人民を支配する権力としての国家が、国民（労働者・人民）を総動員し、戦争に狩り出すためには、国民を国家に一体化させ、奉仕（滅私奉公）させる意識を国民に植えつけることが必要である。

国民を国家に統合一体化させるには、国家固有の観念をつくり上げ、その観念を国民自身の観念として確立しなければならない。その観念が、民族共同体観念・理念を体現した君主と血縁的に結びついた民族一体観念、そして他民族に対する唯一性・優越性の観念である。日本でいえば万世一系の天皇を理念の体現とする日本民族一体、そして優越性観念である。この天皇崇拝・民族優越性観念の下での「八紘一宇」・世界の指導者という虚構の観念が、国民―被支配者である労働者・人民を、他国、直接にはアジア諸国人民の領導者たるべきだと、戦争に動員し、アジアの民衆と闘わせ大量の殺人を行わせた。これに反対する者は、非国民・国賊として暴力的に弾圧・排除された。――これがファシズム国家の特徴であった。

戦争に動員され殺人行為を行なった労働者・人民は、自らの主体的意思でこの行動を行なったのではない。この非人道的行動の首謀者は、金融大資本の支配を維持せんとする国家権力・その頂点にある天皇である。労働者・人民はこれに従わなければその生活・生存を奪われるという暴力的弾圧の下で、本来共同連帯すべきアジア諸国の人民に対する加害者に仕立てられたのである。アジアの人民は被害者であるが、それとともに、日本の労働者、人民は二重の被害者である。国内で階級的に搾取されている被支配者であるとともに、戦争の主役として非人間的殺人行為を行わなければ生きられないという（加害者の）立場を強要され、戦争によって殺されたのである。

しかし、上述のように自国の資本と国家による植民地支配を通した資源・人民の収奪は、一定程度国内に還元されたことによって、植民地領有・支配は国民のためという口実に現実の根拠を与えた。けれども戦争による破壊・殺人はこの口実を完全に吹きとばした。

（二）　今日の特徴――グローバル競争戦

以上指摘した一九三〇年代から第二次世界大戦の事態に対し、今日の資本主義の特徴、異相を要点的に示しておこう。

①　今日の資本主義においては、一国主義はもはや通用しない。一国主義ではなく、グローバル主義、グローバル競争戦が今日の特徴である。グローバル競争戦の主役は、すでに明らかにしてきたように、資本主義各国の、多国籍企業化した金融資本であり、しかも産業基盤の金融資本よりも固有の金融部面でグローバルな投機的活動を行う金融資本である。

今日のグローバル競争戦は、第二次大戦後のソビエト「社会主義」に対抗するアメリカ資本主義を中心とする資本主義国間協調関係によって形成された。ＩＭＦ・世銀の資金を活用した資本主義国間の技術移転・波及の下で、各国産業の平準化、国際的連関関係が形成された。その下で金融・情報の国際的連関が形成された。資本主義国は相互に激しい市場競争戦を展開しながら、関係を切断しえないまでに経済関係は深まっている。

すでに基軸通貨・米ドルが管理通貨制に移行されたことに

よって不換化し、アメリカの国際収支悪化の下で不断にドル価値は低下している。さらに次の第二点でみるように、植民地化された後進諸国の政治的独立と市場経済化の進展、グローバル競争戦への参戦の下で、資本主義各国は途上国を自国経済圏にとり込もうとFTAやEPA協定を締結し、経済ブロック化の傾向が現われている。しかし、自国通貨を基軸とした排他的経済ブロック形成は不可能である。EUはユーロによる域内通貨統合を図ったが、域外では米・ドルを使わざるをえない。日本は東アジア経済圏を円通貨を基軸に形成しようとしたが、アメリカに阻止され、ドル体制を離脱できない。むしろ逆に、米ドル体制補強の政策をアメリカ政府から強制されている。

ドル体制に縛られた日本は、ドルの状況—それを左右するアメリカ経済の状況によって、通貨・金融政策をアメリカ政府・中央銀行から求められ実行せざるをえなくなっている。一九八五〜八六年の円高調整（それは落ち込みを続けるアメリカの輸出拡大策であった）、九〇年代半ばの金利引下げ要求（それは米金利低下の中で、日本の金利をさらに下げ金利差を維持してアメリカへの資金流入を図る政策であった）、二〇〇〇年の金融量的緩和策の要求（それはアメリカのバブル破綻の下で通貨増発によって崩壊回避を図ることから来るドル価値低下を、日本の金融量的緩和策による円通貨発行増大—円価値引下げによってカヴァーする政策であった）、そしていま「アベノミクス」として行われている異次元金融量的緩和策は、日本の円安を許容しながら円マネーによる米国債購入の維持・増加による米国への資金流入を意図したもの、といえよう。

金利調整がほとんど不可能な状況で、アメリカはドル体制の維持を国外からの資金流入によって行なわなければならない——それが資本主義各国、とくに日本の通貨・金融政策を規制している。今日の日本は、通貨・金融主権をアメリカ政府によって奪われている。今日のグローバルな経済関係は、基軸通貨の資格を喪失したアメリカ・ドルをいぜん基軸にして関係を維持しなければならないことによって、各国の一国主義的通貨・金融政策を不可能にしている。

その上（これは、第三点として後述するが）、アメリカ政府は、基軸通貨としての米ドル体制の維持を、米軍事力の支配によって補強している。ドルから離脱しようとすれば軍事的圧力、制裁を課するという恫喝によって、である。

② 第二に、第二次大戦後ソビエト・「社会主義」の支援もあって、旧植民地諸国は政治的に独立し、経済的にも地域的連帯関係を深めながら、資本主義国の金融資本による資源・労働力の収奪に対し、国有化の措置等によって対抗してきた。

いまや後進諸国を植民地とし、その人民・資源を一方的に収奪することは現実に不可能となった。

アメリカを中心に、旧植民地諸国を販売市場とし、その資源を確保するために導入・展開したのは、ＩＭＦ等の資金貸付に補強された資金・技術援助とともに、新自由主義政策の押しつけによる市場経済化であった。その下で途上国、新興国は、急速に産業の技術力・生産力を高め、しかも低賃金による低コストを武器に、グローバル競争戦に加わった。とくに中国は、国有産業企業の民営化・株式会社への転換によって技術力・競争力を強めるとともに、国家資金をバックにした対外投資―インフラシステム輸出を展開し、輸出拡大とともに、資源輸入を拡大しつつある。

資本主義国は、このような途上国、新興国の市場経済化を、それぞれ国家資金の援助、技術協力の拡大によって促進しながら、各国との間にＦＴＡ、ＥＰＡ協定を結ぶことによって、市場維持･拡大を図っている。現在アメリカ中心に関税ゼロ、資本の自由移動（分野を問わず）を実現しようとするＴＰＰは、明らかに中国の国家をあげての世界市場進出・拡大に対抗する米日金融資本中心のアジア・太平洋市場圏形成をめざすもの、といえよう。

しかし途上国、新興国を各資本主義国の市場圏としようとする動きも、旧植民地領有・支配のような排他的な経済圏を形成しえない。一方で、自国の商品販売市場を確保･拡大し、必要な資源の確保を図る上に、さらに一層国家的な資金・技術援助を増大させなければならない。そればかりか、販売市場の拡大も、資源確保・輸入の確保も、民間資本、多国籍企業化した資本の力に依存しなければならない。

途上国、新興国の、低賃金を武器とするグローバル競争戦に対抗しなければならない今日の資本主義各国は、私的金融資本の競争力強化を中心に、市場維持・確保を図っているが、それにはＯＤＡはじめ先端技術開発による競争力優位産業の育成等、国家資金による補強を必要としつつ、途上国なみの賃金・労働条件を国内労働者に押しつけなければならなくなっている。

後進国の植民地化、人民・資源収奪による国益拡大―これに対し今日では市場拡大・資源確保に国家資金（税金）を使い、国内労働者に低賃金・厳しい労働条件を強要して収奪を加え、それを通して多国籍金融資本は利益を獲得するが、国に税金を払わない。これが、グローバル競争戦の中での現実の事態である。

③　そこで第三点、民族主義による国民統合による侵略戦争への動員に関して、現在は事態はどう変ったか、特徴的な点を指摘しよう。安倍首相は、戦前の国家体制―明治天皇制

国家に「戻す」ことを夢想している。民族共同体観念による国民の国家への一体化である。しかし現実の事態はそれを不可能にしている。

明らかなことは、グローバル競争戦への対処ということで、新自由主義が徹底推進されているが、それによって民族共同体の現実の基盤である家族関係、地域共同体関係は解体化されている。相互に私的利益を追求する個人間の弱肉強食の関係が人間関係を支配する。TPPへの対応ということで、農地を資本が利潤追求目的で取得し金儲けのための農業が推進されている。儲けが得られなければ放置され、地域は荒廃する。〝瑞穂〟の国の基盤・日本民族一体観の根拠である共同体関係は解体される。その下で、民族主義・他国に対する民族優越観を、どう人民に浸透させるか――この点は安倍首相がめざす国家を具体的に分析する中で明らかにするが、ここでは、この民族主義観念が現実から遊離した観念性を強めること、その観念の人民への浸透には暴力によるしかないこと、したがって暴力的国家統合という点でファシズム国家と共通するが、民族主義・民族優越観による統合の困難という点ではファシズム国家と異質であること、を指摘しておく。

侵略戦争への人民の国家への統合という点はどうか。明らかなことは、植民地争奪をめぐる帝国主義国間戦争は非現実であること、後進国の資源・人民収奪は、経済競争戦の中で国家資金の補強を必要とすることをすでに指摘した。安倍政権は、中国・朝鮮が日本に戦争を仕掛けて来るという脅威宣伝を強めている。その戦争の脅威に関しては、核・ミサイル攻撃、さらにサイバー攻撃などさえ強調されている。しかし中国・朝鮮が何のために日本を軍事攻撃しようとするのかは全く明らかにしない（しえない）。しかも実戦に対処する現実の態勢もほとんど何も準備しないままでの戦争の脅威宣伝である。戦争の脅威は、その虚構性を暴露せざるをえない。

さらに現在強調されるのは世界的なテロに対する対抗である。この点でも、なぜテロが起こるのかを何ら明らかにしない。と同時に、テロに対し軍事力でどう対応しうるのかも示されない。テロの脅威を現実に強調しても、これに対し国民にどう対処したらよいか、対処のしようも何も示されない。

外国から攻撃されるという戦争の脅威は、実戦＝熱い戦争に国民を実際に動員し狩り出そうというよりも、何よりも国民統合自体を目的とする宣伝・扇動であるととらえなければならないと考えられる。グローバル競争戦―まさに経済戦争への対処ということで、労働者・人民の搾取・収奪を強めつつ、労働者・人民の中に弱肉強食を浸透させ、人間関係・社会関係をバラバラに分裂させながら、さらに労働者・人民を国家の下に縛り、収奪を続けるために、国民の国家への統合・社会的治安維持を図ること、そのための手段として戦争の脅威が大々的に宣伝されている。

実際の戦争―熱い戦争の非現実の中での戦争の脅威宣伝、それは現実には労働者・人民をこの体制の中に封じ込み、体制批判意識・行動を抑えること自体に目的があるのではないか、と考えられる。

以下、日本の国家を対象にしながら、多国籍化した金融資本の支配によって、いかに財政が食いものにされ、破綻させられているか、を明らかにしよう。

第二節　財政・国家を食いものにする金融資本

今日経済、社会を動かしている主役・金融資本は、一方では国家からの自由（規制撤廃・国境を越えた自由移動等）を求めるとともに、他方では国家を自分の自由に、自らの利己的利潤追求・獲得の自由のために、利用する。しかしこの金融資本の自由な行動こそが、今日の深刻な財政危機をもたらし国家の破綻の危機をもたらす原因なのである。そこでなぜそうなるかを明らかにしよう。一、金融資本主導経済がもたらす財政危機、二、国家の財政・金融政策による財政危機、三、対外関係―「積極的平和主義」による財政危機深刻化、である。

一　金融資本主導経済がもたらす財政危機

税制を変えない条件で税収の増大をもたらす根拠は、経済成長（その基礎は価値・富の生産根拠である実体経済の成長）である。経済成長による企業利潤、労働賃金の増大によって、税率を変更しなくとも、税収は増える（自然増収）。

だから歴代の政権は、ＧＤＰ成長を追求してきた。そしてそれは何よりも企業＝資本家的企業の蓄積拡大によって実現しうるものととらえ、ひたすら資本家的企業の競争力強化、利潤拡大をめざしてきた。しかし一九八〇年代後半のバブルが崩壊して不況に陥った一九九〇年代から今日まで、資本家的企業、とくに金融大企業の利潤は確実に回復、増大を示しながら、日本のＧＤＰはすでに二〇年以上全く成長していない。この間成長促進を図る国家の政策が行われてきたが、それは経済成長という点では全く効果を示していない。税収増大の根拠・実体経済が全く回復していないのである。競争力強化策、成長促進策は、必ず財政支出の増大を必要とするのに、成長は実現せず税収の増大（自然増収）は生じない。個々の資本家的企業・金融資本の利潤が増大しても、社会的な生産の増大をもたらさないのである。なぜか。

（一）　金融資本の競争力強化による財政危機

第一に、今日のグローバル競争戦＝経済戦争に対処する上での、資本家的企業・金融資本の競争力強化自体が財政危機をもたらす原因なのである。

上述のように、資本主義各国の資本家的企業・金融資本は、相互に激しく競争し合っている。その中で日本は、アメリカのドル体制維持・補強を強要され、通貨・金融主権を制約されている。為替切下げによる競争力強化策も日本独自の利益を図るというより、ドル価値維持に目的がある。その上で世界市場争奪戦に対処しなければならない。

さらに資本主義各国の企業・金融資本は、途上国・新興国の低賃金を武器とするグローバル競争戦への参戦に対処しなければならない。これら諸国がなお導入しえていない技術高度な産業に生産・輸出をシフトさせながら、直接競合する産業部門、途上国・新興国が急激に競争力を強めている部門では、競争戦対処の上に、コスト切下げ―雇用削減、賃金切下げ、労働時間延長を図らなければならない。これら諸国の技術水準が急速に高まっているので、資本主義各国企業は、これら諸国並みの低賃金に賃金を引下げなければ対抗しえない、と財界は主張する。さらに輸出産業大企業は、関連下請企業に徹底的なコスト削減を求める――下請企業の労働者はさらに賃金切下げ、労働強化を強要される。

このような経済戦争対処ということで進められる大企業・金融資本の競争力強化によって、彼らは確実に利益を確保、増大させている。しかし反面、雇用削減、賃金引下げによって、国内消費需要は減少する。需要減少の中で、しかも途上国・新興国からの低価格輸入品の増大さらに逆輸入の増大（後述）によって需要を奪われながら、国内の商業部門（とくに小売り部門）では、需要奪い合いのサバイバル競争戦が生じている。この競争戦の下で、いわゆるデフレ・スパイラルが生じる。販売価格引下げ―賃金引下げ・雇用削減―国内消費需要減少―販売価格引下げ―さらに賃金・雇用切下げ…。この下で、労働者、勤労者は低賃金と労働条件悪化によって生活困難に陥っている。実体経済の担い手である労働者が生活困窮―労働力再生産ができず、技術取得・継承もできない。実体経済は回復・拡大しようがないのである。

経済戦争に勝つためというひと握りの金融資本の競争力強化の推進は、たしかに彼らの利潤確保、拡大をもたらしている。しかしその反面、実体経済維持・回復の不可欠の条件である国内需要は減少し、実体経済の主体的担い手の生活は破滅しつつある。

（二）　海外投資・生産拡大による財政危機

第二に、資本主義各国の大企業・金融資本は、さらに競争力を高めるため、国内生産・輸出から、海外投資・海外生産によって生産拠点を転換させてきている。とくに二〇〇〇年以降、中国、アセアン諸国中心に海外直接投資が急増している。とくに円高の進行は、海外投資の増大を促進させた。

自動車、電機あるいは医薬品等競合の激しい分野での海外投資・生産が増大している。自動車生産でみると（一四年五月、日本自動車工業会、『日本経済新聞』一四年六月二八日）、日本の乗用車生産八社計で、生産全体二一五八万台中、海外生産は一四二七万台、海外生産比率は六六・二％である。トヨタは、七二三万台中海外生産は四七二万台、海外生産比率六五・四％、日産は四二六万台中三六四万台が海外生産、その比率は八五・四％に達している。

海外投資・生産の増大は、国内生産・輸出を減少させる。それは国内産業空洞化をもたらす。しかもその上に日本の大資本が海外で生産した商品が、日本に逆輸入されている。逆輸入の輸入額中の比率は二〇〇〇年以降一五〜一七％を占めている。それは日本の国内生産・輸出をさらに減少させる。国内生産・輸出減少の上に逆輸入の増大、そして（後述する）「アベノミクス」による円安が輸出量増大に寄与せず輸入額を増大させて、貿易収支赤字をもたらしている。

日本の輸出産業大企業の海外投資・生産、さらに逆輸入の増大が、国内生産を縮小させることによって、日本の銀行・金融機関もその資金の国内産業企業への貸付けを減少させることになる。資金の運用は、産業企業の海外投資・生産への融資に、さらに海外銀行の買収（M&A）等に運用される。日本の国内生産は増えるはずがない。

日本企業・金融資本の海外投資拡大―多国籍企業化とともに、外国投資家による日本企業の株式取得も増大している。表Ⅱ―１（次頁）に示したように、電機産業の外国人持株比率は（一三年三月時点）平均二九・四％（日立四一・三％、富士通三八・五％、ソニー三二・六％）となっている。自動車産

■表Ⅱ－1
電気大手８社と自動車大手８社の外国人持ち株比率（％）

電　機	2013年３月	2003年３月
日立製作所	41.3	29.3
パナソニック	25.3	23.8
ソ　ニ　ー	32.6	35.8
東　　芝	24.7	16.0
富　士　通	38.5	18.9
三菱電機	32.3	11.6
Ｎ　Ｅ　Ｃ	25.0	20.0
シャープ	15.3	14.5
自動車	**2013年３月**	**2003年３月**
トヨタ自動車	29.9	15.0
ホ　ン　ダ	38.8	27.8
日産自動車	72.1	85.1
ス　ズ　キ	48.5	41.3
マ　ツ　ダ	38.8	42.6
富士重工業	34.1	34.8
三菱自動車	9.7	42.2
ダイハツ工業	17.3	1.7

＊パナソニック＝03年３月は松下電器産業
資料：『東京証券取引所』

■表Ⅱ－2
各部門の外国人落ち株比率
（13年３月末）

機　　械	32.2(4.0)
食　料　品	29.4(1.3)
精密機器	35.9(5.8)
銀　　行	33.4(5.3)
電気機器	35.2(1.6)
小　売　業	24.8(1.7)
医　薬　品	32.0(2.8)
輸送用機器	34.5(0.9)
化　　学	30.5(1.8)
情報・通信	31.8(3.9)

(注)単位％、カッコ内は１年前比増減、単位％
資料：同上、『日本経済新聞』14年６月20日。

業でも平均三六・二％（日産七二・一％、ホンダ三八・八％、トヨタ二九・九％）となっている。企業の多国籍化は、株式所有者（投資家）の多国籍化を伴う。外国人による日本企業が発行した株式の保有は、一三年三月時点で三割を上回る水準となっている。業種別に見ると、電機、輸送用機器、精密機器、銀行も三割を超えている。（表Ⅱ―２）

日本企業の外国人持株の増大によって、企業の利益は外国人への配当となって海外へ流出する。そればかりか持株比率が三割超となると、外国人投資家は株主の権利ということでさらに高い配当、そして株価上昇を求めて企業経営に介入し、採算の悪い分野の切り捨て、人件費削減などのリストラを企業に要求する。さらに労働の規制緩和を政府に対して求める行動さえ行なうようになる。それは実体経済回復に不可欠な国内需要をさらに縮小させる。

（三）　非生産的部門の肥大化

第三に、このような動向の下で、資本主義各国、日本においても、富・価値を生産する生産的部門が縮小し、それを生産しない非生産的部門―商業・金融部門、さらにギャンブル的部門が、相対的にも絶対的にも増大する。

日本においては、生産年齢人口、労働人口が減少（労働力人口は、一九九八年六七九三万人から、二〇一三年六五七七万人へ、一五年間で二一六万人減少）する中で、生産部門の労働力は絶対的に減少している。上述した諸要因によって実体経済に関わる生産部門の国内労働力需要が減少し続けているからである。

金融、商業などの非生産的部門の資本家的企業の利潤増大―とくに株式、証券保有、売買による利益獲得は、ＧＤＰを増大させない。ＧＤＰが増大せず、逆に減少している中での配当利得や投機的売買利得の増大は、ＧＤＰを構成する労働・勤労所得からの分配（むしろ収奪）によるものである。ＧＤＰ―価値・富の生産の根拠は、実体経済に関わる生産部門の労働以外にはないのである。

このような、それ自体価値形成の根拠を持たない部門の拡大の下で、その部門の資本家的企業・金融資本の利潤が増大しても、実体経済が回復・拡大するはずがない。にも拘わらず、儲かることはいいことだ、とばかりに、どんな部門であるかを問わず、利潤獲得・拡大を実現している資本家的企業に、労働力と資金を自由に移転させ、集中させることが「成長戦略」とされている。国内に投資・運用しえない厖大な過剰資金がある中で、外国資本の日本への投資を引き込もうと、「特区」を設定して労働規制を撤廃し解雇自由を図ったり、カジノを誘致してギャンブルで儲けよう、しかも税金はとらないということが、その柱とされている。

資本家的企業の利潤拡大によってこそ成長を実現しうるという成長神話は、投機、ギャンブル、バクチ―詐欺・収奪でさえも、儲かりさえすればよいという、その全くの利己的本質を暴露するものとなっている。それによる経済成長などというのは全くの欺瞞にすぎない。

二　国家の政策がもたらす財政危機

大資本・金融資本の競争力強化、利潤拡大を図っても、社会的に経済は成長しない。むしろひと握りの多国籍化した、そして擬制資本的性格を強めている今日の金融資本の利潤拡大は、国内の実体経済成長の要因―生産的部門とその担い手である労働者・勤労者の生活を奪い、破壊することなしにはありえなくなっている。しかし非生産的、投機的、擬制的性格を強めている今日の金融資本は、同時にその非自立的性格を強め、露呈する。その利潤拡大は、国家の政策への依存なしには実現しえないのである。

二〇一四年度のＧＤＰ成長見通しを、安倍政権は、実質一・四％、名目三・三％の成長としていた。ところが一四年度の実績（予測）は、実質マイナス〇・五％、名目一・七％という惨憺（さんたん）たる状況である（表Ⅱ―３　次頁）。当初見通しでは、個人消費は〇・四％（プラス）が、実績予測は

■表Ⅱ-3　政府の経済見通し

	14年度	15年度
国内総生産(実質)	▼0.5	1.5
個人消費	▼2.7	2.0
住宅投資	▼10.7	1.5
設備投資	1.2	5.3
輸出	6.0	5.2
国内総生産(名目)	1.7	2.7
完全失業率	3.6	3.5
鉱工業生産指数	▼0.5	2.7
消費者物価指数	3.2	1.4
貿易収支	▼8.3兆円	▼4.8兆円

［貿易収支以外の単位は％。完全失業率は年度平均、そのほかは前年度比の増減率。▼はマイナス］

出所・『朝日新聞』2015年1月13日

マイナス二・七％、住宅投資はマイナス三・二％からマイナス一〇・七％、設備投資は四・四％（プラス）から一・二％（プラス）、輸出は五・九％（プラス）から六・〇％（プラス）と、輸出を除けば国内経済成長要因はすべて当初見通しを下回っている。しかしこの間資本家的企業の利益（法人企業統計の営業利益）は、一三年度（前年度比）二一・五％増、一四年四―六期一一・二％増、七―九期（ＧＤＰは名目マイナス三・五％、実質マイナス二・六％なのに）なお三・八％増である。資本は儲けを拡大しているのに、ＧＤＰはマイナスである。これが「アベノミクス」の実状なのである。

にも拘らず安倍首相は「この道しかない」として、ひたすら大企業・金融資本の競争力強化、利潤拡大を図る政策を推進しつつある。「成長をせずに分配を考えればじり貧だ」（衆院予算委、一五年一月二九日）と安倍首相はいっている。「アベノミクス」が経済成長を全く実現しえていない現実を見ようともしないし、資本家的企業の利潤拡大がむしろ成長を制約していることを隠蔽し、トリクル・ダウン（利潤がしたたり落ちて雇用・賃金が増え、好循環となるという）などという、えせ理論で国民を欺瞞し続けている。

しかしこのような国家による大企業・金融資本の競争力強化策自体が、さらに国家財政の危機を深めるのである。なぜか。以下（一）、財政政策（税制、財政支出）による財政危機、（二）、金融政策がもたらす財政危機、（三）、財政危機対策による財政危機深刻化、を明らかにする。

（一）　財政政策による財政危機

政府が、デフレ克服、成長実現を、ひと握りの金融資本の競争力強化・利潤拡大を図ることによって行なおうとする政策そのものが、財政危機を深めてしまう。

①　第一に、税制―財政収入の面からその点を明らかにしよう。この間の税制の基本は法人税減税、反面消費税（逆進

的大衆課税の典型）増税におかれてきた。一九八九年に、消費税が導入されてから二〇一二年度まで、法人税（法人税、法人住民税、法人事業税）の減税は総額約二三〇兆円、消費税収総額は約二四〇兆円の増大である。法人税減税分が、消費税増収での穴うめされた構図である。

法人税基本税率は、八七年四三・三％から、九九年に三〇％、一一年に二五・五％に引下げられている。一三年度補正予算で法人企業への復興増税は三年間一〇％付加税を一年前倒しで廃止している（約九〇〇〇億円減税）。さらに一五年度予算では、法人実効税率を三・二九％以上引下げる（標準税率三四・六二％→一五〜一六年度に三・二九％以上引下げ、各年度国税だけで二〇〇六億円減）。

さらに種々の法人税優遇措置による減税が行われている。繰越欠損金処理、輸出品の消費税の還元等をはじめ設備投資減税、研究開発費減税（一三年度から法人税額の二割から三割に増大、一四年度で約四〇〇〇億円減税）が行われている。一三年度から導入された賃金引上げ減税（給料・ボーナスを五％以上引上げた企業に一〇％を法人税から控除）、雇用を増やした企業に法人税差引き等、企業が賃金、雇用を増やしても企業にはほとんど負担は増えない。

さらに一五年度予算案では、「多様な正社員」（限定正社員など）の普及拡大費（五億九〇〇〇万円）、「働き方改革」（最低賃金引上げのための環境整備として生産性を向上によって最低賃金を引上げた中小企業に経費を助成、二九億円）、企業のリストラ・雇用削減を促進させる「労働移動支援助成金」三四九億円、一四年度比一六％増）、反面解雇防止を支援する「雇用調整助成金」は大幅削減（三五二億円、六五％削減されて一九三億円に。一三年度は一一七五億円であった）される。労働者の状態を改善するみせかけの下で、資本が自由に労働力を使用するための政策推進である。

一五年度の税収に関し、政府予算案は、法人税収入を一〇兆九九〇〇億円と、一四年度（当初予算）より九七二〇億円増えるとしている。減税を実施しても企業収益が改善してそれ以上の利益を実現するとの見通しを立てているからである。これによって、資本家的企業の利益が増えれば法人税収入が増え、財政は改善されるかのように宣伝しているが、大法人の利益が（それだけ税金を払っても）それを上回って増大していること、そして大企業の大儲けは、労働者・勤労者に対する搾取、収奪強化によって得られたのであることをとらえなければならない。企業に対して減免税をするのではなく、税負担を増やすのが当然なのである。

国の法人税収入は、一九八〇年代後半のバブル期には約一九兆円に達していた。バブル破綻後不況深化と減税措置によって減少し一〇兆円台に落ち込んだが、〇六、〇七年リストラ推進、輸出拡大によって企業利益はバブル期を超える史上最高益を実現した。しかし法人税率引下げ、各種優遇措置によって、法人税収入は〇六年一四・九兆円とバブル期を下回った。リーマンショック後企業収益が落ち込み、法人税収は〇九年六・四兆円と減少する。しかし、この間法人企業の内部留保は増え続けている。「アベノミクス」の下で法人企業の利益は上述のように急回復しているが、法人税収は一〇兆円台にすぎない。当然内部留保はさらに増大している。法人企業（金融、保険を除く）の内部留保は一三年度末三〇四兆円に積上っている（法人企業統計）。

消費税率引上げによって、一五年度予算で消費税収入は一七兆一一二〇億円（前年度比一・八兆円増大）で、法人税収入一〇兆九九〇〇億円、所得税収入一六兆四四二〇億円を上回った。逆進的大衆課税が国税収入の最大項目となっているのである。

なお所得税に関して補足しておく。八〇年代半ばから税率のフラット化が進み、九九年には所得税最高税率が五〇％から三七％に引下げられた。株式配当・株式譲渡税も二〇％から一〇％へ引下げられた（〇三年度から）。九〇年代初め二五兆円以上あった所得税収入は、〇八年以降一五兆円を下回っている（一四年度当初一四・八兆円）。一五年度は、所得税最高税率を四五％に引上げ、配当・譲渡税率引上げによって一六・四兆円と増大を見込む。しかしこれはなお消費税収入を下回っている。

国（地方を含む）の長期債務は一〇〇〇兆円を越えている。一五年度新規発行国債は三六兆八六三〇億円（一四年度当初四一・二五兆円）であるが、国債依存度は三八％であり（欧米諸国は一〇〜二〇％）、借換債を含む国債発行額は一七〇兆円に達する。プライマリーバランス（基礎的財政収支）は一三・四兆円の赤字、ＧＤＰの三・三％に達している。必要経費を税収で賄えず、さらに借金を増やさなければならなくなっている。そこで次に財政支出の特徴をみよう。

② 安倍政権の財政支出の特徴

ａ・まず第一に、安倍政権は、財政支出に政治・思想をからめている――政府の政策に異を唱えたり、反対したりする住民、自治体に対し、財政支出を差別するという民主主義の原則をふみにじる強権的恫喝政治を行なっている、ということを指摘しよう。

㋑ 一つは、沖縄振興予算の減額である。一三年一二月、辺野古への米軍新基地建設にむけた埋め立てを仲井真知事（当時）が承認するのと引きかえに、安倍政権は「有史以来」の多額の沖縄振興予算を計上した（三三〇一億円）。これに対し「カネで沖縄の魂を売るのか」という強烈な反発が高まり、新基地反対を掲げる翁長氏が知事に当選した。これに対し、安倍政権は、翁長新知事との会見にも応ぜず、一五年度予算で沖縄振興予算を一六二億円減額することを決めた。〝政権のいうことを聞かない〟者には制裁を課すという、明らかなカネと暴力による政治の強行である。

国家の財政資金は、政府の資金ではない。沖縄振興予算は沖縄の自主的計画によって策定されるものである。いかに政府の施策に反対を唱えても、そのことによって財政支出を削減するなどということは、政策・思想によって生活権・人権を差別するという不当な仕打ちである。しかも、政府の施策、県民の総意に反した施策に対し、県民の民主的意思に基づく政策を実施しようとすることに対する牽制であって、絶対に許されない。

㋺　二つ目は、原発再稼動に関わる電源立地地域対策交付金の交付に関してである。

経済産業省・原子力小委員会は、二〇一四年一二月、原子力政策の方向性を示した「中間整理」を示した。この中で、「原子力を重要なベースロード電源と位置づけつつ、原発依存度を可能な限り低減させる」としているが、再稼動とともに、建設中の原発（大間、島根三号機）の稼働（さらに新増設さえ）行なおうとしているのではないか、と指摘されている（経産省は、二〇三〇年の原発比率を一五〜二五％程度を維持することを軸に検討する、としている。現在四八基の原発を四〇年基準で廃炉にしていくと、二〇三〇年までに一八基に減る。そこで建設中の大間、島根原発の完成・稼働、四〇年基準の運転期間の延長、さらに新増設も必要とするという主張が出されている『朝日新聞』二〇一五年一月二九日）。さらに、「国民、自治体との信頼関係構築」として、「電源立地地域対策交付金の制度趣旨（発電用施設の設置・運転の円滑化）や現状を認識し、稼働実績を踏まえた公平性の確保など既存の支援措置の見直しなどと併せ、立地市町村の実態に即した必要な対策について検討を進める」としている。

この「稼働実績を踏まえた公平性の確保」ということに関して吉岡斉九州大学大学院教授は「これは、原発が再稼動した自治体には国の電源立地地域対策交付金を重点配分する一方、それ以外の自治体については減らすことを意味します」と指摘している（『毎日新聞』二〇一五年一月三〇日夕刊）。

さらに経産省は、一五年度予算案で「原発施設立地地域基盤整備支援事業」の中に新たな交付金制度を創設している（一五億円）。再稼動を選んだ自治体への新たな交付金である。

福島原発事故の処理が全く進まない中で、安倍政権は再稼動実現のため「国策を認める自治体は優遇し、受け入れないと冷遇する」「自治体の同意を金で買うようなものだ」（吉岡氏、同上）。まさに辺野古への基地移設に反対する沖縄県民の意思表示に対し、振興予算の削減で応じた構図と同じである。

㈧　三つ目。実はこの安倍政策強行の国際版といえるが、安倍政権のアメリカに従う価値観外交の推進によってついに日本の人民が命を奪われる事態に至っていることを指摘しなければならない。

『長周新聞』（二〇一五年一月三〇日号）は、「安倍首相が中東を歴訪したさい、〈イスラム国〉対策のためといってイラクやレバノンに二億ドルを支援すると表明したこと、イスラエル政府との連携を強調したことが、日本が欧米の〈有志国〉と並んでアメリカの対テロ戦争に直接加わったことを誰の目にも焼き付けることとなった」とし、「安倍首相の暴走を止めないと、日本は〝テロの連鎖〟の泥沼にはまることになる」と訴える中東研究者の発言を紹介している。

〇一年九・一一テロに驚愕（きょうがく）した米ブッシュ大統領は、テロへの対抗を軍事戦略の中心におき、アフガン侵攻、イラク侵略へ突き進んだが、イラク戦争だけで約七六〇〇億ドル（約八九兆七〇〇〇億円）の戦費と四四〇〇人以上の米兵の命を犠牲にしながら破壊と殺りくの泥沼の事態を招く中で、「イラク聖戦アルカイダ組織」（ＩＳの前身とされる）などテロ集団の激しい抵抗、反米テロ攻撃をひき起こした。ＩＳの中枢を構成するのはイラク・サダムフセインのバース党だとされている。一二年以降シリア内戦に介入したＩＳは急速に勢力を拡大し、国家を名のるまでになった。これに対しオバマ政権は一四年八月空爆にふみ切り、英仏加など有志連合によるＩＳ撲滅の軍事行動を展開している。

安倍首相の今回の中東訪問と「イスラム国」撲滅資金供与は、この有志連合への参加を表明したものと受けとられるのは当然である。「戦後七〇年にわたって、いかなる国際紛争も武力参戦ではなく、話しあいで解決することを国是として日本は世界から信頼をかち得てきた」。アラブ諸国との関係においてもそうであった。「この親日感情を踏みにじり、戦後七〇年の歩みを覆して中東に踏み込むなら、事は中東にとどまらず、果てしもなくアメリカの駒として世界中の紛争地帯に連れ回され、〈邦人の命〉を危険にさらすことになる」（同上）。

安倍政権は、この機に邦人生命安全確保という名目の下で自衛隊を本格的に海外出動させ、アメリカの帝国主義軍事侵攻に積極的に参加しようとしている。自ら戦争に加わり、反撃をひき出し生命の危険を自ら招く行為を行ないつつある安倍政権。実はそれこそが安倍政権の本質、その帝国主義的本質を明らかに示すもの、ととらえなければならない。

安倍政権はこの間価値観外交―〝自由・民主主義、法治〟を普遍的価値とし、この価値観を共有し同調する国との経済、政治関係の強化を図る外交を進めてきた。しかしこの価値観の内実は、資本の自由（搾取、収奪の自由）、市場民主主義（カネの力による弱肉強食）であり、法治といっても多国籍金融資本（実質的にはアメリカ金融資本）のルールを基準においたものである。当然現実の国際政治においては、アメリカ帝国主義に同調し従うことであり、アメリカが国際戦略としている中国封じ込め―経済面ではＴＰＰ、軍事面ではリバランス（アジア・太平洋中心の軍事戦略への回帰による覇権支配の確立・維持）への従属的協力を内容とするものといってよい（『長周新聞』拙稿「資本主義体制・国家への幻想を棄てよう」二〇一四年三月参照）。

このような内容をもつ価値観外交を進めれば、価値観を異にする国・勢力に対しては、少なくとも国家的資金援助等経済協力は消極化しさらに除外される。思想・価値観による差別外交となる。今回の安倍首相の中東における言動はこの一線を越えて、アメリカ帝国主義の「イスラム国」撲滅戦争への積極的加担、戦争へ参加することの意思表示であり、殺りくの連鎖という破壊の泥沼の道に自らふみ込もうとするものである。

自由、民主主義、法の支配ということの現実の内実を明らかにするならば、それは決して普遍的価値観とはいえない。自由が資本による民衆搾取・収奪の自由であれば、その自由の推進は必ず民衆の反発、抵抗を招く。それを軍事力・暴力で制圧しようとすれば、感覚的、絶望的な反発行動としてテロが誘発され、暴力を強めればテロはさらに過激化する。その価値観が人間・社会にとって普遍性をもつものであれば、それは自主的に受容される。普遍性をもたない価値観だから、それを押しつけようとすることに対して反発が生じる。その反発に対し暴力によって価値観を強要すれば、暴力のエスカレート、戦争と殺りくの泥沼に陥る。アメリカ帝国主義がひき起こした戦争・殺りくの泥沼の道に、安倍首相は積極的平和主義をふりかざして自らふみ込む意思表示をしたのである。

b．しかしなぜ、このような戦争と破壊・殺りくの道に安倍政権はふみ込むのか。それは、戦争と破壊・殺りくを利益の源泉としようとする者がいる、それが安倍政権を動かしているからである。安倍政権の財政支出の特徴をとらえることによってその点を鮮明にしよう。

第一に、軍事費の増大である。第二次安倍政権は、〇二～一二年度まで漸減させてきた防衛関係費を一三年度から増額させた（一三年度対前年度比〇・八％増、一四年度同二・八％増、一五年度同二・〇％増、四兆九八〇一億円）。

この中で日米軍事一体化、米軍再編成経費が膨脹している。自衛隊司令部の移転分を含めて一四一六億円（契約ベース三〇七八億円）が計上されている。（沖縄振興予算を削減しながら）辺野古の米軍新基地建設関連二四四億円（契約ベース一七三六億円。一四年度比八〇倍）、岩国基地強化九二六億円（契約ベース一〇一九億円、岩国基地地元対策費として山口県に一八・五億円交付）計上している。

在日米軍関係経費総額中、二〇一四年度の日本側負担分は六七三九億円（前年度比二八七億円増）に達している。米軍への提供施設設備、労務費、光熱水料等いわゆる思いやり予算が一八四八億円、基地周辺対策費（賃借料を含む）一八〇八億円、基地交付金など三八八億円、提供普通財産借上試算（土地賃料）一六六五億円、在日米軍駐留経費九〇九億円、SACO関係費一二〇億円等である。米軍基地移転、さらに海外基地建設費にまでなぜ日本は負担を負うのか。米軍基地は一体何のためにあるのか、実際に米軍が何を果してきたのかをふまえ根本から見直さなければならない。

兵器・装備調達の面の特徴は、海外派兵、攻撃型が主となっていることである。無人機グローバルホーク導入（一五四億円）、ステルス戦闘機F35、六機購入（一〇三二億円）、新型対潜哨戒機P1、二〇機（初年度分三五〇四億円）、早期警戒機E2D一機（二三二億円、関連機材含め六五一億円）、オスプレイ五機（五一六億円）、さらに敵地上陸能力を高める水陸両用車（三〇両、二〇三億円）、強襲揚陸艦（マキン・アイランド――これはオスプレイやF35、水陸両用車搭載可能な甲板二六〇メートル以上もある空母である――）導入調査費（五〇〇〇万円）がもり込まれている。兵器・装備調達は単年度の支出ではすまない。後年度負担（国庫債務負担行為は、現在財政法上五年以内であるが、これを法改正して延長しようとしている）が加わる（一五年度で二兆五六二三億円、前年度比一七・九％増）。

日本の軍事費の増大を要求しているのは何よりもアメリカ政府である。オバマ政権は、アメリカ帝国主義の軍事侵攻による覇権支配自体がひき起こしている殺りくと破壊の泥沼の中でさらにこれを深めることにしかならない軍事力行使を行わざるをえなくなっている。このオバマ政権を動かす背景にあるのは米軍産複合体である。軍産複合体は、殺りくと破壊を自らの利潤源泉とする死の商人である。彼らは兵器生産・販売拡大のため意図的に戦争の脅威をあおり、さらに実際に戦争をひき起こすことによって大儲けをする。しかしアメリカの国家財政は深刻な危機に陥っており、軍事費についても年約五〇〇億ドルの削減をせまられている。その中で米軍産複合体は、世界的規模で国際的テロ勢力との戦争を自らひき起こすことによって、各国にテロの恐怖をあおり、各国の軍事費の増大を図り、それによって兵器輸出の拡大を図りつつある。

積極的平和主義などといって、自ら帝国主義国に適わしい軍事力を備えようとする安倍政権は、米軍産複合体にとって絶好の標的となっている。すでに米軍産複合体にとって重要な市場となっている日本は、米製兵器・装備購入を一層増大させ、いよいよ米軍産複合体に支配されることになる。こうして日本の軍事費は米軍需生産企業に吸上げられながら、戦争の危機は深まる。

同時に日本の軍事費増額を要求しているのは、日本自体の軍需産業企業である。民需部門の国内生産・輸出拡大が、途上国、新興国の追い上げによって市場を奪われる中で、輸出産業企業は自国を棄てて海外投資・生産、さらに日本への逆輸出に走った。その中で日本国内の産業をどう構築するか。日本の産業企業は次にみるようにインフラシステム輸出の拡大に死活をかけながら、国内産業は民需・民間技術からいまや軍需・軍事技術強化にむけて動き出している。

武器輸出三原則の撤廃による武器・装備の輸出解禁（一四年四月）の下で、三菱重工、川崎重工、ＩＨＩはじめとする日本の軍需企業は軍需技術開発・兵器生産・輸出を拡大しつつある。安倍政権の下でいまや日本の軍産複合体が本格的に態勢を確立し、国産兵器生産、さらに米英豪等との兵器共同開発・世界的輸出に乗り出しはじめている。その中で防衛省技術研究本部と大学、研究機関の研究協力が急速に進みつつある。研究費削減の中で国立大（すでに横浜国大、九州大、東京工大がふみ切っている）との研究協力が進んでいる。日本における軍産学複合体の形成、といってよい。

全くの浪費、殺人と破壊を目的とした兵器・装備の生産、それに財政が食われ、民需技術も奪われる。（日本の軍産複合体の状況に関しては、本書第Ⅱ部第3章で詳論する。）

c．さらに、主要な財政支出の特徴をとらえよう。安倍政権の下で増やされている財政支出は、軍需支出と同質―大企業・金融資本には利潤増大をもたらすが、社会的、国民経済的には効果がない、無駄な支出であり、財政負担―国民負担を重くするもの、となっている。

ここで取上げるのは、宇宙（衛星）、原発再稼動（輸出）、リニア（公共事業）、そしてＯＤＡである。いずれもさらに具体的に分析しなければならないが、ここでは基本問題―それらの支出は確実に財政危機を深刻化させること、を明らかにしておきたい。

（イ）宇宙開発

二〇〇八年「宇宙基本法」が成立したが、ここから平和目的に限定されていた宇宙政策の原則が転換され、一二年に宇宙航空研究開発機構法（ＪＡＸＡ）が改正され「平和目的に限る」との規定が削除された。一三年一月に宇宙基本計画（五年計画）が策定されたが、一三年一二月国家安全保障戦略（ＮＳＳ）で、宇宙を安全保障に役立てることが明記されたことをふまえ安倍首相は現行計画の途中なのに、宇宙基本計画の改定を指示、一四年一一月新宇宙計画（一〇年計画）の素案が公表された（内閣府宇宙政策委員会、葛西敬之委員長）。葛西委員長は、「最近、宇宙が安全保障上極めて重要な意味を持つことが認識されるようになった」と述べた（一一月一三日、記者会見）。

宇宙を軍事目的に利用する―米政府が進めてきた衛星による全地球測位システム（ＧＰＳ）に対抗し、中国は〇七年一月衛星破壊実験を行う（一三年五月、一四年七月も）。これに対処するということでアメリカ政府は各国との連携強化を進めている。一四年五月日米政府間協議で「宇宙協力の新時代の到来」を確認し、安倍政権はＪＡＸＡの宇宙監視情報を米側に提供することを決めた。そして日本版ＧＰＳと呼ばれる準天頂衛星七機体制を目指す、という。現在打上げられている準天頂衛星は一機（地上設備を含めて）七〇〇億円以上かかっている。七機体制で運用すればさらに二〇〇〇億円以上かかる。

現在日本自衛隊の軍事情報は米ＧＰＳはじめ衛星システムに依存しコントロールされている。米衛星システムは、長距離通信、戦闘機・無人機の運用、地上監視、ミサイル誘導に使っている。低軌道（数百キロ）の偵察、二万キロのＧＰＳ、三万六〇〇〇キロの通信用衛星である。ＧＰＳを日本の準天頂衛星体制で補完しよう、それによって「自国システムが無効化されても、同盟国のシステムを借りて高められる」（内閣府・宇宙戦略幹部、『朝日新聞』一四年一一月一四日）。アメリカの全地球監視システムを日本が積極的に補完する―それによって、軍事情報のアメリカによるコントロールがさらに強まる。そして宇宙空間は、情報収集―破壊という戦争の場となりかねない。サイバー戦争とともに、宇宙戦争に安倍政権は乗り出そうとしている。（一五年度宇宙・安全保障関連予算五九六億円、前年度比一二八億円増大）。

（ロ）原発再稼動―原子炉輸出

原発再稼動に関する財政支出については、政策誘導の問題を上述したが、ここでは電力会社（東京電力）に関する国の支援（税金供出）と国民負担（電力料金）、そして原発輸出についてみておこう。

安倍政権は、東京電力福島大事故について、汚染水は完全にコントロールされている、と虚偽の発言をするばかりでなく、すでに事故は過去のことであるかのように再稼動を推進している。「日本再興計画」（一四年六月改定版）では「安全性が確認された原子力発電の活用」、を明示している。これに圧力をかけているのは、経団連（榊原定征会長）、日本商工会議所（三村明夫会長）など財界であり、さらにアメリカ政府である。財界は電力会社の利益確保の意図の上で、米政府は、プルトニウムの管理を含む日本原発のコントロールと米核戦略への協力維持の意図によって、日本の原発再稼動を求めている。（第Ⅰ部第２章参照）

原発立地地域対策交付金は、原発のある自治体に、発電量に応じて支払われるものである。現在（一五年二月）国内の全原発（四〇基）は稼動していない。全く発電していない。しかしこの交付金は、一四年度九八七億円、一五年度九一二億円計上されている。全く発電していないのに、「稼動率八一％」と見なして交付を続けている。（しかも再稼動促進をめざし「原発施設立地地域基盤整備事業」の中に新たな交付金を創設した。）

この交付金の原資は、電気料金に上乗せされている「電源開発促進税」である。利用者は、全く発電していない原発の「電気」に「料金」を支払わされている。

稼動していない原子炉を維持するには、燃料を水につけて冷却しなければならず、点検・整備を続けなければならない。大島堅一教授によると、原子炉の維持費には運転時の三分の二以上の経費がかかる、その額は年一兆円以上にのぼる、という。この経費も電気料金として国民が支払わされている。

電気という使用価値（物）を買う代価として、代金（電気料）を支払うのではなく、使用価値を生まない施設の維持費に、結局電力会社経営を維持するために、利用者は負担させられている。これは市場経済の原理からいっても本来ありえない関係ではないか。いますぐ廃炉にすべきである。

しかし廃炉に関しても、経産省は「中間整理」で電力会社が廃炉で生じる負担を減らせるように、会計制度の見直しを打ち出した。原発一基を廃炉にすると、電力会社には約二一〇億円の損失が出る。現行ルールでは損失を一括計上しなければならないが、それによって経営が悪化するおそれがある。ということでそれを一〇年間に分割して計上し、しかもさらに電気料金に上乗せして回収できるようにしよう、というのである。これに対して大島堅一教授は、「なぜ電力会社の損失を国民が負担するのかという議論が欠落しているうえに、損失そのものの具体的検証もない。原発事業のリスクを国が安易に取り除けば、電力会社は原発を維持することへの抵抗感がなくなり、かえって依存度を高めかねない。本末転倒と言わざるを得ません」と批判している（『毎日新聞』二〇一五年一月三〇日）。

大島教授は、福島原発事故のコストを、合計一一兆八一九億円と算出している（表Ⅱ―４次頁）。この原発事故は、原発を推進してきた政府と東電自身の自己責任である。地震・津波の被害を過小評価して対策を講じてこなかったが故の事故であるから、東京電力（銀行、株主を含めて）が事故コス

■表Ⅱ-4　福島原発事故のコスト

損害賠償費用	損害賠償（要賠償額） 賠償対応費用	４兆9088億円 777億円
原状回復費用	除染費用 中間貯蔵施設	２兆4800億円 １兆 600億円
事故収束・廃止費用		２兆1675億円
行政による事故対応費用（除染以外）		3878億円
合計		11兆819億円

出所：大島堅一・除本理史「福島原発事故のコストを誰が負担するのか」『環境と公害』2014．7

トを負担しなければならないし、政府の責任で（原発推進で利益を得た企業に負担させることによって）、被害を蒙った労働者、住民に負担させるのではなく、対策を講じなければならない。

ところがこの事故コストの負担は、利用者国民の料金と国民からの税金で行われている。東電は他の電力会社（八社）と「一般負担金」を原子力損害賠償支援機構に払っているが、これは電力料金に含めて徴収される。しかも損害賠償費用と除染という根幹部分は、政府の負担、直接には「交付国債」の発行による資金の供出（それは国民の税金で支払われる）によって行われる（表Ⅱ—４）。加害者・東電の負担による経営破綻を回避し、銀行・株主の責任を回避し、被害者・国民に電気料金と税金を負担させる。私的利潤追求目的の会社経営の維持、株価の維持—そのために利用者、労働者民衆が犠牲を蒙る、という今日の国家政策の典型的特徴が示されている。（なお東京電力の救済に関する問題点は、第Ⅰ部第２章第五節で詳論している。）

安倍政権が、原発再稼動をめざすのは、日本の原子炉はじめ原発設備を、世界的に輸出することと関連している。原子力小委員会「中間整理」は、世界における原子力利用が拡大し、特に近隣諸国で急速な原発の拡張計画が進展する中で、これらの地域の原発計画に積極的に関与し、安全性を高めていくことはわが国の安全にも直結するものであり、極めて重要とした。経済産業省も国内の原子力発電所の安全運転を確保していくためにも、海外のプラント建設への関与を通じて、これまで蓄積してきた原子力技術・人材、競争力ある部品産業のひろがりを維持していくことが重要（一四年一〇月二日）としている。国内原発の維持・安全確保の上に、原発輸出が重要だというのである。

現在進められている原発輸出の状況は次の通りである。（経済産業省、『日本経済新聞』一四年一二月二七日）

アメリカ—一七件建設運転一括許可申請、日本から東芝、三菱重工各一件、GE日立四件。

イギリス—日立は独電力大手から英国原子力発電会社　ホライズン・ニュクリア・パワー　を約八五〇億円で買取（一二

年）。ホライズン はウエールズ二基、オールトベリ二基の原発を建設する。一基の事業費五〇〇〇～八〇〇〇億円、四基合計で二～三兆円。東芝は別の電力会社の六〇％の株式取得。

リトアニア―一三〇万KW級一基計画。日立が正式契約にむけ交渉中。

ブルガリア―東芝がブルガリア・エナジーと戦略的投資合意締結。

ポーランド―計三〇〇万KWの計画。GE日立東芝等が関心を示す。

チェコ―東芝が受注活動進める。

フィンランド―同国電力会社計画に、東芝、三菱重工、GE日立が競合。

UAE（アラブ首長国連邦）―日本企業が五基目以降の計画の受注を目指す。

トルコ―シノップ原発計画で、日本がトルコ政府、企業連合の間で商業契約合意、三菱重工などの企業連合受注固める、東芝も受注活動進める。

ベトナム―ニントゥアン省の原発は日本を建設パートナーに選定。

ヨルダン―三菱重工・仏アレバの合弁会社受注をめざす。（なおGE日立は、米ゼネラル・エレクトリックと日立の原子力合弁会社。日立GEニュクリア・エナジーがサプライチェーン・マネジメントSCMを築く。東芝は、〇六年米WHを子会社化した。）

日立の原子力事業の売上高は一三年度一一〇〇億円、海外事業の拡大で二〇年度に二八〇〇億円に増大させる計画。三菱重工は、福島事故後に一七〇〇億円にまで減った原発受注額を、海外進出によって中長期的に五〇〇〇億円に増大させる計画という。

こうした原発輸出は、港湾施設、配電網等のインフラ整備を併う（インフラ・システム輸出）。そのため企業連合の形成とともに、国家財政（ODA等）の補完を必要とする。（ODAに関しては、後述（ニ）で）。

（ハ）公共事業・リニア

二〇一三年度に計上した政府の東日本大震災復興関連経費七兆五〇八九億円予算のうち、実際に支出した額は四兆八五六六億円、執行率は六四・七％にとどまっている（一三年度末、復興庁、日本経済新聞 一四年七月三一日）。復興とは関係の薄い事業に使われた約一三〇〇億円が、国に返されていた。使い残しが二兆六五二三億円、事業が計画通りにできず執行をとりやめた不用額は六九一七億円（全体の九・二％）に達している。使い残し率をみると、災害復旧のための公共事業五五・二％、除染四九・九％、生活支援五一・九％等である。復興予算にむらがるゼネコン等々の資本―しかし技術をもった労働者の不足、コンクリートなど資材の不足で、工事は進まない。そもそも復興計画自体が被害を蒙った地域住民の民主的意見によってではなく、復興予算で利益を得ようとする企業の要求に従って作られたことが問題の原因である。

高速道路、港湾設備(上述の原発を含めて)等の公共事業は、すでに一九九〇年代からその経済的効果が疑われ、二〇〇〇年以降、とくに民主党政権下で見直しが行われてきた。しかも一九六〇年代後半以降の公共事業投資によって作られた高速道路、トンネル、橋などが供用三〇～四〇年と老朽化し、事故を頻発させるという状況になっている（『長周新聞』、拙稿「今日の危機の根本原因」二〇一三年二月、⑱参照）。老朽施設の修理、補修が緊急の課題となっている。

しかし一五年度予算でも老朽化、安全対策は国土交通省所管分で合わせて一・六兆円程度であり、同省公共事業関係費（五兆一七六七億円）の三割を占めるにすぎない。老朽施設の修理、維持管理は、需要波及効果は乏しく需要に伴う企業への利益も少ないし、また生産力効果も高まらない。ということで十分対策が講じられない。

これに対し施設・設備拡張型の公共事業が 効率的な物流ネットワークの強化 を図ると称して推進される。大型道路計画―三大都市圏環状道路、東京・横浜・大阪・神戸の国際コンテナ港の機能強化、羽田、成田空港の容量拡大、そして北海道、北陸、九州の整備新幹線の建設前倒し（国費前年度比四・九％増、七五五億円計上）等である。その中でとくに安倍政権の公共事業拡大の特徴を示しているのは、リニア新幹線である。

リニア新幹線は、JR東海が自前で建設するとしている。総工事費は、品川―名古屋間（二八六㌔）で五兆五二三五億円、大阪まで延伸すると、（品川から四三八㌔）約九兆三〇〇億円の巨大プロジェクトである。一四年一〇月、国土交通省（太田昭宏国土交通相）は、この建設を認可した。一四年一二月から工事が始まっている。品川―名古屋までは二〇二七年開業予定。大阪までは四五年開業をめざす、という。

一五年度政府予算案に、リニア新幹線を大阪まで延伸した場合の経済効果 を調査する経費として新たに一〇〇〇万円を計上した。実は自民党内で、リニア建設を進めるJR東海に対し、名古屋―大阪間の工事費三兆六〇〇〇億円を国が一旦負担し、JR東海が無利子で分割返済する案が出された（国費年間八〇〇億円の利子負担）、という（『毎日新聞』一四年一〇月一八日）。整備新幹線建設への国費負担とともに、リニア建設に関しても国（財政）に負担させようとしている。

まさに公共事業予算の分取り合戦になりつつある。

このようなリニア新幹線に、どのような効果があるのか。現在の新幹線で品川―名古屋八八分が、リニアだと四〇分に短縮する。大阪までだと一三八分が、六七分に短縮する。三菱ＵＦＪリサーチ＆コンサルティングは、名古屋までの開業で約一〇兆七〇〇〇億円の経済的効果がある、と試算する（『毎日新聞』同上）。ビジネスや観光客が増え、長距離通勤にも使われる、という。三都市が一時間圏で結ばれると一つの巨大都市の役割を果たす可能性がある、などとしている。しかしそのことによって国民経済的効果がどう生じるのか。人口減少が進行する中で、仮にリニアを使う者が増えても、他の輸送機関の使用者が減るだけである。ＪＲ東海は、東海・南海トラフ地震発生時に、東海道新幹線の代替交通機関になる―すでに開業五〇年経過した新幹線の経年劣化による走行障害に備える、という。しかし大地震発生に対し、リニアそれ自体はいかに耐えられるのか。膨大な電力を必要とするリニアは、大地震による電力源の障害で機能不全になりかねない。

「リニアが新幹線に勝るのは速度だけ。環境性能やコスト面の性能が求められる世界の潮流にリニアは逆行する」（橋山禮治郎・千葉商大客員教授、『毎日新聞』同上）。「環境影響を低減する措置が不十分なのに認可したことは、日本の環境行政史に大きな汚点を残す」（辻村哲平・日本自然保護協会主任、同上）。

品川―名古屋間全長二八六㌔のうちトンネル部分が八六％を占める。都市の地下、山岳部のトンネルの難工事。山岳部のトンネル工事にどのような障害が生じるか―大規模な出水、断層による事故等、十分調査しないままの工事に伴うトラブルが発生しかねない。トンネル工事に伴う膨大な残土の処理、工事に伴う騒音・環境汚染にも十分対策が講じられているとはいえない。リニアの電磁波による健康への影響もほとんど考慮されていない。

まさに莫大な費用（国費をも）を投入し、しかも自然（人間自然を含めて）を破壊し、環境を悪化させ、大量の電力を必要とするリニア建設は、経済的効果という点では、兵器生産と同質である。国民経済的には大浪費なのに、この建設に関わる企業には利益をもたらす。建設とともにその維持・管理は、民間企業の経営では対応しえず、結局莫大な財政負担を必要とさせることになろう。

（二）ＯＤＡ―「開発協力大綱」

『長周新聞』（二〇一四年一〇月一五日）は、安倍首相就任一年一〇カ月の間、訪問した国は四九カ国、そして訪問先にＯＤＡ（政府開発援助）や円借款供与を約束し、その額は数十兆円近くに達することを明らかにしている（表Ⅱ―５　次頁)。アジアでは、ベトナム、ミャンマー、インド、バングラディシュ、スリランカなど、中国と一定の問題をかかえている国中心に、資金援助を約束している。明らかに中国包囲網形成を意図している。中東、アフリカへの資金援助は、資源確保とともに、中東では明らかに「イスラム国」への対抗の意図を示している。モザンビークでは、日本の耕作面積の約三倍、一四〇〇万haの大農場を開発している。

これら諸国への訪問には、財界人が多勢参加しその中には原発関連企業、軍需産業企業のトップも参加している。安倍首相は、これら大企業の販売拡大、利益拡大のため、国民のカネをバラまきながら、セールスマンを演じている。しかもたんに市場拡大をめざすだけではなく、〝自由、民主主義、人権、法治〟という「普遍的価値」を共有する国への協力という価値観外交を鮮明にし、この価値観に同調しない国・集団との敵対、さらに圧殺という、明らかな帝国主義的支配の確立を意図している。

二〇一五年二月一〇日、安倍政権は、ODA大綱を「開発協力大綱」に変え、ODAはじめ政府資金による「開発協力」の目的(意図)、課題・実施体制の基本方針を閣議決定した。一三年一二月閣議決定された「国家安全保障戦略」で、「ODAの積極的・戦略的活用」が明記された。その具体化を図る有識者懇談会「報告書」(一四年六月)をふまえた今回の「開発協力大綱」の閣

■表Ⅱ-5　第二次安倍政府発足後の主な海外へのバラマキ

2013年1月	ベトナムに466億円の円借款
5月	ミャンマーに総額910億円のODA
	中東・北アフリカ諸国に総額2160億円の支援
9月	国連に女性支援として3000億円のODA
	シリア難民に59億円の追加支援
11月	ラオスの国際ターミナル拡張支援のため90億円の円借款
12月	ASEANに5年間で2兆円のODAを表明
	ミャンマーに総額632億円の円借款
	ベトナムに総額1000億円の円借款
2014年1月	モザンビークに700億円のODA
	インドの地下鉄建設などに2000億円の円借款
3月	ウクライナに1500億円のODA
	ベトナムのインフラ整備に1200億円の円借款
5月	バングラデシュに6000億円のODA
	アフリカに5年間で最大3兆2000億円の支援
7月	パプアニューギニアに3年間で200億円のODA
	キルギスに120億円の円借款を再開
9月	インドに今後5年間でODAを含む3兆5000億円の投融資
	スリランカに137億円の円借款
	途上国の災害対策支援へ1兆7400億円
	エボラ出血熱へ43億円の追加支援(総計49億円)
	中東支援に55億円

出所:『長周新聞』2014年10月15日

議決定である。同時に、武器輸出解禁（一四年四月）、集団的自衛権行使容認（一四年七月）とこのODA大綱見直しは密接に関連している。重要な特徴を示しておこう。（なお第Ⅱ部第3章第二節参照）

第一に、ODA本来の目的が変えられたことである。ODAは、OECD（経済協力開発機構）のDAC（開発援助委員会）がその目的・基準を決めている。目的は、途上国の貧困削減におかれている。所得水準（GNI）一万二七四五ドル以上の所得水準を三年以上達成した国や軍隊が関わっている案件には、ODAは供与されない。日本は、一九五四年からODAを開始しているが、当初は植民地支配を行なった諸国への賠償という性格をもつものであった。その後、七〇～八〇年代には、大規模開発が中心となり、大企業の海外進出の地ならし的役割を果す方向が進んだが、九〇年代後半以降、一方では資本の海外投資拡大、民間金融機関の海外融資増大、他方財政危機の深刻化によって、ODAは減少した（九七年度一兆一六八七億円↓一四年五五〇二億円に）。

しかしODAの目的は、「国連憲章の諸原則を踏まえ」（一九九二年大綱）、「日本国憲法の精神にのっとり、国力にふさわしい責任を果たし、国際社会の信頼を得る」（〇三年大綱）と明記されていたし、「軍事的用途及び国際紛争助長への使用を回避する」として「軍」への援助を排除してきた。またJICA（国際協力機構）は、ODA実施にあたり「JICA環境社会配慮ガイドライン」（二〇一〇年）を策定したが、そこでは「社会的弱者の状況、開発途上国内における貧富の格差及び地域格差を考慮するとともに、ODAの実施が開発途上国の環境や社会に与える影響などに十分注意を払い、公平性を確保する」とうたっていることを指摘しておこう。

これに対し今回閣議決定された「開発協力大綱」は、「開発協力の目的」として、「国際社会の平和と安定、繁栄の確保により一層積極的に貢献することを目的として開発協力を推進する」、「協力を通じて我が国の平和と安全の維持、さらなる繁栄の実現、安定性、透明性が高く見通しがつきやすい国際環境の実現、普遍的価値に基づく国際秩序の維持、擁護といった国益の確保に貢献する」とした。

国連憲章、憲法の精神にのっとるという根本「理念」は消され、「国際社会の平和」（いうまでもなくそれは〝アメリカによる平和〟だ）、日本の「平和と安全の維持、繁栄の実現」、要するに「国益の確保に貢献する」と変更された。しかも「普遍的価値」＝「自由、民主主義、基本的人権の尊重・法の支配」という、現実には資本主義的価値観に立った「国際秩序の維持、擁護」に、「開発協力」を限定した。思想や体制に関わらず貧困や地域格差の解消を図るという、ODA本来の人道的援助が放棄された、といわざるをえない。

第二に、重要なのは「開発協力」の直接の主体を「民間部門」、つまり資本家的企業にすることが明記された。「貧困問題を解決するため、人づくり、インフラ整備、法・制度構築、民間部門の成長を通じた経済成長の実現が不可欠」とし、「経済成長の基礎と原動力を確保するために必要な支援をおこなう」としているのである。「民間」＝資本家的企業の市場拡大、インフラシステム輸出、さらに資源・食糧の確保を目的とした開発を、ODAで支援するということである。

これを明記した背景には、財界の要求がある。日本経団連は、「政府開発援助（ODA）大綱改定に対する経済界の考え方」として提言を出している（一四年五月一三日）。その中で「途上国、新興国の持続的成長に貢献することを通じて、わが国の経済成長につなげるという考え方を新大綱の理念に取り込み、これを実現する」ことを求めている。政府資金による開発協力を「触媒的役割」として、民間資本家的企業の投資拡大を図る─「民間部門主導の成長促進で途上国の経済発展を一層力強く、効果的に推進し、そのことを日本経済の力強い成長にもつなげる」（新「大綱」）というのである。国民経済の成長をもたらすということで、政府資金の活用を合理化し、ひと握りの大企業の利潤拡大を図る─この構図の明確化である。

第三に、「軍」の活動に関わるODAの利用に明確にふみ込んだことである。新「大綱」は、「開発協力の実施にあたっては、軍事的用途や国際紛争助長への使用を回避する」ことは変らないとしながら、「民生目的、災害救助など非軍事目的の開発協力に相手国の軍または軍籍を有する者が関係する場合には、その実質的意義に着目し、個別具体的に検討する」とした。また「開発協力に携わる人員の安全を確保する観点から、安全管理能力強化、治安情報の収集、安全対策の実施、工事施行時の関係者の安全確保に十分注意を払う。特に、平和構築に関する支援など政情・治安が不安定な地域での支援に際しては十分な安全対策や体制整備をおこなう」としている。

インフラシステム輸出は、工事施行時から設備の維持・管理など、長期に亘る労働者、技術者の派遣が不可欠である。これに対し、現地住民の反発、デモ・抗議が起こり、あるいは（「平和構築に関する支援」などという）きわめて政治目的を露わにした協力に対しては、現に「イスラム国」のテロ行為に見るように、テロに襲われる危険が高い。「邦人の生命安全」を名目とした軍隊派兵・出動、さらに進出先国の「軍」を支援する集団的自衛権行使が行われることになる。（すでに米国だけでなく集団的自衛権行使の相手国を拡大することを安全保障関連法にもり込んでいる。）

民間企業―大資本による利潤獲得目的の「開発」推進、当然この開発に伴って土地や家を奪われ、生活・生産基盤を奪われる現地住民の反発が生じる。現に南アフリカ・モザンビークの「プロサバンナ計画」―ＪＩＣＡによればこれは「同地域を日本の将来的な天然資源や農産物の供給基地と位置づけ」る計画であるが、民間資本の投資促進により多くの農民が土地・生活を奪われている。農業の解体、輸出産業化によって食糧も奪われている。当然現地住民の強い反発・抵抗が生じている。ミャンマーやベトナムさらにインドでも、日本の民間資本進出、それを直接バックアップする日本政府の開発推進（原発建設を含めて）に対し、激しい抵抗運動が生じている。

大資本による利潤目的の投資・開発―これは明らかに今日における帝国主義的経済進出である（しかも安倍政権は、価値観さえも強制しようとしている）。これに対し現地の労働者、手工業者、農民が抵抗するのは当然である。しかしそれによって進出した日本人の生命安全保障確保を口実とした日本軍隊の出動を行う、というところにまで、安倍政権はふみ込んでいるのである。

（二）　金融政策による財政危機

異次元金融量的緩和策によるデフレ脱却―これは「アベノミクス」の第一の矢とされた政策である。中央銀行（日本銀行）が、市中金融機関等が保有する国債、証券を買って（一年に六〇～七〇兆円）、通貨を増発する政策（インフレ政策）である。通貨増発はそれ自体有効需要の増大をもたらすものではない。しかし国債等の購入増大によって国債価格が上昇（利回りは低下）し、長期金利を下げる作用がある。それが資金借入れ（資金需要）を増やし、投資の増大をもたらすことを期待する。しかし利子率が低下しても、そのことによって資金借入れ―投資が増大することにはならない。資金借入れ―投資が増大するかどうかは、実需拡大―販売拡大による利潤拡大見通しにかかっている。そのような見通しがなければ、日銀による通貨発行増大は、銀行・金融機関の資金過剰をさらに増大させるとともに、通貨投げ売りあるいは株式・証券売買などの投機的投資に用いられることになる。しかも投機は、国内市場だけでなく世界的規模で拡大する。

一三年四月から始まった異次元金融緩和政策によって、日銀による通貨増発は異常な規模に増大している。マネタリーベースは、一四年末には二七五兆円、うち日銀当座預金残高は一八〇兆円に達している。この二年間で四倍に増大した。

日銀による大量の国債買入れによって、市中金融機関が日銀に売る国債が不足する（札割れ）が生じている。国債価格上昇によって利回りは〇・一％台と異常な低水準に下った。市中金融機関、とくに地方金融機関は、保有国債の利回り低下によって採算を悪化させている。

たしかに異次元金融政策によって、円安と株価上昇が生じた。しかし円安、株価上昇の持続は、この金融政策の継続、拡大によってしか実現しえない。いずれも投機による効果であり、投機自体によって投機マネーは生み出されえないので、それを持続させるには、さらに一段とこの異常な金融政策を拡大させる以外にない。日銀が一四年一〇月末にふみ切った金融量的緩和策の一段の拡大（年八〇兆円、国債等を買う）は、これを明確に示している。その下で安倍政権は、円安と株価上昇によってしか景気回復が図りえないと思い込み、円安、株高自体を政策目標にするという状況になっている。GPIF（年金基金管理運用独立行政法人）による株式投資比率の増大は、これを端的に示している。

しかもこのような異次元金融政策自体が、実は財政危機をもたらすものとなっているのである。

① 擬制・投機

第一に、すでに上述したように、擬制的、投機的性格を強めている今日の金融資本の肥大化、その下での株式投機による利得獲得は、GDPの増大をもたらさない。異次元金融量的緩和策は、この金融資本の擬制的、投機的性格をさらに助長させる。GDPが増大しない中で、株式・証券投機によって利得が増大することは、形成された付加価値からの労働・勤労所得の減少をもたらす。後者の所得は、GDP成長をもたらす有効需要の根拠なのであるが、これが金融資産所得の増大によって減少する——だからGDP＝実体経済は減少する。

金融資産で所得を増大させても、それが実体経済の増大の根拠となる需要の増大をもたらすものとはならない。こうした所得の増大は、さらに投機的利得獲得に向う。その下で、実体経済に関わらない、非生産的部門が拡大し、実体経済はさらに縮小する。

実体経済の増大＝GDPの増大こそ、税収（自然税収）の根拠であるが、擬制・投機的金融の膨脹は、これを減少させる。こうした金融利得に対し課税強化が図られれば、税収は増加はするが、大体このような金融投機によって利得を獲得する連中が、政治を支配している限り、それには限界があるし、金融利得課税の強化による税収増というのは、金融利得を前提している限り、その課税強化によって税収根拠自体を何ら変えるものではない。投機的利得獲得・増大をもたらす構造自体は変わらない。

■表Ⅱ-6　2014 年通年と 12 月の国際収支

（単位は億円、カッコ内は前年比および前年同月比％、▲は赤字または減少）

	2014年通年	12 月
▽経常収支	26,266	1,872
	(▲18.8)	(―)
貿易・サービス収支	▲134,569	▲7,298
貿易収支	▲103,637	▲3,956
輸　出	741,225	71,005
	(9.3)	(19.3)
輸　入	844,862	74,961
	(10.3)	(6.7)
サービス収支	▲30,932	▲3,342
第１次所得収支	180,712	10,173
第２次所得収支	▲19,877	▲1,003
▽資本移転等収支	▲1,946	▲112
▽金融収支	55,800	5,452
▽誤差脱漏	31,480	3,692

資料：財務省

②　第二に、異次元金融量的緩和策は、円マネーの投機によって円安をもたらした。とくに一四年一〇月末の金融量的緩和策の拡大の中で、急激な円安が進行した（一五年二月初一ドル＝一一九円前後）。むしろ円安誘導―円安（為替ダンピング）による輸出拡大がめざされた、といえよう。しかし、円安逆効果が生じている。

円安にもかかわらず輸出量は予想外に増大せず、輸入は、円安による輸入原燃料（原油安で緩和されたけれども）、食料品の輸入価格が上昇して輸入額は増大して、貿易収支は赤字となっている。貿易収支の赤字は、二〇一四年（通年）で一〇兆三六三七億円、前年比一兆五九〇三億円増大した。貿易収支赤字は四年連続、安倍政権下で赤字幅は拡大している（表Ⅱ―６）。

一方、日本企業の海外子会社の稼ぎを反映する第一次所得収支の黒字は、一八兆七一二億円と前年比一兆六〇〇〇億円増えた（一九八五年以降最大）。それで貿易収支の赤字をカバーしているが、経常収支は二兆六二六六億の黒字にとどまった。この黒字額は、一九八五年（現行統計が始まった年）以降最小であり、〇七年のわずか一割に落ち込んだ。

円安は、ドル建て輸出価格の下落によって輸出競争力を高め、輸出量を増大させるはず（計算上は）なのであるが、それが増大しない。その大きな原因は、日本の輸出産業企業は、この間の海外直接投資の増大によって、国外での生産・輸出を拡大しているので、円安が生じてもその効果は働かない。海外で生産した商品の価格に、円安は影響しない。しかも海外生産・販売のウエートが高まっており、その販売価格が支配的なので、国内生産・販売価格（ドル建て）を低下させる余地はない。

円安メリットは、国内の輸出産業企業にとっては、為替差益をもたらすところにある。トヨタはじめ日本の自動車生産企業は産業利益を増大させているが、利益の増大の大き

■表Ⅱ－7
自動車の円安メリットは大きい

社名	想定レート（円） 対ドル	対ユーロ	為替感応度（億円） 対ドル	対ユーロ
トヨタ自動車	105	135	400	40
ホンダ	105	135	120	5
日産自動車	105	137	120	0
富士重工業	105	135	97	2
マツダ	100	135	23	15
三菱自動車	106	137	20	13
リコー	100	140	8	14
セイコーエプソン	100	135	3	8
ソニー	110	138	▲30	60
コマツ	105	137	37	4

（注）想定レートは2014年度下期。感応度は１円の円安による年間営業利益の押し上げ、▲はマイナス
出所：『日本経済新聞』2015．1．24

な原因が円安による為替差益にある。表Ⅱ―7でみるように、トヨタ自動車は、一円の円安で約四〇〇億円の対ドル為替差益を得る。トヨタは、二〇一五年三月期の連結営業利益を二兆九〇〇〇億円見込んでいるが、そのうち為替差益は九〇〇〇億円に達する。自動車大手七社で、対ドル一円の円安で約八〇〇億円（対ユーロで約二三〇億円）、電機、精密産業を含めると主要二〇社で、対ドル約九〇〇億円（対ユーロ約二三〇億円）である。このような円安メリットは、企業自体何ら〝努力〟を払わないのに、まさに政策の効果として生じている。

反面、輸入品の価格上昇で、輸入原燃料に依存する部門の企業、そして食料品価格上昇で生活費上昇の打撃を受けている労働者・民衆は、所得を奪われる。農漁民は、燃料価格上昇を販売価格に転嫁しえず、コスト上昇ばかりか、原燃料の購入さえ困難になり、経営は悪化、経営放棄せざるをえなくなっている。

円安メリットは、輸出産業大企業の利益を増大させる反面、小企業・農漁民の経営を困難にさせ、労働者・民衆の生活を圧迫している。これは明らかに、金融緩和策自体による政策効果、逆所得再配分効果である。こうして国内実需の根拠を奪い、実体経済を縮小させ、社会本来の主体の生活を困窮させる。

しかも、円安効果で利益を獲得している大企業に減税が行われ、デメリットを蒙る勤労者・労働者には増税が課される。

金融政策による円安で、たしかに外国人観光客が増え、観光収入が増大している。（それでも旅行収支は、赤字である。）しかしこれは円安による近隣窮乏化策の現われであって、韓国ではウォン高に見舞われ、輸出減少、観光収入減少で苦況に陥っている。

③　物価上昇目標

第三に、日銀による通貨増発が、実需増大―それによる物価上昇―それを通した生産拡大（景気回復・拡大）をもたらさない状況の下で、日銀はなりふり構わず物価上昇目標（一五

年末に二％の上昇）を達成することに、政策の目標をおいている。現在まで生じた物価上昇のほとんどが、円安による輸入品価格上昇に起因するものでしかないし、すでに円安の逆効果が現われているというのに、さらにこの異次元金融量的緩和策を継続して物価上昇目標を実現しようというのである。その下でＧＤＰ成長の根拠自体が縮小しているにもかかわらず、この異常な金融政策で物価を上昇させようというのであるが、それは何をもたらすか。

物価上昇は、市場に任せれば金利上昇を招く。金利が物価上昇率以下であると金融機関は資金貸付けによって損失を蒙るから、利子率を引上げることになるからである。しかし、利子率上昇は、国債、証券価格を下落させる。それは、金融機関保有国債、さらに日銀保有国債の価格を下落させて、損失を増大させる。さらに、政府財政にとっても、金利上昇が生じると、国債費（利払費、一四年度二三・三兆円、一五年度二三・五兆円）を増大させなければならず、財政危機を深める。ＧＤＰが回復せず、生産回復、拡大を通した資金形成が増大しない中での金利上昇は、企業経営に対しても打撃を与える。株式価格の低下も免れない。

物価上昇が生じながら、金利上昇を抑えなければならない、――それは、金融機関等に関しては資金貸付けが損失をもたらす限り、資金を貸付けに運用できない。とすると株式・証券投資に運用するしかないことになる。貸付けから投資への転換――それを可能にするには、さらに大規模な金融量的緩和策（ＱＥ）の導入しか手はない。

アメリカは、一四年一〇月ＱＥ政策の転換を行なった。けれども、金利引上げにはふみ込めない。ＥＵ・ＥＣＢ（欧州中央銀行）は、一五年一月大規模なＱＥを打出した（毎月六〇〇億ユーロ＝約八兆円の資産購入）。その下で世界的規模で投機マネーが増大している。それが、株式・証券価格上昇をもたらし、バブルが生ずることになれば、金利上昇を免れない。金利上昇を抑えようとすれば、この異常な金融量的緩和策をさらに続けなければならない。

こうして、この異常な金融政策の拡大の下で生じるのは、異常な株式・証券バブルとその大崩壊の危険性である。ＧＤＰ比二・二倍に達する日本の国家債務―日本国債は、現在のところ日銀の国債購入増大の下で市中金融機関に買われ、その価格は上昇（利回りは低下）している。しかし市中金融機関買取りの源資である預金形成は、家計部門の預金は減少（無貯蓄世帯の増大）しているが、企業の資金によって支えられている。しかし上述のように貿易収支赤字―経常収支黒字減少の下で、これも減少を免がれない。国債発行が続く限り、その消化は、日銀の直接買取り（それを公然と行えば国債の信用は低下する）か、外国への販売に頼らざるをえないことになる。こうして世界的な株式・証券投機のバブルの波を直接かぶることになり、大破局をもたらす危険性が高まることになる。

(三) 財政危機対策による財政危機深化

① 〝危機対策が危機を深める〟。財政危機をもたらしている原因を明らかにせず、したがってその原因にメスを入れる政策を何ら講じないで対症療法的対策を行うことによって、危機をもたらしている原因はかえって増幅し、危機は深まってしまう。

これまで明らかにしてきたように、財政危機の根本原因は、金融資本―しかも擬制的、投機的性格を強め、多国籍企業化した金融資本が、経済の主役を演じていること、それ自体にある。この現代経済の主役―多国籍金融資本は、それ自体価値も富も生産しない擬制的領域を拡大・膨張させるとともに、本来の価値・富の生産(実体経済)に寄生し、価値を奪い、経済維持・発展の根拠を自らの利益拡大のために破壊する。だからこの多国籍企業の競争力を強め、その利潤拡大を図る政策は、社会的な経済の根拠 経済維持・成長根拠を強めるどころか、縮小・解体させる。

しかし「アベノミクス」の経済・財政(税制)・金融政策は、国家の政策全体を、多国籍金融資本の競争力強化、利潤拡大にふりむけてきた。たしかにこの政策の下で、この金融資本の利潤は増大し史上最高益を実現している。しかしGDPは一向に成長しない。二〇〇〇年の名目GDPは五一〇兆円、一四年は一二月で四八八兆円と縮小している。GDPが成長しない中での大企業の利益増大は、必ず労働者・勤労者の所得を減少させる。むしろ労働者・勤労者の所得が増えないことが、GDPの減少をもたらしている。

安倍政権は、一五年度の基礎的財政収支(社会保障等政策経費を、税収・副収入でどれだけ賄えるかを示す)の赤字は、一三兆四一二三億円(一四年度比四・六兆円減)とGDP比三・三%と、一〇年度六・六%を半減させる予算を立てている。これはGDP成長率(名目)を二・七%と高く見込み、政府保有NTT株の売却等の副収入を入れての計算である。しかし新規発行国債をさらに三六・八兆円(国債依存度三八・三%)発行する。借換債を含めて国債発行額は一七〇兆円に達する。GDPの二・二倍、一〇〇〇兆円を上回る政府(と地方)の長期債務残高をかかえ、二〇年度基礎財政収支黒字達成は絶望の状態である。

にもかかわらず安倍首相は、「経済再生と財政再建、社会保障改革の三つを、同時に達成」すること、「二〇二〇年度の財政健全化目標についても堅持」すると、表明している(一五年二月一二日、施政方針演説)。「財政再建」の達成、そのためには今まで安倍政権の進めてきた政策を〝この道しかない〟として開き直って推進する、というのである。「この道」、それは「世界で一番企業が活躍しやすい国」にするため、なりふり構わず突き進む道である。

「経済のグローバル化は一層進み、国際競争に打ち勝つことができなければ、企業は生き残ることはできない。政府もまたしかり。…法人実効税率を二・五％引き下げます。三五％近い現行税率を数年で二〇％台まで引き下げ、国際的に遜色のない水準へと法人税改革を進めてまいります」（施政方針演説）。

財政赤字―借金づけ財政なのに、さらに法人税は下げる。それればかりか、金融資本に直接需要をつぎ込む財政支出を、さらに増大させる。財界に対しては、財政再建のため〝緊縮〟財政どころか〝放漫〟財政である。その上でいかに財政再建を図ろうとするのか。

② 社会保障削減・大衆増税。それは、何よりも社会保障給付の削減と、消費税引上げ（逆進的大衆課税）しかない。日本経団連は、社会保障の財源は消費税増税に求め、二〇三〇年までに税率を一九％に引上げる―社会保障の給付については「痛みを伴う抜本的な」削減を行う、国民には「自主、自立、自己責任」の原則で行動するよう要求する、という内容である（一五年一月一日「ビジョン」）。

経済同友会は、消費税率を二四年度までに一七％に引上げ、社会保障費を一五年度から年五〇〇〇億円ずつ削減し続ける、それにはすべての高齢者の医療費の患者負担を三割にする、などと提言している（同一月二一日）。

実際安倍政権の下で、こうした財界の求める社会保障支出の削減が進んでいる。一五年度の社会保障は、高齢化などに伴う自然増が八三〇〇億円（概算要求額）必要とされていたが、それが四二〇〇億円と約半分に削減された。介護事業者に支払われる介護報酬を二・二七％引下げる（介護職員の処遇は若干改善されるが、これを除くと四・四八％削減）、七〇歳～七四歳の医療費負担は新たに七〇歳になる者から一割から二割負担に、年金は、賃金・物価の動向を反映する「マクロ経済スライド」を発動（〇・九％削減）、過去の物価下落分として〇・五％削減、生活保護では「住宅扶助」と暖房費の「冬季加算」削減（六六億円）、現在削減中の「生活扶助」と合わせて三三〇億円削減される。

消費税増収分（八兆二〇〇〇億円）のうち、社会保障「充実」に使われるのは、わずか一兆三五〇〇億円にすぎず、大半は既存の財源と置きかえただけである。しかもこの「充実」の中身は、「地域包括ケア」の推進（地方負担の押しつけ、安上り介護体制づくり）と、保育の公的責任を後退させ、民間企業による営利事業を拡大する子育て新制度導入などである。

医療、介護、子育て分野の社会保障の公的負担を削減し自己負担化するとともに、この分野を民間資本の投資の場にする——医療は公的保険のきかない混合医療に、介護も公的保険を切りつめて「保険外サービス」の「積極的な活用」を図る（財政制度等審議会、「財政健全化に向けた基本的考え方」二〇一四年五月三〇日）、というのである。

こうして、社会保障における財政支出を徹底的に削減するとともに、まさに社会保障分野においても国内外の「大企業が世界で一番活躍しやすい分野にする」というのが、安倍政権の社会保障改革なのである。

公的社会保障による生活保障こそ、国が果すべき基本的義務である。生活の安心・安全、それこそ社会の維持・発展の根拠である。そして国の責任であるこの生活の安心・安全の保障は、労働者・勤労者の労働によって形成した価値を搾取・収奪して利潤を獲得している企業・大企業によって負担されなければならない。安倍政権の政策は、国家として果すべき根本責任を放棄するばかりか、この生活維持の場さえも、大企業の投資の場、利潤獲得の場にしよう、とする。しかも大企業はさらに利潤を拡大するけれども負担はしない（税金を払わない）。こうしてひと握りの大企業・金融資本がさらに肥えふとる中で、社会の本来の維持・発展の主体である労働者・勤労者は、社会保障切り捨てと自己負担の上に、消費税負担を蒙り、生活を奪われる。労働人口はさらに減少し、経済成長の根拠が失われる。
③ 公教育費削減。同様の状況は、人間育成・発展の場である教育の分野において、また生活の根本を支える農業分野においても、進められている。農業に関しては次項で扱うので、教育分野に関し若干特徴的な点を指摘しておこう。
公的教育費は、毎年減少を続けている（一五年度は前年度比一・三％減）。同時に教育費の自己負担が増大している。しかもその中で、国家目的の教育が推進されている。

義務制においては、教職員を「加配定数」で九〇〇人増やすが、少子化に伴う「自然減」で全体としては純減であり、「加配定数」に配置されるのは非正規教員である。財務省は小一の学級編成を四〇人に引上げることを狙っている。さらに学校統廃合、それに結びつく「小中一貫教育」の制度化が画策されている。「道徳教科化」の一八年度実施を決め、文科省作成の教材「私たちの道徳」の全小中学校への配布（五五〇万冊）、教師用指導書の作成などに、一五億円計上された。愛国心など国家が決めた価値観の強制が進む。

国立大学予算の大半を占める大学運営交付金。その一般経費（一五年度一・一兆円）は毎年約一％ずつ減らされている（一五年度一一七億円減）。各大学では一般研究費の減少、正規教員の非常勤化が進められている。その中で、「スーパーグローバル大学」として財界の要請に応える人材育成を図る大学に予算を重点配分するとか、学長裁量経費を増やし、大学改革―産学連携をさらに推進しようとしている。

重要なのは、一般研究費が減らされる中で大学、研究機関と防衛省技術研究本部との研究協力―軍産学連携が安倍政権下で、急速に進展していることである。武器輸出三原則の撤廃（一四年四月）、「防衛生産・技術基盤戦略」の確定（同六月）の下で、この動きが加速されている。（第Ⅱ部第３章第三節参照）。一三年三月以降の動きを示しておくと、独法理化学研究所（化学剤遠隔検知）、独法宇宙航空研究開発機構（宇宙軍事利用）、国立九州大学（ＩＥＤ対処技術分野―爆薬検知技術）、独法水産総合研究センター水産工学研究所（広帯域音響信号分析）、独法海洋研究開発機構（自律型水中無人探査機）、独法情報通信研究機構（電子情報通信）、私立千葉工業大学（ロボット技術）、私立帝京平成大学（爆薬検知技術）等である。

防衛省は、どの企業・大学・研究機関が、防衛装備品に適した軍需生産・技術基盤を持っているかを把握し、評価を行ない、軍事装備に応用可能な民生技術を積極的に活用して行くことを明らかにしている。防衛省と、大学・研究機関の連携で開発された技術の知的財産権の有効期限は五年とされているが、研究成果の取扱いについては防衛省技術研究本部と協議して決めること、とされている。大学の研究、さらに従来民生用技術であったものが軍事に転用されることによって機密保持が要求されることになる。

教育・研究が国家や企業など外部からの目的に、しかも軍事研究に従属したものとなれば、それら外部の要求に応じて即効果を上げなければ意味がないものとされ、基礎研究は損われる。軍事研究―まさに殺人と侵略をいかに効率的に実現するかの技術研究に研究者、研究費を増やすことによって、人間社会は発展するどころか破壊される。

教育・研究は、人間形成・人格完成を目的とするものとして、それ自体として意味をもつ―人間社会の主体形成がその目的である。企業や国家という外部からの要求に従属した〝手段〟化された教育・研究は、この人間社会の主体形成を、したがって人間社会の発展を、損うものとなる。

三　対外関係から来る財政危機

日米安保体制重視、アメリカとの価値観共有に基づく外交の推進、さらに多国籍金融資本の要求に即したＴＰＰ―貿易・投資自由化推進。このような安倍政権の対外政策の下で、日本の財政負担は重くなり、財政危機は深まる。そこで、対米関係からもたらされる財政危機深化を、（一）軍事・政治面から、（二）経済面から（TPP協定締結へと進みつつあることをふまえ）、要点的に指摘しよう。そして、（三）こうした対米軍事・経済関係が、中国・韓国はじめアジア諸国との政治的、経済的関係を悪化させ、この面から財政を悪化させること、を明らかにする。

（一）軍事、政治面から

① 軍事主権欠如

安倍政権がめざすのは、アメリカ帝国主義並みの一流帝国主義であるといってよいが、その方向は現実には、日米安保体制にしばられ、米帝国主義の戦略に従わざるをえないと同時に、一流帝国主義をめざす方策を進めれば進めるほど、アメリカ帝国主義はその戦略の補強のためにさらに利用することになる（日米安保体制の縛りについては、拙稿「資本主義体制・国家への幻想を棄てよう」『長周新聞』二〇一四年連載参照）。日米安保体制の下で日本の軍事主権はアメリカ政府に奪われているのである。

すでに明らかにしてきたように、安倍政権は軍事費を増大させているが、その中身は、アメリカ政府の要求に応じた日本における米軍基地経費、基地移転・拡張経費の負担をはじめ、米製兵器・装備輸入による兵器体系・情報の一体化、実戦にそなえた合同演習から、米軍に攻撃を加えた〝敵〟への戦闘行為（集団的自衛権行使）に及ぼうとしている。

安倍政権の一流帝国主義志向は、米政府の軍事戦略に従った自衛隊（日本軍隊）派兵の可能な限りの拡大であるとともに、日本資本が進出した国において日本人の生命・安全を守るとの名目で、その国の軍隊への軍事協力、軍隊派兵―アメリカ以外の国への集団的自衛権行使――をも行なおうとするものである。アメリカ政府は、その世界的軍事戦略に従い、その枠組みを逸脱しない行動であれば、日本政府の軍事行動を容認するとともに、その軍隊派兵の積極的意思を利用し米兵の代りに日本軍隊を戦地に、「イスラム国」討伐戦に対しても使おう、ということになる。

② 文民統制廃止

安倍政権の意向を受けて、防衛省は、同省設置法一二条に定めた「文官統制」規定を全廃する方針を固めた（一五年二月）。文民である防衛大臣が、自衛隊を統制するのが文民統制であるが、設置法一二条は、「文官」である「官房長および局長」が、①陸上・海上・航空各自衛隊・統合幕僚監部に関する「各般の方針および基本的な実施計画の作成」について、防衛大臣が行う統合幕僚長、陸・海・空各幕僚長に対する指示を「補佐する」とともに、②陸・海・空自衛隊または統合幕僚監部に関する事項に関して「幕僚長の作成した方針および基本的な実施計画」について防衛大臣の行う承認を「補佐」する、③三自衛隊・幕僚監部に関し防衛大臣の行う「一般的監督」を「補佐」するものとされている。大臣と軍人＝制服組との間に、官房長や局長（文官）を介在させて、各幕僚・統合幕僚をコントロールする体裁をとって、文民統制できる仕組みとされてきた。

今回の防衛省改正案は、この規定を全廃して、官房長・局長（文官）は、陸・海・空各幕僚長・統合幕僚長と「補佐」の面で並列するものとなるとともに、運用面においては「自衛隊の行動の基本」を所掌してきた内局（背広組）の運用企画局を廃止して、統合幕僚監部に一元化することを明らかにしている。「内局が任されていた運用計画を作成して大臣決裁を求める権限を統幕に移行させ、作戦計画や部隊運用についても直接軍人たちが大臣決裁を求めていくというものである」（『長周新聞』、一五年二月二三日）。制服組＝軍人の政治介入・戦争突入―暴走を防ぐということで設けられてきた文民統制が骨抜きされて、内閣府直結型・国家安全保障会議（日本版ＮＳＣ）直結型にしていく、ということである。

日本・自衛隊は、日米安保体制の下で米政府・軍部に統制されてきた。防衛省の文民・文官統制規定廃止によって、米政府・軍部は日本軍隊の作戦計画、部隊運用を隠すことなく公然と統制することになる―「米軍統制下に完全移管するもの」（『長周新聞』、同上）となる。

③　一流帝国主義志向による財政破綻

このような日米安保体制下の米軍統制に従いながら一流帝国主義を志向して軍事国家化をめざす安倍政権によって、日本財政は、国家的に何の利益にもならないどころか逆に利益を損うことになる歯止めのない軍事支出を強いられ、破綻の危機を深めることになる。

日本における米軍基地は、〝外敵〟の日本への軍事侵攻を抑止するためにあるのではない。それは米帝国主義の世界的覇権支配―政治・軍事的支配の維持のためにある。米軍基地は、米帝国主義による朝鮮侵略戦争、ベトナム侵略戦争、そして中東侵略戦争のための基地でしかない。米帝国主義の侵略戦争は破壊と殺人、そして混乱以外の何ものももたらさなかった―それ自体破壊的浪費である。その米基地維持に日本の国家は莫大な財政負担を行なってきたし、いまこの負担をさらに増大させている。

米軍基地の維持、そのための負担をやめれば、日本をとりまく安保情勢の脅威が深刻化している今日、日本が独自にこの脅威に対処しなければならなくなるのでどれだけ負担がかかるか計り知れない―だから米軍・米軍基地の維持・負担は、日本国家の利益だ、と主張される。中国、朝鮮の脅威と、国際的テロによる侵攻の脅威が同列におかれ、意図的に宣伝されている。しかし中国・朝鮮の軍事的脅威なるものは、基本的には米帝国主義の軍事的侵攻に対するその国の自主権を守るための自衛力といってよい。米帝国主義側の敵視と侵攻策動自体が、対抗的軍事力強化をもたらしている。だから朝鮮・中国の軍事的防衛力強化と国際テロを同一視してはならない。国際テロはそれ自体展望のない絶望的自爆行為である。しかしそれは、米帝国主義の軍事侵略がひき起こした泥沼の混乱の鬼子である。帝国主義の無謀な暴力的侵略をやめる以外に解決策はない。

すでにアメリカ帝国主義は、無謀な侵略行動によって財政は悪化し破産状態に陥っている。しかしその下でひと握りの軍需産業独占体＝死の商人は莫大な利益を獲得している。彼らが経済を、政治を動かしていること自体が、財政破綻をもたらしている。

事態はこのようにすでに明確になっているのに、安倍政権は、アメリカ帝国主義の無謀な侵略戦争を自らの負担を増大させて支えるとともに、アメリカ帝国主義が陥った破綻の道を、今になって突き進もうとしている。アメリカ帝国主義の侵略を支える負担の上に、混乱と破壊しかもたらしえないアメリカ帝国主義が進めてきた道を、自らの進むべき道としよう、というのである。この道は、米軍産複合体といま本格的に台頭しはじめた日本軍産複合体に利益を与えながら、財政破綻へと進むことになる。

（二）　経済面での対米関係から

①　通貨・金融主権欠如

一九七一年ドル・金交換停止・ドルの不換紙幣化その価値低落の下で、日本政府は円の国際化、基軸通貨化（少くとも東アジアで）を求めて行動した。しかしアメリカ政府は日本のこの動きを封じ込めドル体制からの離脱を認めなかった。アメリカの双子の赤字の下でドルの基軸通貨としての資格は形骸化したが、日本はその下でドル体制を支える役割を負わされてきた。端的にいえば、日本はアメリカ政府によって、通貨主権を、そして通貨価値に直接関わる金融政策の主権を、奪われてきた。軍事主権と通貨主権―自立した国家としてのこの二大主権を日本はアメリカ政府に奪われている。通貨主権喪失は、日米安保体制における経済面の日本に対するアメリカ帝国主義の縛りであり、日本の帝国主義的独自経済圏形成に対する牽（けん）制である。

②　ＴＰＰ―農業破壊

経済面での対米関係で現在重要なのは、ＴＰＰ協定とそれに対する日本国内の対応策である。ＴＰＰに関しては、二〇一四年の『長周新聞』拙稿連載（二〇一四年一月～三月）で詳しく扱っているので参照願いたい。協定の締結が現在大詰めの局面をむかえているので、その内容にふれておこう。

安倍氏は、二〇一二年の総選挙の時「ＴＰＰ絶対反対、ブレない、ウソつかない」と公約していたことを、政権発足とともに反故にしてしまっただけでなく、ＴＰＰは「国家百年の計」といい出し、「聖域」としていた「農産物五品目」（コメ、牛肉・豚肉、乳製品、麦、砂糖）について大幅な譲歩を示していたことが明らかになった。安倍政権発足前から今日まで、安倍首相がどれだけ「ウソ」をついてきたか、あきれる程であるが、それでも安倍政権に期待する者がいること自体おどろくべきことである。財界の要求が貫徹されるまで（しかしそれは人間を「物」として自由操作できるようにすることが目標なのでそれ自体に限度はない）、安倍首相に「ウソ」をつかせ続けるであろう。

安倍政権の減反政策破棄によって米価は大暴落（六〇kg当り二〇〇〇～四〇〇〇円下落）し、畜産農家は円安逆効果と消費増税の下でコスト上昇、価格転嫁困難により次々に廃業に追い込まれている。こうした事態を無視して、安倍政権は、アメリカはじめＴＰＰ参加国から五万トンもの主食用米を「ＴＰＰ特別枠」として無関税ないし低関税で輸入する、としている。七七万トンのＭＡ米輸入の上にさらに米の輸入を増やす。日本の稲作農家は壊滅すること必至である。

牛・豚肉については、セーフガード（緊急輸入制限）の導入を前提として、牛肉関税（現行三八・五％）を一〇年程度で段階的に引下げ九％へ、豚肉の関税（一kg当り四八二円）を、一〇年ほどで五〇円に引下げる、としている。さらに乳製品、麦、砂糖についても輸入枠を設置するとともに、「五品目」以外の農産物については関税を完全撤廃する、という。

日本政府のこうした譲歩は、アメリカ政府側の、自動車・同部品の早期の関税撤廃の譲歩とひきかえだ、とされている。しかしこの早期の関税撤廃とは、日本が牛・豚肉の関税の段階的引下げを行なったことを見届けた上で一〇年後に撤廃する、というものでしかない。

オバマ米大統領は、ＴＰＰ交渉の早期妥結に躍起となっている。「中国は世界でもっとも成長が著しい地域においてルールをつくろうとしている。それではアメリカの労働者と企業は不利な立場に追いやられる」（二〇一五年一般教書演説、一月二〇日）と危機意識をむき出しにし、大統領に一括交渉権を与えるように議会に求めている。

③　農協解体―農民の無産者化

安倍首相は「施政方針演説」（二〇一五年二月）でこういっ

た。「六〇年ぶりの農協改革を断行します。農協法に基づく現行の中央会制度を廃止し、全国中央会は一般社団法人に移行します。農協にも会計士による監査を義務づけます。／農業委員会制度の抜本改革にも、初めてふみ込みます。／農業生産法人の要件緩和を進め、多様な担い手による農業への参入を促します。…市場を意識した競争力ある農業へと、構造改革を進めてまいります」と。

ＴＰＰに対応しうる日本農業づくり―この間安倍政権は、農地法改正で、一般法人企業が農地を取得し、農業に参入しうるようにし、農地中間管理機構（農地バンク）設立により農地流動化を促進し、農業委員会改革によって農業生産者の権限を奪い、株式会社＝資本家的企業による農地取得と資本家的農業経営の拡大を図ってきた。（株式会社が農地を取得しても農業生産を行うとは限らない―もっと儲かる用途があればそれに使う―投機的取引やカジノの場などに）。

いま進めている「農協改革」は、資本家的農業経営の推進に対抗する生産者を主体とした組織の最終的解体を意図したものと位置づけなければならない。

その内容は、「ＪＡ全中」（全国農業協同組合中央会）による地域の農協への指導・監査権を撤廃し一般社団法人に、「ＪＡ全農」（全国農業協同組合連合会―農作物共同販売を担う）を株式会社化し、独占禁止法の適用除外をはずす、さらに農協から、ＪＡバンク（農林中金）、ＪＡ共済（保険）部門を切り離す、というものである。

『長周新聞』（一五年二月二三日）「食料安保投げ捨てる売国農政」が明らかにしているように、農協は営利目的の組織ではなく農業生産者の相互扶助組織である。個々の農家が互いに競争し合って生産物を販売すると大手スーパーなど強力な買い手にたたかれて生産も生活も困難になる―そこで価格維持により生産・生活を守るための組織としてつくられ、機能してきたのが農協である。だから営利目的のカルテルなどの独占組織とは異質である。それを株式会社化し独禁法を適用するということは、共販・相互扶助組織を解体し、競争戦の中にたたき込み、耕作者主体の生産を解体させ、資本（国内外の金融資本）による農業生産の支配を確立させようとするものである。

農地法改正で、直接の生産者ではない資本が農地＝生産手段を取得・利用する―さらに農協解体で生産主体としての農民を没落させ生産主体としての地位を奪う。さらに農業生産・販売によって得た資金によって生産・生活の相互扶助として曲りなりにも機能してきた農林中金・共済連の資金（運用資金）を、国内外の銀行、保険会社が吸収・支配しようとしているのである。

安倍首相は、「意欲ある担い手と地域農協とが力を合わせ、ブランド化や海外展開など農業の未来を切り開く。…市場を意識した競争力ある農業へと構造改革を進めてまいります。…若者が自らの情熱で新たな地平を切り開くことができる、新しい日本農業の姿を描いてまいります。目指すは世界のマーケット」などといっているが、語るに落ちたといってよい。農業の現実の主体は、「若者」とか「意欲ある担い手」とかいいながら、実は大法人企業・金融資本であり、「競争力」を強めるといっても可能な限り安く（低賃金で、外国人労働者を使うなどして）、しかも大量に（農薬・添加物づけで）生産し、それを世界に売って金儲けを行う、ということでしかない。人民に食の安全・安定を確保することは全く念頭にない。それは「新しい」農業の姿でも何でもなく、アメリカのアグリビジネスの後追いでしかないし、まさにこれは「多国籍企業が外国人労働者を雇って土地も剥奪してつくっていくフィリピンなどのプランテーションと同じ植民地農業のイメージ」（同紙、同上）である。

日本の農民（漁民も）は、土地・生産手段から切り離され、生活基盤を奪われる。今頃になって資本の〝本源的蓄積〟が始まったということであるが、日本の戦後史でいえば、敗戦直後のいわゆる民主改革・〝戦後レジーム〟の転換の一環である、といえよう。戦後レジームの転換、それは平和原理の転換とともに、人民の基本的人権―勤労権、生活権を奪って、資本の支配に転換させることである。

同時にＴＰＰは、米政権としては明らかに中国への対抗―直接には中国習近平政権がアジア太平洋地域における自由貿易圏（ＦＴＡＡＰ）構築を主導すると宣言（一四年一一月のＡＰＥＣ首脳会議）したことに対する対抗策としての意図がある。また安倍政権としても、対中包囲外交を通してアジア太平洋地域経済圏を形成するという野望がある。しかし安倍政権のこのような価値観外交によって、中国（韓国）の反発は強まり、日本の経済的利益を損うものとなる。

（三）対中・東アジア関係から

①　安倍首相「七〇年談話」

安倍首相の一三年一二月の靖国神社参拝、首相を取りまく極右思想の者たちの発言――従軍慰安婦の否定、南京虐殺の否定、侵略戦争を否定し解放戦争と唱えるなど――がくり返される中で、中国、韓国、朝鮮は、（そして米政権さえ）強く反発している。侵略・植民地化その下での大量虐殺、食糧・資源略奪、生活・生活基盤の破壊という歴史的事実をなきものとし、アジアの解放のためと合理化する歴史事実の改ざんは、現にいま推進されつつある経済・政治外交においても、日本帝国主義・軍国主義支配を復活させようとするものではないか、ととらえた当然の反発である。

このような当然の反発、そして中国、アジア諸国の安倍政権に対する非難（行動を伴う）によって、対中国、アジア諸国との経済関係は損われてきた。アジア諸国、とくに対中国経済関係では、貿易収支が大幅に悪化した（一〇年〜一四年の間、アジアとの貿易収支は、一〇・三兆円の黒字から〇・九兆円の黒字に減少、対中国貿易では、一三年五兆円、一四年五・八兆円の赤字となっている）。対中国投資も（中国経済の過飽和による減速にも起因するが）激減している。安倍首相の靖国参拝、尖閣諸島領有に関わる政治姿勢、そして中国への対抗を露わにした外交政策が、中国との経済関係を損っていることは否めない。

安倍首相は、戦後七〇年に合わせ「安倍談話」を出す、という。一五年二月二五日、これに関する有識者懇談会「二一世紀構想懇談会」（座長西室泰三・日本郵政社長、座長代理北岡伸一・国際大学学長他一四名）が立上げられた。

安倍首相は、一九九五年の「村山談話」を「全体として受け継ぐ」といいながら、本心では「村山談話」の核心というべき認識―「わが国は、遠くない過去の一時期、国策を誤り、戦争への道を歩んで国民を存亡の危機に陥れ、植民地支配と侵略によって、多くの国々、とくにアジア諸国の人々に対して多大な損害と苦痛を与えました」という「疑うべくもない歴史の事実」の認識―を受け継ぎたくない、と考えていることは疑いえない。今回も、村山談話を「下敷きとして書けば、こまごました議論になる」として、侵略、植民地支配という認識を消そうとしている。「未来への土台は、過去と断絶したものではありえない」などとしながら「二一世紀のアジアと世界のビジョンをどう描くか。日本はどのような貢献をするべきか」に焦点を当てる、という。当然「過去」の認識とともに、現在の認識――だれが、どういう要因が平和の危機をもたらしているのか――が決定的に問われる。

「わが国は、先の大戦の深い反省とともに、ひたすらに自由で民主的な国を創り上げ、世界の平和と繁栄に貢献してまいりました。その誇りを胸に、私たちは、これまで以上に世界の平和と安定に貢献する国とならなければなりません」「この二年間で、日米同盟の絆は復活し、揺るぎないものとなりました。日米ガイドライン…の見直しを進め、その抑止力を一層高めてまいります」（一五年二月、施政方針演説）―〝アメリカに従えば平和〟、日米安保は「抑止力」だ。したがって「日米合意に従って、在日米軍再編を進める」という認識を前提にしている。ここには、日本帝国主義侵略戦争の悲惨な現実の反省の上に立った戦後民主改革の意味は消されているし、この民主化が米占領軍によって骨抜きにされ、サンフランシスコ片面講和（中国、ソビエト排除）、日米安保体制の下で、米帝国主義に従属させられ、その侵略戦争に加担させられてきた現実が、消されている。これは、帝国主義支配を平和だという倒錯である。

② 中国・朝鮮脅威論

「抑止力」というが、どの国の侵攻の脅威に対する抑止力なのか。集団的自衛権行使を合憲とする報告書（「安全保障の法的基盤の再構築に関する懇談会」一四年五月一五日）の座長代理を勤めた北岡氏の認識。「我が国を取り巻く安全保障環境は、一層厳しさを増している」―その中身は、第一に、国際テロとともに「北朝鮮」の脅威、第二に、中国の軍事力強化である。中国に関しては、「近代的戦闘機や新型ミサイルを含む最新兵器の導入とその拡大」、「領有権に関する独自の主張に基づく力による一方的な現状変更の試み」が強調され、「これに伴うリスクの増大がみられ、地域の平和と安定を確保するために我が国がより大きな役割を果たすことが必要となっている」、としている。（これに関しては、第Ⅱ部第３章第一節で詳論）。

中国、朝鮮が、日本侵攻の脅威だという認識―その脅威に対してアメリカ帝国主義との軍事同盟強化にさらに積極的に「貢献」するという認識に立って「七〇年談話」を出そうとする限り、村山談話の「信義」に基づく平和構築――それは憲法前文の「平和を愛する諸国民の公正と信義に信頼して、われらの安全と生存を保持しようと決意した」に基づくものである――を、事実上否定するものとなる。それは、相互の不信感を高め、戦争の危険性をもたらす道でしかない。

第三節　国家をなくせない金融資本
――どのような国家になるか

はじめに

新自由主義思想・政策推進の現実の主役は、今日の金融資本である。金融資本は、国家からの自由（自分の活動に対する政策的、制度的規制の撤廃）を求めるとともに、国家を自らの自由（利己的利潤拡大の自由）のために利用する。

これまで、新自由主義の特徴を明らかにするため、一九三〇年代の事態―日本ではファシズム国家に主導された侵略戦争への道―と今日の事態の異相を明らかにしてきた。国家を主役とする資本主義体制維持から、個別金融資本が主役となり、国家を下僕とする事態への転換、国家による規制・統制から、規制緩和、公的事業の民営化への転換、そして一国的民族主義から、グローバリゼーションへの対応への転換である。

このような事態の変化をふまえ、新自由主義の展開によって、国家は無用、不要となること、つまり国家からの自由の側面が強調され、新自由主義と国家主義は両立しえない、それを同時に提起する安倍政権は支離滅裂だという議論が生じている。とくに、安倍政権の天皇制国家への回帰志向を重視し、それは新自由主義と相容れない、という考えも生じている。

新自由主義と国家―この関係をどうとらえたらよいか、それはこの間私自身追究してきたテーマであった。そして、本格的に新自由主義を展開した小泉政権、その後の安倍（第一次）・福田・麻生政権によって新自由主義展開による経済的、社会的矛盾が噴出し、とくに労働者・人民の生活難・窮乏化が進む中で、自民党政権への国民的反発が高揚し、民主党政権が成立したが、財界の壁、アメリカ政府の壁を打破することができず、結局その要求に従い、新自由主義に回帰してしまった。その中で、襲った東日本大震災と東京電力福島第一発電所の大事故（二〇一一年三月一一日）。この衝撃の中で刊行したのが、拙著『資本主義の国家破綻』（長周新聞社、二〇一一年四月）、そして『資本論を超える資本論』（社会評論社、二〇一四年三月）であった。新自由主義は「国民国家」を「メルトダウン」させながら、しかし「国家をなくせない」――それはなぜか、を提示した。と同時にそこから生じる国家が、戦争の危機を扇動することを通した「暴力」国家でしかないことを示した。この分析と一定の結論は、基本的な点で、現在安倍政権が進めている政策（「アベノミクス」）によって、いよいよ現実の事実として鮮明になっている。

これらの本で提示した内容をふまえ、これまで明らかにしてきた安倍政権の下での戦争体制・戦争国家化の推進という現実に基づいて、新自由主義の矛盾噴出の下で、なぜ国家なのか、それはどのような国家なのかを、まとめておきたい。

『資本主義の国家破綻』の中で示した論点をまとめると、一、資本・現代の主役としての金融資本は、国家なくして存立しえないこと、それは擬制的性格を深める今日の金融資本はそれ自体自立する根拠をもたないこと、そしてこの金融資本の支配自体がもたらす社会的矛盾、直接には民衆の反抗に対し、社会的秩序を維持するには国家によるしかないこと。

二、この国家は、新自由主義展開の中で、直接に私的金融資本の競争力を強め、利潤拡大を図る国家になっている―つまり国家の〝公〟的性格（労働者・人民の利害を包摂するという社会共通的性格）を自ら放棄している。そういう国家によって労働者・人民の包摂・統合はいかに可能か――それは虚偽・欺瞞、社会排外主義によるしかない。そして、資本主義の最高の「理念」（「利子生み資本」）は、労働者・人民を絶対に包摂・統合できないということ。

三、結局、戦争の危機扇動による、暴力的国民統合という国家しかない。それは、労働者・人民包摂・統合の、あらゆる合理的現実的根拠を欠いた国家であり、資本主義体制の下における最期的国家の姿であること。国家の暴力で始まった資本主義は、「いまやその最終局面において国家自体の暴力的本質を示す」（同書、一五三ページ）。

以下「アベノミクス」において現に推進されている政策をふまえながら、これらの論点を補強し確認しよう。

一　国家に依存する金融資本

（一）　非自立的本質

ひと握りの金融大資本が、国家の財政・税制、金融政策を、自らの競争力強化と利潤拡大目的で自由に動かす。「アベノミクス」の下でこれがいよいよ明確に示されている。しかも多国籍化した今日の金融資本は、自らの利潤獲得・拡大にとって都合の良い国家を選んで投資し、その国の政策によって少しでも損害を蒙ればその国を訴えて補償させ、利潤が獲得しえなくなれば、投資を引揚げる。しかも無税地域に獲得した資金を集中し、国（本籍国）に税金を払わない。

今日の資本主義は、当然日本も、このような多国籍金融資本に支配され、動かされている。このような状況は、資本主義世界としても、各国においても初めて現われた現実といえよう。明らかに、資本・金融資本が現代世界そして各国を彼らの思うままに動かしているように現われている。

しかも、株式・証券投資による所有（金融財産所有）によって利得を獲得し、さらに株式・証券売買（投機）によって厖大な利得を獲得するという〝擬制〟（フィクション）的性格を強める今日の金融資本は、国家の垣根に拘束されずに自由に世界をかけ回る。このような金融資本は、自らの自由な利潤に都合の良いルールを国際ルールとして、各国に押しつける。その上、彼らの投機によって証券・不動産バブルが生じるが、同時にその破綻でショックが生じるたびに、破綻が社会的パニックに広がるのを回避する政策として、ゼロ金利、金融量的緩和策が（それも世界的に）行われ、それによって、過剰化した資金がさらに過剰となって、バブルが再燃・拡大し、各国経済・社会は攪乱される。

このような擬制的性格を強めている金融資本は、実は資本の最高の発展形態なのである。資本の最高の発展形態―「それ自身に利子を生む資本」の現実具体化された形態―それがいま史上最高に発展・膨張した。そしてその下で、各国・その国家は、彼らに奉仕させられるとともに彼らから放棄されている。

しかし彼らは、国家をなくすことができない。その支配は、国家なしには維持できない。その理由は第一に、資本主義の中でもっとも発展した資本形態―それは形態＝モノ自体が価値増殖する（利得を生む）という姿を示すが、それはフィクション（架空）としてしか成立しないこと、それが自立し、自己発展するように見えても、それは自分自身に存立根拠をもたないことにある。資本の（ここでは株式・証券＝擬制資本の）価値増殖根拠は、社会存立根拠（＝実体）を担う労働者の労働（必要労働時間を超える剰余労働時間）以外にはない。金融資産所得も、その投機的売買による利得も、労働者の労働を根拠にしなければ成立しえないのである。

このような擬制資本としての性格を強める今日の金融資本は、その擬制的側面を膨張・拡大させればさせるほど、その非自立的本質を暴露せざるをえない。この非自立的本質が、国家なくしては金融資本は存立しえないことの根拠なのである。

金融資本が、明らかに国家を彼らの自由に動かし、その財政を食いものにしている。外見的にこれは、巨大なカネの力による強力な支配として現われる。しかし財政・税制から金融政策まで、国家を動かすように見えながら、それはその強さ―根拠に立脚した強さによるのではなく、依存し寄生しなければ存立しえないという弱さを示すものなのである。

グローバル経済競争、まさに経済戦争に、自力だけでは対処しえない、勝てない―だから国家の財政・税制を利用し、競争力を強めなければならない。そして金融政策によって株式・証券価格を維持・高騰させ、投機・バブルにしか運用しえないマネーをつぎ込み続けなければならない。そしてこのように国家を利用すればするほど、金融資本は、国家に依存する度を高める。麻薬患者がいよいよ麻薬におぼれるように、国家の政策への依存を強めることになる。

（二）　税金への依存

国家の政策への依存―それは国家が民衆に課する税金を金融資本が奪うことである。労働者・人民から税金を取る―租税徴収権、これこそ国家の基本的役割である。財政・税制政策はこれによって成立する。国家の任務は、労働者・人民に対し、なぜ税金を支払わなければならないのかを納得させて取立てることにある。納得させえなくなれば、強制・暴力によるしかない―すでにそのような事態となっている（後述、三）。

金融資本の国家への依存―労働者・人民の税金を、利潤拡大目的で使う、実はそれによって財政は危機に陥る。この点は本書で詳しく見てきた通りである。その上、財政危機対策として採られる政策は、福祉支出削減と消費税率引上げであり、労働者・人民からの一層の収奪である。国家を通した労働者・人民の収奪強化―それによってしか金融資本の支配は維持しえない。

（三）　社会的秩序維持

金融資本主導による国家を通した人民収奪―これに対し人民大衆は当然反発、抵抗する。社会的秩序が混乱する事態が生じる（それは現実には様々な形で現われる。殺人、自殺、詐欺、強盗等々）。これに対し、金融資本自体は直接対応しえない。社会的秩序維持を金融資本自体はできない。それは、国家によるしかない。金融資本の支配、その利己的利潤追求の行動が、社会的秩序を混乱させる原因である。しかし自ら混乱をひき起こしながら、自らの力ではこれを処理しえない――結局社会的秩序・治安の維持は、国家に依存するしかない。

安倍政権の国家安全保障戦略は、国家の軍事力の主要任務は、治安維持（〝公共の秩序〟維持）にあることを明示している。警察権力だけではなく、国家の軍事力の基本任務が、治安維持におかれているのである。

「特定秘密保護法」における「特定有害活動の防止に関する事項」は明らかに治安維持を狙ったものである。安倍政権が策定しようとしている国家安全保障基本法（案）第二条の「外部からの軍事的または非軍事的手段による直接または間接の侵害その他のあらゆる脅威」に当るとして、体制批判の思想その発動としての宣伝やデモ等を「特定有害活動」とされかねない。また同第八条（自衛隊）における「間接の侵害その他の脅威」への対処として「自衛隊は必要に応じ公共の秩序の維持に当たる」とされている。また同第三条の「国は、教育、科学技術、建設、運輸、通信その他内政の各分野において、安全保障上必要な配慮を払わなければならない」としているが、「教育、科学技術」さえも「国家安全保障」上の「配慮」を義務づけられることになる。

（四）労働者・人民の無産者化

これらにつけ加えて、第四点として、労働者、生産者からの土地・生産手段の切り離しが、資本による労働者・人民支配の条件なのであるが、この条件がいまあらためて確認され、創出されつつあることを指摘しよう。土地・自然力の私有権の国家による確定、これは土地・自然力の無償での利用、労働者・人民による使用を排除し、労働力の商品化を社会的に確立する条件である。

尖閣諸島の国家による領有権確定は、安全保障に関わる政治的関係を直接的要因とするものであるが、日本、中国等の漁民がこの地域を自由に使用することを排除する条件確立を意味する。商品経済的私有権の確立、カネを支払いえない者の使用からの排除である。

上述した農地法・農協法改正を通した資本家的企業の土地私有化促進、直接生産者＝農民による経営を没落させる政策は、土地の直接生産者＝農民による使用を不可能にし、農民を賃労働者化させる政策である。と同時に耕作放棄地の企業等による取得（私有）促進は、無産者化、失業化した労働者・人民による耕作放棄地の利用を制限し、排除するものとなる。これを国家の法によって確定しようというのは、明治初年の地租改正における農民の土地所有からの排除を思わせるものであるが、戦後農地改革によって形成された直接生産者と土地・自然力の直接的結合による生産の解体を図ろうとするもの、といえよう。

この点からも、金融資本による労働者・人民支配にとって、国家（それによる私有権の法的確定）が不可欠なのである。

二　〝公〟的性格を放棄した国家の虚偽・欺瞞の人民統合

（一）欺瞞による統合

労働者・人民の生活権・勤労権の保障を基本とする社会全体の利益を図る、ここに国家の〝公〟的性格がある。ところが、今日の国家は、この〝公〟的性格を放棄している。これまで明らかにしてきたように、今日の国家は、個別資本、しかも多国籍化した金融大資本に直接に利益拡大をもたらすことに政策を集中している。まさに私的な利己的利潤拡大を、国家の任務としている。しかも反面、本来の〝公〟的性格を示す福祉（社会保障）、公教育、さらに生活・食の基盤である農漁業への公的支出を、どんどん削減している。消費税等増税によって労働者・人民の負担を増やす。金融政策も、株価上昇・円安誘導によって、大企業に利益を与え、労働者・人民に損害を与える。現代の国家は、ひと握りの金融大資本のために労働者・人民に対する搾取・収奪を行う性格のものとなっている。

このように、〝公〟的性格を投げ棄た国家が、労働者・人民を統合・支配し、税金をとり続けなければならない。それにはどのような方策―大衆包摂・統合策があるか。

それには、欺瞞（だまし）、虚構による以外にない。労働者・人民にとって、国家の政策さらに国家の存在が必要なのだ、と思わせ続けなければならない。その欺瞞は、安倍政権の下でいよいよ明確になっている。第一の欺瞞は、景気回復・上昇―〝好循環〟欺瞞であり、第二の欺瞞は、外敵侵攻の脅威という虚構の形成である。（第二の点は、次項三、で）。

この景気回復・上昇をもたらす〝好循環〟の形成―これがアベノミクスの宣伝文句である。景気回復・上昇―ＧＤＰ成長は、労働者・人民にとっても雇用・賃金―生活の向上をもたらす、だから経済成長実現に、労働者（労働組合）も協力しようと。このような考え方は、日本では一九七四〜七五年のスタグフレーション克服をめざす労使間協調（民間大企業労組と経営側の整合性ある賃金引上げ要求）から始まったが、一九九〇年代のバブル破綻不況、二一世紀に入ってからの成長鈍化・低下の下で、ＧＤＰ成長は労働者・人民にとってもいいことだとして労使協力を図ることが、現実には不可能になってしまった（それでもまだそういう宣伝が行われているが）。安倍政権の下で明確になったのは、ＧＤＰの成長ではなく、まず何よりも大企業・金融資本の利益拡大を図ること、である。それに全力を注入すれば、大企業の利潤拡大によって、それがトリクル・ダウン（滴り落ちる）して賃金上昇―雇用増大をもたらし、内需増大―生産拡大を通し景気が回復・上昇する、というのである。ＧＤＰ成長ではなく、私的資本―金融大資本の利潤拡大を図ることが大前提、好循環の基本的原因だ、と主張するのである。

アベノミクスは明らかにそのための政策を実施・拡大してきた。その下でたしかに大資本―金融大資本の利潤は増大し、内部留保は史上最高に積上った。しかし実質賃金は低下を続け、雇用はいつでも解雇できる非正規だけ。しかも大企業の利潤拡大の反面労働者・人民は負担を負わされ、窮乏化・生活破壊の状態である。この現実は隠しようがなくなっている。しかしこれから必ず好循環が起きると虚偽宣伝を続けている。マスコミは宣伝役を努めている。

（二）　欺瞞を打破する認識

トリクル・ダウンによる好循環論は全くの欺瞞でしかないが、しかしマスコミ、エセ評論家等の影響でその欺瞞に気づかず、巻き込まれている現実がある。それが欺瞞であることをとらえ、それを克服する上で不可欠な認識を示しておこう。

第一に、賃金が名目的に上昇すれば、それだけで生活が向上する上昇するようにとらえる欺瞞。一五年ぶりの大幅賃金引上げ！などと宣伝されると、好循環が始まるようにとらえてしまう者が多い。

しかし労働者が求めるのは、貨幣の額・カネ自体ではない。生活維持に必要・有用な生活資料をどれだけ買えるか、人間らしい生活（文化、教養を享受し、休養を確保する）ができるかどうかである。名目賃金ではなく、実質賃金である。カネ（交換価値）そのものではなく、生活に必要不可欠な使用価値、生活の内容をとらえなければならない。カネ儲け―カネの獲得を目的とする資本と、労働者の目的はちがう。資本と同じように、労働者もカネの獲得が目的であるとするのが、欺瞞の手口である。

第二に、賃金上昇・生活向上を求めるのならば、競争に勝つように努力しろと、自己責任・自助努力が求められている。弱肉強食―それは資本の行動基準である。それが、労働者に要求される。競争に勝つ―それは人間の本質に即しているのだとして。

しかし、労働者が、弱肉強食の競争に巻き込まれれば、資本は思うように労働者を買いたたく。労働者は、互いに連帯・団結しなければ、資本に対抗しえない。労働者の組織・労働組合による連帯・団結は、資本の搾取強化の要求に対抗する、生活防衛のための唯一の方法である。資本は、労働組合の抵抗力を弱めるため、この間労働者を互いに競争させる能力・成果主義賃金をはじめ労務管理の方法を導入した。労働組合の組織力は弱まり、資本への抵抗力が弱まった。それが今日の苛酷な労働者の状態をもたらした根本原因である。

しかもいま、農業協同組合組織を解体して農民を弱肉強食の競争に巻き込み、資本の要求に対する抵抗力を殺ぎ、資本の自由な支配を実現しようとしている。生産力・競争力を強め、グローバル市場に進出して儲けようと。しかしこれは資本が求める目的であって、その下で農民は徹底的に搾取・収奪されることになる。

第三に、アベノミクスの下で、株価が上昇した―それを背景に、労働者・人民に対しても、株式・証券投資で金儲けを！という方向に巻き込もうとしている。ＮＩＳＡ（小額無課税株式投資）を大々的に宣伝している。アベノミクスの〝恩恵〟

を広く大衆に行き渡せるなどと宣伝して。

しかし株式投資どころではない多くの労働者は、そこから排除されている。無貯蓄世帯は世帯全体の三割に達している。株式取得・売買による利得獲得は、必ず多くの労働者の疎外によってしか成り立たない。

それればかりか、株式・証券取得・売買による利得の源泉は、資本家的企業による労働者の労働を搾取して獲得する利潤である。株価上昇による儲けの根拠には、労働者に対する一層の搾取強化がある。株価至上主義の下での利潤至上主義である。利潤至上主義の推進は、明確に労働者の「労働」の物化・かんばん方式導入を図るための「労働」の規制撤廃に焦点がしぼられている。

株式取得・売買による利得獲得に、労働者もあずかれるという幻想――その下で進む人間の「物」化。後者による以外に、前者はありえないことを認識しなければならない。

第四に、結局認識しなければならないのは、資本の利益と労働者の利益は相容れない、対立する、ということである。この当り前の認識が、この間曖昧にされ、あるいは否定されてきた。しかしいまや労使一体―資本・賃労働の利害一致をいかに宣伝しようと、それは欺瞞でしかないことが明白に示されている。

資本の利潤拡大は、労働者の搾取強化による以外にないことと、大株主たちの株式取得・売買による利益は、さらに労働者に対する搾取・収奪強化によってもたらされるものであること――それは現実の事実としてとらえられるようになった。

しかしこの認識の確立には、少くとも資本―賃労働関係の認識が不可欠である。資本の利潤拡大は、労働者の労働を搾取・収奪することによって得られているという認識である。この関連の認識がないと、資本家的企業の利潤拡大、あるいは大株式所有者の利得拡大を何ら批判しないまま、格差是正による社会の安定のため、ということで、株式・財産保有に対するあるいは譲渡益に対する課税強化、所得に対する累進課税が、提起される。さらに大企業の内部留保活用によって雇用・賃金引上げを図れ、という要求――それを実現すれば、好循環が実現されるのに、という期待が現われる。

こうした現実的是正策が、大本の大企業の利潤拡大や株式保有・売買利得増大の原因に対する認識を欠如している限り、資本―労働間の利害の本質的対立の認識には到らない。むしろ資本に対する期待感を労働者に与えてしまうことにもなる。資本としても賃金・雇用の増大による好循環は求めるところだから、この体制の下でもそれは可能なのではないかという期待感。政府としては、大企業の利潤拡大がすべての前提という根本が維持される限り、労働者・人民を、この体制につなぎとめておくために、外見上一定の対策を実施してみせる。しかし、その外観の下で、さらに一段と労働者・人民に対する搾取・収奪を強めるのである。

三　戦争国家・暴力国家化

(一)　背景

第一に、戦争国家への転換を求める背景について。

安倍首相は、〝戦後レジーム〟の転換を図るといっている。これはどういう内容なのか。

明らかなことは、〝戦後レジーム〟とは、新憲法体制ということであり、その転換とは憲法の根本原理を転換させる、ということである。

新憲法体制の基本原理は、①人民主権、②平和原理、③基本的人権保障である。この基本原理を、まず歪め形骸化させようと権力的に介入したのはアメリカ政府であったが、自民党歴代政権は、アメリカ政府に従って憲法の基本原理を骨抜きにし、〝自主〟憲法制定を追求してきた。安倍政権はその総仕上げをしよう、としているのである。

ではどのような内容に変えようとしているのか。①、人民主権から天皇主権への転換、②、平和原理、平和国家(戦争放棄、戦力不保持・交戦権否定)から戦争国家への転換(自衛隊から軍隊へ)、③、①に関連するが、人民の基本的人権(勤労権・生活権、思想・信条・表現の自由)の保障を、国家の責任・義務とすることから、国家が国民に対し、国家と体制を擁護する義務を課することへの転換である。国民・人民の意志に基づく国家から、まず国家ありきという方向への転換である。しかし国民・人民の意志に基づかない国家は、何を根拠に成立するのか。

安倍首相は、戦後レジームの転換といいながら、戦後レジームの基本をなしている資本主義体制は当然自明の前提としている。しかもパックスアメリカーナの中での資本主義体制、これこそ戦後レジームの骨格となっているのであるが、この体制を転換させるどころではなく、この体制を維持強化させるために、現行憲法体制を転換させよう、としているのである。とらえなければならないのは、現行憲法体制とパックスアメリカーナの中での資本主義体制——今日ではひと握りの多国籍金融大資本の支配体制——との矛盾、後者の下では憲法で保障された基本原理は成立しえないことが明白になっていることである。この多国籍金融資本の支配の下では、現行憲法の基本原理を実現しえないばかりではなく、この支配体制を維持する上に憲法の基本原理が邪魔になっている、ということである。

戦後新憲法の基本原理を変質・形骸化させようとしてきた

のは、何よりもアメリカ政府であった。アメリカは、日本を反共防波堤として位置づけ、日本の資本主義体制を急速に復活、発展させようとした。軍事・政治的にはアメリカの反共軍事体制に編入させるとともに、経済的には、技術援助、資金貸付けを通し、ドル体制に編入し、資本主義体制を復活・強化させた。

その下ですでに憲法前文と第九条は、自衛隊復活—米軍事戦略に従う日本の再軍備・軍事力復活・強化と両立しえないことが明白となってきた。歴代自民党政権は、憲法の建て前上解釈改憲によって憲法を形骸化させてきた。しかしもはや解釈改憲では日本軍隊の実態、その行動—対外出動を、〝自衛〟のためといい逃れることができない状況になっている。アメリカの財政難による軍事支出削減の傾向、しかしいぜん世界軍事覇権支配を、中国の軍事力強化と国際的影響力拡大の下で、維持せんとする状況の下で、安倍政権は、アメリカの軍事戦略の下でその軍事力の補強という役割を通しながら、日本軍隊の本格的な海外出動態勢を確立しよう、としているのである。そのためにもはやどのように解釈しても憲法と日本軍隊の実態・行動は両立しえないところまで来てしまった。

にも拘らず、安倍政権は、憲法を変えないまま憲法を（勝手な解釈によって）殺すという暴挙に走っている。戦力不保持・交戦権否認の憲法からは絶対に容認しえない集団的自衛権行使、まさに交戦権行使を法制化するまでに至っている。

経済的側面でいえば、日本資本主義の復活・発展の下で、一九七四〜五年のスタグフレーションに至るまでは、経済成長に伴う賃金、雇用の改善の下で、憲法の生活権・勤労権保障が現実に実現しうるものと思われた。資本主義体制に対する批判意識は、現実の労働運動とは結びついていなかった。一九八〇年代のバブル・バブル崩壊による不況下において、資本主義体制の矛盾が明らかに示されてきたのであるが、ソビエト・東欧「社会主義」の崩壊の下で、労働者・人民の反体制・社会主義志向もほとんど崩壊してしまった。すでに明らかにしてきたように、いまやひと握りの多国籍金融資本の支配の下では、雇用も賃金も改善されず、労働者・人民は、窮乏化し生活が破壊されている。この面でも憲法の生活権・勤労権保障と、現実の事態との矛盾が明確に露呈している。しかしこの状況にもかかわらず、反体制意識は高まらない。いぜんこの体制の下でも経済成長の実現を期待し、あるいはケインズ主義的改良政策も実現しうるようにとらえている。前項でみたように、「アベノミクス」の幻想を打破しえない状況である。

その中で、安倍政権の成長戦略は、明確に原発を含むインフラシステム輸出の国家的推進とともに、国内産業としては兵器・軍事装備の生産—軍産学複合体の形成におかれている。

日本の軍需産業独占体の強化、兵器・軍事装備生産・輸出、そこに成長の柱をおく―軍事力強化・戦争国家化は、アメリカ政府の要請というだけではなく、日本の財界自体が求めている。

しかし明らかにしたように、軍需生産による成長といっても、財政支出の増大が必要であるだけでなく、それが全くの不生産的、浪費的支出であり、経済成長にとってはマイナスであることから、財政危機を深刻化させるものとなり、労働者・人民に対する負担を増大させることになる。その下で、労働者・人民に対し、犠牲と負担を課する口実として大宣伝されるのが、外敵侵攻の脅威なのである。

(二) 戦争の危機演出――その意図

そこで第二に、外敵侵攻の脅威宣伝、そしてさらに意図的に政府自ら戦争の危機をつくり出そうとする意図はどこにあるのか。

何よりも外的侵攻の脅威は、政府自身が意図的に作り出したものである、ということを明らかにしておかなければならない。ＩＳによって行われた日本人の処刑は、正確には安倍首相自身のＩＳに対抗する中東諸国への援助という発言が、契機となっている。それは、安倍首相自身が演出したものといってよい。ＩＳ台頭の背景自体も、アメリカ政府の理由なきアフガン、イラク侵攻・破壊活動にある。ブッシュ大統領の行動そのものがテロをひき出し増強させた。

そして、明確なのは、朝鮮民主主義人民共和国、さらに中国の軍事的脅威は、虚構だということである。安保法制懇（「安全保障の法的基盤の再構築に関する懇談会」）は、北朝鮮の脅威を大々的に取上げ、しかもテロリストの脅威と同列においている。さらに、「国家間のパワーバランスの変化」として、中国の国防費の増大・軍事力強化と「領有権に関する独自の主張に基づく力による一方的な現状変更の試み」が強調されている（第Ⅱ部第３章第一節参照）。

朝鮮の脅威ということ自体、アメリカ政府の核先制攻撃による体制崩壊策動に対する自主擁護のための自衛力であって、アメリカ（そして韓国）の侵略意図に基づく行動自体によってつくられたものである。中国の「領有権に関する独自の主張」などは、日中共同声明（一九七二年）、「日中平和友好条約」（一九七八年）、そして日中政府間の尖閣問題棚上げ合意を無視（意図的な無視、あるいは無認識）し、尖閣は日本固有の領土だとする一方的な主張に基づいてその国有化措置を取った民主党・野田政権の拙劣な行動自体が招いたもの、である。

朝鮮、中国の軍事力強化、自衛的対抗力強化は、アメリカ、日本（韓国）の侵略策動とその意図に基づく行動自体がつくり出したものであり、それが解消されるならば確実に脅威も解消する。朝鮮、中国自体が、日本を敵とし（それは当然アメリカを敵とすることになる）、戦争を仕掛けるなどというのは、全くの虚構である。朝鮮・中国がこのような全く無謀な行動を起こすと想定すること自体、相手（朝鮮・中国）を全く理解していない、理解しようともしない誤りである。脅威を感じるのであれば、話合いを通して理解するよう努め、真意を確かめ、相手の誤解があれば自分の行動自体を自省し誤解を解くよう努め、行動対行動によって、信頼関係を築かなければならない。朝鮮も中国もこの方向を真剣に志向している。

自ら戦争の脅威をふりまき、対話と相互理解の道を閉ざして、軍事的対決を図るということ自体が、戦争の危機をもたらしているのである。

しかし虚構でも中国、朝鮮脅威をふりまき、それへの対応として軍事力強化を図ろうとする、その意図はどこにあるのか。

それは、①民衆の目を外敵に向けさせ、国内の矛盾を隠蔽しようとすること、にある。ひと握りの多国籍金融資本の支配自体に起因する労働者・人民の窮乏化、生活破壊の実態が進みつつある中で、この支配の矛盾を隠す手段が、外敵侵攻の脅威宣伝である。しかしすでに、国内の矛盾は隠しようがなくなっている。その下で、それだけ外敵脅威を宣伝するのは、国内に問題があり、この体制に不満はあっても、もっと恐しい外敵が日本に攻撃しかけようとしているのだから、それへ国民あげて対処しなければならない、という方向に民衆の意識と行動を向けさせる、ことにある。

そして②とくに朝鮮脅威を大宣伝すること、しかも朝鮮の実状を、人権侵害・思想統制、さらに餓死続出、難民流出などと報道し、異常視するのは、社会主義体制の下では、そうならざるをえないと民衆に思い込ませ、現在の自分の状況が厳しくても、この体制は変えられない、体制を変えたら北朝鮮のようにもっと悲惨になる、と思い込ませようとしているのである。

その上、アジアの人々、直接には朝鮮（韓国も含めて）・中国の人々に対するヘイトスピーチ、排斥行動。このような社会排外主義宣伝・行動によって、朝鮮・中国人に対する差別、蔑視意識を高め、どんな扱いをしても構わない、という意識を形成しようとしている。こうした行動を政府は抑えるのではなく、放置し、さらには政府自体がアジアの人民に対する差別・蔑視感を助長している。朝鮮学校に対する差別はその現われである。

明治政府の〝脱亜入欧〟のスローガンの下でアジアの人々に対する差別・蔑視感が広められ、アジアの人々を自分とは同じ人間としてとらえず、何をやってもよい、自分の思い通りに自由に操作してよいという意識が育成され、それがついに侵略戦争とアジアの民衆の大虐殺をもたらしたことを、想起しなければならない。

③外敵侵攻の脅威に対し対抗する力は、国家であり、国家の軍事力である―だからいまもっとも重大な脅威に対しこれに対抗して国民の生命・安全、財産を守る国家に、民衆は従わなければならない、と民衆に思い込ませる。国家あっての国民だ、国家に従うのは国民の義務だ、これに反する行動、さらに思想の表明は、国賊だ、という世論を醸成し広めようとしている。

国民、労働者・人民を、国家に従わせ国家・体制擁護義務の意識をもたせる、これによって、労働者・民衆を国家の下に統合・動員する―これこそ外敵侵攻脅威宣伝の意図するものである。

(三) 日本の帝国主義的意図――二一世紀帝国主義復活

しかし第三に、外敵侵攻脅威宣伝は、実は防衛のためではなく、日本国家が対外的に軍事出動、進出しようとするいわばダミーにすぎない。本当の狙いは、日本軍隊の対外進出―帝国主義的進出にある。積極的平和主義なるものは、平和維持を口実(アメリカの軍事戦略に従い、これを補強するものとしての)とする日本軍隊の海外出動による日本の権益確保、拡大にある。二一世紀日本帝国主義の復活、展開―これが安倍政権の積極的平和主義である。

実際、安倍政権は、国家安全保障戦略を策定し、たんに外敵の侵攻への対処というだけでなく、未然に侵攻の脅威をなくすことが最大の防衛だとして、敵地先制攻撃、破壊を合理化するとともに、外国進出日本企業の権益擁護、邦人生命の安全確保のためということで、日本軍隊の外国進出を合法化しようとしている。

日本政府は一九九〇年代後半から直接には朝鮮の核開発脅威への対処を口実として日米新ガイドラインを結び、その下で「周辺事態法」、「武力攻撃事態法」を制定した。前者は、朝鮮・中国などでの戦争で「後方支援」という名の兵站活動を可能にする法律であり、後者は日本の領土・領海・領空での戦争を進めるための戦争遂行体制と憲法の停止を含む国家緊急権を定めたものであった。しかし〇一年九・一一事件を契機に米ブッシュ政権は〝われわれにつくか、テロリストにつくか〟と叫び、テロ支援国家撲滅という名目で、アフガニスタン、イラクに侵攻する。ブッシュ政権の恫喝の下、日本政府(小泉政権)は、中央アジアや中東における有志連合の戦争にテロ特措法、イラク特措法によって自衛隊を参加させる。国連PKO派兵に続く自衛隊の本格的な海外派兵の始りであった。

国力が衰退したアメリカは、対テロ戦争を、①現地のさまざまな民族・宗派を分断・対立させ、消耗させる、②自国兵の死傷を極小化するための空爆に頼る、③日本を含む外国軍を道連れにする道を進んだ。しかし空爆だけでは対処しえず、最後は地上軍に頼らざるをえない。アメリカは、安倍政権が「集団的自衛権」行使を容認したことを利用し、自ら手に余る対テロ戦に日本自衛隊を活用しようとしている。すでにその先取りとして、日本政府は、東アフリカの小国ジブチに海外基地を建設した。これは明らかに「対テロ戦争」の最前線としてである。

安倍政権は、集団的自衛権行使の条件として「我が国の存立が脅かされ、国民の生命、自由及び幸福追求の権利が根底から覆される明白な危険」をあげている。そしてこの「存立事態」に対処するとして、いちいち特措法などを制定せずとも、恒久的・常時的に、内閣の一存で、地球のどこへでも軍隊（もはや自衛隊とはいえない）を派兵して戦争できる体制を法的に確立しようとしている。

明らかに安倍政権は、戦争国家体制確立をめざしている。しかもそれは、直接には日本金融資本（多国籍化した）の独自利益・権益の確保・拡大のための安全確保を目的とした軍隊派兵・実戦出動体制である。日本がいま進めている原発建設を含むインフラシステム輸出は、輸出先国の大開発、それに伴う現地労働者・農民等の立ち退き、共同体解体、さらに農産物・資源の国内利用から輸出への転換を伴い、現地労働者・農民の生活・生活基盤を解体させることになる。そこから確実に現地住民の反発、デモ、対抗運動をひき起こす。それによって進出日本人の生命安全の危険、進出企業の利益が損われる危険性が生じる。日本軍隊の出動は、このような危険性への対処のため、ということであるが、それは、日本企業の権益確保目的の進出自体がもたらしたものであって、明らかにこの軍隊の出動は、今日における日本独自の帝国主義進出である、ということができる。現地住民の日本企業に対する反抗運動は、日本企業・日本人に対するテロ行為と一体のものとみなされ、日本軍隊による制圧の対象とされかねない。

しかし安倍政権のめざすこの独自帝国主義進出・構築は、日本の国家、というより労働者・人民にさらに多くの負担を課するものとなる。

何よりも、アメリカ帝国主義と対等の帝国主義（一流帝国主義）をめざそうとしても、アメリカの軍事戦略への従属、拘束を免がれることは不可能である。また独自経済圏形成も米ドル体制から離脱しえない限り、絶望である。安倍政権としては、集団的自衛権行使で、米軍を支援することで、対等な軍事関係を形成したいのであろうが、アメリカ政府はこれは絶対許さない。日本政府が、独自軍事戦略の下に独自な軍事出動を行おうとすればするほど、アメリカ政府は自らの軍事戦略に基づく軍事行動の補強を日本に要求することになろう。日本政府は、独自帝国主義進出に必要な負担とともに、アメリカ政府の軍事覇権補強への負担（カネだけでなく人的負担も）課せられることになる。

たしかに途上国の政治的地位の高まり、さらに帝国主義的な労働者搾取、資源収奪に対する途上国の連帯による対抗力の高まりという状況の下では、大戦前のような露わな領土支配と一方的収奪はできない。しかしアメリカ、ＥＵ諸国、そして日本の帝国主義的本質は変らない、というよりソビエト・東欧「社会主義」の崩壊と帝国主義への抵抗力弱体化の下で、逆にその本質がむしろ露わに発揮されている。これが、対テロ戦争への帝国主義有志連合の形で現われている、ということができる。

しかもその下で、今日の日本の帝国主義的経済進出の特徴は、国益追求・確保というより、個別金融資本（しかも多国籍企業化した）の私的利益追求・確保を目的とするところにある。だから露わな個別金融資本の利益追求を隠蔽し、資本進出─生産・輸出が、現地国、その住民にとっても利益となるものであることを、いくらかでも示さなければならない。

それには現地国、住民対策のための国家の負担が必要となる。今日の帝国主義的対外進出は、とくに独自軍事戦略と独自経済圏形成が制約され、しかも進出の目的が、国全体の利益ではなく、私的金融資本の利益拡大が明らかにされている中での日本の帝国主義進出は、二重・三重の負担によってしか遂行されない。日本の帝国主義進出に伴う負担、米軍事戦略補強の負担、さらに進出先国開発推進に伴う（住民対策、懐柔政策等の）負担である。そして今日のアメリカをはじめとする帝国主義覇権支配自体がひき起こすテロへの共同対処は、人的損失を伴いつつ、どれだけ負担が必要となるか計り知れない。

このような国家の負担は、全面的に労働者・人民の負担に転嫁されるのである。

（四）暴力国家化

この戦争国家体制は、暴力国家としてしか成立しえないことを明らかにしよう。

①　憲法の普遍理念

日本の国家は、資本主義国家である。資本主義国家の統治──労働者・人民を含む国家構成員全体の統合──は、法律に基づいて行われてきた。その法律の基礎は、交換法則に基づく商品経済のルール（Recht）にある。しかし、市場の交換関係（物と物の交換を通した人間関係、これを形態的関係という）は社会の人間関係のすべてを支配しえない。生活基盤としての家庭、生活維持・発展の物質的根拠としての労働・生産過程は、交換関係によって行われるのではなく、労働者・人民の共同の関係、直接の人間関係（これを実体的関係という）によって行われている。資本主義は、この実体的関係を、商品経済的関係の中に包摂しなければならない。それには、形態的（物的）関係に解消しえない生活領域と労働領域を、交換関係に擬制することによって統合しなければならない（家族法、労働法）。と同時に、この実体的領域から生じる商品経済的関係（交換法則）の支配に反する、あるいはそれに律し切れない意識と行動（イデオロギー）が生じる。失業は、労働領域が市場関係で包摂しえないことを示すものであり、貧困・生活破綻は、生活基盤としての家庭の商品経済的包摂の限界を示すものである。大失業、その長期化、窮乏化・生活破綻の深刻化は、市場経済のルールに基づく商品経済的イデオロギーに反するイデオロギーを発生させ、社会的秩序を動揺させることにもなる。

このこと自体、資本主義においては社会の構成員全体を統合する一元的イデオロギーは形成されないこと、だから支配的イデオロギーとしての市場経済的イデオロギーによる一元的統合は、これに反する（あるいはこれを否定する）イデオロギーに対する制圧を、したがって権力的規制を不可欠とする、つまり処罰を伴う法律的強制が不可欠である。これには国家権力が不可欠であるが、市場の法則（ルール）に基づく法律的強制として、不法・違法・無法を意味する暴力的強制とはいえない。労働者・人民を、市場の一主体（商品・貨幣所有者）とし、市場経済の中での利益に与りうる関係を維持する規制である。（拙著『国家論のプロブレマティク』社会評論社、一九九一年参照。なお本書第Ⅱ部第３章第一節二参照）

資本主義は金融資本が支配する帝国主義段階の下で、二度の世界戦争をひき起こした。資本主義国間の利害対立―世界市場争奪戦、直接には植民地争奪戦としての戦争は、直接には国家的暴力装置としての軍事力の争いであり、その戦争には国民、労働者・人民を動員させること自体も、法に基づかない権力による強制＝暴力を不可欠とした。国家の命令に国民を強制的に従わせる、命令に違反すれば処罰する（社会から排除する）、いわば執行権力（政治力）独裁である。しかし同時に、労働者・人民を国家の主体とする措置―国政への参加権付与が行われた。同時に戦争では、労働者・人民にとっても死活に関わる祖国防衛のため、という国家イデオロギーが宣伝された。

ソビエト・東欧「社会主義」の台頭と資本主義へのインパクト、資本主義国の大不況と大失業、生活破綻の深刻化は、労働者・人民の反体制―社会主義イデオロギーに基づく行動を高揚させる。

大戦と社会主義のインパクト、これに対応・対抗して資本主義体制を維持するには、国民主権、勤労権・生活権の保障とともに、国際関係における暴力（戦争）の禁止が不可欠であった。現代資本主義国家は、悲惨な二度の世界戦争の教訓と（少くとも建前として）労働者・人民主体化を実現している社会主義のインパクトを受けて、資本主義体制維持を前提にしながらも、市場経済のルールだけではなく、人間生存・発展の根拠（実体）に基づく勤労権、生活権、そして思想・信条の表現・行動の自由（本来の人間的自由）を、法律によって承認、確定したのである。これが現代国家の基本法としての憲法である。

現代資本主義国家の基本法としての憲法、人民主権と平和、そして万人に対する差別なき勤労権、生活権、思想・信条・表現の自由の保障、それは人民の意志によるものとして制定された。人間社会の存立根拠（実体）に基づく人間の尊厳、それは人間社会にとって普遍性をもつ―「基本的人権」は「侵すことのできない永久の権利として信託されたもの」（第九七条）なのである。資本主義社会の法でありながら、日本国憲法には、人間社会のいわば理念が示されている。ここまで到達したのである。

② 資本主義の法――理念はあるか

憲法は資本主義国家を前提にしている。資本主義は、人間社会の理念を現実に実現しえない。資本主義は差別構造（支配階級による被支配階級＝労働者・人民に対する支配）をもった社会である。さらにいえば、物的価値増殖運動としての資本（形態的運動体、その担い手としての資本家）が現実の主体として、実体の担い手である労働者・人民を支配している。しかも今日の資本主義は、物的価値増殖運動としての資本の最高に発展した形態としての株式＝擬制資本が主役を演じている。それが国家を、財政・金融、成長政策等あらゆる政策を動かしている。そしてその下で現実に示されているのは、一方では金融大資本の利潤拡大、他方では労働者・人民の窮乏化・生活破壊であり、その中での戦争の危機である。この現実は、憲法の基本原理と両立しえないことを明確に示している。だから憲法の基本原理、普遍的理念の実現を図るには、現体制自体の変革が現実の課題となっているのであるが、安倍保守・右翼政権は、この現実を保守するために、憲法の基本原理を変えようというのである。現実を肯定し、この現実に合わせて憲法を勝手に解釈し、さらに成文自体を変える（成文改憲）――しかしそこに、国民、労働者・人民をも包摂・統合しうるいかなる理念（直接には統合イデオロギー）が成立しうるか。

人間的生活と平和を希求する人民の意志に基づく現憲法・国家のあり方を変え、まず〝国家ありき〟として、この国家に国民を従わせようとする――たしかにそれは歴史的には絶対王政国家として現実化した。王の意思は、天・神意に淵源するものであり絶対的なものであるという（究極の）虚構に基づく国家である。しかしそれをいま、日本で復活させようとすること自体全くのアナクロニズムであり、現実化しようもない。

中曽根・国家観は、日本には〝天皇〟という「超然とした伝統的権威が我々のうえにある。…天皇は超然として天空に輝く太陽のような存在だ」とした。しかしこの天皇は、「無一物、無尽蔵」であり「政治権力から離れ」ているからこそ国民を「統合」しうるのだというのであって、絶対王政ととらえていたわけではなく、統合のシンボルとしての天皇というとらえ方であった（拙著『国家論の科学』時潮社二〇〇八年、二一六～二一七ページ）。

安倍首相の国家観は、この通俗的コピーである。「一つの家系が千年以上の長きにわたって続いてきたのは奇跡的」、天皇は「国家、国民の安寧を祈り、五穀豊穣を祈る」存在だ、などといっている（『美しい国へ』、同上、二一七ページ）。

無私、無欲、国民の安寧をつねに祈っている心の拠りどころとしての天皇、それは世俗的実権を持った権力であってはならない―日本民族としてのアイデンティティの上で民族全体の安全、安寧―統合の守り本尊、シンボルとしての天皇、というとらえ方である。

しかしこのような天皇観の現実的基盤は、新自由主義の展開の中で崩壊しつつある。「五穀豊穣」を天皇が祈るといっても、その基盤としての農業は崩壊に瀕している。しかも新自由主義―私的利己的カネ儲け目的の弱肉強食の推進の中で、政府自体も、民衆も、社会のこと、〝公〟的な利益がどうなろうとお構いなしに、利己的利益追求にあけくれている。〝天皇がいるから安心〟―すでに現実は生活自体が破壊されて、心の問題どころではなくなっている。

それでも、現実の国家（直接には政治権力）は、国民統合上天皇を使い続けて行くであろう。むしろ現実政治の実行の上に天皇を可能な限り利用し続ける―天皇に実権＝現実の政治権力を与え、天皇の命令だとして国民を服従させることが不可能になっている中で。だから現実政治権力自体が直接国民統合を果さなければならない。天皇の命に隠れて現実政治を動かした戦前の事態の復活はほとんど絶望といってよい。

現実の政治権力（行政・執行権力）が直接に国民統合自体

を行う——この権力はいまやひと握りの金融大資本の利己的利潤追求を最大の任務とする政治権力である。しかし、それ自体に国民統合のイデオロギーがあるか。

くり返し指摘してきたように、資本の理念は、「それ自身に利子を生む資本」であり、その現実具体化されたものが、株式・証券＝擬制資本である。資本の理念は、擬制（フィクション）としてしか具体化されない。しかもその理念の具体化された形態である株式・証券＝擬制資本は、それを所有するだけで利得を生むという徹底的な利己的本質、しかも自己自身に存立根拠を持たない寄生的本質をもつ。その存立根拠は、現実資本による労働者の労働の搾取・収奪にしかありえない。擬制資本所有による利得獲得を、社会の構成員全体が、しかも労働による付加価値形成なしに、実現することは絶対に不可能であり、社会構成員全体とその利得獲得に与からせることはできず、必ず多くの人民を差別、疎外させることによってしか実現しえない。資本の理念によって労働者・人民を包摂・統合することは不可能なのである。

だから、資本の理念が現実化したこの現実に即することによって人民を統合するイデオロギーは成立しない。その下に人民を統合するには、上述したように、経済の面ではトリクルダウン—好循環幻想が、政治の面では外敵侵攻脅威という虚構が不可欠である。欺瞞と恫喝（脅し）による人民の国家への統合である。

しかしこの幻想は現実の実態によってその幻想性を暴露せざるをえないし、外敵侵攻の脅威は自らがつくり出した自作自演でしかないことを露呈して虚構性を暴露するものとなる。その下で、この株式・擬制資本を頂点としたひと握りの金融資本の人民支配・統合は、暴力 Gewalt 以外にありえないことになる。

③　暴力による人民統合

暴力による国家の人民統合—暴力とはどういう事態か。違法・不法・無法の国家権力による人民統合、これが暴力による国家統合である。

a．違法—その基本は、国家の基本法としての憲法違反である。違憲の法は、下位・個別法によって実質的に進められてきた。自衛隊法は実質的には憲法九条戦力不保持違反の法、周辺事態法、イラク特措法は交戦権否認の違法、労働者派遣法は、第二七条違反の法、第一次安倍内閣による教育基本法改訂は、憲法に基づく教育基本の違反である。

違憲の法の極限ともいえるのが、ナチス党・ヒトラーの「民族と国家防衛の緊急令」という名の「授権法（全権委任法）」である。「全権委任法とは、非常事態に際して立法府が行政府（執行権力）に立法権を委任する法律」であって、行政府独裁、まさに暴力政治を可能とする法である。法による暴力である。自民党憲法草案における緊急事態に対応する国民に対する戒厳令の遵守義務は、授権法へのステップといえよう。

b．不法―法の本来の主旨に反する不当な法解釈による法の執行である。耕作者による耕作権を基本とする農地法を適用して農地を取上げる（成田・市東氏に対する空港公団の土地取上げ）などは、不法の法適用の一典型である。（この点は鎌倉孝夫・石原健二共著『成田空港の〈公共性〉を問う』社会評論社、二〇一四年参照）

解釈改憲による憲法違反―集団的自衛権行使を合憲とする解釈なども不法な（法にはずれた）法適用である。日本国憲法はそもそも戦力＝軍事力による「自衛」を認めていない。自国が攻撃されていないのに、同盟国が攻撃されたから参戦する―これを〝自衛〟というのは、憲法完全否定の解釈を合憲と強弁する暴論である。

c．そして無法なつまり、法に基づかない政府＝行政・執行権力独裁による政府の暴力行為。これこそ暴力国家そのものである。対外的な暴力行為の典型は、敵国（敵と認定した勢力）との戦争であるが、国内の敵に対する軍事力行使による治安維持（内戦）も、国家の暴力行為である。

ナチスは「授権法」によって法によらない無法な執行権力独裁政治を行なった。民族一体化と結びついたこの暴力的独裁政治がファシズムの特徴である。

しかしこれと同質の暴力的独裁政治が、いま安倍政権の下で行われつつあるし、推進されている。国家安全保障戦略、防衛装備品輸出解禁、集団的自衛権行使容認、開発協力大綱など、憲法違反の、しかも従来の法に規定されていない（無法）の政府行為を、閣議決定だけによって実際に行使する。防衛装備品輸出や集団的自衛権行使容認の閣議決定だけで、外国政府との合意を進め、すでに実行に移されている。立法はすでに実施されつつある政府の行為の追認の形となっている。

さらに「存立危機事態対処法」―「我が国と密接な関係にある他国に対する武力攻撃が発生し、これにより我が国の存立が脅かされ、国民の生命、自由及び幸福追求の権利が根底から覆される明白な危険がある事態」において集団的自衛権を行使しうるとするのであるが、この「事態」の認定は、政府（時の政権）の判断にかかっている。確たる証拠がなくとも兆候があったとか情報があったというだけで、軍事行動にふみ切る―これは無法の国家暴力行為である。しかも危険な外敵に同調・協力して国内治安を混乱させたと認定して国内の敵に対し軍隊が出動する。明らかに執行権力独裁―暴力行使である。そして現実に暴力装置としての軍隊が出動する戦争が始まれば、法治は完全に失われる。戦争は無法の暴力行為そのものだからである。

戦争国家化は確実に暴力国家化に行き着く。それは、執行権力独裁という点ではファシズム国家と同質であるが、今日では上述してきたように、ファシズムによる国民統合の現実的基盤である民族共同体は崩壊しつつある。だから民族一体化を叫んでもそれは現実の根拠のない観念でしかないものとなるとともに、それ故に暴力性を一層強めるものとなる。

国家の暴力による農民・手工業者の生産手段収奪によって始まった資本主義は、いま最高の資本形態＝擬制資本を形成・展開・膨張させる中で、労働者・人民に対する収奪を強めるしか体制の存続がありえなくなるとともに、暴力によってしか労働者・人民の統合を行いえないところにまで到達しつつある。これこそ資本が支配する経済、社会の歴史的終焉を示す事態である、といえよう。

（『長周新聞』一五年一月一日―四月一七日　一部補筆）

第3章　日本帝国主義体制の危機

第一節　集団的自衛権行使は合憲という暴論

一「安保法制懇」報告書（二〇一四年五月一五日提示）

（一）私的会議の報告書

安倍晋三首相の私的会議「安全保障の法的基盤の再構築に関する懇談会」の報告書が出された（二〇一四年五月一五日、「全文」は『朝日新聞』同五月一六日に掲載されている）。「安保法制懇」のメンバーは、柳井俊二（元駐米大使・座長）、北岡伸一（国際大学長・座長代理）、岡崎久彦（元駐タイ大使）、葛西敬之（JR東海名誉会長）、坂元一哉（阪大大学院教授）、佐瀬昌盛（防衛大名誉教授）、中西寛（京大大学院教授）、細谷雄一（慶大教授）、西修（駒澤大名誉教授）、岩間陽子、田中明彦、西元徹也、村瀬信也である。このメンバーは「集団的自衛権行使容認に賛成の人ばかり」（『朝日新聞』同五月一五日）である。会議は「私的」な会議であり、設置根拠となる法律や閣議決定はないし、報告書の提起が安倍政権の政策に対して何ら権限をもつものでもない。安倍政権の公式の政策として提起するには、いうまでもなく自民党内の論議をはじめ、公明党との協議・合意をふまえた閣議決定が不可欠である。（一五年四月二七日、集団的自衛権行使容認を柱とする安全保障権利与党協議合意、七月一日閣議決定。）

「安保法制懇」報告は、日本の集団的自衛権行使は、今日の時代に適切に即したものであることに強調するとともに、むしろ集団的自衛権の行使によってこそ、国民の生活・命を守りうる―国民の基本的人権尊重にとって不可欠とし、憲法の基本原理に基づいたもの、「立憲主義」によるものとさえ主張する。集団的自衛権行使を現行憲法に違反するものではない、とするだけでなく、憲法の基本原理に基づくものと解釈するのである。

この報告の提示をふまえ、政府の「基本的方向性」を示す記者会見で、安倍首相は「国民の命を守る」には集団的自衛権行使が必要である、と繰り返し強調するとともに、報告書が、国連ＰＫＯや多国籍軍への自衛隊参加を「憲法上の制約はない」としているのに対して、憲法第九条1項の「国際紛争」を「我が国が当事国である国際紛争」に限定されるとして「これまでの政府の憲法解釈とは論理的に整合しない」としてこれを否定してみせ、集団的自衛権行使は「我が国の安全に重大な影響を及ぼす」ケースに限定されるとした。

「必要最小限度の武力行使」を個別的自衛権として認めるが、集団的自衛権はこれを逸脱するものとして違憲であるとしてきた従来の政府解釈を、安倍首相は集団的自衛権にまで拡張して政府解釈を完全に変えながら、「従来の政府の基本的立場を踏まえたもの」とした上で、集団的自衛権行為へのほとんど無制限な自衛隊参加を認める報告書の提起に対し、これを否定してみせるという演出をしているのである。

（二）集団的自衛権行使を合憲とする論理

①「外界の変化に応じて自己変容」は当然？

「外界の変化に応じて自己変容ができない組織は衰退せざるを得ないし、やがて滅亡するかもしれない」――「国家においても、それは同様である」として、「国民の安全を守る」という「国家の使命」の「目的」のために、「外界の変化に対応して、基本的ルールの範囲の中で、自己責任を遂げなければならない」という。さらに次のようにいう。「安全保障環境の大きな変化にかかわらず、その憲法論〔ある時点の特定の状況の下で示された憲法論＝政府の憲法解釈〕の下で安全保障政策が硬直化するようでは、憲法論のゆえに国民の安全が害されることになりかねない。それは主権者たる国民を守るために国民自身が憲法を制定するという立憲主義の根幹に対する背理である」と。いいかえると、安全保障環境の変化に対応して憲法解釈を変更させ、「武力」も「武力行使」も認めること、しかも日本が直接攻撃されていないのに（同盟国が攻撃されたら、その相手に対して）「武力行使」を認めることこそが「立憲主義」に即した考えだという、驚くべき解釈が示される。しかも、このような変化に対応する憲法解釈の変更なくして「国民の生存を守り国家の存立を全うすることができるのか」と、ほとんど恫喝というべき態度を示している。（安全保障環境の変化に関しては後述）

「国民」が主権者として「国家」の行為を縛る――それが立憲主義である。「安保法制懇」は、「国民」を「国家」にすりかえ、「国民」の意志を「国家」の意思におきかえ、「国家」、直接には政府の判断・解釈による「武力」保有とその行使を認めることこそが「国民」の意志よるものだ、とするのである。

明らかに「国民」主権から「国家」主権（直接には執行権力でしかない政府主権）への転換である。現行憲法は、前文及び第九条で、戦争放棄、武力の保有・その行使の放棄こそ、「国民」の意志としている。これを逸脱する政府の行為を制限することが、立憲主義である。それで「国民」と「国家」の安全が守れるのか、という主観的判断に基づいて、立憲主義を完全に解体させ、「国家」主権に転換させるものとなっている。

②基本的人権・国民主権に合致している!?

ところが「安保法制懇」は、武力の保有、その行使を（しかも集団的自衛権行使も）、「憲法に内在する論理の帰結」だと、憲法に即したものというのである。どうしてこういう論理が成り立つのか。

それは、憲法前文の「平和的生存権」と、同第一三条の「個人の尊重・幸福追求権」に基づくもの、という。一九七二年、田中角栄内閣はこれを個別的自衛権のための「必要最小限度」の自衛力として認めたが、集団的自衛権は「必要最小限度の範囲」を超えたものとして「憲法上許されない」とした。「安保法制懇」は、「これらは他の基本的人権の根幹というべき権利である。これらを守るためには、我が国が侵略されず独立を維持していることが前提条件であり、外からの攻撃や脅迫を排除する適切な自衛力の保持と行使が不可欠である」（傍点、鎌倉）から合憲なのだ、という。また「国民主権」に関しても、その「実現には主権者たる国民の生存の確保が前提である。そのためには、我が国（これは国家のこと、鎌倉）の平和と安全が確保されていなければならない」という。

しかし、この理屈では集団的自衛権行使の根拠は何も示されない。重要なのは、ここでも「安保法制懇」は、「国民」（「われら」）と「国家」（直接には政府）とを意図的に同一視し、後者に置きかえ、「個人の尊重」を完全に消していることである。

憲法前文の「平和のうちに生存する権利」は、「国民」（「われら」）と全世界の「国民」の権利である。しかも、この権利の根拠にあるのは、「政府の行為によって再び戦争の惨禍が起ることのないやうにすることを決意」した「国民」の意志である。そして平和的生存権は「平和を愛する諸国民の公正と信義に信頼して」実現しようと「決意」した――戦力保持・武力行使によるのではなく、「国民」間の「信義」「信頼」関係の形成によって実現しよう、というのが憲法の論理である。これが第九条の戦争放棄、「戦力」不保持、交戦権の否認に具体化されているのである。独立国としての国家の〝自衛〟権確立のためと称しても、そのための「戦力」・武力行使が再び「戦争の惨禍」を招く危険性をもつとの認識の下に、これによらず、「信頼」関係形成という〝平和〟的方法で自衛を実現する、これが憲法の真意である。

第一三条に関していえば、この条文は「すべて国民は、個人として尊重される」ことを根本とし、その上で「生命、自由及び幸福追求」の権利は「公共の福祉〔これは他の人間、人間社会の権利尊重を意味するのであって、公共＝国家ではない〕に反しない限り」、国政の上で「最大の尊重を必要とする」、つまり立法・国政の義務である、としているのであるが、「安保法制懇」はこのもっとも肝心な「個人として尊重」を完全に無視した上で国民の平和・安全は、「国家」の生存・安全なくしては不可能とし、これには「適切な防衛力」（戦力）の保持とその行使が不可欠だ」とする。

「個人」の尊重を大前提にした「国民」の幸福、自由追求権を、「国家」の生存・安全にすりかえた上で、「国家」の生存・安全を損なう危険な国・勢力（後述）に対し、「武力」による対決・戦争が不可欠だとし、「信頼」関係形成を頭から否定し、軍事力とその行使で制圧しよう、というのである。

③「国際協調主義」とは日米軍事同盟強化！
「安保法制懇」は、憲法前文の「いづれの国家も、自国のことのみに専念して、他国を無視してはならないのであって、政治道徳の法則は、普遍的なものであり、この法則に従ふことは、自国の主権を維持し、他国と対等平等関係に立たうとする各国の責務であると信ずる」という文章、さらに第九八条の「日本国が締結した条約及び確立された国際法規は、これを誠実に遵守することを必要とする」という文章に基づいて、日米同盟関係―日米安全保障条約の遵守を、国際協調主義と平和主義として正当化する。二〇一三年一二月一七日に閣議決定された「国家安全保障戦略」で提起された「積極的平和主義」は、日本国憲法の国際協調主義と平和主義に基づいている、と主張するのである。

明確にすべきことは、憲法前文の国際協調主義は、制度・体制如何を問わず、主権国の自主権と対等関係確立を「各国の責務」としたものであって、特定国を危険な侵略（その恐れのある）国として除外するもの、あるいは協調する国を現実に軍事同盟を結んでいる国（アメリカ）、あるいは〝自由と民主主義〟を制度とする国に限定したものではない、ということである。

さらに九八条の条約、国際法規遵守に関しては、直接にはポツダム宣言と国際法の遵守であって、サンフランシスコ講和条約、日米安全保障条約、さらに特定国に対する制裁を科する国連安全保障理事会決議（いわんや同盟関係にあるとしてもその国の政策的要請）に従うこと、ではない。

サンフランシスコ講和条約、日米安全保障条約は、ポツダム宣言締約・参加国の中国、ソビエトが加わっていない点で

〝国際〟的条約としての要件を欠き、しかもアメリカ政府の要請によって憲法が禁止している軍事力、自衛隊という名の「戦力」を、自衛権（国家の）の下で認めるものとなっている。しかもこの講和条約、日米安保条約は、明らかに主導国アメリカ政府の意図の下に、ソビエト、中国、さらに朝鮮民主主義人民共和国を、アメリカ政府に従わない、これに抵抗・対抗する国として、敵視し、日本に対してもこれに従うことを強制してきたのである。サンフランシスコ講和条約、日米安保条約は、憲法の根本原理の変質・違反の始まりとなったのである。

それでも歴代自民党政府は、自衛力の名で軍備増強を図りながらも、憲法前文、第九条の手前、日本が武力攻撃を受けていないのに同盟国・アメリカが攻撃を受ければ攻撃相手に対して日本も攻撃するという集団的自衛権行使は憲法逸脱行為として否定してきたのである。

「安保法制懇」は、「日米同盟なくして、我が国が単独で上記第一及び第二のような状況の変化〔次項で示す〕に対応してその安全を全うし得ない」ことは自明として、日米軍事同盟強化の観点に立って集団的自衛権行使が不可欠である、という。しかもさらに「集団的自衛権の行使を可能にすることは、他の信頼できる国家との関係を強固にし、抑止力を高めることによって紛争の可能性を未然に減らすものである。また、仮に一国が個別的自衛権だけで安全を守ろうとすれば巨大な軍事力を持たざるを得ず、大規模な軍拡競争を招来する可能性がある。…一国のみで自国を守ろうとすることは、国際社会の現実に鑑みれば、むしろ危険な孤立主義にほかならない」と恫喝しつつ、集団的自衛権行使こそが、憲法の国際協調主義・平和主義に合致するものと強弁する。憲法を生かすという主張で完全に憲法を殺すものとなっている。さらに「集団的自衛権を行使できなくとも独力で我が国の国家及び国民の安全を本当に確保できるのか、ということについて詳細な論証を怠ってきた」という。しかしこれは「論証」の問題ではなく、事実上の問題である。少なくとも集団的自衛権行使に歯止めをかけ、外国における武力行使を禁じたことによって、日本は人命損傷を免れてきたことは事実である。

国民の生存・安全を国家のそれに置きかえ、そのために同盟国アメリカに関連する集団的自衛権行使が不可欠として、それがなければ日米同盟の信頼が著しく傷つき、その抑止力が大きく損われるか、国民の生命や権利を著しく害されるかを、政府が「総合的に勘案しつつ責任を持って判断すべきだ」というのであるが、現実に戦後アメリカが行ってきた軍事的行為は一体何をもたらしたのか。そしてこれに協力・参加した国の「国民」はどういう状況に陥ったかを、事実に基づいて明らかにしなければならない。

(三) 安全保障環境の変化

「安保法制懇」は、「我が国を取り巻く安全保障環境は、一層厳しさを増している」として次のような六つの「変化」を指摘する。重要なのは次の二つである。

第一は、「技術の進歩と脅威やリスクの変化」である。「技術の進歩とグローバリゼーションの進展により、大量破壊兵器及びその運搬手段は拡散・高度化・小型化しており、また、国境を越える脅威が増大し、国際テロの広がりが懸念される」といい、「例えば」として〔つまり、これは代表的例ということであろう〕「北朝鮮」の脅威——国連安保理非難・制裁決議を無視して、すでに日本全土を覆う弾道ミサイルを配備し、米本土に達する弾道ミサイルを開発中であり、核実験を三度実施し、核弾頭の小型化に努め、生物・化学兵器を保有していると見られるとして——を指摘する。それに付け加えて「また現在、様々な主体によるサイバー攻撃が社会全体にとって大きな脅威となっている」という。そして「世界のどの地域で発生する事象であっても、直ちに我が国の平和と安全に影響を及ぼし得る」ので「国際社会の一致した迅速な対応」「米国を始めとする国際協力の一層の強化が求められている」という。

「北朝鮮」を、日本、さらにアメリカの安全保障に対す軍事的脅威と頭から決めつけ、しかも「様々な主体によるサイバー攻撃」―テロリストの脅威と同列に並べている。

このような安全保障環境の変化の認識は、ブッシュ政権下で起きた〇一年の九・一一「同時多発テロ」に対するブッシュ政権の軍事的対応を思わせる（この点は拙著『朝鮮半島　戦争の危機を読む』白峰社二〇一三年、第三章を参照）。ブッシュ政権は、テロリストを匿っているとして、アフガニスタンに軍事侵攻してタリバン政権を崩壊させ、さらに大量破壊兵器を開発・隠匿し、それがテロリストに渡る危険性があるという虚偽情報の下にイラク・サダムフセイン政権を軍事侵攻で解体させた。テロリストの脅威に対抗するとして行ったアメリカ政府の行動こそが、戦争をひき起こし、多くの人命の殺りく、生存・安全の破壊をもたらした。アメリカ政府に従い、同調することは、平和の破壊、国民の生存・安全の、そしてその基盤の破壊に自ら加担するものとなる。

このテロリストの脅威に「北朝鮮」の脅威を同列においているのであるが、このこと自体全く不当な認識であるばかりでなく、そのことが「北朝鮮」の軍事的対抗、核戦力を持った対抗を必要とさせているのである。一九九〇年代始め以来、アメリカ政府は朝鮮の体制崩壊を図るため軍事介入策動を続けてきた。これに対し朝鮮は国内の民衆と党との団結を図り、軍事的抑止力を強めて対抗してきた。クリントン政権の最後の時期、二〇〇〇年一〇月、「国際テロに関する朝米共同声明」（同一〇月六日）、そして「朝米共同コミュニケ」の締結という画期的成果がもたらされた。前者において朝鮮側は「国家または個人に対するすべての制裁もテロ行為にも反対する」ことを確認し、アメリカ側は「北朝鮮をテロ支援国のリストから排除する目標」を確言した。後者において、双方は「敵対的意志を持たないことを宣言」し、一九五三年の「停戦協定を強固な平和保障体系に代える」ことで見解を一致させている。その後、政権についたブッシュ政権は、この朝米合意を完全に、一方的に破棄してしまった上に、朝鮮の体制崩壊策動を強め、テロリストと同一視し、〝ならずもの国家〟として軍事介入策動を強めた――このことこそが、朝鮮の核戦力をもった対抗・抑止力強化をもたらしている（前掲拙著参照）。これらの点は「安保法制懇」の認識には全く欠落している。

私たちにいま必要なのは、朝鮮敵視、侵攻の脅威は虚偽宣伝であることとともに、朝鮮半島の南北分断が朝鮮人民（南北ともに）による人民委員会を基盤に統一政府が形成される状勢の中で、アメリカ政府がこれを〝共産主義の支配拡大〟だという（虚偽の）理由の下に、何の根拠もないのに不当に政治・軍事介入したことによってもたらされたものであることと、そこに朝鮮半島の戦争の危機の元凶があることの認識である。

第二点として指摘されるのは、「国家間のパワーバランスの変化」である。ここでは、中国・インド・ロシア等の国力が増大し、国際的政治力学に大きな影響を与えていること」、とくに中国の軍事力強化（過去一〇年間で四倍、一四年の国防費は日本の約三倍一二兆円以上と数字を示して）――「近代的戦闘機や新型ミサイルを含む最新兵器の導入とその量的拡大」、さらに「領有権に関する独自の主張に基づく力による一方的な現状変更の試み」が強調され、「これに伴うリスクの増大が見られ、地域の平和と安定を確保するために我が国がより大きな役割を果たすことが必要となっている」という。

尖閣諸島をめぐる中国との対抗に関しては、少なくとも「日本国ヨリ千九百十四年ノ第一次世界戦争ノ開始以後ニ於テ日本国ガ奪取シ又ハ占領シタル太平洋ニ於ケル一切の島嶼ヲ剥奪スルコト並ニ満州、台湾及澎湖島ノ如キ日本国ガ清国人ヨリ盗取シタル一切ノ地域ヲ中華民国ニ返還スルコト」とした「カイロ宣言」（一九四三年一一月二七日）、そして「（カイロ）宣言、条項ハ履行セラルベク又日本国ノ主権ハ本州、北海道、九州、及四国並ニ吾等ノ決定スル諸小島ニ局限セラルベシ」とした「ポツダム宣言」（一九四五年七月二六日）の受諾で、日本は尖閣諸島を事実上放棄していること（だから中華民国に代わった中華人民共和国が領有権を主張することになる)、ところがサンフランシスコ講和条約で「日本国は、北緯二十九度以南の南西諸島(琉球諸島及び大東諸島を含む)を合衆国の信託統治制度の下におく」とした(施政権の日本返還に伴ってこの信託統治下におかれた地域を日本領とする)ことに伴い、尖閣諸島はこの中に含まれる(尖閣諸島は北緯二六度以南)と日本政府がとらえたことによって、問題が生じたこと、を理解しなければならない。このサンフランシスコ講和条約に中国は参加していない――アメリカ政府の意向によってその領有関係が策定されたこと自体に、領有をめぐる対立の芽がある。

それを理解しないまま、尖閣諸島は日本領土なのに、中国が不当に領有権を主張し、軍事力強化でこれを奪おうとしているとして、軍事的対抗とともに、アメリカ軍事力の協力(日米安保によるアメリカの軍事出動)を確認するのでは、問題は解決しえないだけでなく、かえって戦争の危険性を深めることになる。敵視・軍事的対抗によるのではなく、真摯な話し合いによる信頼関係形成―これが憲法の平和主義の現実化なのである。

なお、安全保障環境の変化として指摘されている他の点は、第三点として、日米関係の深化と拡大、第四点として、地域における各国間安全保障協力等の枠組みの動き、第五点として、アフガニスタン、イラクの復興支援、南スーダンの国づくり、シーレーンを脅かすアデン湾の海賊対処等への自衛隊の協力、第六点として、この間の自衛隊の海外における活動、PKO活動等、いずれもアメリカ政府の要請に基づく日本の自衛隊・軍事力の国際的活動の拡大である。そしてこれらの活動でアメリカ政府と密接に協力しつつ、日本が指導的役割を果たすことが必要となっているとして、集団的自衛権行使を根拠づけよう、としている。

二「国民主権」から「国家主権」へ

(一)「国民主権」の意味

「安保法制懇」の提起は、「国民の生命・安全」の保障には何よりも「国家」の生存・安全が保障されなければならないとして、国民を、国家の意思・行為に従わせようとしている。そしてそれは「国民主権」にも、立憲主義にも反するものではないと強弁する。その理由は、「国民」のために国家が行動しているのだから、ということである。しかし私たちは、「国民」のためにということで行った戦争が、「国民」を殺し、生活・生存を破壊した歴史、そして現実を知っている。現行憲法はこの悲惨な歴史の教訓をふまえて、「政府の行為によって再び戦争の惨禍が起ることのないやうにすることを決意し」たのである。

現にいま、アメリカ政府と一体となって、これに抵抗する勢力、国家を武力行使＝戦争によって制圧することが、「国民」のためだとして、「国民」を従わせようとしているとき、何よりもアメリカ政府のその行動が何をもたらしたのか、殺人と破壊、「国民」の生存・安全の破壊以外の何ものでもないという現実を客観的にとらえ、これと一体化した日本政府の行為が「国民」の生存・安全を保障するものではなく、逆に破壊するものとなるという批判、そして抵抗の意志と行動を示すことこそが、「国民主権」の実現であることを明確にしよう。

第一次安倍政権によって改悪された教育基本法は、改正前の基本法の教育目標を、「人格完成をめざし、平和的な国家及び社会の形成者として…心身ともに健康な国民の育成」から、「伝統と文化を尊重し、それをはぐくんできた我が国と郷土を愛する…態度を養う」教育に、したがって現在の社会、国家の「発展に寄与する」ことを教育目標にするように、転換させた。改正前の教育基本法は、現在の国家が「平和的な国家」になっていなければ、あるいはそれを壊そうとする国家であるならば、これを批判し、正すこと、それこそが主権者育成の教育である、としていた（鎌倉孝夫『国家論の科学』時潮社、二〇〇八年、「序にかえて」参照）。

しかも「学校教育法」は「社会について、広く深い理解と健全な批判力を養い、個性の確立に努めること」を（高等学校の）「教育の目標」としている。社会、その上に立つ「国家」に対し、「健全な批判力」を持つ、それによって主権者が育成されるのである。これに対し、現在の「国家」の構成員としての自覚、さらに現在の「国家」への〝愛〟（愛国心）を育成する教育は、現在の「国家」を前提・肯定するものとなり、「国家」に対する批判力を封じ込めるものとなる。しかも、「国家」を愛せず、これに抵抗する「国民」は、「国家」の〝敵〟、〝非国民〟として、強制的に罰せられ、排除されることになる。これは明らかに「国民主権」から「国家主権」への転換である。そして「国家主権」への転換は、必ず「国民」に対する権力的統制・強制を伴うのである。

しかし一体なぜ「国家主権」は「国民」に対する権力的強制を必要とするのか、つまり本来の「国民主権」を抑圧するものとなるのか――今日の「国家」とは一体何なのかをこそ明らかにしなければならない。

（二）　国家とは

現在の日本の「国家」は、資本主義「国家」である。現在の経済・社会体制は資本主義、しかもその最高度に〝成熟〟した、資本の最高の形態である株式・証券＝擬制資本を主役とする金融資本が支配する資本主義である。今日の「国家」は、この経済・社会の上に立ち、この経済・社会秩序を維持する権力として存在している。

従来のマルクス主義国家論は、国家を支配階級の労働者・人民を支配するための権力として規定した。しかしこの規定は、階級関係が、資本主義においては商品経済的関係によって包摂されており、被支配階級としての労働者も、社会的には商品経済的関係に包摂・統合されている（労働者も自ら所有する労働力を商品として売る――「労働」自体が商品関係に包摂されている）ことを明確にしていない点で、不十分な認識であった。安倍首相がくり返し強調する「自由、民主主義、基本的人権尊重、法の支配」というのは、この商品経済の支配、その秩序の維持のための法、法秩序の支配、を意味するものである。そして、労働者も資本主義の中で生きる限り、たしかに商品経済的関係の中で、そのルール・法に従わなければならない。と同時に労働者が、そのルール・法に違反した行為によって損害を受ければ、それに応じて補償を受ける権利をもつ。

しかし資本主義は、この商品経済的関係は、カネによって動かされる経済、社会関係であること、そして可能な限りカネを増やすことを自己目的とする資本が主役となって、商品経済が動かされていること、労働者は市場に参加することによって現実には資本に支配され、カネ儲けの手段として働かされ、搾取されるだけではなく、資本の都合によって市場から排除され、生活・生存を維持しえなくなることが、現実に示されているのである。

しかし、労働者が、人間社会の生存・維持・発展に不可欠な生産物の生産を行い、そのための資質、能力の形成を行わなければ、社会の存続・発展はありえないこと、そればかりか資本自体が存続しえないことが、資本主義の下で現実に明確にされてきた。労働者こそが、そしてその労働・人間の人間としての労働こそが、社会の存続・発展の根拠である――社会の本来の主体は労働者である、という認識が確立されてきた。

商品経済を通した、カネによる支配を通した資本の経済・社会の支配・その維持発展は、労働者の労働、そして労働者の生活・生存の維持を根拠にしなければ行われえないにもかかわらず、資本はこれを保証しえないばかりでなく、労働者を資本の支配に従わせ、金儲けの手段として労働を強制し、労働者の主体性を奪い、逆にモノ・奴隷的に取り扱うこと――この現実の下で、労働者は、資本の支配に抵抗しなければ、しかも組織的に低抗しなければ、生活・生存を維持しえないことを学び、実践することになった。このような意識的抵抗に至らなくとも、カネによる資本の労働者・民衆の支配に対し、サボタージュ、方向性の自覚のない感覚的反発等が生じることになる。

資本による商品経済を通した労働者・社会に対する支配は、市場のルールだけで実現しえないこと、実践的には必ずこれに対する反抗、反発が生じること——その反発・反抗には人間としての生存、あるいは生存根拠としての人間的労働を、モノに解消しようとする資本の支配に対する人間的反発という要素があること、要するに市場のルール、あるいはこれを行動基準としたイデオロギーだけでは、人間・社会を一元的に支配しえず、必ずこれに反発・抵抗する、あるいは非市場的イデオロギーを発生させざるをえない、しかもそこには(意識的かどうかを問わず)人間を主体としたイデオロギーが根拠となっていること、これが資本主義の現実なのである。

だからこそ、資本主義社会は、市場のルールを強制力・処罰力をもった「国家」の法律として成立させ、労働者・民衆に対し、直接にはその反・非市場的イデオロギー、これに基づく行動を規制し、強制的に法律に従わせなければならないのである。この法律によって、労働者・民衆のイデオロギーと行動を実践的に強制・管理・統制する権力が、国家なのである。(これらの点について、詳しくは、鎌倉孝夫『国家論のプロブレマティク』社会評論社、一九九一年参照。なお『国家論の科学』前掲第六章で、その要約を示した。)

だから「国家主権」に従うということは、労働者=被支配階級にとっては、自らの人間的本質に基づく本来の主体としてのイデオロギーと行動を自ら放棄することを意味する。

(三)　憲法の「国民主権」の現実化は

二度の世界戦争を経て、この悲惨な行為をくり返さないために、非戦の誓いが確認され、国連憲章、それに基づく憲法が制定された。世界大戦の本質について、さらにそれをふまえた戦争を起こさない国際的取り決めがいかに成立したかを十分明らかにしなければならないが、ここでは論じられない。ここでは「安保法制懇」の提起に関わって、二つの点を指摘するだけにとどめたい。

第一に、いまなぜ戦争態勢を確立しようとするのか、という点である。

安全保障環境の変化に関してみたように、〝自由と民主主義・法の支配〟を認めない、まさに〝ならず者国家〟が、核をはじめ軍事力を強化して、日本・アメリカを侵攻しようとしていると、何の現実の根拠を示さないまま、頭から決めつけ、「国家」の安全保障が危機に陥っている、それは「国家」自身の生存・安全の危機なのだからとして、「国家」と一体となって「国民」にその対処を要求・強制する——その根拠は、国内労働者・民衆の統合自体の危機にある、ということである。

この間の新自由主義政策の展開の下で、失業・貧困・格差は拡大し、生活は破滅状態に陥っている。しかもその下で「国家」が現実に行っている政策は、日本経済を牛耳っている金融独占資本の競争力を強めなければ、日本は沈没するとして、財政、金融をその目的に集中させ、労働者・民衆に対して弱肉強食の競争を強制した上で一層の収奪を強行する。国家の政策に従ったら労働者は人間として生きられないという現実が明確に示されている。

このような国内矛盾の激化、「国家」による「国民」統合の困難――これに対し、外部の〝敵〟の侵攻脅威をマスコミを総動員してあおることによって、隠蔽し、「国民」の関心をこの脅威への対処が肝心だという方向に向けさせ、「国民」統合を図ること、これが戦争態勢確立の狙いといえよう。「国家」の軍事力は、外部の〝敵〟に対抗して「国民」の安全を保障するという装いの下に、実は破綻しつつある国内体制・秩序の維持を図るために、「国民」を統制・支配する暴力装置であることを、とらえなければならない。

第二に、このような情勢にある中で、憲法が規定する平和原理、そして「国民」の生存権・労働権＝基本的人権の保障を、それを実現する上の「国民主権」を、どう現実化するか、ということである。

資本主義国家の法である憲法は、現実に資本主義体制の下では実現しえない「国民」＝社会の実体を担う主体としての労働者の主権とともに、生存権・労働権という基本的人権保障を「国家」の責任とした。憲法は、現実の資本主義の現実の下で実現不可能な、人間生存の根拠に基づく主体を主権者とし、その主体の生存・維持＝人権保障を根本原理と規定した――資本主義を超える人類の普遍的原理を示しているのである。

この原理を現実化すること、これこそ私たちの目標である。そのためには、この原理を実現しえなくしている、逆に抑圧している体制、そしてイデオロギーを批判し、これに抵抗することとともに、この体制を人間中心の、人間を主体とした体制に変えること、その認識確立のために、憲法の原理を生かさなければならないのである。（なおこの点については、鎌倉孝夫・石原健二共著『成田空港の〈公共性〉を問う』社会評論社二〇一四年、第二章「資本主義と公共性」を参照。）

（『進歩と改革』二〇一四年七月号）

第二節　インフラシステム輸出戦略
――現代的帝国主義の対外進出の特徴

一　中村哲氏の訴えに関連して

（一）一九八〇年代からアフガニスタンで難民診療や農業用水路建設などの活動を行っているＮＧＯペシャワールの会代表中村哲氏は、日本政府の「集団的自衛権」の行使容認に対して、次のように訴えている（『信濃毎日新聞』二〇一四年五月三日）。

「欧米が〈テロ〉に対して行った〈集団的自衛〉の最前線で何が起きてきたかを伝えることは、日本で今議論されている憲法改正を考える上で意味がある。軍事活動の開放は、アフガンで活動したＩＳＡＦ（国際治安支援部隊）に参加するような形が一つの典型だからだ。…アフガンは、ソ連や欧米諸国、隣国からの軍事干渉でかき乱されてきた。特に、〈九・一一（二〇〇一年）〉に始まる〈対テロ戦争〉以後、おそらく史上最悪の治安状態が続いている。…対テロ戦争が憎しみとテロリズムを一層育んだ側面が強い。…復興を妨げる大混乱は、実は軍事活動によってもたらされたものだ。／戦争は手段を選ばない。謀略、情報操作、拷問、内紛工作…何でもやる。それまで戦火の中にあっても、農村地域では、慣習法で治められる安定した地縁共同体があった。宗教や文化を尊重する限り、それなりの安全と秩序が保たれていた。〈対テロ〉戦争はそれをも壊して無秩序を拡大した。固有の慣習までやり玉に挙げ、宗教施設への爆撃が日常的に行われ、多大の犠牲者を出した。根深い敵対と不信が人々に生まれる一方、西側諸国でも恐怖と警戒心が再生産され…悪循環をつくった。／戦争はまた、民の生活に無関心である。農民を苦しめてきた旱魃も、国際的に大きな問題にされなかった。かつて完全自給に近かった食料生産は、旱魃で半減したと言われる。…気候変動＝農業危機への取り組みは、戦争によって大幅に先送りされた。」

その中で、ペシャワールの会が難民診療や農業用水路の整備といった活動を継続できたのは、日本が人道支援を前面に出し、軍事的関与に慎重な姿勢をとり続けたからだった。だから「出兵した欧米諸国と対照的に、日本への親密感は失われなかった」。

ところが安倍政権は、集団的自衛権行使を〝合憲〟とし、その名目で自衛隊を派兵しようという。「日本が〈集団的自衛権〉の行使を容認すれば、ＩＳＡＦのような国際武装部隊への参加に確実に道が開かれ、新たな敵対を生み出すことになるだろう。〈平和への貢献〉とは喧嘩に加わることでも、喧嘩の道具を輸出することでもない。暴力化する世界情勢を生きる道は、無用な敵をつくらず、犠牲を減らす努力である。そして、それこそが破局を救う現実的な国際貢献となり得るのだ」「世界に足りないのは、軍事力ではなく、人間への思いやりと自制する勇気である」と。

（二）安倍政権は、集団的自衛権行使を「合憲」として行使しうることを、閣議決定した（一四年七月一日）。それを合法化する安保法制を成立させようとしている（一五年七月末）。安倍政権は、アフガニスタンが、そしてイラクが、いまどのような混乱、無秩序の状況になっているのか、そしてそれが何によって生じたのかをどう認識しているのか。「テロリストをかくまう国家」「ならずもの国家」と断定し、これに対し集団的自衛権行使として軍事侵攻し戦争をひき起こし、政権を崩壊させたこと、このアメリカ・ブッシュ政権の行動自体がこの事態をひき起こしたのだ。安倍政権は、そして安保法制懇も、このことを全く無視している。「我が国と密接な関係にある他国」―同盟国・アメリカが武力攻撃を受け、「これにより我が国の存立が脅かされ、国民の生命、自由及び幸福追求の権利が根底から覆される明白な危険がある場合において」、また「国民を守るために他に適当な手段がないときに」という限定条件の上で、「必要最小限度の〔武力による〕実力を行使することは、…憲法上許容されると考えるべきであると判断」して、集団的自衛権行使を閣議決定したのである。この〝限定条件〟は自衛隊の出動させることを目的とした条件（本来なら、自衛隊を出動させないでどう平和を維持するかをこそ考えなければならない）であり、しかしも実際には政府の判断に委ねられるものであって、何の歯止めにもならない、ほとんど偽装というべきものでしかない。

中村氏の訴えとは全く正反対の方向に明らか歩みはじめた。日本政府自体の行為が相手国の反発と対抗力を強めているのではないかという「自制する勇気」を投げ棄て、その対抗力が日本の国家にとって重大な安全保障上の脅威であると頭から断定し、これに対し同盟国支援として「武力」を行使―戦争を仕掛けようというのである。自ら敵をつくり出し、犠牲を増やしても当然という方向である。

安倍政権は、一三年一二月閣議決定した安全保障戦略に基づいて明らかに軍事国家体制づくりを進めている。

（三）「アベノミクス」の第三の矢とされている「成長戦略」が集団的自衛権行使容認と実は不可分に関連している。民主党・野田政権が成長戦略として提起・推進しようとしていた「インフラシステムの輸出」を、安倍政権は「海外経済協力インフラ戦略会議」（一三年三月）を立ち上げて具体化し、推進することを閣議決定（同五月）した。そこでは、「世界各地の現場で働く邦人の安全を最優先で確保しつつ、エネルギー鉱物資源の海外権益確保と我が国の世界最先端インフラシステムの輸出を後押しする」とした。「邦人の安全」を図る—そのために自衛隊派兵が必要だ、ということになりかねない（後述）。「世界最先端インフラシステム」とされている原子力発電と関連施設さらに軍事兵器・装備が輸出拡大戦略の重要な柱となっていることも明らかである。これはいうまでもなく武器輸出三原則の破棄・輸出の原則解禁（一四年四月閣議決定）と直接関わる。安倍政権は、この点に関連して「防衛生産・技術基盤戦略」を決定し、産学官共同体制による武器共同開発・輸出に向けた軍需産業優遇策を決定し、「防衛装備庁」新設を決めた（一四年六月一九日、第三節で展開）。

途上国への民生協力に資するものとして位置づけられてきたODAも、その位置づけが大きく見直しされ、インフラ輸出拡大・促進のバックアップとして、しかも「非戦闘分野」の支援という限定の上ではあるが、自衛隊派兵や他国の軍隊との連携を「一律に排除すべきではない」としている（「ODA大綱見直しに関する有識者懇談会・報告書」二〇一四年六月）。

この「報告書」は、「グローバル化の進展により、開発にとって多様な主体・資金が果たす役割の重要性が飛躍的に増す中で、〈連携〉の意義・重要性・中身等は根本的に変容されている。よって〈開発の効果を最大化するためのパートナーシップの時代〉という観点から多様な主体・資金との連携の重要性を明確に位置づける」とし、「NGO・市民社会団体（CSO）との連携は援助効果を高める上で極めて重要である」との観点から、「NGO・CSOとの連携を戦略的に強化するためにも、外務省・JICA（在外の機関を含め）側の人材育成・組織体制整備も必要」と提起している。

地道に、現地住民の生活基盤、慣習・文化・宗教を尊重しながら生活援助を行ってきたペシャワールの会はじめ、NGO、CSOの活動が、「援助効果を高める」という観点から、政府、民間援助と「連携」・統合させよう、という動きの中で、政府がめざす援助目的（この点は具体的に示さなければならないが、資本家的企業の市場進出・拡大—利潤追求目的がめざされていることは明らかである）に適合しないなどとして、排除あるいは阻げられることになりかねない。

集団的自衛権行使容認—インフラシステム輸出—ODA大綱見直しがセットされて、しかもこの三点セットを「成長戦略」の柱として政策的に推進する——これは今日の情勢に規制された帝国主義的対外進出を示すもの、といえよう。その下で、進出先国の労働者・民衆はどのような影響を蒙るか──そして日本国内の労働者に対する影響は。本節は、集団的自衛権行使容認─自衛隊海外派兵を、インフラシステム輸出という新たな帝国主義的対外経済進出との関連で、明らかにすることによって、現代的帝国主義の対外進出の特徴をとらえたい。なおここで「帝国主義」というのは、自立した主権国相手でも、ある国の資本家的企業が利潤獲得目的で投資を行い、現地労働者の搾取、その国からの資源獲得を行うため労働者・経営者を派遣し常駐し、その生命の安全保障を企業の権益とともに図る（活動の維持を図る）ために軍隊をも派遣し、戦力を発揮するという事態をさしている。

二　インフラシステム輸出──それがもたらすもの

(一) グローバル競争戦、とくに中国との競争の中で

インフラシステム輸出──それは日本の輸出産業企業の機器等製品輸出だけではなく、進出先国のインフラ設計（「川上」部門─インフラ案件発掘、案件形成）から、インフラ建設（「川中」部門、調査・設計・建設）、さらに維持・管理（「川下」部門）を含めたシステムとして一括受注し、さらに開発に伴う新たな事業・投資分野の誘発・拡大を通し、市場発掘・拡大を図ろうという戦略である。進出先国の経済、社会開発政策に関わるとともに、各分野の事業の連携を必要とすることによって、この戦略の推進は、民間（その連携）だけではなく、政府の政策的補完、助力を伴うものとなる。

一九七〇年代後半以降、資本主義各国の資本家的企業中心の世界市場競争戦が激化してきたが、九〇年代以降、ソビエト・東欧「社会主義」の崩壊と市場経済の導入、中国・ベトナム等「社会主義」志向国、インド、ブラジル、韓国の市場経済推進と世界市場競争戦への参入とともに、グローバル競争戦は過激化している。とくに二〇〇〇年代に入って韓国・中国は、低賃金を武器にインフラシステム輸出を拡大してきている。「欧米の資源メジャーに対抗するために取ったのは、政府ぐるみの便宜供与、資源の採掘や積み出しのための鉄道や港湾、発電所といったインフラ建設を中国が請け負う。資金は中国政府の援助に加え、国有の中国輸出入銀行や国家開発銀行も有利な融資を提供した」（『朝日新聞』一四年六月二四日）。〇三年から一〇年間での中国─アフリカの貿易額は、〇三年の約一〇〇億ドルから一三年には二一〇〇億ドルに、投資額は一・七億ドルから一三三億ドルと五〇倍も増えている（アフリカに対するインフラ投資は、中国一三三・六億ドル、日本一二一・六九億ドル、フランス一八・一七億ドル、ドイツ一〇・九四億ドル、アメリカ七・九一億ドル、韓国六・七七億ドル、イギリス四・五八億ド

ル等。「アフリカ・インフラ・コンソーシアム年次報告書」二〇一二年版、『朝日新聞』同上)。

国営企業中心に、しかも国策として推進されている中国のインフラシステム投資。欧米日におけるインフラ投資は、これに対抗しなければならない。中国の台頭は、元はといえば、資本主義各国が、中国の市場経済化を図るため資金・技術を提供し、企業を進出させ、新自由主義を推進させてきたことの結果なのであるが、現在では、資本主義各国は市場権益を守る上に、中国への対抗をせまられることになった。資本主義各国の世界市場進出確保は、途上国、新興国とのＦＴＡ、ＥＰＡによる囲い込みを図りながら——しかし、これは排他的市場圏を形成しえない——、金融面中心の市場進出とともに、先端的技術開発分野へと転換をせまられている。

しかし資本主義各国の、中国はじめ新興国との競争を通した市場進出・確保は、資金コストの面だけではなく、私的資本家的企業、しかも多国籍化した企業による利潤追求を目的として行われること、したがってそこには、インフラシステム輸出に参加する個々の企業にとって確実な利潤獲得の見込みがあるかどうか（利益が得られずその見込みもなければ撤退する）によって、制約を受ける。〝国益〟確保上国策に従うことを求めても、個々の企業は儲けがえられなければ従わない——むしろ逆に国家の政策を、個々の企業の利益に従わせようとする。

同時に資本主義各国の帝国主義的意図をもった国家的政策推進は、イデオロギー的要素を伴う。市場経済・資本主義を当然視し、それを内容とする〝民主主義と法治〟を肯定する諸国への資本進出、資金・技術援助に限定する傾向を伴う。反資本主義的共同体堅持の上で〝独裁〟政権を維持しようとする国、内実は自主権堅持であっても帝国主義への対抗姿勢をもつ国に対しては、国家的資金・技術援助を行わない傾向が強まっている。日米同盟関係の強化は、アメリカ政府による帝国主義的支配の要請による縛りを強めるものとなる。

実はこの側面が、中国との市場競争戦にとって制約となっている。中国の国家的資金・技術援助を伴うインフラシステム輸出は、対象国の政治体制を問わない。「中国はアフリカで一千以上のプロジェクトを完成させたが、政治の条件をつきつけたことは一度もない」（王毅外相、前掲『朝日新聞』）。中国は「豊富な資金を提供しながら、政治には口を出さない〈内政不干渉〉の原則だ。米国とは対極にある。欧米諸国が深入りを嫌う独裁政権にもカネを出して資源の獲得を重ねた」（同上)。

中国はまさに対外的に国策として市場経済を通した利益の追求を推進し、それを国益としている。私的企業の利潤獲得目的ではなく国家自体が利潤獲得に純化している。国家が利益を実現しうるならば、政治体制やイデオロギーは問わない。もちろんこのことが、進出先の民衆の利益を奪い、その生存を危うくすれば、当然中国の国家自体が批判・抵抗の対象となる。

中国とのインフラシステム輸出の競争戦——資本主義各国・日本もこれへの対処を必要としながら、私的利潤目的を中心におくとともに、カネに〝色〟をつけざるをえない帝国主義的意図をもった資本主義各国のインフラシステム輸出は、国家あげて純粋に市場の論理を追求する中国には勝てない。勝とうとして国家が政策的に対応すれば、国家自体（直接にはその財政が）危機に陥らざるをえない。

（二）多国籍企業主体のインフラシステム輸出

日本の輸出産業大企業は、グローバル競争戦の中で、しかも円高による制約の中で、積極的に対外直接投資を拡大して対応してきた。とくにアジア（中国、ＡＳＥＡＮ）に対する投資は二〇〇〇年代に入って急増している。二〇〇〇年から一一年まで、対アジア直接投資は五億ドルから二五・八億ドルに急増している（対中国八六九九万ドル↓八億三三七九万ドル、対ＡＳＥＡＮ二・五億ドル↓一一億ドル）。ＯＤＡは逆に九七年をピークに半減している。途上国に対しても、「今やＯＤＡの約二・五倍にあたる民間資金が…流れている」（「ＯＤＡ大綱見直し」報告書）。

「いわゆる新興国を中心とした世界のインフラ需要は膨大であり、急速な都市化と経済成長により、今後の更なる市場の拡大が見込まれる。／このため、民間投資を喚起し持続的な成長を生み出すための我が国の成長戦略・国際展開戦略の一環として、日本の〈強みのある技術・ノウハウ〉を最大限に活かして、世界の膨大なインフラ需要を積極的に取り込むことにより、我が国の力強い経済成長につなげていくことが肝要である。／こうしたインフラシステムの海外展開については、一義的には民間企業主体による取り組みが重要であり、新興国等の海外市場の特性を踏まえたグローバル戦略の策定や、コスト競争力やマーケティング強化の面で、これまで以上の企業努力が求められるとともに、海外に活路を求める企業としての強い意志が必要である」（「インフラシステム戦略」二〇一三年五月一七日、閣議決定）という。

このように「インフラシステム輸出」は、民間企業＝資本家的大企業を主体とし、その市場拡大（需要とり込み）による利潤拡大を目的とする「成長戦略」の柱として位置づけられている。

「また…新興国等におけるインフラ開発は、一般に初期投資の規模が膨大である一方、投資回収には長期間を要し、事業リスクが高く、また現地政府の影響力が強いことから、日本側も政府が民間企業と連携して官民一体となった取り組みを推進しなければならない。／このため、民間企業によるビジネスモデルや経営判断を前提としつつ、日本政府としてもあらゆる施策を総動員して民間企業の取り組みを支援し、官民一体となった海外展開の推進を図る必要がある」としている。民間企業＝資本家的大企業の輸出拡大を図るために、国家が「あらゆる施策を総動員」するというのである。これによって現在約一〇兆円のインフラシステム輸出を二〇二〇年に約三〇兆円に増大させる、という。さらにインフラシステム輸出と経済協力と連携して、官民一体となって、「エネルギー・鉱物資源の海外からの安定的かつ安価な供給確保」を図る、としている。

インフラシステム輸出の拡大を図る主な分野、そして受注額推計をみると次のようである（前掲「戦略」）。

エネルギー分野。電力（現状＝二〇一〇年約二・二兆円）、原子力（〇・三兆円）、石油・ガスプラント（〇・五兆円）、スマートコミュニティ（〇・八兆円）→二〇二〇年に合わせて九兆円程度に。

交通分野。鉄道（〇・一兆円）、次世代自動車等（約一〇億円）、道路（〇・二兆円）、港湾（整備約五〇〇億円、運営五〇〇億円）、航空（五〇〇億円）→全体で七兆円程度に。

情報通信分野。約四兆円→六兆円程度に。

基盤整備分野。工業団地（一〇〇億円）、建設業（一兆円）→二兆円程度に。

生活環境分野。水(約〇・二兆円)、リサイクル(約〇・一兆円)→一兆円程度に。

新分野として、医療（現状約〇・五兆円）、農業（約一五〇億円）、宇宙（約二〇〇億円）、海洋インフラ・船舶（約〇・一兆円）、郵便（約一五〇億円）→五兆円程度に。

従来型の道路、鉄道、港湾、通信分野だけでなく、エネルギー分野の中で電力、とくに原子力（原子炉、関連施設）の輸出がめざされていること、新分野として、医療・農業・水など生活に直結する分野とともに、宇宙（航空を含む）、船舶（潜水艦等艦船を含む）が重視されていることに注目しよう。

またインフラ海外展開のターゲットとされる国・地域は、①ＡＳＥＡＮ、②南西アジア（インド）、中東・ロシア・中南米、③アフリカである。

中でも、中国の進出に対抗する面もあって、ＡＳＥＡＮ（ベトナム、タイ、ミャンマー）、大規模なインフラ整備をめざすインドとともに、「貿易投資でもインフラ海外展開においても日系企業の事業展開フィールドとしてきちんと位置づけられていない状況」にあるアフリカへの進出がターゲットとされている。アフリカは、資源確保の観点からも重点がおかれている。安倍首相は、これらターゲットとされる諸国に、トップセールスを行って財界に奉仕している。

（三） 若干の具体的状況、問題顕在化

インフラシステム輸出がどう進行しているか、それが何をもたらしているかを、現実の状況を通してとらえなければならないが、ここでは新聞にとり上げられた記事によって事実の一端と問題点を示そう。

①インフラシステム輸出のターゲットとして日本政府が力を入れているベトナムの状況。

ベトナムは、二〇三〇年までに国内八カ所一四基（出力一五〇〇万kW）の原子力発電を建設する計画を立て、南部ニントゥアン省に第一原発（二基）、第二原発（二基）の建設を一四年着工、二〇年運転開始としていた。第一原発はロシアが受注、第二原発は日本の受注が予定されている。しかしこの原発建設計画は大幅に遅れる見通しとなっている。

その原因は、福島第一原発の事故による原発の危険性の認識——だから日本政府としては原発安全基準を厳しくし、「世界最高水準の安全性」を示すためにも再稼動しなければという行動をとる——とともに、原発建設作業を点検できる人材不足がある。原発建設には莫大な資金（一基約五〇〇〇億円）を要する。しかしベトナム経済は一二年以降減速し、一三年以降は南シナ海の領有権を巡る中国との対立が激化し、ベトナム人による激しい反中国デモが生じたことから、中国人労働者が大量に引き揚げたため、中国企業によるインフラ開発、建設事業が停滞したり、観光客が激減して、経済に打撃を与え、財政危機が深刻化している。一三年の財政赤字は約九〇〇〇億円に達している（『日本経済新聞』一四年二月九日、同六月二九日）。

ベトナムは、インフラ整備の上で、日本の新幹線方式（時速三五〇㎞）による南北高速鉄道建設を計画している。日越政府間の協力で、二〇年に一部開業をめざしていた。この計画は、六兆円弱の建設費を必要とするといわれている。これに対しこのような建設に巨費を投ずるより、生活安定・向上に資金をふりむけるべきだという民衆の反対の声が高まり、当面の新幹線計画は凍結された。

総工費七〇億ドル（約七一〇〇億円）をかけて南部ドンナイ省で建設予定のロンタイン国際空港も「無駄遣いだ」などの批判が噴出しているし、日越共同開発するラックフェン国際港も、両者間で開発手法の意見が食い違い計画見直しの瀬戸際に追い込まれた。

「なぜ、公共事業見直しが頻発するのか。ベトナムは一六年に五年に一度の共産党大会と総選挙を控える。党・政府関係者や国会議員は既に次期体制をにらみ始め、土地収用が必要な大型インフラは〈有権者の反発を招く恐れがあるために及び腰になっている〉」（外国金融機関の関係者。『日本経済新聞』一四年二月九日）。

このような大型インフラ輸出の挫折・転換は、「受注を目指してきた日本企業にも大きく影響している。原発は三菱重工、東芝、日立製作所などが、新幹線は川崎重工業や住友商事などが受注を競ってきた。…日本が官民で進めてきたベトナムへのインフラ輸出戦略も練り直しが迫られそうだ」（同上）。

②タイの状況。一四年五月の軍事クーデターでタイの全権を握った国家平和秩序評議会（ＮＣＰＯ）。暫定憲法に基づいて政権樹立、国家改革会議を経て新憲法の確立を図るという方向であるが、前政権（インラック首相）が策定、進行させてきたインフラ整備が受け継がれるかどうか、厳しい状況となっている。

インラック前首相は、バンコク市を中心に総距離一四五〇㎞の高速鉄道整備計画を打ち出した。総事業費は二兆五〇〇〇億円の巨大プロジェクトである。日本政府は受注に向け手を尽くしてきた。日本企業も受注をめざしてきた。三井物産、三菱重工、ＪＲ東日本、ＪＲ九州が一三年企業連合を組んでいる（『日本経済新聞』一四年六月四日）。この政変、しかも反タクシン派は、巨額借金による財政悪化を懸念している。民衆の多くは、新高速鉄道計画よりも、生活安定を強く望んでおり、計画は見直されるのは必至である。なお、タイ・バンコクから北・西に延びる総延長約四〇㎞の高架鉄道（タイ国鉄）に、住友商事、日立、三菱重工の三社連合が受注したと、タイ・プラジン運輸相が『日本経済新聞』に明らかにした（同、一五年七月三日）。総額三二〇億バーツ（約一一五〇億円）。住商が全体をとりまとめ、日立が車両（約一三〇両）三菱重工が信号システム、変電設備を担当する。（政府は円借款を供与する。）

③新政権モディ政権が成立したインド。モディ政権も、成長政策の柱として大規模なインフラ整備計画を打ち出した（一四年七月、一四年度予算案発表。『日本経済新聞』一四年七月一一日）。年度内に八〇〇〇㎞の高速国道開発に約三八〇〇億ルピー（約六四六〇億円）、全国一〇〇カ所に現代都市創出計画七〇〇億ルピー、一六の新しい港湾の建設、一万五〇〇〇㎞のガスパイプライン、九路線の超高速鉄道整備等がもり込まれた。高速鉄道整備では、一部路線でＪＩＣＡ（国際協力機構）が事業化調査を実施し、ＪＲ東海などの関連企業、さらに「デリー・ムンバイ産業大動脈構想」に乗り出してきた東芝などが関心を示している。

しかし、インドでも財政は慢性的な赤字（一一～一三年でＧＤＰ五～六％の赤字）となっており、それが制約となっている。モディ政権は、全国一律の物品サービス税導入を検討するほか、食料・燃料に対する補助金についてもゼロベースで見直す方針を示しているが、これは民衆の反発を強めることになりかねない。

中南米。一四年七月二五日から安倍首相は、メキシコ、トリニダード・トバコ、コロンビア、チリ、ブラジルを歴訪し、トップセールス活動を行った。三菱重工、トヨタ自動車、味の素、大成建設、新日鉄住金、JXホールディング、住友金属鉱山、千代田化工建設、みずほ・三井住友・三菱UFJ銀行など七〇人の財界人が同行した。狙いは、エネルギー・資源開発確保、インフラ整備協力とともに、安保理改革などでの連携確認（ブラジル）も含まれている（『日本経済新聞』一四年七月二五日）。キューバと連帯し、多国籍企業の収奪に抗しているベネズエラ、ボリビア、ニカラグア等に対する牽制という意図もうかがえる。ルセフ・ブラジル政権は、事業費約一兆六〇〇〇億円で高速鉄道を計画しているが、一三年夏以降見送られている。この五月にはワールドカップ開催より福祉の充実や安価な住宅供給を求める大規模な反政府デモが起きた。新幹線建設計画への巨額投資は、民衆の反発を招きかねない。

（四）ODA見直し―インフラ輸出促進に活用

ODA大綱見直しに関する報告書（一四年六月）の内容に関しては、上述したように開発途上国への民生的援助から、相手国の所得水準基準によるのではなく、インフラシステム輸出拡大を図る上に活用すること、さらに「非戦闘分野」―民生目的、災害救助等の支援であれば、「軍」の関与は「一律に排除すべきではない」とした。

このODAの見直しによって、武器輸出三原則の撤廃、日本の「安全保障に資する」目的ということによる原則容認と関連して軍事兵器装備の共同研究・開発を大々的に進めるためにも、政府資金が活用されることになる。

すでに安倍政権は、軍需生産企業の要求に即し、「防衛生産・技術基盤戦略」を決定（一四年六月一九日）し、国際的な（アメリカ軍需産業を軸とした）兵器共同開発・輸出拡大を進めている。このことについては、日本の兵器産業の現状をとらえ、次節で分析するが、本節では、一四年七月八日に協定が成立した「日豪共同声明」「防衛装備品技術移転協定」にふれておく。

「日豪共同声明」は、日豪EPA締結、TPPの早期締結へのコミットメントの確認とともに、「安全保障・防衛協力」に関して、アボット豪首相は、安倍政権の「積極的平和主義」、集団的自衛権行使を含む安全保障枠組みの再構築の支持を表明するとともに、共同運用・訓練の円滑化を図る行政的、政策的、法的手続きを改善する協定作成に向けた交渉開始を決定、日豪防衛装備品・技術移転協定では「互いの関心分野における防衛装備品及び船舶の流体力学分野（潜水艦を含む）に関するものを含めた技術の共同研究、開発および製造を通じて日豪間のより深化した協力を容易にする」としている。「防衛装備移転三原則」を早速に始動させた。

「地域・国際情勢」の認識も重要である。まず「両首脳は、それぞれの米国との同盟関係が地域の平和と安全に著しく貢献していることを再確認し、米国のリバランス（アジア太平洋重視政策）への強い支持を強調した」。また「アジア太平洋地域における法の支配の促進の重要性を強調」した。明らかに資本・市場経済肯定の価値観、それに基づく「法の支配」を政策の基本におくことの確認である。

この確認は、中国の東シナ海、南シナ海の「力の使用または強制による現状の変更を図る一方的試みに反対」するという対中国牽制とともに、「北朝鮮に対する、核・大量破壊兵器及び拡散計画」の「放棄」、「人権侵害」に対する「非難」、「拉致問題を含む未解決の人道上の懸念に早急に取組む」よびかけと関わっている。

インフラ輸出促進は、政府資金によるＯＤＡと関わるとともに、兵器共同開発、「軍」の協力・共同（さらに「軍」による邦人の生命安全保障）という政治・体制に関わるものであることによって、イデオロギー的、政治的対立、そして戦争の危機を深めるもの—それによってむしろ経済的協力関係を制約するものとなる。しかし、オーストラリアは中国と経済的関係が深いので、安倍首相の思惑通りにコトが運ばれるとはいえない（後述）。

三　現代の帝国主義的対外進出の特徴

以上の一定の分析をふまえ、現代の帝国主義的対外進出の特徴を要点的に指摘しておこう。

（一）主役としての多国籍金融資本

資本主義各国の大資本＝金融資本が世界市場進出・確保の主役となっている。しかも資本主義国の大資本＝金融資本は多国籍化している。

この資本主義各国の金融資本の市場拡大・市場権益（資源獲得を含む）に対し、現在は中国の国家的資本が参戦している。中国資本の対外進出は、国益目的で行われているので、国家資金が総動員される。これに対抗して市場や、資源獲得・確保を図る資本主義各国も当然私的資本を主役としながら、国家資金による補強が不可欠とされる。むしろ私的金融資本が、国家を利用して市場進出、資源獲得・確保を図るものとなっている。

(二) インフラ・システムの輸出の特徴

資本主義国・日本のインフラシステム輸出に関しては次の点を明確にとらえなければならない。

①進出対象国のインフラ計画策定に関して。「日本のインフラ輸出戦略」でもインフラ整備計画策定に関し、対象国のニーズに応じることをかかげている。しかし何よりもこれに関わる日本企業（企業連合）の私的利潤獲得が目的なので、これに対応したインフラ計画を提起（あるいは発掘）することになる。利潤獲得が十分見通されなければ、計画はまとまらない。資本家的企業が関わるので、現地の経済発展、民衆の生活の状態に適合しないインフラ整備案件が提起、決定されることにもなる。

またインフラ整備は、現地国の経済発展にプラスになるといっても、現地国の経済状況、政治状況によって利害関係は一様ではない。現地の資本家的企業の成長にプラスとなっても、労働者・民衆にプラスとなるとは限らない（むしろ後述③で指摘するように悪化することが多い）。現地の政治的関係と関わって、政治勢力間の対立・抗争を激化させることもある。

②上掲の具体例でもふれたように、インフラ整備には膨大な資金・財政資金が必要である。そのことだけでも財政状態が悪い国にとってはインフラ整備は制約される。現地の生活水準・状態にとって不要あるいは適わしくないインフラ整備に、巨額の財政資金が使われ、しかもこれを捻出するために生活安定・向上に不可欠な財政資金の支出が抑えられれば、確実に労働者・民衆の反発・抵抗が生じ、激化することにもなる。

③インフラ建設進行の中で。決定的に重要なのは、インフラ建設の実施は土地買収とともに住居撤去移動を必ず伴う。現地住民としては、わずかのカネと引きかえに、土地をはじめ生活基盤を失うことになる。十分な補償がなく、また雇用の場がなければ、現地民衆の生活は悪化、あるいは危機になる。

インフラ建設が、資本家的私的企業に担われれば、建設コスト削減のため、現地労働者の賃金は抑えられ、労働条件は悪化することにもなる。

さらにインフラ建設に必要な設備等の輸入によって貿易収支の悪化が生じかねない。原発建設・稼動などは、確実に環境を悪化させ、生活生存条件を奪う危険を伴う。貿易悪化への対応策として、輸出拡大を図る――そのさい現地住民の生活生存に不可欠な生産が、輸出用の商品生産に転換されることになれば、現地住民の生活は破壊される。

④インフラ建設が完成し稼動する中で。インフラ設備の管

理、メンテナンスにも、労働者（進出国の技術者等を含めて）を継続的に雇用しなければならないし、維持・管理に伴う費用負担を必要とする。

建設したインフラが十分稼動しなければ、つまり利用が十分なければ、インフラ設備投資は利潤をあげられない――その経営に参加している資本家的企業が投資を引揚げることもある。稼動が十分でなくコストがかさむ中で、収支採算を維持しさらに利潤を獲得しようとすればコスト切下げを図るため、維持・管理費削減――それに関わる労働者の雇用削減、賃金切下げ、労働時間延長等、労働者への犠牲が強まる。維持・管理に伴う財政負担とともに、労働者への犠牲が強まれば、確実に現地労働者民衆の反抗は激化する。

インフラシステム輸出、その維持・管理の継続的必要は、進出元・本国の技術者、管理者の長期的な派遣、現地生活を必要とさせる。現地の労働者の状態が悪化し財政難が深まれば、現地住民の反発―デモ・ストが発生する可能性も高まる。派遣した日本人の生命の危険性が生じたとき、現地国の警察・軍隊が出動してこれを規制することもあるし、あるいは本国の軍隊派兵―まさに邦人生命の安全確保のためということでの軍隊派兵・実戦行動も必要とされる。集団的自衛権行使容認による自衛隊の派兵は、このようにインフラ輸出―維持・管理に関わる邦人生命安全保障の役割を射程に入れている、ととらえなければならない。

(三)　帝国主義的侵略化

その上日米同盟強化、軍事的イデオロギー的にアメリカと協力関係を結び国家間関係を強化する中で、インフラシステム輸出・資本進出に伴う現地住民・労働者のデモが過激化し、現地政権の対応如何に関わるが、内乱状態になった時、現地政府に対抗する勢力を〝テロ〟と断定し、アメリカと軍事的に協力した現地政府支援、あるいは〝テロ〟に対抗する進出資本家的企業の権益擁護を目的とした軍事出動へと進展することもありうる。

私的資本家的企業の利潤追求目的による市場の進出、これをバックアップする本国国家の権益追求目的によるインフラ輸出―市場進出・確保には、帝国主義的侵略戦争をひき起こす可能性がある、と捉えなければならない。

（『進歩と改革』二〇一四年九月号　一部補筆）

第三節　日本的軍産複合体の形成
――それがもたらすものは戦争・破壊

一　軍需産業に関する新しい動き――いくつかの事例

（一）「富士通が米防衛企業買収」

これは『東京新聞』二〇一四年八月二六日一面トップの見出しである。

「富士通の英国子会社〈富士通サービス〉がことし五月、米国防総省の武器管理システムなどを開発する米ＩＴ企業を買収した…」。買収したのは、米テキサス州のＩＴ企業「グロープレンジャー社」。この会社は、「ＲＦＩＤ（無線自動識別装置）と呼ばれる微小な無線チップタグを使って試算などを管理する仕組みを防衛市場向けに展開。開発したシステムは一機当たり数百万点に上るとされる戦闘機などの部品情報を一括管理でき、米国防総省などが活用。最近は昨年三月、米陸軍と最大三年で三〇〇〇万ドル（約三一億円）に上るシステムの開発契約を交わした」（『東京新聞』同上）。

日本企業が、海外の防衛関連企業などを直接買収する際には、外為法などに基づき、財務相への事前届け出が必要で、「国際的な平和、安全を損なう」と判断された場合、政府は買収の変更、中止も勧告できる。富士通は、一九九八年英国防省の事業に携わっていた英コンピューター会社「ＩＣＬ」（現富士通サービス）を買収するとき、届け出ている。

しかしこの規制は、海外子会社による買収を対象外としている。海外子会社による買収は、外為法によって規制対象となっている「対外直接投資」ではないからである。規制できる国内法はない（財務省）。富士通は、この買収は、子会社からの提案であり、また富士通本体による直接買収では国内手続きが煩雑になるからだ、としているが、「富士通サービス」のＣＥＯダンカン・テイト氏は「買収は世界の防衛市場で富士通が主導権を握るための鍵だ」といっているように、武器輸出の原則解禁による国際的な武器共同開発・生産さらに輸出競争に積極的に対応する行動である、といえよう。

なお富士通は、防衛関係企業として防衛省から約四〇〇億円の契約を受けている（国内第六位、二〇一三年度）。さらに子会社を通してイギリス、オーストラリアの国防事業に参画している。海外子会社による軍需産業企業の買収は、実質的に野放し状態であり、「日本企業が間接的に世界の防衛市場にどれだけ関与しているか、国は把握すらできていない」（軍事ジャーナリスト清谷信一氏、『東京新聞』同上）。

（二）「ミサイル部品・対米輸出」（三菱重工）
　　――共同開発進展

「政府は武器輸出の基準を大幅に緩和した防衛装備移転三原則を踏まえ、その第一弾としてミサイルの基幹部品の対米輸出に踏み切る方針だ」（『日本経済新聞』二〇一四年四月一七日）。

対米輸出する部品は、迎撃ミサイル「パトリオット２（ＰＡＣ２）」で使われる高性能センサー（「シーカージャイロ」）。ミサイルの先端部品にあり、標的を識別・追尾する赤外線シーカーに組み込んである。ミサイルの姿勢や位置をつかむ機能を持ち、標的へ正確に誘導するのに欠かせない部品である。三菱重工は、米レイセオン社からライセンスを受けてＰＡＣ２用のセンサーを自衛隊向けに生産している。レイセオン社は、現在生産の主力をＰＡＣ３に移したため、ＰＡＣ２向けのセンサーの生産はやめている。米政府は「戦闘機向けにＰＡＣ２も使い続ける必要がある」と判断して、三菱重工製の調達を要請してきた。

政府は、国家安全保障会議（ＮＳＣ）を開き（一四年七月一七日）、四月に閣議決定した防衛装備移転三原則の下で初めてとなる防衛装備の輸出と共同研究を承認した。

三菱重工によるＰＡＣ２用部品（「シーカー・ジャイロ」）の米国への輸出が承認された。アメリカは、この部品を使ってＰＡＣ２を完成させて、カタールに輸出する、という。審査では、米国は「装備品の適正管理の確実性は高い」と評価し、米国への部品輸出とともに、カタールへの完成品輸出も認めた。「カタールは親米的で紛争に使われるリスクは低い」としている（『日本経済新聞』一四年七月一八日）。

「新原則は紛争当事国への移転を禁じている。…カタールはイラクやシリアなど紛争地域を抱える中東にある。パレスチナとの紛争が続くイスラエルへの米国からのＰＡＣ２輸出の可能性も防衛省は〈（第三国移転は）米国の適正な管理のもとに進められる〉と否定していない」（『日本経済新聞』同上）。明らかに米国任せであり、「紛争当事国」への米国を通した移転―日本製部品を使った武器の移転が行われることになる。

これと同時に、三菱電機の技術を使ったイギリスとの防衛装備共同開発がＮＳＣで承認された。英軍需企業大手ＭＢＤＡが仏独など五カ国と開発中のＦ35戦闘機用のミサイル「ミーティア」用部品として三菱電機の半導体技術を使い、ミサイルの命中精度を高めるための共同研究である。ＮＳＣは、現時点では研究にとどまり、装備化が前提の開発ではないということから容認した（『日本経済新聞』同上）。武器共同研究を含む国際共同開発・生産への日本企業の参画は、すでに旧武器輸出三原則の例外として二〇一一年の官房長官談話で認められている。しかし今回は三菱電機が「きわめて機微な技術を使う」（防衛相幹部）ことから、新原則に基づいて可否を判断した、という。

「F35戦闘機は共同開発する米英豪などのほか、日本、韓国、イスラエルを含めた一二カ国が導入を予定。配備は総計三〇〇〇機超の見込みで、F35用ミサイルが各国がかかわる紛争で使われることもゼロとはいえない」と『日本経済新聞』（同上）は指摘する。

(三) その他の動き

武器・装備品の共同開発は、武器輸出原則解禁（一四年四月一日）、「防衛生産・技術基盤戦略」（防衛省）の確定（同六月一九日）を受けて、いわば堰を切ったように活発化している。具体的動きを示しておこう（日刊各新聞、『週刊ダイヤモンド』一四年六月二一日号等による）。

①五月五日、安倍首相とオランド仏大統領との会談で、「防衛装備品協力の協定締結にむけた交渉に入ることで合意した。日仏政府は、海中の機雷を破壊する無人潜水機の共同開発などを想定している。仏側としては、無人潜水機の動力源となる燃料電池に関する日本の技術を評価している」という（『毎日新聞』一四年五月六日）。また原子力分野での協力促進―高速炉ASTRIDの開発に日本の高速増殖炉「もんじゅ」の技術を利用し、放射性廃棄物を減らす研究―も合意した。

しかし日本側が、中国の海洋進出牽制を意図して日仏安全保障分野の関係を深めようとしていることに関しては、経済的に中国との関係の深いフランスは決して同調していない。

②前節でふれたように、一四年七月八日、安倍首相と豪アボット首相との会談で日豪安全保障分野での協力強化が合意され、防衛装備品・技術移転協定が署名された。豪首相は、「国連憲章の集団的自衛権行使を含む安全保障枠組みの再構築に支持を表明した」。

しかし、オーストラリアとしては、貿易・投資の面で中国との関係を深めており、対中FTA協定を年内に妥結させる方向であり、ここでも対中包囲をめざす安倍首相の思惑通りには進んでいない。オーストラリアは中国主導のAIIB（アジアインフラ投資銀行）に参加する。

③一四年九月一日、来日したインドのモディ首相と安倍首相の会談（東京）で、経済・防衛の面での協力強化を盛り込んだ共同声明が発表された。経済面ではインフラ輸出（下水道、高速鉄道など）を対象に今後五年間で三・五兆円の対印直接投融資を実施すること、軍事面では、「2プラス2」次官級対話の強化、自衛隊とインド軍による海上共同訓練の定

期化、米印海上共同訓練への日本の継続的参加とともに、救難飛行艇（ＵＳ２）の日本からの輸出、技術協力に向けた「議論を加速化させる」とした（最終合意には至っていない）（『朝日新聞』一四年九月二日）。原子力協定に関しては「早期妥結に向けてさらに加速させる」との表現にとどまっている。

しかし対印安保関係でも、「２プラス２（外務・防衛閣僚会合）」の開催は「対話を強化する方途を検討する」という表現にとどまり、合意に至らなかった。中印間貿易は日印間の四倍近くになっていることをふまえ「印中関係は多くの利害を共有している」という認識がインド政府にはある。

なおこの他、「防衛省は昨年来、イタリア、ドイツ、ノルウェーといた欧州勢をはじめ、バーレーンやイスラエル、ベトナムといった計一一カ国と兵器や技術協力で協議していることを明らかにしている」（『週刊ダイヤモンド』一四年六月二一日）。

(四) オスプレイ購入――軍事費増加

二〇〇〇年に入り、〇二年から一二年の一〇年間に亘り日本の防衛関係費は減少を続けた（〇二年四兆九三九二億円→一二年四兆六四五三億円）。安倍政権成立後、一三年度から防衛関係費は反転増大している。一三年度四兆六八〇四億円、一四年度四兆七八三八億円（対前年度比二・八％増）である。一五年度概算要求が示されたが、防衛予算は過去最大の五兆五四五億円（同三・五％増）となっている（第２章第二節二で、成立した一五年度予算の内容を示した）。

垂直離着陸輸送機オスプレイ（一七機）、水陸両用車、次期戦闘機Ｆ15（六機）、「グローバルホーク」を念頭に無人偵察機、さらに新たな早期警戒管制機購入費が入っている。米海軍省の一五年度予算書によれば、米国防総省は一七年度までにオスプレイを年間一九機のペースで調達するが、一八年度以降は四機に減らす見通しである。また空母搭載型オスプレイ四八機の配備計画には予算がついていない。空軍のオスプレイは一五年度以降調達計画はない。財政悪化による軍事費削減が背景にある。そういう状況の下で、ボーイング社とともにオスプレイを製造しているベル・ヘリコプター社は、一二年に、労働者を一二〇〇人も解雇している（ロイター通信、一三年一一月一九日記事等による。『しんぶん赤旗』一四年九月一五日）。このため米軍需産業企業は海外への売り込みに活路を見出そうとしている。イスラエルには六機売却にめどがたちつつある。日本のオスプレイ購入は明らかに米兵器産業企業の救済である（『しんぶん赤旗』同上）。「アメリカの巨大兵器メーカーが、日本の国家予算を分け取りする関係にある」（『長周新聞』一四年八月二七日）。

一五年度概算要求では、次年度以降に財政支出を予定する

「後年度負担」額が、二兆五七六六億円と一四年度当初予算比三二・四％増となっている。これと関連して兵器購入の長期契約の促進を図るため、新たな立法措置の検討が盛り込まれている。財政法上、国庫債務負担行為は最長五年の範囲で認められるが、防衛省は五年を超えて支払い契約を結べるように新法を検討する。しかもすでにこの新法を前提に、一五年度概算要求に、固定翼哨戒機Ｐ―１を二〇機（三七八一億円）を一括契約し、一八〜二一年度まで五機ずつ納入する方針が明記された。

　長期契約による兵器装備品の一括購入は、それを通して国産兵器の生産費を軽減し、予算の合理化とともに、日本製兵器の国際競争力強化を図ろうとするもの、といえよう。

　これらの軍需産業企業の新しい動きは「防衛における環太平洋パートナーシップ協定（ＴＰＰ）と呼べなくもない」（西山淳一・未来工学研究所研究参与、『エコノミスト』一四年五月二七日号）。旧武器輸出三原則の撤廃、「防衛生産・技術基盤戦略」は、軍需産業におけるＴＰＰへの対応策であり、日本の軍産複合体確立を図るものである、といえよう。

二　武器輸出原則解禁――軍需生産・輸出態勢確立

（一）「防衛装備移転三原則」
（閣議・ＮＳＣ決定、一四年四月一日）

　安倍政権・ＮＳＣは、武器・装備品輸出を原則解禁する「防衛装備移転三原則」を決定した。これは「国家安全保障戦略」（一三年一二月一七日閣議決定）が「新たな安全保障環境に適合する明確な原則を定める」としたことの具体化である。

　旧武器輸出三原則（表Ⅱ―８）は一九六七年四月の佐藤栄作首相の国会答弁（衆議院決算委員会）で、①共産圏、②国連決議による禁輸国、③国際紛争当事国又はそのおそれのある国への武器（輸出貿易管理令による「軍隊が使用するものであって、直接戦闘の用に供されるもの」である）輸出の禁止を表明したことに基づいている。七六年二月に三木首相は、「政府統一見解」（七六年二月衆院予算委）として、三原則対象地域に加え、2として「対象地域以外の地域」についても「憲法及び外国為替及び外国貿易管理法の精神にのっとり、『武器』の輸出を慎しむものとする」とし、また3として「武器製造関連設備」の輸出についても「武器に準じて取り扱うものとする」とした。

　この武器輸出三原則による武器輸出禁止は、直接には政府の「方針」であり、法的関係では外国為替及び外国貿易管理法に基づく許可基準であるが、「政府統一見解」は、この「方針」を「平和国家としての我が国の立場からそれ（武器輸出）によって国際紛争等を助長することを回避するため」と明記しているし、2項に明確にされているように「憲法…の精神にのっとり」とされていることを、確認しておこう。

　しかし一九八三年中曽根政権は、米政府の要請に即し「米国への武器技術供与」を「例外」として認めた（後藤田正晴官房長官談話として）ことを手はじめに、一三年までに二一事例を「例外」として認めてきた。主な例外事例を示すと、九六年日米物品役務相互提供協定（ＡＣＳＡ）署名に伴う措置、九七年対人地雷除去活動支援、九八年弾道ミサイル防衛システムに関する日米共同技術研究、日米共同開発・生産、二〇〇〇年中国での遺棄化学兵器処理事業、〇一年テロ対策特別措置法に伴う措置、〇三年イラク人道復興支援特別措置に伴う措置、〇四年小泉内閣による米国とのミサイル防衛システム共同開発・生産の例外扱い、〇六年ＯＤＡによるインドネシアへの巡視船供与、〇七年補給支援特措法に伴う措置、一〇年日豪ＡＣＳＡ署名に伴う措置、そして一一年民主党野田内閣による日本の安保に資する国際共同開発、人道目的の装備品供与を包括的に認める官房長官（藤村修）談話で、事実上三原則は形骸化された。一三年三月安倍内閣は米社製最新鋭ステルス戦闘機Ｆ35で日本企業の部品製造参画を（完成品がイスラエルに輸出されることが明らかなのに）、「例外」措置として容認した。しかし、安倍政権は、「例外」措置では迅速な対応が難しいこと、実質的に三原則は形骸化されていることをふまえ、三原則を廃棄し、新原則―従来の「例外」を原則化して武器輸出原則解禁にふみ切った。「憲法の精神」はふみにじられた。

■表Ⅱ-8

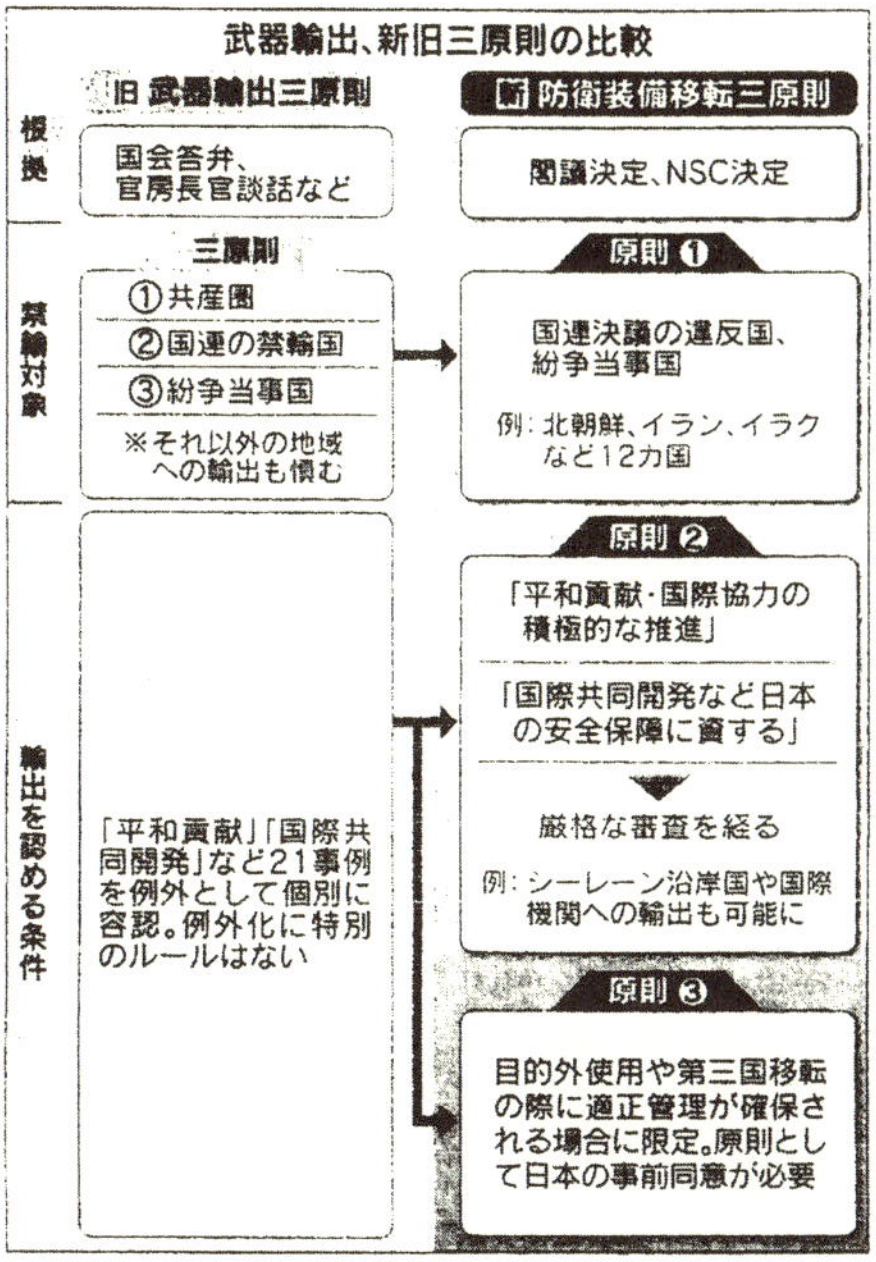

出所：『日本経済新聞』14年4月5日

　新原則（表Ⅱ―８）は「原則１」で、日本が締結した条約、その他の国際約束に基づく義務違反の場合（国際条約で使用を禁じている武器、化学兵器、クラスター弾、対人地雷等）、国連安保理決議に基づく義務に違反する場合（北朝鮮、イラン、イラク等一二カ国―表Ⅱ―9）、それに「紛争当事国」（現時点で該当国なし、外務省）に対しては、禁輸とする。

■表Ⅱ-9　新原則が明示した禁輸対象国

（国連安保理決議で武器輸出を禁じた国）

北朝鮮、イラン、イラク、ソマリア、リベリア、コンゴ民主共和国、スーダン、コートジボワール、レバノン、エリトリア、リビア、中央アフリカ（計12カ国*）　＊14年4月1日現在。

出所『日本経済新聞』14年4月5日

「原則2」は輸出を認める場合の基準である。①国際的な平和貢献・国際協力の積極的推進に資する場合―この点から、これまで認めていなかった国連などの国際機関への装備品移転が解禁される。また国連平和維持活動（PKO）などのため自衛隊が派遣された地域での装備品移転も可能となる。

②日本の安全保障に資する場合―この点は「同盟国たる米国をはじめわが国との間で安全保障面での協力関係がある諸国との国際共同開発・生産の実施」である。この「共同開発・生産」に伴う輸出は「防衛装備品の高性能化を実現しつつ、費用の高騰に対応するため、国際共同開発・生産が国際的主流となっていることに鑑み、わが国の防衛生産・技術基盤の維持・強化、ひいてはわが国の防衛力の向上に資する」とされている。これによって「例外」とされていたF35の共同開発への日本企業の参加は当然可能となる。また日本企業が、米国企業からライセンスを受けて国内生産する部品の対米輸出、海外の米軍施設で修理するための部品の持ち出しも可能となる。

さらに②に関しては、「同盟国等との安全保障・防衛分野における協力の強化ならびに装備品の維持を含む自衛隊の活動および邦人の安全確保の観点からわが国の安全保障に資する場合」に認める、とされる。これによって「安全保障面で協力関係がある諸国」に、海難救助や警戒監視に役立つ装備品の輸出も認められる。「邦人の安全保障」ということで、日本企業が進出・活動している世界の各地に日本軍隊が出動し、兵器が輸出される可能性も高まる。実際「日本と安全保障協力関係にある国」に関し、旧三原則が掲げていた「紛争当事国になる恐れがある国」への禁輸が、条件からはずされた。「適正な運用」といっても、政権・NSCの判断に委ねられている以上、明確な歯止めはない。

「原則3」は、「目的外使用および第三国移転に係る適正管理の確保」である。防衛装備品の輸出先が第三国への移転や目的外の使用を検討している場合、「わが国の事前同意を相手国政府に義務づける」とされている。しかし「平和貢献・国際協力の積極的な推進のため適切と判断される場合」や、「部品等を融通し合う国際的システムに参加する場合、部品等をライセンス元に納入する場合等」では、「仕向け先の管理体制の確認」をもって「適正な管理を確保する」ものとされる。第三国流出など不適切な流出に関する明確な禁止基準はない、といえよう。

しかも武器開発・生産・輸出の直接の担い手が資本家的企業─〝死の商人〟であるから、その輸出販路は非同盟国をはじめ紛争国に拡大するおそれがある。

（二）「防衛生産・技術基盤戦略」（防衛省、一四年六月一九日）

「国家安全保障戦略」（一四年一二月）、一四年度以降の防衛計画「大綱」、そして「防衛装備移転三原則」確定をふまえ、政府・防衛省は「今後の防衛生産・技術基盤の維持・強化」の方向性を新たに示すものとして「防衛生産・技術基盤戦略」（以下「戦略」）を策定した（一四年六月一九日）。これは一九七〇年に決定（防衛庁長官決定）された防衛装備の「自主的な開発・国産化の推進」に代わる新たな戦略とされている。明らかに防衛・軍需産業のグローバル競争戦─TPP推進に対応する日本における本格的な軍産複合体形成をめざす戦略である、といえよう。

七〇年七月に策定された「方針」は、「国を守るべき装備はわが国の国情に適したものを自ら整えるべきものであるので、装備の自主的開発及び国産を推進する」とした。今回の「戦略」は、「自主開発、国産化」をやめるというのではないが、九〇年代以降の「防衛装備品を取り巻く環境」の「大きな変化」に対応し、「防衛装備品の効果的・効率的取得」とともに、「国際競争力強化」を含めた日本の「防衛生産・技術基盤」の「維持・強化」によって「国家安全保障戦略」に基づく「防衛力と積極的平和主義を支える基盤の強化」を図ろうとするもの、と位置づけられる。そこでこの「戦略」の重要な内容（特徴）をとらえておこう。

第一に、この「戦略」策定の「背景」に関して、日本の防衛産業の特徴として、①国営武器工場は存在せず、民間企業に依存していること、②しかし武器・装備の生産には特殊で高度な技能、技術力・設備が必要であり、一旦その基盤が喪失すると回復には長年月と膨大な費用を要すること、また中小企業を中心とした広範多重な関連企業に依存していること、③武器禁輸によって日本防衛産業の市場は国内の防衛需要に限定されてきたこと、が指摘される。

その下で、一面では日本の防衛生産・技術基盤の脆弱化が生じた――防衛装備品の高性能化等により、調達単価、維持・

整備費がかさんで、調達量が減少し、熟練技術者の減少、技術伝承の困難、さらに関連中小企業の撤退等が生じた。高性能化には研究開発費の増大が必要なのに、増えていない、と指摘する。

他面、この間欧米諸国では、防衛産業の再編、競争力強化が図られ、航空機などについては技術革新、開発コスト高騰等によって、国際的共同開発・生産が主流となってきた。武器禁輸等によって日本の防衛産業はこれに乗り遅れ、一部先端装備システムで「劣後」となっている。そこで「防衛装備移転三原則」の閣議決定を生かし、国産だけでなく共同開発・輸出を積極的に進め、防衛生産・技術基盤の維持強化を図ろう、というのである。

第二に、「戦略」の目標・意義について。この点では、日本の「安全保障の主体性の確保」―日本の国土、政策に適した武器供給基盤、「機密保護」の必要上輸入が困難な装備品の国内生産基盤確保、これによる抑止力向上への寄与とともに、輸入、共同開発・生産を通じて装備品を取得する場合のバーゲニングパワーの向上、この「戦略」による防衛生産・技術の発展によって、国内経済・雇用効果、その技術の民生技術への活用推進による産業力・技術力向上への波及効果が期待される、という。これまでの民間産業・技術の軍需産業・技術への応用から、後者の発展を通した前者への波及という、軍需（輸出を含む）技術の拡大・強化による経済成長戦略といえよう。

第三に、「戦略」推進の基本的視点と施策に関して。

基本的視点は、「官民の長期的パートナーシップの構築」―さらに軍産複合体の形成、国際競争力強化によって防衛産業の「勝ち残り」を図り、防衛産業企業の利益確保と装備品取得の効率化・最適化とを両立させる、という。

「取得方法」としては、国産、共同開発・生産、ライセンス国産、輸入、民生品活用を、装備の必要性、それぞれの取得方法のメリット、デメリットを考慮して選択する、としている。国際共同開発のメリットとして「他の参加国が保有する先端技術へのアクセスを通じ、その技術を取り込むことで国内技術の向上が図れる」としている。しかし後述するように、現実には完成品生産企業のほとんどがアメリカ企業であり、その主導の下で、各国の技術が取り込まれている。また共同開発・生産で「同盟・友好関係」の強化、「防衛装備の相互運用性の向上」が期待されるというが、「相互運用性」ではなく共通装備を通したアメリカ軍事戦略への一体化が現実の状況である。

「施策」としては、随意契約の活用、更なる長期契約（複数年度一括調達）、超過利益返納条項の見直し（コストダウンインセンティブが働き易い契約手法）、ジョイントベンチャーなど最適受注体制、プロジェクト管理の強化が提起されるが、基本は民間企業の利潤保証とともに、政策的な防衛産業企業の組織化の推進である。

研究開発に関しては、「スマート化、ネットワーク化、無人化」という動向をふまえて研究開発計画を策定するとともに、民生先端技術の活用、大学・研究機関との連携強化が強調されている。産軍学複合体の本格的推進といえよう。

またこれらの施策を効果的に推進するため、防衛省・自衛隊の装備取得部門や外局の技術研究本部・装備施設本部を統合して「防衛装備庁」を発足させる（二〇一五年度予算の概算要求に盛り込み、一五年の通常国会に防衛省設置法改正案を提出、発足させる。図Ⅱ−1）。防衛装備品取得業務を集約して、重複等無駄をなくし、一括購入等で経費節減・効率化を図る。技術の統合によって、装備品の国際共同開発、輸出に向けた専門部局を設置し、諸外国の防衛産業・技術力の情報の収集、外国政府との交渉を行わせる。民間企業、大学・研究機関との連携による研究開発も担うことになる。

軍産学複合体推進をめざす官の組織化といえる。

■図Ⅱ－1

出所：『日本経済新聞』14年６月18日

三　軍需産業の国際的競争戦の背景

安倍政権による日本の軍産学複合体推進が何をもたらすのかが明らかにされなければならないが、これは本節四で述べる。ここでは、このような体制を推進する背景に関し、アメリカと日本の状況を要点的に示しておく。

（一）グローバル兵器輸出競争戦
——アメリカ政府・軍需産業の対応

①ソビエト・東欧社会主義の崩壊、旧社会主義国の市場経済・資本主義化は、一面ではアメリカをはじめ、資本主義各国の軍事費を減少させた。他面、アメリカの帝国主義的世界進出・支配に対する抵抗力の弱体化の中で、アメリカはその帝国主義的本質を発現し、反帝国主義・自主を志向する国に対する武力侵攻による体制解体化、そしてその脅しを強めた。

二一世紀に入ってこのアメリカの世界的覇権支配に対抗して、テロによる反抗が強まる。九・一一テロ以降、アメリカはこの世界中どこからでも生じかねないテロに対しさらにテロ支援国とみなした国に対し、軍事的対決・制圧戦略を展開する。しかしそれは膨大な軍事支出を必要とさせるばかりか、軍事侵攻がもたらしたものは生産・生活基盤の破壊、そして報復的テロ勢力（「イスラム国」に示される）の増大、反抗の激化であった。

②九〇年代以降の軍事費縮小の中で、資本主義各国の軍需産業企業はそれぞれの国家からの軍需発注の減少によって再編をせまられた。

アメリカでは、マクドネル・ダグラス、ボーイング、ロックウェル・インターナショナルがボーイングに統合。ロッキード、マーチンマリエッタ、ロラール（その他主要企業七社）がロッキード・マーチンに統合。レイセオン、Eシステム（その他三社）が、レイセオンに統合される。イギリスでも、BAEシステムが国内軍需企業を統合する等の動きが示された。国内統合によって専門分野の生産性を高めながらさらに広汎な兵器・装備の開発・生産に乗り出す。さらに米軍需企業の再編は国境を超えた軍需企業の買収・併合をもたらし、共同開発・生産・輸出を拡大させた。国際的なテロに対抗する協調の必要と形成が軍需産業企業の併合・共同開発、輸出を促進させた。

ロシア・中国の市場経済化、経済力の拡大の下で、これらの国の軍需産業企業が政府主導の下で再編強化され、しかもEU諸国等からの兵器・装備品の技術導入を通して急速に兵器・装備品の生産力を高めるとともに、世界的な武器輸出拡大を展開している（表Ⅱ—10）。しかも、国内軍需企業再編成とともに、西側軍需企業のM&Aに乗り出している（中国航空工業総公司AVICによるコンチネンタルモーターズ社、エビック・エア社、シーラス・エアクラフト社の買収など）。

■表Ⅱ-10　主要国の武器輸出（2012年）

国名	(A)輸出額（百万ドル）	(B)国防費（百万ドル）	A/B（%）
アメリカ	8,950	671,097	1.33
ロシア	8,391	80,995	10.36
中国	1,704	159,620	1.07
ウクライナ	1,510	4,595	32.86
ドイツ	1,177	49,312	2.39
フランス	1,076	63,736	1.69
イギリス	923	57,717	1.60

出所：ストックホルム国際平和研究所（SIPRI）。
西山淳一「国内市場に守られてきた日本企業『防衛のTPP』で国際競争へ」『エコノミスト』2014.5.27による。

明らかに、兵器・装備品の各

国軍需企業によるグローバル競争戦の展開である。米国はじめ西側で開発された兵器・装備が、体制のちがいを超えて各国に拡散している――一体その下で局地戦を含めた戦争はどうなるか。

③このような軍需産業の国際的動向の下で、アメリカ政府・軍需産業は、日本に対しどのような要請、行動をとっているか。

オバマ政権は、日本に対し軍事費とともに自衛隊員の作戦分担・協力を求めているが、その「ＱＤＲ２０１０」（国防見直し）では、「防衛産業の基盤強化」を打ち出し、「同盟国の防衛産業の能力に着目する」としている。これは明らかに米軍需産業の技術基盤強化を図るために共同研究・開発を進め、同盟国（日本）の技術を取り込もうとするものである。

武器輸出原則解禁に対し、米政府は「歓迎」の意思表示をしている。米政府はかねてから「日米の共同生産の障害になっているのが、日本政府の武器輸出三原則並びに秘密保全体制の不備だ」として、この撤廃による共同生産、それを適した武器輸出解禁を求めていた。安倍政権の秘密保護法、武器輸出解禁はそれに応えたもの、といえる。

しかしアメリカ政府・軍需産業の意図は、日本の兵器・装備技術の取り込みとともに、米軍需産業の補完におかれている。――一九八〇年代中盤、次期戦闘機ＦＳＸ開発をめぐって日本側は三菱重工、川崎重工、富士重工中心に国産化をめざした。これに対し米国政府は米国製戦闘機を買うことを強く求め、国産化をつぶした（『週刊ダイヤモンド』二〇一四年六月二一日号、三九ページ）。

（二）日本政府・軍需産業企業の対応

この点は本節五で補足するが、武器輸出解禁―軍産複合体形成の背景として明らかにしなければならない点を指摘しておく。

①日本軍需産業の脆弱性

日本の軍需生産は、ほとんど全面的に防衛省（庁）発注に依存してきた。軍需生産は、民需生産を行う企業の一部門として位置づけられ、軍需に特化していない（次頁の表Ⅱ―11でみるように、軍需の比率は三菱重工で一〇％、川崎重工で一六％）。各兵器・装備品は少数の主契約企業と広汎な関連下請企業に担われているが、主契約企業はこの間すみ分けが固定化され、競争関係はほとんどない。競争の刺激がなく、企業としてはほとんど民需で支えられてきているので、軍需生産は「ガラパゴス化」した（『週刊東洋経済』二〇一二年一月二一日、五五ページ）。

②防衛関係費が、ほとんど増加しない（〇二～一二年は減少）中で、兵器・装備の性能向上、複雑化が進み、その単価

■表Ⅱ -11

企業別武器売上ベスト20

順位	企業名	国籍	2011年の販売額（100万ドル）	軍需比（%）
1	ロッキード・マーティン	米国	36270	78
2	ボーイング	米国	31830	46
3	BAEシステムズ	英国	29150	95
4	ジェネラル・ダイナミクス	米国	23760	73
5	レイセオン	米国	22470	90
6	ノースロップ・グラマン	米国	21390	81
7	EADS	オランダなど	16390	24
8	フィンメッカニカ	イタリア	14560	60
9	L-3コミュニケーションズ	米国	12520	83
10	ユナイテッド・テクノロジーズ	米国	11640	20
11	タレス	フランス	9480	52
12	SAIC	米国	7940	75
13	ハンティントン・インガルス・インダストリーズ	米国	6380	97
14	ハネウェル	米国	5280	14
15	サフラン	フランス	5240	32
16	コンピューター・サイエンス・コーポレーション	米国	4860	31
17	ロールス・ロイス	英国	4670	26
18	ユナイテッド・エアクラフト・コーポレーション	ロシア	4400	80
19	オシュコッシュ・トラック	米国	4370	58
20	ゼネラル・エレクトリック	米国	4100	3
23	三菱重工	日本	3620	10
38	川崎重工	日本	2630	16
57	三菱電機	日本	1440	3
58	NEC	日本	1440	4
98	富士通	日本	660	1

『SIPRI YEARBOOK 2013』を基に作成。軍需比は、すべての売上に対する武器の売上の比率

66頁グラフの防衛費は基本的に支出額。ただし、以下の年は予算額。米国＝2013年、ロシア＝2012、2013年、中国＝2007年、2013年、インド＝2012、2013年、日本＝2010年以外、韓国＝2006～2008年、2011年

福好昌治氏監修　『文藝春秋SPECIAL』2014年秋

が上昇する（例えば主力戦闘機Ｆ４ＥＪ三八億円→Ｆ15ＤＪ一二二億円）ことによって、調達量は減少した。また整備維持費もかさむ。その下で軍需産業企業の生産減少、設備投資減少、設備老朽化が進んだ。関連下請中小企業の軍需生産からの撤退、さらに倒産・廃業も続発した。

すでに日本経団連は、〇四年七月の「提言」で、武器輸出三原則の撤廃、装備・技術の共同開発を強く求めていたが、二〇一三年の防衛生産委員会の「提言」は、国産品輸出の容認をはじめ、政府内に武器輸出に関する専門部を設置する、大規模な国際共同開発は国が主導する、日本の技術貢献度が小さい場合は輸出相手国に第三者移転の管理を委ねること等、を要求している。安倍政権の政策はこれに応えたものである。

③日本経済の「成長戦略」にとって、日本軍需産業の再興・拡大、とくに武器共同開発・輸出拡大に頼らざるをえなくなっていること、である。

この間の新自由主義政策推進の中で、国内民需産業基盤は縮小し壊れた。公共事業、さらに原発をテコとした国内生産維持策も、何らの効果を生じないどころか、国内生産・生活基盤解体化をもたらすものでしかないことが示された。

その中で、ひと握りの金融資本の生き残りをかけて、ＯＤＡを駆使したインフラシステム輸出とともに、ほとんど国家存亡をかけた国内生産・産業維持策として、軍産複合体形成―軍需生産・武器輸出に求めざるをえなくなっているのである。しかしそれは何をもたらすか―それは戦争の危機と破壊でしかない。

四　本格化する日本軍需産業──若干の具体例から

（一）三菱重工の動き

日本の軍需産業企業を代表する三菱重工業。一八八四年、政府の造船所の払い下げを受け長崎造船所として創業。その後、航空機、重機、鉄道車両生産と多角化し、一九三四年三菱重工業となった。一九三〇年代から戦時にかけて、ゼロ戦（零式艦上戦闘機）の開発・生産、戦艦武蔵など海軍の大型艦艇（航空母艦五隻、駆逐艦五隻、海防艦四一隻、潜水艦一六隻など）、陸軍の戦車製造等によって軍需産業の主力となった。戦後、ポツダム宣言によって武器生産が禁止（同一一項）され、財閥解体によって本社解散、三社に分割されたが、アメリカ政府の占領政策の転換、直接には朝鮮戦争を契機に、武器生産を再開する（一九五二年）。六四年、分割された工場を統合し現在の三菱重工業が発足する（『三菱の百年』。以下、主に『しんぶん赤旗』二〇一四年一一月七日から二七日まで十一回連載された「変貌する経済」による）。

三菱重工は、戦後日本の軍需生産企業のトップの位置（防衛省調達額の二〇～二五％を占める）を占め、経営のトップは日本兵器工業会、経団連防衛生産委員会の代表を務めて、政府に対し軍需予算の増大とともに、武器輸出解禁、武器共同開発推進を働きかけてきた。それでも三菱重工の全体の売上高における軍需の比率は七～一〇％である。しかし民需の主力であった造船産業が、韓国、中国にシェアを奪われて二〇一二年に打切られるとともに、新たな対応策として海外進出強化、航空・宇宙、原子力発電プラント、そして潜水艦建造・修理に切り替えられる。長崎造船所は、建造中の大型客船二隻目の進水後、新造は艦艇に特化し、「基本的に艦艇工場として運営する」こととした（一三年六月七日、会社・重工労組の定例造船事業所生産委員会）。

同時に一三年に大規模な組織再編を始動させ、一四年四月に「ドメイン（分野）制」に移行する。これまでの九事業本部を「顧客・市場を重視した四ドメイン」に集約し、防衛事業と宇宙事業を統合して「防衛・宇宙ドメイン」とした。会社と労組の中央経営協議会（一四年一月）は、「陸海空の統合運用に対応した統合防衛事業を拡大すること」、そして「対官調整を一元化し輸出条件を掘り起こし、積極推進」することを基本方針として確認した。

執拗に武器輸出解禁を求めてきた三菱重工経営トップは、安倍政権による原則解禁決定を大歓迎するとともに、前項でふれたように、ＰＡＣ２で使われる高性能センサーの対米輸出を決め、最新鋭戦闘機Ｆ35の部品生産組立て契約を防衛省と結ぶ。Ｆ35の生産請負は、三菱重工（後部胴体・最終組立て）とともに、三菱電機（レーダー装置）、住友精密工業（着陸用ランディングギア）ＩＨＩ（エンジン）が担当する。Ｆ35はロッキード・マーチンを主力に、世界九カ国が共同開発・生産する。一機一〇〇億円、すでに三〇〇〇機以上受注を獲得（日本四二機調達）したという（『日本経済新聞』一四年五月一三日）。さらにオーストラリアとも武器輸出協定に実質合意し、川崎重工とともに三菱重工が建造する潜水艦の技術移転に向けた協議開始が合意されている。

「防衛関係者の長年の悲願でありながら、なかなか日の目を見なかった純国産戦闘機構想が動き出す。機体からエンジンまでをオールジャパンで手掛ける〈先進技術実証機〉（通称・心神）が来年一月、初飛行するのだ。一九八七年、日本は主力戦闘機〈Ｆ２〉を国産機として開発する方針を掲げたが、米国は日米共同開発を主張し、待ったをかけた。軍事技術で米国の圧倒的優位が崩れかねないことを恐れたためだ。心神はＦ２の後継となる将来戦闘機の実証機という位置づけ。防衛省技術研究本部の幹部は〈中国の脅威を考えれば、戦闘機開発を米国に全面的に頼るのではなく自前で技術を培っておいた方が防衛力は高まる〉と話す。／米国は今回、まずはお手並み拝見という姿勢らしく〈共同開発などのアプローチはない〉（防衛省装備政策課）」（『日本経済新聞』一四年一〇月二八日）。三菱重工、ＩＨＩを主力とする純国産戦闘機生産、配備が始動している。アメリカ政府はこれにどう対応するか。

（二）　川崎重工Ｐ１――「ロッキードと一騎打ち」

英ファンボローで開催中の世界最大級の航空展示会「ファンボロー国際航空ショー」―「日本からの防衛装備品で注目を集めているものが川崎重工業の哨戒機〈Ｐ１〉だ。海上から潜水艦などを探知する監視航空機。オールジャパンの粋を集めた新型機は、世界の先頭を走る米ボーイングの〈Ｐ８〉との一騎打ちに挑む」（以下『日経産業新聞』一四年七月一八日より）。

「Ｐ１」の設計・最終組立ては川崎重工である（一八七八年、川崎築地造船所として創業。一九〇六年日本初の潜水艇建造。戦時中は戦闘機開発・生産の一翼を担う。五四年には国産ヘリコプターを自衛隊に納入。現在でも三菱重工とともに潜水艦建造の主役を担う。ミサイルも多数製造し、防衛省調達額の七～一四％を占め、第二、三位に位置）。その下に三菱重工（中部・後部胴体）、富士重工（垂直尾翼）、富士重工（主翼）、ＩＨＩ（エンジン）、東芝・ＮＥＣ・三菱電機（レーダー、音響システム、逆探知機等）、住友精密（脚部）など日本を代表する軍需企業が参加している。

川重は、現行「Ｐ３Ｃ」を米ロッキード・マーチンからライセンスを受けて生産してきたが、Ｐ１はオールジャパンで開発・生産した。防衛省は今後五年間で二三機調達（一機約二〇〇億円）する。Ｐ１は、次期輸送機Ｃ２と一体で設計・開発され、部品共通化を図るとともに、ソナーブイ（音響探知機）、光信号を使った操縦系統システム（光ファイバーを使った光信号による操縦システム―東京航空計器、日本航空電子工業開発）など最新技術が使われている。

「川崎重工にとって国産哨戒機は〈四〇年来の悲願だった〉…。一九七〇年前後、自衛隊は次期戦闘機の国産方針を固めていたが、時の田中角栄内閣が白紙撤回。米国から米国産機採用の圧力があり、ロッキードのＰ３Ｃに決まった（防衛省関係者）。…Ｐ３ＣからＰ１へ。ロッキードから手を離れた川重だが、防衛装備移転三原則が決まった四月からは、世界の受注戦争でボーイングと激突する。欧州最大の軍用機メーカー英ＢＡＥシステムは哨戒機の開発を断念。西側諸国で生産できるのはボーイングと川重だけなのだ」（『日経産業新聞』前掲）。

ボーイングは、民間機「７３７」を転用した「Ｐ８」（ポセイドン）を、ＧＥ、レイセオンなど米軍需大手の総力を結集して開発・生産し、米海軍のほか、インド、オーストラリアへの輸出を決めている。「東南アジアでは南シナ海の領有権争いがくすぶる。当事者のフィリピンやベトナムは中国の覇権主義に対抗するため、防衛装備品の輸出緩和を決めた日本のＰ１に〈高い関心を示す〉（防衛省幹部）」（『日経産業新聞』同上）。

Ｐ１のエンジンの設計・製造を担当しているＩＨＩ（旧石川島播磨重工。源流は幕末の軍艦造船所。戦時中に初の国産ジェットエンジン開発。二〇一三年防衛省調達額四八三億円、全体の三・八％、第五位）。ＩＨＩは、これまでに戦闘機Ｆ２、練習機Ｔ４（ブルーインパルス）のジェットエンジンを量産、防衛省向けエンジンの唯一無二のパイオニアであり、主力である。前述した「心神」用のエンジンの設計・開発も手掛けている。Ｐ１エンジンには、空気の流体解析技術を応用するとともに、ＣＭＣ―炭化ケイ素繊維の織物とポリマーを焼き固めたセラミック複合材を使う。ＣＭＣは一四〇〇度の耐熱性があるという。「ＣＭＣの国際標準規格権を狙うため仏エンジン大手サフラングループと提携。次世代エンジンのカギを握るＣＭＣを巡り、唯一のライバルＧＥとの主導権争いに立ち向かう」（『日経産業新聞』同上）。

(三)　民需・民生技術の軍事転用
――平和産業・研究を損う

武器の外国への輸出は、輸出先国の国家的政策、直接にはその安全保障政策と関連する。当然安全保障政策をめぐる国家間の一定の合意を前提とする。これは民需品輸出との決定的違いである。だから軍需企業がいかに高技術・高性能の武器・装備品を開発・生産しても、その企業自体が武器・装備の輸出・売買契約を直接結べない（この点に関わる問題は後述）。

水陸両用救難飛行艇「US―2」―新明和工業（一三年度防衛省調達額一一二億円、全体の〇・九％、第一八位）が〇三年に開発した。世界で唯一高さ三メートルの波でも安定して着水でき、最大航続距離は四五〇〇キロと、競合するカナダ・ボンバルディア製を八五％上回る。新明和と防衛省は、このUS―2をインドさらにタイ、インドネシア、ブルネイ等に売り込もうとしている。この「三月までは武器輸出三原則に抵触しないよう〈民間転用型〉に改造して売り込みを進めていたが、足かせも外れ営業にも熱が帯びる」（『日経産業新聞』一四年五月一四日）。

「だが、ことは思惑通りに進んでいない。〈操縦ノウハウや運用管理、メンテナンスはどうするのか〉。最近、インド当局からこうした疑問や要望が漏れるようになった。機体だけでなく全体の運用を含めた〈パッケージ型〉でないと手に負えないという訳だ」（同上）。本章第二節二で明らかにしたように、鉄道車両、原子力発電所などのインフラ輸出はいま車両など製品の輸出からシステム型輸出―運用、メンテナンス等を含めたパッケージ型が主力となってきている。武器輸出に関しても明らかにこの方向が求められている。――しかし武器・装備品に関しては、自衛隊＝軍・その関係者による訓練・運用技術指導を行うことになるが、「裏付けとなる法令や制度は整っていない」（同上）。「パッケージ型」武器輸出は国家の安全保障・防衛政策と不可分離に関わる。

国内で軍需に関わっている企業も軍需への依存は低く、民需中心に経営を維持し、技術を高めてきた。武器輸出原則解禁の下で公然と武器・装備品輸出が可能になっても、民需＝平和産業企業として成長を維持してきた企業の中には、なおそのイメージを損なう恐れのある武器・装備品輸出をおおっぴらに展開することをためらう傾向もある。

一四年六月パリで開かれた陸上兵器展示会「ユーロサトリ」には日本から三菱重工はじめ一三社参加したが、コマツ（一三年度調達額二九四億円。全体の二・三％、第七位。一九二一年創業、戦時中に国産初のブルドーザー開発。朝鮮戦争時、旧陸軍工廠の払い下げを受け、砲弾を生産。現在、装甲車など戦闘車両、砲弾、ミサイル弾頭生産の大手）、旭化成ケミカルズ等は要請されたが参加しなかった。「コマツは〈陸上自衛隊向けに専念したい〉（同社）というが、関係者は〈油圧ショベルなど知名度の高い世界ブランドに武器輸出のレッテルを貼られるのを避けたいのでは〉と話す」（『日経産業新聞』同上）。しかし〝平和〟企業イメージをどこまで維持し続けうるか。それを維持しようとすれば、軍需生産を縮小・廃止するのが筋である。

この点に関わって、いま防衛省が積極的に進めている民生分野の技術開発支援・連携強化による軍事分野への取り込みにふれておかなければならない。「電力中央研究所や東京工業大学は、離れた場所から爆発物の成分を分析できる技術を共同開発した。微細加工や顕微鏡に使う超短パルスレーザーを使う。不審物に照射し、発光の様子から成分を調べる。／スクリューなしで水中を長時間泳ぐグライダー型の無人艇も開発した。電池で静かに動く。偵察や、海洋観測に使える。手のひらに収まる手投げ型偵察ロボットも製作した。地面に落ちると車輪を開き、遠隔操作で動く。…二〇一四年版防衛白書によると防衛省の技術研究本部は、〇四年以降、独立行政法人情報通信研究機構や九州大学などと二四件の研究協力や情報交換の取り決めを結んだ。一五年度からは大学や企業の研究に助成する新制度の創設も検討している」(『日本経済新聞』一四年一一月一八日)。軍産学提携による武器技術開発の推進である。(前章第二節二参照)

二〇一四年版『防衛白書』は、米国などでは情報通信技術の進歩を戦力向上につなげていることを指摘し、防衛省もこれに歩調を合わせる、としている。アメリカにおける軍産学複合体を、日本においても本格的に導入しようということである。「民生分野と安全保障の線引きが曖昧のままでは、研究の透明性を損なう」と『日本経済新聞』(同上)も指摘しているが、大学・研究機関の研究には、研究の自主・自由、そして公開が保証されなければならない。国家目的での、しかも秘密を必要とする軍事目的での研究協力は、これを損なうばかりか研究自体を歪める。秘密を要する軍事目的の研究開発は、開発された技術の民生分野への活用を逆に制約することになるし、研究論文公表等研究者の活動を縛り自由研究・公開を損なう。

五　軍需生産・武器輸出拡大の背景・要因

安倍政権による軍需生産・武器輸出の増大は、安倍首相の思想・意図――戦前並みの戦争国家体制を取り戻すという――だけによるものではない。それは、米軍需産業独占体の要求に基づく米政府の圧力とともに、日本軍需産業独占体の強力な要求に基づくものである。安倍首相はこれらの勢力―米日軍需産業独占体によって〝完全にコントロールされている〞。彼の思想・意思が実現されたようにとらえるとすれば、それは主観的思い込みにすぎない。

本節三で指摘したように、軍需産業分野においてもグローバル武器輸出競争戦が展開されている。日米軍需産業独占体は日米安保・軍事同盟関係で連携・協調しながら、互いにライバルとして競合し合っている。米軍需産業独占体は、武器・装備品輸出におけるTPP形成をめざしている。ここでは、米側の日本の軍需産業・武器輸出に関する意図とともに、日本政府・財界がなぜ「成長戦略」を軍需産業に求めなければならないのか、しかしそこにどのような問題があるかを要点的に提示しておこう。

（一）　アメリカ政府・軍需産業独占体の意図

ポツダム宣言で日本の「再軍備を可能にする産業」＝武器生産は禁止され、武器生産を担っていた三菱はじめ三井、住友、安田等の財閥は解体される。しかしソビエトの台頭、朝鮮、中国における人民政権樹立の中で、社会主義の波及を恐れたアメリカ政府は、反社会主義戦略（トルーマン・ドクトリン）を基本戦略とし、日本を〝反共防波堤〟と位置づけ、五〇年には警察予備隊をつくらせ、朝鮮戦争に際して日本から米軍隊に使用する軍需品、さらに兵器（前述のコマツの砲弾生産等）を生産させる。五二年には武器製造禁止措置緩和の覚書きによって、武器生産が公然化する。アメリカによる朝鮮南北分断、「北」の体制崩壊を意図した朝鮮戦争は、日本の再軍備・兵器生産を再開させるとともに、その特需は日本の資本家的企業の成長―経済成長の大きな要因となった。

これらをふまえ日本はサンフランシスコ講和条約（五二年四月）、日米安保条約を結ぶ。

日本の軍需産業は、アメリカ政府の意図と主導の下で再開・展開されるが、そこには次のような縛りがかけられた（現在に至るまで）。

①アメリカ政府の意図は〝共産主義の封じ込め〟という口実の下での世界覇権支配、日本に関してはアジア太平洋覇権支配への統合にある。日本自衛隊の兵器・装備は、このアメリカ政府の意図の下に、直接には米軍事戦略の下に位置づけられている。しかも日米「相互協力及び安全保障条約」第六条における「合衆国軍隊の地位に関する協定」（六〇年六月）第三条は「合衆国は、施設及び区域内において、それらの設定、運営、警護及び管理のため必要なすべての措置を執ることができる」とされている。米兵器の日本施設・区域内への導入、配備変更等はアメリカ政府の一方的権限（mandate）なのである。

②米軍事戦略の中に日本の軍事力を位置づけることは同時に日本の武器・軍事装備をアメリカと一体化することを伴う。しかもアメリカ政府による日本の武装化―兵器・軍事装備の一体化は、本質的には攻撃＝侵略目的の軍事装備となる。しかし少なくとも安倍政権以前は、自衛隊の武器・軍事装備は憲法九条第二項が一定の歯どめとなり、少なくとも建前上は

〝専守防衛〟を維持してきた。例えば「攻撃型空母は保有できない」としてきたことから空母の代わりに護衛艦にヘリコプターを搭載するDDHを配備するなど(山田朗「自衛隊六〇年」『経済』一四年八月号)。

しかし「専守防衛」を掲げながら、すでに自衛隊戦力は海上自衛艦を中心に海外派兵能力を強化し、米侵略軍隊に協力しこれを補完する役割を担うまでになっている。

オバマ政権の「リバランス」―アジア太平洋重視の軍事力再編成―の下で、この地域への米製武器輸出が急増している(表Ⅱ―12、表Ⅱ―13)。台湾、韓国とともに日本への武器輸出も増加している。「オバマ『リバランス』は、『アジア、太平洋』地域に軍事と経済の同盟関係を築くことによって、アメリカの軍需産業のために新たな武器市場を開拓する役割を果たした」(西川純子「オバマ政権下のアメリカ軍需産業」、『経済』同上)。

③オバマ政権はQDR(四年ごとの国防計画見直し)二〇一〇で、「防衛産業の基盤強化」を打出し、軍需産業が米軍事戦略の優位性の源

■表Ⅱ-12　アメリカの武器輸出(2010-13年)

(100万ドル)

年	中東	アジア・太平洋	ヨーロッパ	アフリカ	南米	カナダ	計
2010	13,905	12,900	3,779	569	162	520	31,835
2011	11,749	24,785	2,329	1,379	350	50	40,642
2012	39,187	25,266	1,804		645		66,902
2013	29,663	39,498	3,101	648			72,910
計	94,504	102,449	11,013	2,596	1,157	570	212,289

(出所) The Defense Security Cooperation Agency, *Major Arms Sales*, 2010-2013, 2014.

■表Ⅱ-13　アメリカの「アジア・太平洋」地域への武器輸出(2010-13年)

(100万ドル)

		年	2010	2011	2012	2013	計
アジア・太平洋	アジア	韓国			8,809	15,840	24,649
		シンガポール	152		435	521	956
		日本	700		591	950	1,693
		タイ			253	77	1,030
		インドネシア		8,809	1,605		10,414
		マレーシア		124			124
		台湾	6,392	5,352	11,693	17,388	40,825
	オセアニア	オーストラリア	3,032	3,352	1,700	3,837	11,921
	インド洋	インド	2,049	7,086		885	10,020
		パキスタン	575	62			637
		バングラデシュ			180		180
		計	12,900	24,785	25,266	39,498	102,449

(出所) 表Ⅱ-12とともに、西川純子「オバマ政権下のアメリカ軍需産業」『経済』2014年8月号より

泉であり続けるようその基盤強化が不可欠との認識を示した。そのさい「同盟国の防衛産業の能力にも着目する」として、日本など同盟国の技術をとり込んだ研究・開発・生産重視の姿勢を明らかにしている。しかし日本の核廃棄物再処理によるプルトニウム抽出を認めながら、その核兵器保有は、米戦略への対抗をもたらす可能性がある限り、アメリカは認めない。

米政府主導で復活展開した日本の軍需産業であったが、日本政府は民生分野で鍛えた技術の軍事転用等を進めながら武器・装備の国産化をめざした。上述のように主力戦闘機（F2）、哨戒機の国産方針を固めたが、アメリカ政府はこれを認めず米製兵器を日本に押しつけ、あるいはライセンス生産として認めた。自衛隊の、とくに海・空自衛隊の主力兵器・装備はF15、PAC2・3、P3C等に示されるようにライセンス国産であった。

いまグローバルな武器輸競争戦が争われ、しかもアメリカの財政面からの軍事費削減（一〇年間で約五〇〇〇億ドル）が行われる中で、米軍産複合体は同盟国・日本との共同開発・生産を推進し、ICT関連民生技術、無人化、ステルス技術・素材等を中心に民生技術をも取り込もうとしている（『防衛白書』一四年版）。こうした米軍産複合体の攻勢に、日本政府・軍需生産企業はどう対応するか。

（二）日本政府・軍需産業の軍拡の意図

①日本の財界が軍需生産拡大を政府に積極的に要請し、軍拡に走り出したのは、七三年のオイルショックに起因するスタグフレーションを契機としている。スタグフレーションは、それまでの民間主導の高度成長の限界を示すものであった。民間独占企業はいわゆる減量経営・合理化（省エネ・省力化）を進めるとともに、不況対策として原発推進、そして軍需拡大、武器輸出容認を求めた。「日本経済の発展の上で、朝鮮戦争、ベトナム戦争で需要が伸びることの影響は大きかった」、「どこかで戦争でもないと、不況脱出はむずかしい」（経団連・稲山嘉寛副会長、七七年一一月）――それは財界の本音であった。

九〇年代のバブル破綻・不況の下で経団連（防衛生産委員会）は、「米国との共同開発・生産を円滑に実施する」ため「輸出管理政策の見直し」（武器輸出三原則撤廃）を求めた。これは二〇〇〇年以降も強力に求め続けられ、武器輸出三原則を骨抜きにしてきた。〇九年経団連はリーマンショック不況の深化の中で日米武器共同開発・武器輸出は、国際市場での評価を高め技術力・生産基盤の向上に役立つ、との論潮を強める。〇九年には「民生部門の業績の急激な悪化により、これまでのような民生部門の技術やリソースの転用による防衛事業の運営は困難」になったとし「防衛産業の振興を通じた経済発展」を提言するまでになった。一三年五月の経団連「防衛計画の大綱に向けた提言」は、「防衛生産・技術基盤の維持・強化は、国家としての重大な責務である」とし、その意義として「高度な技術力による抑止力と自律性の確保」、「迅速な調達・運用支援と装備品の能力向上」、「国土・国情にあった装備品の開発・生産」、「技術・経済波及効果」（雇用創出につながる）、「国際共同開発・生産における有利な分担の獲得、輸入やライセンス生産におけるバーゲニングパワーの確保」、をあげている。アメリカとともに「民主主義国家としての価値観を共有する欧州諸国などとの連携により、わが国もグローバル化を進め、防衛生産・技術基盤の維持につなげていくことが期待される」としている。

公共事業拡大、とくに原発増設による経済成長が困難化し民需が縮小悪化している中で、経団連は、軍拡・武器輸出増大による成長戦略の方向を明確に推進しはじめた。

②しかしグローバル武器輸出競争戦に本格的に乗り出しつつある日本の軍需産業企業にとって、この競争戦への対処は厳しい条件をかかえている。マクロの側面（財政・社会全体への影響）は後述六で示すことにし、軍需産業企業としての問題を指摘しておこう。

確かに前述したように、共同研究・開発によって、また民生分野で鍛えた技術の武器・装備への応用によって、日本製武器・装備の中には競争に太刀打ちしうるものがあるが、しかしそれ自体限られている。

日本の軍需産業企業が立ち向かう欧米、とくに米軍需企業は、規模（軍需受注額、生産・輸出量、資本額、研究開発投資額）からいっても日本の主力軍需企業を圧倒的に上回る。さらにその競争戦に中国・ロシア等旧社会主義国が、国家資本に担われて参戦している。コスト面からいっても生産・輸出量からいってもこれらと勝負しようということ自体無謀である。日本の軍需生産額は、工業生産額の一％程度を占めるにすぎない。軍事技術開発を通して民生技術に転用しうるといわれるが、全く無駄な軍事技術開発のごく一部が転用しうるにすぎない。民生技術開発に集中した方が明らかに効率的である。

すでに米軍需企業との共同開発・生産で示されているように、日本が鍛えた技術は共同開発・生産を通して米軍需企業にとり込まれ、日本企業は部品を供給する下請けとして使われている。それによるメリットは米軍需企業に吸収される。とくに重大な問題は、民生分野で開発した技術が、軍事技術として使われることによって、軍事特有の秘密保持が要求され、民生分野に利用されえなくなるデメリットがある。原発と同様、米軍需企業大手は秘密情報を独占しこれをブラックボックスにとじ込めている。民生分野に応用しうる技術がブラックボックス化されかねない。

大量の人間殺りく目的の武器・装備の生産・輸出の競争戦を争うこと―その下で一部の〝死の商人〟は利益を得るであろうが、その下でもたらされるのは、戦争と破壊、人間の大量殺りくでしかない。最後にこの点をまとめておこう。

六　まとめ・それがもたらすものは戦争と破壊

第一に、軍需生産―武器・戦争装備品開発・生産は、人間生活にとって、人間社会にとって全く役立たない、むしろそれを損なうものである。それらは、生活資料にも、生産手段としても役立たない。逆に生活資料・生産手段として用いられる物資、さらにその生産を担う労働者を、人間の生活と生活を支える生産から奪うものとなる。軍需生産・軍需品は、人間社会にとって無駄、全くの浪費である。

軍需生産・軍需品の技術の発展効果とは何か。それは、いかに効率よく人間を大量に殺りくすることにある。明らかに人道に反することが、技術・研究の発展とされる。この発展を経済発展のテコにするということ自体完全に転倒している。

第二に、軍需生産は現実には国家の政策の下で、国家財政の支出によって行われる。それは国民の税金によって維持される。国民が、社会的に、当然自らにとって、生活上損失となる負担を負わされる。

だから軍事支出の国民負担には、必ず国民の生命・財産の安全のため、国家の安全が不可欠だという宣伝・口実が不可欠である。国家の安全―外国あるいは外国勢力からの侵略の脅威への対処には、防衛力としての国家の軍事力が必要だ、だから防衛力を高め侵略を抑止するために国民が負担しなければならない。それは国民自身の安全のためなのだ、と。

国家の軍事力を外敵からの防衛・抑止力として強化しようとすれば、必ず外敵からの侵攻の脅威が強まっており、戦争の危機が深まっているという認識が必要となる。このような認識の下で、ある国が軍事力を強化すれば、むしろそのこと自体がターゲットとされた国の対抗力としての軍事力強化を招き、戦争の危機をむしろ深めることになる。軍事力強化の歯止めがなくなる。現に戦後の米ソ冷戦体制の下で、核戦力の相互作用的強化が進んだ。ソビエトはこの負担によって国力を喪失し崩壊した。その下でいま現実に進んでいるのは、アメリカの軍事力によるテロへの対抗という名の侵略である。しかし侵攻の口実はすべて虚偽であること、その目的は明らかに帝国主義的覇権支配の拡大であることが示されている。

とらえなければならないことは、帝国主義的侵略の軍事力は、これに対抗する国・勢力が弱まれば軍事力を縮小し軍事行動を行わなくなるのではなく、かえって軍事行動を現実に実行する、ということである。それこそ帝国主義覇権支配の本質を示すものである。このようにアメリカの侵略的帝国主義的軍事力の本質が明確に示されているのに、そのアメリカとの軍事同盟強化、軍事協力・補強─集団的自衛権行使さえも日本の自衛・安全保障維持上の抑止力だと言い張る安倍政権。しかしそれはアメリカの軍事力と同質の侵略のための帝国主義的軍事力であることを見抜かなければならない。同時に外敵（朝鮮・中国）の日本侵攻の脅威が全くの虚構であることをとらえなければならない。

第三に、国家の本質─国民と国家の関係についての認識が決定的に重要である。理論的認識の確立が必要であるが、ここでは現在の国家（直接には政権）がどのような政策を現実にとっているかということから現在の国家の性格をとらえよう。

資本主義においては、軍需─武器・装備品生産を担うのは資本家的企業である。欧米でも日本でも武器・装備品生産は、その品種ごとにひと握りの独占的大企業が担っている。これら軍需大企業は、国策として推進する軍事力整備・強化を担うことから、当然密接に国家・権力と結びついている。国家の軍事力が量的、質的に増大、強化されれば、それだけ軍事技術高度化、効率化を図るために、軍需大企業への依存を深めることになる。逆に軍需大企業がその技術高度化、生産増強のため、国家の軍事政策・戦略を動かすことになる。いうまでもなく軍需大企業の目的は利潤の獲得・拡大にある。

ここに資本主義国家の本質が端的に示されている。この国家は、ひと握りの軍需独占体・独占資本と結びつき、その利潤を保証し拡大する政策を行っている。しかも国家の軍需支出は国民からの税金による財政支出に基づいている。虚構の外敵侵攻の脅威をあおり軍事力増強を図れば、それだけ国民（労働者、人民）の負担は増え、それによってひと握りの軍需独占体の利益は増える。

これを合理化し国民に納得させる理屈としていわれるのが、軍需拡大による不況克服、成長実現、それによる雇用増大である。たしかに朝鮮戦争・ベトナム戦争特需は日本経済の成長に寄与した。しかしそれはアメリカ政府の軍事支出による需要効果があったからであり、日本の財政負担によるものではなかったからである。しかし、現在では、軍需の増大は全て日本の財政負担を必要とする。アメリカ財政の危機の下で、アメリカの軍事力維持・軍事戦略補完のために、日本はさらに財政負担を課されている。軍事力維持・強化という社会的無駄・浪費、それどころか生活・生存基盤を破壊する軍事力への支出の下で、財政危機は深刻化し、国民―労働者・人民は負担を強要され収奪され困窮する。グローバル武器輸出競争の下で生じるのは、民生技術の軍事化―ＩＣはじめ燃料・繊維部門を含めて―と財政の、とくに研究開発の軍事化であり、さらに競争力強化目的のための労働強化、賃金抑制―コスト切下げである。

その下で各国の武器・装備は強化・増大し、戦争の脅威も増大する。しかし戦争による破壊さえも、軍需独占体にとっては利潤の源泉となる。彼らは自国の国家ばかりか戦争の脅威をあおって自ら開発・生産した武器を他国に売りつけ、その国の財政支出を奪って民衆を困窮させ、さらに殺りくし、それを自らの利益とする。まさに〝死の商人〟なのである。

たしかに前述した三菱重工の生産委員会への労組参加にみられるように、軍需企業の労働組合は――原発企業の労組にも共通するが――労働者の雇用維持の上で軍需生産に協力している現実がある。資本の本質は利己的利潤追求・拡大にあるから、資本家・経営者は、社会全体の利益を配慮する性格をもたない。しかし労働者は、本来社会存立根拠の担い手として、社会全体の利益、当然労働者全体の利益を考慮しうる、というより、社会の利益こそ自らの利益・生存根拠であるという認識をもちうるし、行動しうる立場にある。この認識を確立しそれに基づく行動によって、戦争と破壊―人間の大量殺りくしかもたらさない経済の軍事化、戦争国家化を阻止しよう。

（『進歩と改革』二〇一四年一一月、一五年一月　補筆）

終　章　敗戦七〇年――人民の主体性確立へ

第一節　壊憲の到達点――敗戦後七〇年の現実

一　集団的自衛権行使合憲という壊憲

「…我が国に対する武力攻撃が発生した場合のみならず、我が国と密接な関係にある他国に対する武力攻撃が発生し、これにより我が国の存立が脅かされ、国民の生命、自由及び幸福追求の権利が根底から覆される明白な危険がある場合において、これを排除し、我が国の存立を全うし、国民を守るために他に適当な手段がないときに、必要最小限度の実力を行使することは、従来の政府見解の基本的論理に基づく自衛のための措置として、憲法上許容されると考えるべきであると判断するに至った」――これは、国家安全保障会議・閣議決定（二〇一四年七月一日）による集団的自衛権行使を合憲とする根拠を示す文章である。しかしこの合憲解釈は、重大な誤認識に基づいている。

（一）日本国憲法は、日本人民の「安全と生存」を、戦争を放棄し「陸海空軍その他の戦力を保持しない」（第九条）ことによって、その下で「平和を愛する諸国民の公正と信義に信頼して」、確保しようと決意した、としている。「自衛」のためといおうと、「戦力」を保持することを憲法は認めていない。自衛隊は、「国民」・日本の人民の意志によって設けられたものではない。それはアメリカ政府の要求によるものであった。

（二）「自衛」と称する「武力」保持の合憲化を、憲法前文の「平和的生存権」、第一三条の「生命、自由及び幸福追求」権に求めているが、前者はあくまで「国民」・人民、世界各国の人民の権利を明らかにしたものであって、その権利の根底にあるのは「政府の行為によって再び戦争の惨禍が起こることのないやうにすることを決意」した人民の意志であって、国家は人民の意思に従わなければならない。後者も「すべて国民は個人として尊重される」とした上で、幸福追求権を「個人の権利」として表したものであって、国家に対し国政の上で「最大の尊重を必要とする」としているのであり、国家の権利（国家の安全なくして国民の安全はない）をいっているのではない。

（三）歴代自民党政権は、自衛隊を「自衛」の「武力」として認めた上で、しかし集団的自衛権はそれを逸脱するものとして否認してきた。「日本の自衛隊が日本の領域外に出て行動することは、これは一切許されないのであります」（岸信介。一九六〇年三月一一日、衆院日米安保特別委）。ところが九〇年代以降アメリカ政府の要求によって日米軍事協力の指針（ガイドライン）が改定され、米軍事戦略に即した自衛隊の海外における活動が求められ、その下で「周辺事態法」、「武力攻撃事態法」が制定される。ブッシュ政権のアフガニスタン、イラク侵攻に関わって日本政府はテロ特措法、イラク特措法によって自衛隊の本格的な海外派兵を展開する。それでも憲法九条の建前上、〝自衛〟の範囲内という枠組は（ほとんど詭弁を弄しながらも）維持されてきた。安倍政権は、海外出動を恒久法化し「周辺」をなくし、いつでもどこへでも自衛隊を出動できるようにする、という。直接戦闘に参加しないといっても、アメリカの侵略戦争に協力しその軍事行動を支援することが、どうして「自衛」の範囲内といえるのか。

（四）こうしてついに集団的自衛権行使を合憲とし、自衛のため、ということになった。しかしそれとともにその欺瞞性と侵略的本質が明白になっている。

①日本は〝敵〟から攻撃を受けていない。しかし同盟国（アメリカ）が攻撃を受けている――そのことによって日本の「存立が脅かされ」る「危険」が生じるとどうしていえるのか。そういえるとしたら日本はアメリカの一州だという認識に立つ以外にない。日本は独立国でない、ということになる。

②アメリカが〝敵の〟攻撃を受けているのにアメリカを支援して日本がその〝敵〟に「実力」を行使しないと、日本の「存立が脅かされ」ると、どうしていえるのか。ここではアメリカがなぜ攻撃を受けるのかの理由は全く不問とされている。国際法、国連憲章違反によるアメリカの行動さえも容認しアメリカに加担する、というのか。さらに攻撃を受けているアメリカを日本が支援せず参戦しないと、どうして日本の「存立」が「根底から」脅かされるなどといえるのか。それは日本が攻撃されたときアメリカが協力してくれなくなる、それによって抑止力が弱まるから、ということであろう。しかしこれまでの事態が明確に示しているように米軍、日本の米軍基地は、日本の安全を保障する抑止力ではなく、アメリカの

軍事戦略に基づく侵略を目的とするものであった。抑止力ということ自体虚構である。

全く逆に、日本が攻撃を受けていないのにアメリカの〝敵〟に対し日本の方から戦争を仕掛けることこそが、日本の安全を危機に陥れる。

③「他に適当な手段がない」——このことを明記すること自体によって最初から軍事力による「実力」行使以外の手段を封じてしまうことになりかねない。平和を望む立場からすれば、侵攻の脅威とされる相手がいるとしてもそれを解消するために交流・話合い・信頼関係の形成という非軍事的方策を追求すべきである。その方策をこそ提起しアメリカはじめ各国に訴え、さらに国連を同調させるよう努力しなければならない。

「他に適当な手段がない」として実力＝軍事力行使に走る——その判断は時の政府の判断に委ねられる。

④本来憲法遵守義務をもつ首相、国務大臣—政府は、かりに外敵侵攻の脅威が生じた場合でも（それ自体帝国主義各国の不当な侵略行為に起因するものなのであるが）、憲法の平和原理に基づき平和的手段によって解決を図らなければならない。安倍政権による集団的自衛権行使合憲化は、この義務を放棄し、同盟国・アメリカと一体となって日本も軍隊を出動・出撃させたい——そのための合理化のために、一定の「条件」（しかも全く非現実的条件）を限定してみせたにすぎない。最初から米軍と一体となった日本の自衛隊＝軍隊の出動が目的とされているのであって、それが「自衛」のためなのだという口実を設けるための「条件」限定であり、憲法遵守ではなく憲法違反の合理化のための「条件」づけである。しかもその「条件」の判断は、政府に委ねられている。ベクトルが全く逆——平和確立ではなく戦争が目的なのである。

二　教育、労働・経済領域の壊憲

（一）第一次安倍政権は、教育基本法を改定した。教育基本法は、日本国憲法に基づき「民主的で文化的な国家を建設して、世界の平和と人類の福祉に貢献しようとする決意を示した」とし、教育の目標を「人格完成をめざし、平和的な国家及び社会の形成者」の育成とした。これに対し改定教育基本法は、すでに現在の国家を「民主的で文化的な国家」とし、その「発展に寄与する」ことと同時に「伝統文化の尊重」と「我が国と郷土を愛する」ことを、教育目標にした。これは現行憲法に即した規定ではなく、「日本国民は、帰属する国や社会を愛情と責任感、気概をもって自ら支え守る義務を共有」するという「自民党『新憲法草案』（〇五年一〇月）に基づくものであった。法律でも何でもない「草案」に基づく教育基本法改定を「我々は、日本国憲法の精神にのっとり…」としたのである（拙著『国家論の科学』時潮社二〇〇八年）。これは明らかに違憲である。

第二次安倍政権は、違憲の改定教育基本法に即した学習指導要項による教育を学校現場に強制するとともに、「道徳」を教科化して愛国心教育を進め、教科書検定に「政府見解」を記述させることを決め、それを実行している。領土問題、慰安婦、南京大虐殺等に関する教科書の記述に公然と介入、干渉している。

（二）「アベノミクス」の成長戦略は、「世界一企業が活動し易い国」にするということで、そのターゲットを「労働」の規制緩和においた。「労働」は人間の営みであり、労働条件（労働時間、労働強度）は労働者の生活（労働力の維持・再生産）に直接関わるものであるから規制が不可欠である。憲法二七条（勤労の権利及び義務、勤労条件の基準）に基づいて制定された「労働基準法」は、「労働条件は、労働者が人たるに値する生活を営むための必要を充たすべきものでなければならない」（第一条①）と定めたのである。しかもこの基準法で定めた「労働条件の基準は最低のものであるから、労働関係の当事者は、…労働条件を低下させてはならないことはもとより、その向上を図るよう努めなければならない」（同②）とした。

しかし新自由主義政策の導入の下、労働時間規制とともに、直接雇用の原則の形骸化が進んだ。一九九五年日経連の「新時代の〈日本的経営〉」による労働の三類型と労働者の効率的、効果的配置・管理を基準に、「労働」の規制緩和が進んだ。その中心が労働者派遣法による派遣労働の拡大と労働時間規制の緩和である。安倍政権は、財界の意向に即し「労働」の規制緩和・撤廃の総仕上げを図ろう、としている。

二〇一五年四月閣議決定された労働基準法改正案は、脱時間給制度（ホワイトカラー・エグゼンプション）を新設（年収一〇七五万円以上、ディーラ、アナリスト、コンサルタント、研究職などを対象）とする（残業代、深夜休日手当なし）、裁量労働制の対象拡大（資金調達支援銀行員、基幹的営業職等、残業代ゼロ）、フレックス制拡大（労働時間の清算時間を一カ月から三カ月に延長）がもり込まれている。企業―資本の都合に即した労働時間管理とともに、資本の獲得する成果に応じた賃金支払いによる確実な利潤拡大策である。成果が上がらなければすべて労働者の責任とされる。

安倍政権はさらに執拗に労働者派遣法改定を狙っている。どんな業務でも人を代えれば企業は無期限に派遣労働者を使用することができることにしよう、としている。これは明らかに正規雇用労働者の派遣労働者への代替であり、派遣労働の全面的自由化を狙ったもの、といえよう。この他安倍政権は、限定正社員制度、解雇の金銭解決制度の導入によって、企業による自由な労働者解雇を図ろう、としている。

とくに派遣労働は、派遣元企業と派遣先企業間で労働内容、労働条件、賃金を決め、これを労働者に選ばせるものとなるが、労働者自らが労働内容、条件、賃金を雇用される企業との交渉で決めるという、商品経済の当事者としての権利を奪うものとなっている。これは明らかに憲法一三条の「個人の尊重」の違反というべきではないか。

（三）憲法二五条は「すべて国民は、健康で文化的な最低限度の生活を営む権利を有する」とし、「国は、すべての生活部面について、社会福祉、社会保障及び公衆衛生の向上及び増進に努めなければならない」としている。

ところが国家はこの責任を果たしていない。企業も社会保険料負担を軽減させている。社会保障費負担の増大が国の借金増大の原因だという全く現象的な誤った認識を正当化して、国は社会保障支出の削減を図るとともに、社会保障の負担を国民、勤労人民に全面的に負わせよう、としている。税と社会保障の一体改革というのは社会保障支出を税＝消費税という大衆課税によって賄えというものである。経済同友会は、消費税率を二四年度までに一七％に引上げ、社会保障支出を毎年五〇〇〇億円削減しろ、と提言している。

生活・生存権保障は、国の責任・義務であり、そこにこそ国家の〝公共〟的性格がある。国はその責任を果す上に、企業に負担させなければならない。というのは、労働者の賃金は生活費ギリギリ（今やそれにも足りない）であって、社会保障負担を負いえない。その負担を負えるのは、労働者を搾取・収奪して利潤を獲得している企業、資本家的大企業である。ところが、政府は、大企業の税金負担も社会保険料負担もどんどん削減している。それによって労働者は憲法で保障されている生活・生存権を奪われているのである。

（四）新自由主義政策推進の中で、資本家的大企業は利己的利潤拡大を目的に規制緩和・民営化を求めるとともに、国家の財政・税制・金融政策を自由に利用するようになった。九〇年代末からの金融危機・金融再編成に伴う銀行資本の経営危機に際して、政府は財政資金を使って（一時国有化措置を通して）経営を救済した。二一世紀に入ってからはＪＡＬ、東京電力を直接財政資金を注入して救済した。

国民・人民の生活安定を図るべき国家（そこに〝公〟的性格がある）が、私的資本家的企業の経営再建のため、公的資金を使うという、〝公〟的性格を放棄した政策が行われた。「アベノミクス」は、これらの政策をふまえながら、さらに徹底してひと握りの金融・産業大資本の利潤拡大をめざす政策を推進している。「トリクルダウン」による景気上昇――それは何よりもまず大企業―金融独占体の競争力を高め利潤拡大を図れば、その利潤が滴り落ちて賃金上昇・雇用増大をもたらし好循環が生じる、というものである。ひと握りの、しかも多国籍企業化した金融独占資本の競争力強化・利潤拡大を図るために、財政・税制で様々な優遇措置がとられるとともに、金融独占体は労働者に対する搾取・収奪を強化し、中小零細企業に対する収奪を強化している。法人企業統計（財務省）によると、製造業の労働分配率（付加価値額中の人件費比率）は一四年一〇月〜一二月期は四八・一％で、一九七三年一〜三月期の四七・六％以来の最低となった。「アベノミクス」の下で、主要大企業は史上最高の利潤を実現し、内部留保を積増ししている。しかしその内部留保は賃金（実質賃金）の引上げには使われず、雇用が増えても非正規雇用だけで正規雇用は減少している。あり余る資金をさらに積増しした大企業は一層の利潤増大をめざし、株式・証券投資（投機）、海外投資・M＆Aに運用している。その下で労働者・勤労人民の生活は破壊されている。

なお関連して二点指摘しておく。一つは、（前項に関わることであるが）安倍政権は改憲の中に財政健全化条項の創設を検討していること、である。財政危機の原因を社会保障費にあるとし、その削減そして増税の根拠にされること、さらに戦争国家化推進上安全保障に関連する公債発行の容認を図る危険性がある。現に安倍政権の成長戦略は軍産複合体推進、武器輸出増大においている。

第二に、TPPに関わるISD条項である。これは多国籍企業の利益保証を、各国内労働者・人民の生活・労働保障より優先させる、というものである。多国籍金融資本のグローバルな展開と利潤拡大の下で、世界的に労働者・勤労者の生活が破壊されつつある。

これが敗戦後七〇年の壊憲の現実である。

第二節　敗戦後七〇年・総括の視点
――主体性確立こそ

安倍政権が進める戦争国家化をどう阻止するか、これが敗戦後七〇年の今日、私たちに課せられている根本的課題であると思う。しかしなぜここまで実質的憲法違反・壊憲を許してしまったのか。安倍政権に対する労働者・勤労人民の批判、それに基づく行動は高揚してきているが、国家や現体制自体を変えなければならないというところまでは至ってない。むしろ民衆の中になおこの政権への、この体制への期待感がある。現実にこの政権によって、これほどまでに痛めつけられながら、なぜ民衆の反発・抵抗が強まらないのか。そこには、マスコミ、教育現場への政治的介入、個人の思想・信条・表現・行動に対する監視・干渉・規制が強まっていることが確かにある。しかし私たち自身の認識や意識の中に弱点がある。この体制、国家の認識に関わる弱点、私たち民衆の社会的位置に関する認識の不十分性がある。とくに、ソビエト・東欧「社会主義」崩壊による目標とすべき社会の展望喪失が、今日の体制に対する批判意識を大きく失わせた。しかしこれは、私たち自身の社会体制に関する認識が確立していないことを示している。

私は、この戦争国家化、それへの労働者・人民の動員と統制というこの方向を阻止するのは、労働者・人民の主体性意識の確立、主体としての行動が基本であると思う。労働者・人民を抑圧・搾取・収奪し、生活を破壊している勢力・要因・関係に関する確かな認識と、これに対する労働者・人民の抵抗、組織的抵抗とともに、主体としての意識に基づく主体としての実力を行動で示さなければ、この危機はのり越えられないという認識の確立―抵抗と創造―が現実のさしせまった課題となっている、と思う。

戦後七〇年の歴史と現状の特徴に関する認識を通した総括視点を提起しておきたい。

一　憲法の基本原理の認識

日本国憲法の基本原理の意義をどこまで自分自身のものとして認識しているか。

憲法制定は、決してGHQの押しつけによるものではない。マッカーサー草案には高野岩三郎、鈴木安蔵など自由民権思想に基づく憲法草案が採り入れられている（柴山健太郎「日本国憲法の先進性と二一世紀の課題」『進歩と改革』一三年六月号参照）。また背景には、悲惨な戦争の経験の中で二度と戦争を起こさないという決意を示した大西洋憲章、国連憲章がある。

しかし日本の人民がその思想に基づいた行動によって戦争を終結させたとはいえないし、その主体的意思と行動によって憲法を制定したともいいえない。

しかし重要なのは、憲法が規定した人民主権、基本的人権尊重、平和原理は、「人類普遍の原理」を示していることの認識である。この認識を私たち一人ひとりが自らのものとし、その現実具体的実現を自らと認識を共にする人民の共同の力で、めざすことである。

二　これを歪め、形骸化した勢力、その目的の認識

この憲法の普遍的原理を歪め形骸化し、さらに破壊しようとする勢力はだれか、その目的は何か、の認識である。

憲法の普遍原理、とくにその平和原理を最初に歪めたのは当の占領軍自体である。連合軍として参戦してファシズム国家と闘ったソビエトに対し「共産主義の脅威」を強調して対ソ連包囲網形成を宣言した「トルーマン・ドクトリン」（一九四七年三月）、それによる冷戦体制―日本のアメリカ体制への編入と対ソビエトの前線としての位置づけが、憲法の平和原理を歪めたのである。

直接には朝鮮戦争の下でアメリカ政府は、日本を戦争の最前線出撃地として利用し、戦争物資だけでなく人員さえも戦争に利用した。ポツダム宣言は米占領軍自身によって骨抜きにされた。ポツダム宣言からサンフランシスコ片面講和条約への移行の下で、日本の再軍備と日米安保条約による米軍事戦略下への日本の編入が行われ、経済面でもドル体制への組み込みが確立された。

日米安保体制は、違憲の体制であり、日本における米軍事基地、米軍の活動は、米帝国主義の覇権支配のためのものであって、外敵侵攻の脅威に対する日本防衛（抑止力）などというものではない――〝アメリカによる平和〟とはアメリカ帝国主義による侵略・支配そのものである。これは、今日まで強まることはあっても変っていない。

日本政府は、憲法があることの建前から、アメリカ政府による憲法（とくに九条）違反に対し、自衛権を持ち出しそれを拡張解釈してとりつくろいながら、アメリカ政府自体の憲法違反に対応し憲法自体を押しつけ憲法として改憲を図ることで独自性を示そうとしてきた。A級戦犯から釈放された者たちは戦前明治憲法への回帰をめざした。

三　労働者意識の体制内化

朝鮮戦争特需は日本経済復興をもたらした。五五年以降日本経済は、ドル体制の下でアメリカから資金借入れ、新技術・新産業の導入によって高度成長を実現する。その下で、反米意識とともに、反体制意識が、労働者・人民から失われて行った。もちろんエネルギー転換をはじめとする産業再編成に伴って、縮小解体される産業部門（石炭、非鉄等）では激しい労働組合の抵抗闘争が生じた。しかし解雇された労働者も成長部門に吸収され、また政府の政策的対応もとられたことによって、反体制行動は高揚しなかったし、広まらなかった。

日本資本主義の経済力回復拡大とともに、安保改定―軍備増強、軍事的責任拡大が求められたことに反発し、六〇年安保闘争は大きな高揚をみせたが、政府は所得倍増計画等経済を通した労働者包摂策によって対応した。

労働組合、とくに官公労の労働学校・学習活動は活発に行われ、資本主義の本質、労働者に対する搾取、窮乏化の学習を通した反体制意識形成も行われた。しかし反体制意識が現場の労働運動に結びつき生かされるまでにはならなかった。現実の労働運動は、賃金引上げ等体制内改良の中に吸収された。

高度成長は、様々の歪みをもちながら、現実には労働者・人民を商品経済的関係に包摂し、その関係を当然視する―労働力の商品化を当り前だととらえる意識を労働者に浸透させて行った。反体制意識に立つ行動は、直接資本家的企業に包摂されない領域（大学学生等）において、労働組合運動の体制内包摂に対する危機意識の下で先鋭化したけれども、観念先行の限界を露呈し、その挫折に伴う民衆の反動を強めた。

四　新自由主義潮流にのみ込まれる

戦後資本主義体制の転機は、七一年のドル・金交換停止による基軸通貨の根拠喪失・オイルショックによる原油価格急騰に起因するスタグフレーションにあった。スタグフレーション下のグローバル競争戦は、労働者・人民に対する体制内改良（ケインズ主義）の限界を示した。ケインズ主義に基づく財政支出拡大策は、物価上昇―賃金上昇をもたらし輸出競争力を低下させる。現にドル・インフレと原油高騰による物価上昇に対抗し、七四春闘は前年比三二・九％の賃金引上げを実現した。しかし財界、直接には日経連は、大幅賃上げの行方研究会、労働問題研究委員会によって結束を固め、賃金コスト引下げを図る。生産性上昇の範囲内に賃金上昇を抑えることをはじめ、財界、とくに主要輸出産業大企業は減量経営・合理化により、省力化（人件費削減）、省エネ・省資源化を推進する。新自由主義は、日本財界の減量合理化から現実に実行され始めた、といえよう。

経済成長なくして賃金・雇用の改善はないとし、建前ではなく現実を肯定した労働運動を進めてきた民間輸出産業企業の労組幹部は、企業の競争力強化・利潤拡大が成長の根拠だとの認識の下に、減量合理化・コスト切下げを推進する新自由主義に協力し吸収されて行く。たしかにそのことによって日本の主要輸出産業企業は競争力を高めてスタグフレーションを乗り切って行く。しかし同時に搾取は強まり、労働分配率は低下する。新自由主義を推進する財界・政府は、反独占・反合理化をかかげ続けた国労はじめ官公労を解体化し、総評を解体化させた。成長に期待し資本家的企業の競争力強化・利潤拡大による雇用・賃金維持・引上げを期待する労働組合運動は、新自由主義の潮流にのみ込まれて行く。

新自由主義の世界的潮流の下で生じたソビエト・東欧「社会主義」の崩壊は、資本・金融資本の支配に対する労働者・人民の抵抗力を弱体化させ、（というよりその支配の下に吸収し）その資本としての本質を世界的規模で発揮させるものとなった。これが前述の戦後七〇年の現実をもたらしているのである。

五　総括視点

本書全体のまとめとして、敗戦後七〇年の総括視点を提起しておこう。

（一）この体制と憲法原理の非両立

今日の現実が示しているのは、この現実――ひと握りの多国籍化した金融独占体が支配する体制と日本国憲法の普遍的原理は全く両立しなくなっている、ということである。

アメリカはすでに自力では世界覇権支配を維持する力はない。しかしドルによる経済支配、軍事力による政治支配を手離そうとはしない。その世界覇権支配の維持・補完を安倍政権に求め、その帝国主義復活をめざす戦争国家化の政策推進を利用しようというのである。アメリカ帝国主義の世界的侵略体制に日本の帝国主義志向を組入れている。そのため憲法を破壊させなければならなくなっている。

新自由主義政策推進の下で、金融独占体の支配の維持、強化は、労働者・人民の搾取、収奪を強化し、生活・生存を破壊させる以外にないことが現に示され、隠しようがなくなっている。この体制の下で労働者・人民を統合するには欺瞞と暴力以外になくなっている。すでに好循環欺瞞は底が割れている。労働者・大衆統合は、外敵侵攻の脅威宣伝によるしかなくなっている。自ら戦争の危機を作り出す—これに対処しなければ生存の危機に陥る、だから国家に従え、と。その下で軍産複合体は成長し利潤を拡大し、労働者・人民は収奪されるばかりか直接命を奪われることになる。このような金融独占体の支配体制維持にとって憲法は邪魔になっている。

(二) 体制・国家への幻想を捨てよう

私たちは、新自由主義は金融独占体が国家を自らの利己的利潤拡大のために自由に利用する思想であることを認識するとともに、それを推進する国家の本質を認識しなければならない。それを通してこの体制と国家に対する一切の幻想を捨てなければならない。バブル・その崩壊をくり返す中で、資本・金融資本自体が、より健全な経営へと転換させようとするのではないかなどと期待するのは幻想にすぎない。投機の対象となっている株式・証券は、資本の最高の発展形態であり、いわば資本の理念（「物神性」の頂点）が現実具体化された形態なのである。所有するだけで価値を増やす——ここまで行きついた資本を手放そうとする資本家はいない。そのボロが現れてもそれをあらゆる手段を（国家に）求めて（社会がどんな犠牲を蒙ろうとお構いなしに）、これを維持し続けようとする。それが資本の本質であることを認識しなければならない。

資本主義が自動崩壊し他の社会体制に転換して行くということもありえない。個々の資本の経営だけでなく多くの資本家的経営が危機に陥っても、資本は弱肉強食の本質を発揮し、さらに国家を利用して、自己保存を図ることになる。

冷戦体制崩壊後、資本・金融資本の支配に対する抵抗力が弱体化したことをいいことに、資本はその本質を露わに発揮し、思うままに搾取・収奪を強めた——その現実を私たちは突きつけられている。今あらためて資本の本質をとらえよう。

新自由主義推進の下で、様々な矛盾が噴出し、労働者、人民の生活が破壊されつつある中で再びケインズ主義的改良政策への期待が生じている。しかしグローバル競争戦の中で、資本自身一定の負担をし改良を行うという余裕はなくなっている。資本自身が追いつめられ労働者・人民に対する搾取・収奪をどれだけ強めることができるかが勝負となっている。そして国家がひと握りの金融独占資本の支配体制維持を第一義におく以上、この体制を前提とした改良は非現実的である。この体制とそれを維持せんとする国家の下では、生活改善も生存の維持ももはやあり得ないのであり、変革する以外に人間として生きられないまでになっている。

(三) 主体としての意識と実力の発揮

この体制・国家変革の主体は、労働者・人民以外にない。

現体制の下でもこの社会を維持しているのは、労働者・人民の労働である。労働を通した人間社会の生存発展に不可欠な生産物の生産、そとして人間能力を維持向上させる教育、福祉、文化活動、これなくしては社会は維持・発展しえない。人間社会の存立根拠＝実体の担い手である労働者・人民こそ、社会の本来の主体である。

主体としての意識とその実力を行動で示す―自らの働く力は自らの意志と働く仲間同士との協力共同の下で行使する―労働権・勤労権保障を明示している憲法を現実に生かそう。労働権―この権利を行使する主体は、労働者・人民である。教科書が改悪されても、改悪した者たちが教育を行うのではない。教育現場を担うのは労働者である。真理を認識し子どもたちに伝えて行こう。もちろんこれに対し弾圧が強まる。組織的抵抗が不可欠だ。しかし教育労働者が主体性を発揮しなければ事態は改善されない。

利潤獲得目的ではなく、人間としての生活の向上を目的とした生産活動を可能なところから実行し、生活者との共同連帯を形成する。現実には資本の支配の下でその実現は厳しいけれども、労働者が労働の主体なのだから、人間生活を破壊するような生産物の生産を拒否し、必要不可欠な生産物の生産に転換させる。可能な限りそれを追求しよう。そしてそのための条件―働く主体が主体として働くための条件（土地・生産手段の利用が基本）を明らかにし、それを獲得する。憲法の普遍原理を現実に生かす法的保障を闘い取って行く。

（四）各国労働者、人民の団結

各国の労働者、人民の団結による多国籍化した金融独占体支配への対抗の条件は成熟している。そしてその実現が現実の課題となっている。

いまあらためて、金融資本の世界的支配に対抗する国際的規模での労働者・人民の抵抗運動が組織され、実力を発揮しなければならないことを強調しておきたい。多国籍金融資本の、世界的な労働者・人民に対する搾取・収奪に対抗しうるのは、万国の労働者・人民の団結と抵抗にしかない。現在の国家を前提したまま、金融資本の利潤や金融財産所得に対する課税強化を図るといっても、金融資本の支配を転換させることにはならない。国家をつくり変えるとともに、労働者・勤労者の国際連帯によって、金融資本の支配に抵抗し、その支配自体を転換させなければならない。

現在の世界は、帝国主義的本質を持つ国家が、意図的に〝敵〟をつくり（テロはまさにそれによってつくられた）、その〝敵〟との軍事的対決が必要だとして、各国労働者・人民をテロリストあるいはテロ支援国家との軍事的対決の方向に狩り立てている。それは終りのない破壊と破滅の道である。これを阻止することができるのは、労働者・人民によるそれぞれの国のつくり変え、そしてその国際連帯の力である。

「平和を愛する諸国民の公正と信義に信頼して、われらの安全と生存を保持しようと決意した」という憲法前文の提起は、いまこそ生かさなければならない。

各国の自主性尊重の上に立った相互理解と信頼関係の確立、この道以外に国際的平和確立の道はない。そしてこの道を確実に進みうるのは、各国の労働者・人民の主体性確立に基づく連帯である。

（完）

平野秀樹・安田喜憲著『奪われる日本の森——外資が水資源を狙っている』
新潮社　2010年3月
中村靖彦『ウォーター・ビジネス』岩波新書　2004年2月
橋本淳司『世界が水を奪い合う日・日本が水を奪われる日』
ＰＨＰ研究所　2009年7月
吉村和就『水ビジネス―１１０兆円水市場の攻防』角川書店　2009年11月
「２３０兆円市場、『水ビジネス』世界戦争」ＺＡＩＴＥＮ特集　2009年12月
「我が国水ビジネス・水関連技術の国際展開に向けて―『水資源政策研究会』取りまとめ―」経済産業省　2008年7月
鎌倉孝夫『「資本論」で読む金融・経済危機』時潮社　2009年6月

第II部

第1章

伊東光晴『アベノミクス批判』岩波書店　2014年7月
水野和夫『資本主義の終焉と歴史の危機』集英社新書　2014年3月
ウォーラースティン『近代世界システムIV』1974年　岩波現代選書
ローザ・ルクセンブルグ『資本蓄積論』1912年
Ａ・ネグリ、Ｍ・ハート『帝国』2000年（日本語訳2003年　以文社）
鎌倉孝夫『〝擬制〟経済下の人間・人間関係破壊』長周新聞社　2008年

第2章　第3章

鎌倉孝夫「資本主義体制・国家への幻想を棄てよう」
長周新聞　2014年1～3月連載
鎌倉孝夫「今日の危機の根本原因」長周新聞　2013年2月1～3月連載
鎌倉孝夫「資本主義体制・国家への幻想を棄てよう」
長周新聞　2014年1～4月連載
鎌倉孝夫『資本主義の国家破綻』長周新聞社　2011年4月
鎌倉孝夫『資本論を超える資本論』社会評論社　2014年3月
鎌倉孝夫『国家論のプロブレマティク』社会評論社　1991年
鎌倉孝夫『国家論の科学』時潮社　2008年
鎌倉孝夫・石原健二共著『成田空港の〈公共性〉を問う』社会評論社　2014年
鎌倉孝夫『朝鮮半島　戦争の危機を読む』白峰社　2013年
山田　朗「自衛隊六〇年」『経済』2014年8月号
西川純子「オバマ政権下のアメリカ軍需産業」、『経済』2014年8月号

終　章

柴山健太郎「日本国憲法の先進性と二一世紀の課題」『進歩と改革』2013年6月号

【参考文献】

第Ⅰ部

第１章

ナオミ・クライン『ショック・ドクトリン』 2007 年
(日本語訳 2011 年　岩波書店)
平野　健「ＣＳＩＳと震災復興構想」『現代思想』 2012 年３月号
岡田知弘「『創造的復興』論の批判的検討」『現代思想』 2012 年３月号
鎌倉孝夫『株価至上主義経済』御茶の水書房　2005 年
町田　徹『日本郵政』日本経済新聞社　2005 年
鎌倉孝夫『経済危機・その根源』新読書社　2001 年

第２章

市川定夫『新環境学』Ⅰ・Ⅱ・Ⅲ、藤原書店
原子力委員会編『原子力白書』各年版　第１回 1956 年
有馬哲夫『原発・正力・ＣＩＡ』新潮新書　2008 年２月
渡辺好庸『やめられない日本の原発―原子力問題特別号』
社会科学研究所 1989 年４月
相楽希美「日本の原子力政策の変遷と国際政策協調に関する歴史的考察」
独立行政法人経済産業研究所
しんぶん赤旗「原発の源流と日米関係」（１～６）2011 年６月７日～ 12 日
朝日新聞「原発国家　中曽根康弘編」（１～５）2011 年７月 17 日～ 21 日
豊田正敏『原子力発電の歴史と展望』東京図書出版会　2008 年 10 月
小出裕章『原発のウソ』扶桑新書　2011 年６月
久江雅彦「大震災日米協力の内実」『世界』2011 年９月号
大島堅一『再生可能エネルギーの政治経済学』東洋経済新報社　2010 年３月
斉藤　誠『原発危機の経済学』日本評論社　2011 年 10 月
熊本一規『脱原発の経済学』緑風出版　2011 年 11 月
高木仁三郎『原発事故はなぜくりかえすのか』岩波新書　2000 年
高木仁三郎『プルトニウムの恐怖』岩波新書　1981 年
井野博満・石橋克彦編『原発を終わらせる』岩波新書　2011 年７月

第３章

『ＴＰＰ反対の大義』農文協ブックレット　2011 年
『世界』「特集ＴＰＰ批判――何が起きるか」2011 年４月号
鎌倉孝夫「究極の新自由主義・ＴＰＰは国を滅ぼす」
『労働運動研究』2011 年４月号
鎌倉孝夫「資本主義の国家破綻」『長周新聞』2011 年４月
伊東光晴『アベノミクス批判』岩波書店　2014 年７月
水野和夫『資本主義の終焉と歴史の危機』集英社新書　2014 年３月

積極的平和主義 8, 221, 231, 233, 272, 284, 302, 313
シェラフィールド再処理工場 105
戦後レジームの転換 7, 257, 268
資本過剰 129, 164, 166, 205, 212
資本論 39, 40, 170, 200, 201, 203, 260, 352
市場民主主義 215, 231
シッピングポート原発 76
自然法則 70, 97, 98, 99
総括原価方式 88, 100, 111, 112, 117
相対的貧困率 158
ソブリン危機 122, 123, 126, 137, 146
ソビエト 9, 16, 17, 136, 137, 166, 192, 194, 200, 212, 214, 215, 217, 218, 258, 269, 274, 276, 284, 285, 296, 315, 324, 328, 337, 338, 340
スタグフレーション 53, 87, 126, 160, 194, 265, 269, 326, 339, 340, 352
サブプライム 54, 57, 132, 169, 205
サバイバル競争戦 49, 54, 222
社会排外主義 145, 261, 271
社会主義 9, 13, 16, 17, 136, 137, 139, 145, 166, 192, 194, 198, 200, 212, 214, 217, 218, 269, 271, 274, 276, 296, 315, 324, 327, 337, 340
社会的共通資本 142, 143
消費者物価指数（ＣＰＩ）48
集団的自衛権 8, 9, 241, 242, 252, 259, 269, 273, 279, 281, 282, 283, 285, 288, 293~296, 302, 305, 308, 329~333

T

定常状態 197
特定郵便局 27
特定秘密保護法 263
トモダチ作戦 23, 93, 96
投資ファンド 18, 111, 132, 154, 164, 167, 170, 171, 177, 181, 204, 205
ＴＰＰ 23, 24, 25, 59, 82, 128, 130, 139~145, 162, 199, 201, 219, 220, 231, 251~257, 302, 310, 313, 324, 336
トリクルダウン 161, 278, 335
トルーマン・ドクトリン 324, 338
通貨・金融主権 218, 222, 254

U

ウラン２３５ 74, 76
ウラン 74, 76~80, 85, 88, 89, 91, 93, 102, 103, 104, 106
宇宙開発 233
宇宙基本計画 233, 234

V

ベトナム戦争 9, 326, 329

W

ウォーター・バロン 174, 175, 177
ホワイトカラー・エグゼンプション 334
ＷＨＯ 175
ウインブルドン現象 189
ＷＴＯ 176

Y

郵政三事業 26

Z

財政ファイナンス 155

247, 262
金融資本 9, 10, 11, 18, 19, 24, 120, 121, 130, 151, 163, 164, 165, 166, 181, 182, 192, 193, 199, 200, 202, 203, 211~219, 221~226, 231, 233, 244, 248~251, 256, 257, 260, 261, 262, 263, 264, 265, 268~278, 290, 303, 318, 336, 340, 341, 342
国家安全保障基本法（案） 263
国債バブル 132, 134, 160
国債危機 136
国有化 16, 17, 110, 111, 120, 136, 173, 218, 270, 335
好循環幻想 278
交換原理 15
高速増殖炉 62, 72, 73, 84, 87, 89, 90, 91, 93, 96, 98, 102, 103, 104, 106, 114, 308
恐慌 53, 54, 165, 212

L

ラ・アーグ再処理工場 105
リーマン・ショック 21, 52
リニア新幹線 207, 238, 239

M

Ｍ＆Ａ 44, 132, 135, 148, 223, 316, 336
ＭＡＩ 140
マンハッタン計画 69, 70, 76
マーシャル・プラン 13
松下政経塾 15
マクマオン原子力法 79
マイクロソフト方式 18
水ビジネス 167, 169, 174, 175, 176
ＭＯＸ 89, 104, 106
村山談話 258, 259

N

七〇年談話 257, 259
ノーチラス号 76
ニューフロンティア 16, 194
日米安保 8, 10, 55, 72, 251~254, 258, 285, 288, 324, 332, 338
日米同盟 7, 25, 55, 72, 83, 94, 121, 128, 138, 258, 284, 285, 297, 305
日米原子力協定 73, 80, 89, 90, 107
日米ガイドライン 258
日本学術会議 68, 74, 81
日本原子力産業会議 81, 85
日本経団連 24, 25, 58, 142, 157, 242, 249, 318
日本郵政公社 27, 34
ナイキ方式 18
ＮＩＳＡ 266
ニクソン・ショック 86
農地バンク 256
農地法 256, 264, 279
農協改革 256
ＮＰＴ 86, 89, 95
ＮＳＣ（国家安全保障会議） 253, 307, 310, 312
ＮＳＳ 234

O

ＯＤＡ 176, 219, 233, 237, 239~242, 295, 298, 302, 303, 311, 318
オイルショック 84, 86, 194, 326, 339
沖縄振興予算 228, 229, 232

P

パックス・アメリカーナ 62, 78, 141, 143
ペシャワールの会 293, 295
プラザ合意 126
プルトニウム 72, 73, 76, 85, 87, 89, 91~97, 102~107, 235, 326
ポツダム宣言 284, 287, 319, 324, 338
プライス・アンダーソン法 86
ＰＷＲ（加圧水型軽水炉） 76, 86, 87

R

リバランス 7, 231, 303, 325
リフレ派 153, 161
利潤至上主義 18, 31, 36, 39, 45, 132, 143, 164, 206, 207, 210, 267
立憲主義 281, 282, 283, 288
ＲＯＡ 196
ＲＯＥ 196
労働安全衛生法 65
労働分配率 126, 127, 149, 150, 151, 336, 340
「労働」の規制撤廃 206, 207, 208, 267
労働力の商品化 16, 206, 264, 339
労働者派遣法 208, 278, 334

S

セーフガード 255
裁量労働制 334
産業空洞化 53, 127, 129, 139, 143, 223
サラ金 35, 37, 41, 42, 45~48
生物多様性 169
正規労働者 53, 127, 157, 186, 188
世界銀行 15, 175

E

ＥＣＢ 134, 152, 153, 247
ＥＰＡ 140, 218, 219, 297, 302

F

ファシズム 10, 211, 215, 217, 220, 260, 279, 280, 338
フレックス制 334
ＦＲＢ 134, 152, 153, 164, 195, 202
ＦＴＡ 58, 127, 140, 142, 218, 219, 257, 297, 308

G

現実資本 131~135, 164~166, 197, 203~207, 278
原発震災 60, 62, 82, 94
原子炉等規制法 65
原子力委員会 74, 75, 80, 81, 83, 85, 87, 89, 91, 93, 106, 107
原子力基本法 69, 71, 75, 80, 102
原子力村 25, 62, 64, 70, 81, 106
原子力損害賠償支援機構 108, 236
原子力白書 74, 80, 84, 87, 93
原子力三法 80
限定正社員 190, 227, 335
ＧＨＱ 337
擬制資本 17, 18, 57, 131~137, 143, 164, 165, 166, 189, 196, 197, 202~206, 212, 213, 225, 262, 276, 278, 280, 289
ＧＰＩＦ 162, 185, 244
ＧＰＳ 234
軍事主権 252, 254
軍需産業 55, 100, 233, 240, 254, 270, 295, 302, 306, 309~319, 323~327
軍産(学)複合体 10, 232, 233, 254, 269, 306, 310, 313~318, 323, 326, 336, 341

H

派遣労働(非正規労働者) 53, 127, 130, 188, 189, 191, 208, 209, 334, 335
非正規労働者 53, 186, 188
八紘一宇 217
ハリケーン・カトリーナ 14, 25
非核三原則 72
本源的蓄積 16, 40, 257

I

ＩＡＥＡ 72, 77, 90, 91
異次元金融緩和 10, 151, 161, 162, 184, 189, 218, 243, 244, 245, 247
ＩＭＦ 14, 48, 120, 123, 137, 170, 217, 219
インフレ政策 10, 50, 51, 243
インフレ 10, 49, 50, 51, 134, 137, 138, 151, 153, 243, 339
ＩＳＡＦ 293
ＩＳＤ条項 336
ＩＳＤＳ 139
イスラム国 230, 231, 240, 242, 252, 316
ＩＴバブル 160, 194

J

ＪＡＸＡ(宇宙航空研究開発機構) 233, 234
ＪＩＣＡ 241, 243, 295, 301
自社株購入 164, 205
実体経済 18, 43, 54~57, 123~127, 130~156, 160, 162, 165, 170, 171, 190, 191, 197, 206, 207, 221~225, 244, 246, 248
自由民権思想 337
ＪＰＳ 29, 30
授権法(全権委任法) 278
住宅バブル 160, 194

K

株価至上主義 27, 39, 43, 45, 111, 132, 135, 143, 164, 177, 205~208, 210, 213, 267
株式資本 165, 204, 205
貨幣数量説 161, 192
海外投資 129, 130, 146, 155, 157, 160, 185, 189, 202, 211, 223, 233, 241, 336
開発協力大綱 239, 240, 241, 279
核兵器(原爆) 10, 63, 64, 70~79, 83~97, 99, 101, 107, 120, 326
核・ミサイル攻撃 220
核燃料サイクル 72, 73, 86, 89
核の傘 73, 82
核融合 98
管理通貨制度 212, 213
貸金業規制法 35, 36, 43
為替切下げ 152, 153, 216, 222
経済ブロック 152, 216, 218
経済同友会 24, 249, 335
ケインズ主義 16, 213, 214, 215, 269, 339, 341
金本位制 212, 213
金利スワップ 37, 38, 45
金融コングロマリット 31, 33, 34, 39, 43~45
金融デリバティブ 37, 131, 132, 154, 165, 205
金融量的緩和策 50, 51, 56, 57, 134, 135, 137, 141, 152, 153, 154, 159, 205, 218, 243, 244, 245,

T

高木仁三郎 61, 97
高野岩三郎 337
武谷三男 68
田窪雅文 89
田村智子 66
田中明彦 281
田中角栄 87, 88, 283, 321
田代洋一 141
タクシン .S 301
サッチャー .M 14
鄧　小平 14
豊田正敏 74
トルーマン .T 79, 324, 338
辻村哲平 239

U

内橋克人 140
上田清司 109
植草一秀 111
宇野重規 62
宇沢弘文 141, 142

W

ウォーラースティン .I 193
ウオルシュ .P.M 93
ワレサ .L 14
渡辺好庸 74

Y

山田　朗 325
山岸一生 75
山地憲治 96
柳井俊二 281
矢野洋子 108
安田喜憲 167
エリツィン .B 13, 14
インラック .S 301
除本理史 236
米倉弘昌 24
吉田　茂 78
吉村和就 167
吉岡　斉 229
湯川秀樹 75, 80

事項索引

A

アグリビジネス 257
ＡＩＩＢ 308
アメリカ帝国主義 8, 9, 93, 231, 232, 252, 254, 259, 273, 338, 340
ＡＰＥＣ 58, 257

B

バックエンド 83, 85, 96, 105, 106, 112, 115, 175
ベースマネー 148, 152, 153
米原子力委員会 89
ＢＩＳ 131, 154
防衛装備庁 295, 315
暴力国家 268, 274, 279, 280
ＢＲＩＣＳ 170
武器輸出三原則 233, 251, 295, 302, 308, 310, 317, 318, 322, 326
文官・文民統制 252, 253
ＢＷＲ（沸騰水型軽水炉）76, 86, 87

C

カジノ 225, 256
シーバーフ 94
ＣＤＳ 110
チェルノブイリ 60, 61
シカゴ学派 14
地球温暖化 84, 95, 120, 173
地租改正 264
中央銀行 20, 132, 134, 137, 138, 151, 152, 170, 212, 213, 214, 218, 243, 247
中央省庁等改革基本法 26
ＣＩＡ 13, 74, 81, 82, 100
ＣＳＩＳ 23, 25, 95
サイバー攻撃 220, 286
朝鮮戦争 9, 81, 319, 322, 324, 326, 329, 338, 339

D

デフレ・スパイラル 48~50, 53, 57, 222
デフレ 10, 48~50, 53, 57, 146, 153, 156~159, 181, 183, 199, 222, 226, 243
電源開発促進税 88, 116, 235
電源立地地域対策交付金 116, 229
電源三法 62, 87, 88, 100
ドル体制 55, 56, 128, 135, 218, 222, 254, 269, 273, 338, 339

K

鎌田　慧 65
菅　直人 48, 63, 83, 122, 123, 140, 141, 142
葛西敬之 234, 281
川崎修二 74
ケネディ J.F 86
ケインズ .J.M 16, 188, 192, 213, 214, 215, 269, 339, 341
岸　信介 332
北岡伸一 96, 258, 281
清谷信一 306
小出裕章 61, 74, 104
小泉純一郎 15, 26, 27, 59, 158, 162, 201, 260, 272, 311
河野一郎 100
久保文明 96
熊本一規 96, 117
黒田東彦 146, 183, 189

M

町田　徹 27
前原誠司 121
マルクス .K 165, 192, 197, 198, 204, 206, 290
松原　聡 32
マイケル・グリーン 25
三村明夫 234
水野和夫 160, 164, 188, 192, 205, 206
モディ .N 301, 308
モラレス .J.E 173
村井嘉浩 22, 23
村瀬信也 281
武藤　栄 66

N

仲井真弘多 228
中村　哲 293
中村靖彦 167
中西　寛 281
中曽根康弘 74, 83
ナオミ・クライン 13, 14, 15, 16, 17, 18, 20, 21, 125
ネグリ .A 195
西部　邁 73
西川純子 325
西川善文 31, 37
西元徹也 281
西室泰三 258
西　修 281
西山淳一 310
野田佳彦 15, 24, 57, 59, 82, 83, 96, 121, 122, 158, 185, 270, 294, 311

O

オバマ .B 7, 9, 82, 140, 141, 142, 145, 230, 232, 255, 317, 325
岡田知弘 23
岡崎久彦 281
翁　邦雄 151
尾身幸次 106
翁長雄志 229
大島堅一 96, 105, 117, 235
王　毅 297

P

ペリー・ウイリアム 95
ピケテイ .T 206
プラジン .J 301

R

レーガン .R 90, 93
ローザ・ルクセンブルグ 195
ルセフ .D 302
ルービン .R 56
ルミャンツェフ .A 106

S

サダムフセイン 230, 286
相楽希美 74
斎藤憲三 74
斉藤　誠 96
榊原定征 234
坂元一哉 281
坂田昌一 81
櫻井よしこ 73
佐瀬昌盛 281
佐藤栄作 310
柴田俊一 98
柴山健太郎 337
白川方明 50, 146, 159, 161
サマーズ .L 15, 56
鈴木　篤 66
鈴木安蔵 337
鈴木善幸 90
正力松太郎 75, 80, 81, 100

索　引

人名索引

A

アボット .T 302, 308
安倍晋三 7~10, 26, 151~166・181~191（アベノミクス）, 225~258（財政）, 260~279（国家）, 281~290（安保法制）, 293~303（インフラシステム輸出）, 308~329（軍産複合体）332~340（壊憲）
アダム・スミス 15
アジェンデ .S 14
阿南　久 108
有馬哲夫 74, 100
有沢広巳 75
アーミテージ .R 25
麻生太郎 21, 58, 260

B

バーナンキ .B 164, 195, 202
ブレア・デニス 95
バーナム .J 202

C

カーター .J 88, 89, 91

D

ダレス .J.F 78
ダンカン・テイト 306

E

枝野幸夫 108
アインシュタイン .A 70
アイゼンハワー .D 75, 76, 77, 78

F

フェルミ .E 76
フリードマン .M 14, 15, 17
藤村　修 311
藤岡由夫 74, 75
福田吉孝 36
福好昌治 318
伏見康治 81

G

後藤田正晴 311

H

浜田宏一 159
ハート .M 195
ハロッド .R.F 191
橋下　徹 21, 122
橋本淳司 167
橋山禮治郎 239
鳩山由紀夫 48, 51, 57, 58, 122
ハイエク .F 17
樋口健二 65
平野秀樹 167
平野　健 23, 25
久江雅彦 93
ヒトラー .A 278
オランド .F 308
ホプキンス .J 81
堀　純郎 75
細谷雄一 281

I

市川定夫 61
飯田哲也 62
池屋和人 151
生田正治 27
稲葉　修 74
稲山嘉寛 326
井野博満 105
五百旗頭真 23
石橋克彦 60, 89, 105
石原健二 279, 292
石原慎太郎 73
石川迪夫 61
石川一郎 75
伊東光晴 151, 159, 161, 165, 188
岩間陽子 281
岩田規久男 161, 189

J

ジョセフ・ナイ 25, 95, 96
ジョン・ハムレ 25, 95

◎著者紹介
鎌倉孝夫（かまくらたかお）
1934年生まれ
埼玉大学・東日本国際大学名誉教授　経済学博士
［主な著作］
『資本論体系の方法』日本評論社（1970年）、『スタグフレーション』河出書房新社（1980年）、『国家論のプロブレマティク』社会評論社（1991年）、『資本主義の経済理論』有斐閣（1996年）、『株価至上主義の経済』お茶の水書房（2005年）、『「資本論」で読む金融・経済危機』時潮社（2009年）、『資本主義の国家破綻』長周新聞社（2011年）、『「資本論」を超える資本論』社会評論社（編著、2014年）

帝国主義支配を平和だという倒錯
——新自由主義の破綻と国家の危機

2015年8月15日　初版第1刷発行

著　者———鎌倉孝夫
装　幀———吉永昌生
発行人———松田健二
発行所———株式会社 社会評論社
東京都文京区本郷 2-3-10
電話：03-3814-3861　Fax：03-3818-2808
http://www.shahyo.com
組　版——— Luna エディット .LLC
印刷・製本——株式会社　倉敷印刷

Printed in japan